공기업 최조 합격을 위한
추가 ~~자료~~

KB084792

본 교재 인강
2만원 할인쿠폰

K7D7 5FD8 468E F000

NCS PSAT형 온라인 모의고사
응시권

AD8F 5FDB K6K7 3000

* 지급일로부터 30일간 PC로 응시 가능 * [마이클래스-모의고사]에서 응시 가능

전공필기 강의
20% 할인쿠폰

F97A 5FDA CAFB A000

이용방법

해커스잡 사이트(ejob.Hackers.com) 접속 후 로그인 ▶
사이트 메인 우측 상단 **[나의 정보]** 클릭 ▶
상단 **[나의 쿠폰-쿠폰/수강권 등록]**에 쿠폰번호 입력 후 이용

* 쿠폰 유효기간 : 2026년 12월 31일까지
* 이벤트 강의/ 프로모션 강의 적용 불가/ 쿠폰 중복 할인 불가
* 본 쿠폰은 한 ID당 1회에 한해 등록 및 사용 가능합니다.
* 이 외 쿠폰관련 문의는 해커스 고객센터(02-537-5000)로 연락바랍니다.

FREE ┊ ## 무료 바로 채점 및 성적 분석 서비스

▲ 바로 이용

이용방법 **해커스잡 사이트(ejob.Hackers.com) 접속 후 로그인 ▶** 사이트 메인 중앙 **[교재정보 - 교재 채점 서비스]** 클릭 ▶
교재 확인 후 채점하길 원하는 교재 채점하기 버튼 클릭
* 사용 기간: 2026년 12월 31일까지

해커스공기업
휴노형·PSAT형
NCS 기출동형 모의고사

해커스

휴노형·PSAT형 NCS,
어떻게 준비해야 하나요?

한국철도공사, 국민건강보험공단, 인천국제공항공사 등

많은 수험생들이 가고 싶어 하는 공기업에서 NCS를 휴노형·PSAT형으로 출제하고 있습니다.

그리고 그만큼 많은 수험생들이 어떻게 준비해야 할지 몰라 어려움을 겪고 있습니다.

그러한 수험생들의 어려움을 알기에 해커스는 수많은 고민을 거듭한 끝에

「해커스공기업 휴노형·PSAT형 NCS 기출동형모의고사」를 출간하게 되었습니다.

「해커스공기업 휴노형·PSAT형 NCS 기출동형모의고사」의

실제 기출 경향을 반영한 휴노형·PSAT형 문제로,

실전 감각을 키우기에 최적화된 기출동형모의고사 7회분으로,

그리고 약점 보완을 돕는 취약 영역 분석표와 무료 바로 채점 및 성적 분석 서비스로,

단기간에 확실하게 준비할 수 있습니다.

해커스와 함께 공기업 필기전형(NCS)의 합격을 향해 한 걸음 더 나아가기를 바랍니다.

해커스 취업교육연구소

목차

휴노형·PSAT형 시험에서 고득점을 획득할 수 있는 4가지 필승 비법! 6 Ⅰ 기간별 맞춤 학습 플랜 10
NSC 직업기초능력평가 완전 분석 12 Ⅰ 휴노형·PSAT형 NSC 기출 분석 14

NCS 기출동형모의고사 문제집

1회 기출동형모의고사 (25문항/30분)   20

2회 기출동형모의고사 (40문항/45분)   42

3회 기출동형모의고사 (50문항/60분)   76

4회 기출동형모의고사 (50문항/60분)   118

5회 기출동형모의고사 (50문항/60분)   166

6회 기출동형모의고사 (60문항/60분)   212

해커스공기업
휴노형·PSAT형
NCS 기출동형모의고사

NCS 기출동형모의고사 **해설집** (책 속의 책)

1회 기출동형모의고사 **정답·해설**   02

2회 기출동형모의고사 **정답·해설**   10

3회 기출동형모의고사 **정답·해설**   20

4회 기출동형모의고사 **정답·해설**   32

5회 기출동형모의고사 **정답·해설**   44

6회 기출동형모의고사 **정답·해설**   56

[부록]
OMR 답안지

네 가지 필승 비법!

1 최신 휴노형·PSAT형 NCS 출제 경향을 반영한 기출동형 문제로 전략적으로 실전에 대비한다!

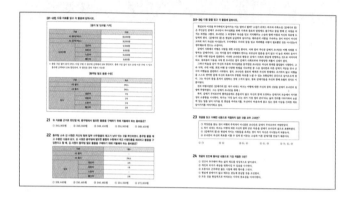

NCS 기출동형모의고사(6회분)

교재 수록 모의고사는 총 6회분으로, 가장 최근 시험의 출제 경향이 반영된 기출동형 모의고사로 구성하여 실전에 완벽하게 대비할 수 있다.

OMR 답안지

OMR 답안지에 직접 답을 체크하여 풀어 보면서 실전 감각을 극대화할 수 있다.

3일 완성 맞춤형 학습 플랜

본 교재에서 제공하는 '3일 완성 학습 플랜'에 따라 학습하면 혼자서도 단기간에 전략적으로 휴노형·PSAT형 NCS에 대비할 수 있다.

2 상세한 해설로 완벽하게 정리한다!

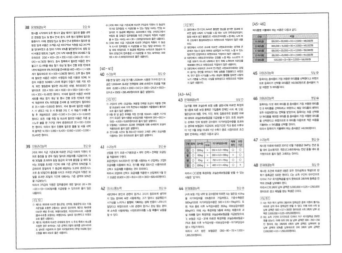

약점 보완 해설집

문제집과 해설집을 분리하여 보다 편리하게 학습할 수 있으며, 모든 문제에 대해 상세하고 이해하기 쉬운 해설을 수록하여 체계적으로 학습할 수 있다.

빠른 문제 풀이 Tip & 더 알아보기

'빠른 문제 풀이 Tip'을 통해 복잡한 수치 계산 문제를 빠르게 푸는 방법까지 익힐 수 있고, '더 알아보기'로 관련 이론 및 개념까지 폭넓게 학습할 수 있다.

네 가지 필승 비법!

3 취약점은 반복 훈련으로 극복한다!

취약 영역 분석표

영역별로 맞힌 개수와 정답률을 적고 나서 취약한 영역이 무엇인지 파악해 보세요.
정답률이 60% 미만인 취약한 영역은 틀린 문제를 다시 풀어보면서 확실히 극복하세요.

영역	의사소통능력	수리능력	문제해결능력	기술능력	TOTAL
맞힌 개수	/14	/14	/14	/8	/50
정답률	%	%	%	%	%

* 정답률(%) = (맞힌 개수÷전체 개수) × 100

취약 영역 분석표

취약한 영역을 파악하고, 틀린 문제를 반복하여 풀면서 취약 영역에 대한 집중 학습을 할 수 있다.

1회 기출동형모의고사

정답

p.20

01	④	의사소통능력	08	④	의사소통능력	15	④	수리능력	22	①	문제해결능력
02	③	의사소통능력	09	③	의사소통능력	16	②	수리능력	23	⑤	문제해결능력
03	②	의사소통능력	10	③	수리능력	17	④	수리능력	24	①	문제해결능력
04	③	의사소통능력	11	③	수리능력	18	⑤	문제해결능력	25	③	문제해결능력
05	②	의사소통능력	12	④	수리능력	19	④	문제해결능력			
06	⑤	의사소통능력	13	③	수리능력	20	④	문제해결능력			
07	③	의사소통능력	14	④	수리능력	21	⑤	문제해결능력			

무료 바로 채점 및 성적 분석 서비스

해커스잡 사이트(ejob.Hackers.com)에서 제공하는 '무료 바로 채점 및 성적 분석 서비스'를 통해 응시 인원 대비 본인의 성적 위치를 확인할 수 있다.

4 동영상강의와 온라인 모의고사를 활용한다!

본 교재 인강

해커스잡   사이트(ejob.Hackers.com)에서 유료로 제공되는 본 교재 동영상강의를 통해 교재 학습 효과를 극대화할 수 있다.

NCS PSAT형 온라인 모의고사

해커스잡   사이트(ejob.Hackers.com)에서 무료로 제공하는 'NCS PSAT형 온라인 모의고사'를 통해 추가적으로 문제를 풀어보며 실전에 대비할 수 있다.

※ 자신에게 맞는 일정의 학습 플랜을 선택하여 매일 그날에 해당하는 학습 분량을 공부하고, 학습 완료 여부를 □에 체크해보세요.

3일 완성 학습 플랜

하루에 2회씩 기출동형모의고사를 모두 풀고 난 후 해설을 통해 틀린 문제와 풀지 못한 문제를 다시 한번 꼼꼼히 확인함으로써 단기간에 효과적으로 휴노형·PSAT형 NCS를 대비할 수 있다.

	날짜	학습 내용
1일	__월 __일	□ 1회 풀이 및 채점 □ 1회 복습 □ 2회 풀이 및 채점 □ 2회 복습
2일	__월 __일	□ 3회 풀이 및 채점 □ 3회 복습 □ 4회 풀이 및 채점 □ 4회 복습
3일	__월 __일	□ 5회 풀이 및 채점 □ 5회 복습 □ 6회 풀이 및 채점 □ 6회 복습

* 심화 학습을 원한다면, 해커스잡 사이트(ejob.Hackers.com)에서 유료로 제공하는 본 교재 동영상강의를 수강하여 심화 학습할 수 있다.

7일 완성 학습 플랜

하루에 1회씩 기출동형모의고사를 모두 풀고 난 후 해설을 통해 틀린 문제와 풀지 못한 문제를 다시 한번 꼼꼼히 확인하고, 전 회차를 다시 복습함으로써 휴노형·PSAT형 NCS에 빈틈없이 대비할 수 있다.

	날짜	학습 내용
1일	__월 __일	☐ 1회 풀이 및 채점 ☐ 1회 복습
2일	__월 __일	☐ 2회 풀이 및 채점 ☐ 2회 복습
3일	__월 __일	☐ 3회 풀이 및 채점 ☐ 3회 복습
4일	__월 __일	☐ 4회 풀이 및 채점 ☐ 4회 복습
5일	__월 __일	☐ 5회 풀이 및 채점 ☐ 5회 복습
6일	__월 __일	☐ 6회 풀이 및 채점 ☐ 6회 복습
7일	__월 __일	☐ 1~6회 복습

* 심화 학습을 원한다면, 해커스잡 사이트(ejob.Hackers.com)에서 유료로 제공하는 본 교재 동영상강의를 수강하여 심화 학습할 수 있다.

NCS 직업기초능력평가 완전 분석

1 직업기초능력평가 소개

1. 직업기초능력이란?

- 정의: 효과적인 직무수행을 위해 대부분의 산업 분야에서 공통적으로 필요한 능력
- 영역 및 하위능력

구분	하위 능력
의사소통능력	문서이해능력, 문서작성능력, 경청능력, 의사표현능력, 기초외국어능력
수리능력	기초연산능력, 기초통계능력, 도표분석능력, 도표작성능력
문제해결능력	사고력, 문제처리능력
자기개발능력	자아인식능력, 자기관리능력, 경력개발능력
자원관리능력	시간관리능력, 예산관리능력, 물적자원관리능력, 인적자원관리능력
대인관계능력	팀워크능력, 리더십능력, 갈등관리능력, 협상능력, 고객서비스능력
정보능력	컴퓨터활용능력, 정보처리능력
기술능력	기술이해능력, 기술선택능력, 기술적용능력
조직이해능력	경영이해능력, 체제이해능력, 업무이해능력, 국제감각
직업윤리	근로윤리, 공동체윤리

2. 직업기초능력평가란?

- 정의: 직업기초능력을 보유하고 있는지 객관적으로 측정하는 평가 방법
- 평가 기준: 직업 상황, 직업기초능력, 행동 중심
- 평가 기준별 세부 사항

직업 상황	실제 산업현장에서 직무를 수행하면서 일어날 수 있는 상황이 문항의 배경으로 제시된다.
직업기초능력	기존 인·적성 검사가 단순한 지적능력을 평가한 것과 달리, 실제 직무를 수행할 때 필요한 기초능력, 즉 10개 영역에 대한 능력을 평가한다.
행동 중심	특정한 직무를 수행하고 있는 사람이 직업기초능력에 대한 지식을 토대로 할 수 있는 구체적인 행동을 찾도록 한다.

2 직업기초능력평가 출제 유형

1. 출제 유형
- **모듈형:** 한국산업인력공단 NCS 학습모듈을 기반으로 한 문제가 출제되는 시험
- **PSAT형:** 공직적격성평가(PSAT)와 유사한 형태의 문제가 출제되는 시험
- **피듈형:** 모듈형 문제와 PSAT형 문제가 모두 출제되는 시험

2. 기업별 출제 유형

모듈형	한국법제연구원, 정부출연연구기관(공동채용), 울산항만공사, 소상공인시장진흥공단, 우체국금융개발원, 한국고용정보원, 한전KPS, 한전KDN 등
PSAT형	한국관광공사, 도로교통공단, 한국수자원공사, 인천국제공항공사, 한국철도공사(코레일), 한국토지주택공사(LH), 한국공항공사, 한국도로공사, 한국임업진흥원, 한국해양교통안전공단, 한국콘텐츠진흥원, 정보통신산업진흥원, 한국조폐공사, 한국투자공사, 한국수출입은행, 건설근로자공제회, 근로복지공단, 국민건강보험공단, 사립학교교직원연금공단, 한국산업인력공단, 한국서부발전, 한국수력원자력, 한국동서발전, 한국가스공사, 한국남동발전, 한국전력공사 등
피듈형	국립낙동강생물자원관, 한국국제협력단(코이카), 국민체육진흥공단, 국토안전관리원, 국가철도공단, 새만금개발공사, 인천항만공사, 한국국토정보공사, 코레일유통(주), 부산항만공사, 한국부동산원, 한국기상산업기술원, 한국산업기술평가관리원, 중소벤처기업진흥공단, 한국산업단지공단, 한국인터넷진흥원, 한국소비자원, 서민금융진흥원, 신용보증기금, 한국벤처투자, 주택도시보증공사, 예금보험공사, 기술보증기금, 한국산업은행, 한국장학재단, 한국보건복지인재원, 한국보건의료인국가시험원, 한국산업안전보건공단, 국민연금공단, 한국보훈복지의료공단, 건강보험심사평가원, 국립공원공단, 한국환경공단, 한국농어촌공사, 한국중부발전, 한국가스기술공사, 한국가스안전공사, 한국남부발전, 한국전기안전공사, 한국석유공사, 한국원자력연료주식회사 등

※ 각 기업별로 시행된 가장 최근 시험 기준이며, 기업별 상황에 따라 출제 유형이 달라질 수 있음

휴노형·PSAT형 NCS 기출 분석

1 휴노형·PSAT형 NCS 출제 경향 알아보기

1. 휴노형·PSAT형 NCS란?

- **정의:** 출제 대행사 휴노에서 출제하는 문제 또는 공직적격성평가(PSAT)와 유사한 형태의 문제가 출제되는 시험
- **대표 영역별 출제 유형**
  - 의사소통능력: 중심 내용 파악, 세부 내용 파악, 글의 구조 파악 등의 독해 문제가 주로 출제되지만, 우리말 어법이나 어휘력과 같은 문서 작성 기술 기반의 문제가 출제되기도 한다.
  - 수리능력: 응용 계산 능력을 묻는 기초연산 문제와 도표 등의 자료를 이해하고 해석하는 문제가 출제된다.
  - 문제해결능력: 명제추리, 조건추리 등의 사고력을 묻는 문제와 긴 자료가 제시되고 문제 상황을 해결하는 문제처리 문제가 출제된다.

2. 출제 경향 및 영역별 학습 방법

- **의사소통능력:** 이해하기 어려운 주제의 긴 지문이 제시되며, 이를 독해할 수 있는지를 묻는 문제가 출제되므로 지문 내의 핵심어를 파악하는 연습을 통해 문제 풀이 속도를 높여나가야 한다.
- **수리능력:** 기초연산 문제보다는 자료해석 문제의 출제 비중이 높은 편이며, 표, 그래프 등의 다양한 자료를 빠르게 해석하고 계산하는 연습을 통해 문제 풀이 실력을 향상시킬 수 있다.
- **문제해결능력:** 명제, 조건, 자료 등을 기반으로 한 추론 문제의 출제가 일반적이므로 다양한 자료를 꾸준히 읽고 해석하는 능력을 길러야 한다. 특히 PSAT형 NCS를 출제하는 기업의 문제 난이도는 높은 편이므로, 관련 유형을 출제하는 기업의 NCS 기출동형 문제를 풀어보며 높은 난도의 문제에 대비해야 한다.

3. 최근 3개년 휴노형·PSAT형 출제 주요 기업명

2023년	한국철도공사, 국민건강보험공단, 인천국제공항공사, 한국수자원공사, 한국수력원자력, 한국토지주택공사(LH), 한국공항공사, 한국해양교통안전공단, 정보통신산업진흥원, 한국투자공사, 사립학교교직원연금공단, 한국서부발전, 한국수력원자력, 한국동서발전, 한국가스공사, 한국전력공사 등
2022년	한국철도공사, 한국전력공사 한국토지주택공사(LH), 한국수자원공사, 한국산업인력공단, 한국전력공사, 한국토지주택공사(LH), 한국수력원자력, 한국가스공사 등
2021년	한국철도공사, 한국전력공사, 한국수자원공사, 한국지역난방공사, 국민건강보험공단, 한국수력원자력, 인천국제공항공사, 한국공항공사, 한국수력원자력, 한국남동발전 등

2 휴노형·PSAT형 NCS 출제 대표 기업별 시험 영역

기업명	의사소통	수리	문제해결	자원관리	정보	자기개발	대인관계	기술	조직이해	직업윤리
한국관광공사	O	O	O	O						
도로교통공단	O	O	O		O					
한국수자원공사	O	O	O							
인천국제공항공사	O	O	O	O	O					
한국철도공사(코레일)	O	O	O							
한국토지주택공사	O	O								
한국공항공사	O	O	O	△	O			△		
한국도로공사	O	△	O	△	O			△	△	
한국해양교통안전공단	O		O		O				O	O
한국콘텐츠진흥원	O	O	O	O	O					
정보통신산업진흥원	O	O	O	O					O	
한국조폐공사	O	O	O	O						
한국투자공사	O	O	O	O	O					
한국수출입은행	O	O	O						O	
근로복지공단	O	O	O	O						
국민건강보험공단	O	O	O							
사립학교교직원연금공단	O	O	O	O	O					
한국산업인력공단	O	O	O	O					O	O
한국서부발전	O	O	O		O			O		
한국수력원자력	O	O	O	O				△	△	
한국동서발전	O	O	O							
한국가스공사	O				O					
한국남동발전	O	O	O							

※ 각 기업별 가장 최근 시험 기준이며, 기업별 상황에 따라 출제 과목이 달라질 수 있음(직군에 따라 출제 여부가 다른 영역은 △ 표기함)

NCS 기출동형모의고사

1회 기출동형모의고사 (25문항/30분)

2회 기출동형모의고사 (40문항/45분)

3회 기출동형모의고사 (50문항/60분)

4회 기출동형모의고사 (50문항/60분)

5회 기출동형모의고사 (50문항/60분)

6회 기출동형모의고사 (60문항/60분)

1회 기출동형모의고사

[1] 본 모의고사는 의사소통능력 9문항, 수리능력 8문항, 문제해결능력 8문항 총 25문항으로 구성되어 있는 모의고사로, 제한 시간은 30분입니다.

[2] 한국철도공사(코레일) 등의 기업에서 필기시험을 25문항으로 출제하고 있으며, 평균적으로 1문항당 1분 30초로 이내에 풀이하셔야 합니다.

 * 단, 세부 출제 영역 및 제한 시간 등은 기업에 따라 차이가 있으므로 시험 응시 전 채용 공고를 확인해야 합니다.

[3] 본 교재 마지막 페이지에 있는 OMR 답안지와 해커스잡 애플리케이션의 모바일 타이머를 이용하면 더욱 실전처럼 모의고사를 풀어볼 수 있습니다.

[01-03] 다음 보도자료를 읽고 각 물음에 답하시오.

수입신고서류 자동심사, 식의약 기업의 글로벌 진출 지원, 마약 없는 건강한 사회 구현 등 식품의약품안전처의 혁신 우수사례를 공유하고, 범정부 차원으로 혁신문화를 확산하는 자리가 마련됐다.

행정안전부와 식품의약품안전처(이하 식약처)는 9월 19일(화), 충청북도 C&V센터에서 '제24회 혁신릴레이'를 공동 개최했다고 밝혔다. '혁신릴레이'는 공직 내 혁신문화를 확산하고 각 기관의 혁신 우수사례를 공유하기 위해 지난 2019년부터 기관 간 릴레이 방식으로 진행하고 있다. 이날 행사는 식약처 직원뿐만 아니라 각 기관의 혁신업무 담당자를 비롯해 약 150명이 참석하여 식약처 혁신사례에 대한 높은 관심을 보였다. 특히, 이번 혁신릴레이에는 민간기업인 유한양행이 참여하여 조직문화 혁신을 위해 협력했다.

1부에서는 '모두가 즐거운 식약처, 국민이 안심하는 건강한 대한민국'이라는 주제로 식약처가 혁신 우수사례를 발표하였다. 먼저, 식약처는 전세계 식의약 규제기관 중 디지털을 활용한 서류심사 자동화를 최초로 도입하여 평균 1일 정도 소요되던 서류심사를 5분으로 획기적으로 단축시킨 '전자심사24(SAFE-i24)'를 소개했다. '전자심사24'는 증가하는 수입식품의 안전관리를 위해 24시간 내내 운영되고 있으며, 신고 접수부터 수리에 이르는 모든 과정을 자동으로 수행하는 시스템이다. 아울러 '우리 식의약 기업'의 글로벌 진출을 지원한 사례와 마약 없는 건강한 사회를 만들기 위한 식약처의 노력 등을 공유했다.

2부에서는 식약처와 유한양행의 조직문화 개선 우수사례 발표가 이어졌다. 식약처는 '거침없는 토크', '2·5·5 토크', '리버스멘토링' 등 다양한 형태의 소통 프로그램을 통해 일하는 과정에서의 애로사항, 업무효율화 방안 등에 대해 식약처장과 직원 간 격의 없이 소통하고 있는 사례를 발표했다.

식약처는 중앙행정기관 최초로 업무와 여가를 병행하는 근무형태의 '힐링일터'도 도입해 운영하고 있다. 힐링일터는 강원도 속초시·강릉시, 경상남도 남해구 등에서 3회를 운영하여 총 44명의 직원이 참여했고, 만족도는 평균 4.76점(5점 만점)으로 큰 호응을 얻었다. 또한, 중앙행정기관이 민간기업의 유연한 조직문화를 벤치마킹할 수 있도록 유한양행의 조직문화를 소개하는 시간을 가졌다. 유한양행은 빠른 의사결정을 위한 임원과 실무진의 회의문화 개선, 개인 성장 지원 및 다양한 복지제도를 통한 워라밸 향상 등 일하기 좋은 기업 문화 사례를 소개했다.

오○○ 식품의약품안전처장은 "식약처는 앞으로도 식의약 안전관리 분야에서 디지털 전환, 수출 활성화 등을 통해 일하는 방식을 혁신적을 개선하고 식의약 안전관리를 지속적으로 강화해 나가겠다."라고 언급하고, "서로 존중·신뢰하는 공직문화를 조성하기 위해 세대 간 소통을 강화하고 조직의 개방성·유연성을 향상시킬 수 있는 다양한 프로그램을 운영하겠다."라고 강조했다.

서○○ 행정안전부 혁신조직국장은 "디지털기술을 활용한 식약처의 24시간 불이 꺼지지 않는 민원처리 방식은 앞으로 정부혁신이 나아갈 방향"이라며, "행정안전부는 각 기관의 우수한 혁신사례를 범정부적으로 확산하여 국민이 체감할 수 있도록 노력을 지속해 나가겠다."라고 말했다. 한편, 제25회 혁신릴레이는 오는 10월 행정안전부와 서울시가 공동으로 개최할 예정이다.

※ 출처: 행정안전부(2023-09-19 보도자료)

01 위 보도자료를 읽고 이해한 내용으로 가장 적절하지 않은 것은?

① 식약처는 전세계 식의약 규제기관 가운데 최초로 디지털을 적용한 서류심사 자동화를 도입하였다.

② 제24회 혁신릴레이에서는 식의약 기업의 세계 진출 지원과 같은 식약처의 혁신 우수사례가 공유되었다.

③ 참여 직원들의 큰 호응을 얻은 힐링일터는 중앙행정기관 중 처음으로 식약처에서 도입하였다.

④ 식약처가 도입한 전자심사24는 신고 접수를 제외한 나머지 모든 과정을 자동으로 수행하는 시스템이다.

⑤ 식약처가 도입한 전자심사24는 수입식품의 안전관리를 위해 운영을 멈추는 시간이 없다.

02 위 보도자료의 제목으로 가장 적절한 것은?

① 수입식품 전자심사 도입 배경 및 결과

② 힐링일터 운영으로 높아진 행정속도 비결 공유

③ 기관 간 혁신 우수사례 공유를 위한 혁신릴레이 개최

④ 식품의약품의 안전관리를 강화하기 위한 방침 소개

⑤ 디지털기술을 활용한 민원처리방식의 장단점

03 위 보도자료를 읽고 다음과 같이 A~E 사원이 대화를 나눴다고 할 때, 다음 중 가장 적절하지 않은 발언을 한 사원은?

> A 사원: 이번 제24회 혁신릴레이는 행정안전부와 식품의약품안전처가 공동으로 개최했네요.
> B 사원: 혁신릴레이는 기관 간 혁신 우수사례를 릴레이 방식으로 매년 한 번씩 공유하는 행사예요.
> C 사원: 그리고 바로 다음 혁신릴레이는 행정안전부와 서울시가 공동으로 개최할 예정이네요.
> D 사원: 그럼, 각 기관의 혁신 우수사례를 공유함으로써 범정부적으로 확산되도록 하는 역할은 행정안전부에서 하고 있는 거네요.
> E 사원: 이번에는 정부 기관뿐 아니라 민간기업의 혁신 우수사례도 공유되어 정부 기관이 이를 벤치마킹할 수 있을 것 같아요.

① A 사원 ② B 사원 ③ C 사원 ④ D 사원 ⑤ E 사원

[04-05] 다음 보도자료를 읽고 각 물음에 답하시오.

정부가 오봉역 사망사고와 영등포역 무궁화호 탈선 등 잇따라 발생한 철도 사고의 재발을 막기 위해 한국철도공사(코레일)에 4조 2교대 근무체계에서 3조 2교대로의 환원을 명령했다. 또 오는 2024년에는 열차의 운행속도와 통과톤수 등을 고려해 유지보수 기준을 차등화하는 '선로 등급제'를 도입하기로 했다.

국토교통부(이하 국토부)는 이 같은 내용을 포함한 '철도안전 강화대책'을 17일 발표했다. 국토부에 따르면 10년간 지속해서 감소해 오던 철도 사고는 지난해부터 증가세로 전환됐다. 철도 사고는 2012년 222건에서 2021년 48건으로 줄어들었던 반면 지난해 66건으로 늘었다. 지난 한 해 동안 궤도이탈이 세 차례, 코레일 작업자 4명이 사망하는 사고가 발생했다. 연말에는 수도권 1호선 전동차가 한강철교 위에서 2시간이나 정차한 사고 등 각종 사고·장애가 끊이지 않아 철도안전에 대한 국민들의 우려와 불안감이 심화되고 있는 상황이다.

국토부는 민간 철도안전 전문위원단의 현장점검을 비롯해 여러 차례 전문가 및 관계기관 대책회의 결과 기본 안전수칙 등이 제대로 지켜지지 않은 것이 대형 사고로 이어졌다고 판단했다. (㉠) 충분한 사전준비 없이 근무체계를 변경하거나 경험이 부족한 신입직원들이 위험한 업무를 많이 맡고 있는 등 조직관리에 있어 안전우선의 원칙이 제대로 지켜지지 않고 있는 것으로 확인됐다. (㉡) 관제의 경우 구로관제, 철도역(로컬관제), 본사 등에 기능이 분산돼 있어 사고 및 운행장애 시 열차운행의 컨트롤 타워 역할을 독립적으로 수행하기 어려운 것으로 드러났다. 이날 발표한 '철도안전 강화대책'에 따라 국토부는 기본 안전수칙을 준수하는 안전 문화가 뿌리내릴 때까지 민간철도안전 전문위원(100여 명), 청년 제보단(100여 명)등을 통해 안전취약요인을 상시 점검할 방침이다.

코레일 자체적으로도 차량정비, 시설 유지보수 작업 품질을 감독·검수할 수 있도록 현장 견제 기능을 보완하기로 했다. (㉢) 중장기적으로는 국토부 지방국토관리청에 철도안전관리를 전담하는 조직을 보강할 예정이다. 작업의 난이도와 이동시간 등 현장상황을 고려해 기본 작업시간 외 추가 작업시간을 확보하고 선로 분기기 레일의 미세균열 확인 등 높은 정확성이 요구되는 점검은 낮 시간대에 수행할 수 있도록 개선한다.

이와 더불어 작업자의 업무와 책임을 명확히 하는 유지보수 실명제를 강화한다. 선로 등 철도시설의 건설, 유지보수, 개량 전 단계에 걸쳐 철도시설의 운영 이력을 DB화하고 외부에 공개하는 기록·관리 체계도 개선하기로 했다. 운전실 내 기관사의 휴대전화 사용을 제한하기 위해 기존의 운전실 내 CCTV 설치 방안 뿐 아니라 연구용역을 통해 항공, 선박 등 다른 분야 및 해외사례 등을 다각적으로 검토, 합리적인 대안을 마련할 계획이다.

국토부는 코레일의 4조 2교대 근무체계에 대해서는 3조 2교대로 환원하도록 시정명령을 내렸다. 4조 2교대 도입이 필요한 경우에는 안전도 평가 등 절차를 거쳐 국토부의 승인을 받을 것을 요구했다. (㉣) 업무량이 많은 역사 등에 중견직원과 신입직원이 균형 있게 분포할 수 있도록 개선하기로 했다. 경험이 많은 중간관리자(3급)가 부역장, 역무팀장 등 현장 책임을 맡을 수 있도록 선호도가 높은 여객전무의 직급을 3급에서 4~5급으로 낮추는 방안도 검토한다. 신입직원의 경험 미숙으로 인한 사고를 예방하기 위해 신입직원의 현장교육을 확대하고 교육훈련 주기를 단축한다. 신규 광역기관사에 대해서는 선로 등 현장에 익숙해진 후 차량을 운전할 수 있도록 전철차장 업무를 거쳐 기관사로 투입되도록 보직 경로를 개선한다.

(㉤) 도보 점검을 원격 감시, 검측 차량 등으로 단계적으로 대체하는 등 인력 위주의 유지보수 업무 전반을 자동화 및 첨단화하는 스마트 유지보수 마스터 플랜을 수립하기로 했다. 선로 내부 결함을 조기에 파악하는 초음파 검사차량과 초음파 검사기를 확충하고 레일 연마를 통해 선로 사용기간을 33%까지 연장시킬 수 있는 레일 연마차와 연마기 등의 첨단장비도 2025년까지 도입할 예정이다. 사고 우려가 있거나 차량정리 작업이 빈번한 역사를 대상으로 수동으로 취급하던 선로 전환기를 자동방식으로 전환한다. 어○○ 국토부 제2차관은 "이번 철도안전 강화대책이 현장에 뿌리내릴 수 있도록 지속적으로 이행상황을 점검할 것"이라며 "국민의 생명과 안전을 위협하는 철도 안전사고가 발생하지 않도록 최선을 다하겠다"고 밝혔다.

※ 출처: 국토교통부(2023-01-18 보도자료)

04 위 보도자료를 읽고 이해한 내용으로 가장 적절하지 않은 것은?

① 국토부는 기본 안전수칙 미준수로 인한 사고 발생률을 줄이기 위해 평상시에도 안전취약요인을 점검할 계획이라고 밝혔다.

② 철도안전관리를 위한 시설 점검 중에서도 높은 정확도가 요구되는 점검은 주로 낮 시간대에 이뤄질 예정이다.

③ 현장 책임직에 경험이 많은 중간관리자가 투입되면 여객전무의 직급이 3급으로 높아질 확률이 높다.

④ 철도 사고 건수는 2012년부터 계속해서 감소하는 추세를 보였으나 작년부터 그 수가 증가하고 있다.

⑤ 레일 연마차와 같은 첨단장비가 도입된다면 선로를 사용할 수 있는 기간이 지금보다 길어질 가능성이 높다.

05 위 보도자료의 ㉠~㉤에 들어갈 말로 가장 적절하지 않은 것은?

① ㉠: 실제로　　② ㉡: 그러나　　③ ㉢: 또한　　④ ㉣: 그리고　　⑤ ㉤: 아울러

[06-07] 다음 보도자료를 읽고 각 물음에 답하시오.

행정안전부는 디지털플랫폼 정부 구현을 위한 선도과제의 일환으로 한국철도공사와 협업하여 국민이 많이 사용하는 코레일톡 앱을 보다 쉽고 편하게 이용할 수 있도록 사용자가 공공 웹·앱 서비스를 접하는 화면 배치, 구성요소 등을 의미하는 사용자 환경(UI)과 사용자가 서비스를 이용하면서 전반에 대해 느끼는 반응, 감정과 같은 총체적인 경험을 의미하는 사용자 경험(UX)을 개선하였다.

행정안전부는 국민 누구나 디지털 공공서비스를 불편 없이 이용하도록 사용자 중심의 공공 웹·앱 UI 및 UX 혁신 과제를 본격 추진하기에 앞서 UI와 UX의 혁신 모델을 검증하고, 향후 적용·확산 방향을 수립하기 위해 이번 시범사업을 추진하게 되었다. 이를 위해 코레일 톡(앱)과 정부24(웹)를 시범사업 대상으로 선정하고, 민간 전문가와 한국 지능정보 사회진흥원 등 관계기관이 참여하는 자문단을 구성하여 개선항목 선정, 사용성 검증방안 등에 대해 논의·추진하였다. 정부24의 UI와 UX의 개선사항은 올해 고도화 사업을 통해 반영할 예정이다. 아울러 일반인을 대상으로 개선 전후에 대해 국민 선호도를 조사하고, 2030 청년자문단 및 관계 전문가의 의견을 듣는 등 일반인과 전문가의 의견을 폭넓게 청취하였다.

코레일톡의 주요 개선사항으로는 우선 앱을 실행하면 처음 접하게 되는 대기화면과 알림창을 국민이 쉽게 이해할 수 있도록 간결하게 바꾸어 시인성을 높이고, 사용자에게 꼭 필요한 내용은 빠르게 파악할 수 있도록 알림창의 내용을 체계적으로 변경하였다. 앱 상단과 하단도 디자인적 일관성이 확보되도록 개선하고, 메뉴 표시줄(아이콘)을 선택했을 때 구별선을 넣어 현재 어떤 메뉴를 사용하고 있는지 국민이 보다 명확하게 알 수 있도록 개선하였다. 아울러 승차권 예매 화면과 일관성이 아쉬웠던 할인·정기권 및 관광상품 화면에 대해서도 국민이 필요한 서비스 정보를 빠르게 찾고 이용할 수 있도록 주요 정보를 간결한 구조로 배치하고 이미지를 추가하는 등 전면 개편하였다.

행정안전부는 시범추진 결과와 국민·전문가 의견, 해외 선진사례 등을 종합적으로 고려하여 올해부터 사용자 중심의 공공 웹·앱 혁신을 본격적으로 추진할 계획이다. 먼저 다양한 공공 웹·앱에 공통적으로 개발이 필요한 회원가입, 로그인 등의 요소에 대해 누구나 쉽게 사용할 수 있는 표준을 개발하고, 각급 기관에서 이를 활용하고 적용할 수 있도록 지원할 예정이다. 국민이 많이 사용하는 공공 웹·앱에 대해서는 우선적으로 적용·확산하기 위해 디자인팀을 운영하여 집중적으로 기술을 지원할 계획이다. 또한, 국민평가단을 모집·구성하여 국민평가단이 직접 공공 웹·앱의 사용성을 평가하고 표준 등에 환류하는 체계도 마련하여 국민의 의견이 지속적으로 반영될 수 있도록 할 예정이다.

서○○ 행정안전부 디지털정부국장은 "이번 시범사업은 국민 누구나 디지털 공공서비스를 쉽고 편하게 이용할 수 있는 사용자 중심의 공공 웹·앱 UI 및 UX로의 본격적인 전환을 시작하는 초석"이라며, "앞으로 민관협력 기반의 공공 웹·앱 UI 및 UX 혁신 체계를 구축하고, 주요 공공 웹·앱에 적용하는 등 디지털 플랫폼 정부 혁신 노력을 속도감 있게 추진해 나가겠다."라고 말했다.

※ 출처: 행정안전부(2023-02-16 보도자료)

06 위 보도자료를 읽고 이해한 내용으로 가장 적절하지 않은 것은?

① 행정안전부는 공공 웹 및 앱 서비스의 사용성을 평가할 수 있는 국민평가단을 모집할 예정이다.

② 행정안전부는 전문가, 청년자문단을 넘어 일반 국민들의 UI 및 UX 개선에 대한 의견도 경청하였다.

③ 사람들의 수요가 많은 공공 웹 및 앱 서비스에 우선적으로 개선사항을 적용하기 위해 디자인팀이 운영될 계획이다.

④ UI는 사용자가 공공 웹 서비스나 앱 서비스를 이용할 때 보게 되는 화면의 배치나 구성요소를 의미한다.

⑤ 행정안전부의 시범사업으로 선정된 코레일 톡과 정부24는 UI와 UX 개선사항이 반영되어 함께 개편되었다.

07 위 보도자료를 읽고 A, B 두 사원이 나눈 대화가 다음과 같을 때, 빈칸에 들어갈 내용으로 가장 적절하지 않은 것은?

> A 사원: 이번에 행정안전부와 한국철도공사가 코레일 톡과 정부24를 개선하기 위해 시범사업을 추진한다는 소식 들으셨어요?
>
> B 사원: 맞아요. 이번 시범사업의 가장 큰 목표는 앱과 웹 모두에서 국민들의 디지털 공공서비스 이용에 대한 불편함 해소인 것 같더군요.
>
> A 사원: 네. 그에 따른 세부적인 목표는 UI와 UX 혁신 모델을 검증하고, 이를 이후에 적용하여 확산시키는 방향을 잡기 위함인 것 같아요. 그중 앱 부분인 코레일 톡은 어떤 부분이 개선되었는지 알고 계시나요?
>
> B 사원: (   )

① 사용자가 아이콘을 선택했을 때 현재 어떤 메뉴를 사용하고 있는지 정확히 알 수 있도록 구별선을 추가하였어요.

② 사용자가 앱의 상단 부분과 하단 부분을 볼 때 디자인 면에서 일관적으로 보여질 수 있도록 개선하였어요.

③ 사용자가 어렵지 않게 앱을 이용할 수 있도록 로그인, 회원가입과 같은 부분의 표준을 개발하였어요.

④ 사용자가 앱을 실행하면 볼 수 있는 알림창의 형태는 간결하되 내용은 체계적으로 바꾸었어요.

⑤ 사용자가 승차권 예매 화면에서 서비스 정보를 빠르게 찾을 수 있도록 화면에 이미지를 추가하였어요.

○○공사, 다양한 서비스 시범 운영 예정

'웹 승차권 발송 서비스', '셀프 체크 서비스' ⋯ 10월 시범 운영

○○공사는 역 매표창구에서 구매한 열차 승차권을 모바일로 바로 받을 수 있는 '웹 승차권 발송 서비스'를 10월 말부터 시범 운영할 계획이다. 웹 승차권 발송 서비스는 종이 승차권을 대신해 휴대폰 알림톡이나 문자로 승차권을 받는 시스템으로 전국 주요 역에서 한 달간 테스트를 거친 후 본격적인 서비스를 시작한다.

(가) 기존 매표창구에서는 종이 승차권만 구매할 수 있었다. 모바일 앱 등에서 열차 정보를 쉽게 확인했던 것과 달리 현장에서 구매한 이용객은 종이 승차권을 소지하는 번거로움이 있었다. 이번 서비스로 종이 승차권의 분실 위험은 물론 반환 시 직접 역 매표창구까지 가는 불편 없이 휴대폰에서 반환할 수 있다. 단, 현금으로 구매한 승차권은 당분간 매표창구에서 취소해야 하나, 12월부터는 현금으로 구매한 승차권도 휴대폰에서 계좌정보를 입력하면 직접 반환이 가능해진다. 웹 승차권 발송 비용은 종이 승차권 인쇄 비용보다 최대 30%가량 저렴해 비용 절감과 환경 보전을 모두 챙기는 효과를 거둘 것으로 보인다. 한국철도공사는 시범 운영을 통해 송·수신 과정에서 생기는 고객의 개선 의견을 수렴하고, 시스템을 보완·개선한 이후 서비스를 선보일 계획이다.

또한, ○○공사는 10월부터 KTX 자유석을 이용하는 승객이 스스로 검표하는 '셀프 체크 서비스'를 시범 운영할 예정이다. 셀프 체크 서비스란 승객이 직접 모바일 앱을 통해 KTX 자유석에 부착된 QR 코드를 촬영하여 좌석을 이용하는 방식이다. 기존에는 KTX 자유석의 검표 작업은 승무원이 자유석 칸을 이용하는 승객 모두를 대상으로 한 사람씩 승차권을 확인하였으나, 이는 열차 내에서 숙면이나 휴식을 취할 때도 검표 작업이 이루어져 불편함을 느낀 승객들이 많았다. 이번에 도입되는 셀프 체크 서비스는 승객들이 승무원의 검표 없이도 자유석을 이용할 수 있기 때문에 이러한 불편을 해소할 수 있다.

(나) 셀프 체크 서비스의 이용 방법은 모바일 앱의 '승차권 확인' 메뉴에서 정기 승차권 또는 자유석 승차권을 선택하여 셀프 체크를 누르면 카메라가 자동으로 실행되고, 해당 카메라로 QR 코드를 찍으면 된다. 인식된 QR 코드를 통해 승무원이 가지고 있는 단말기에 검표 확인 안내가 전송된다. 자유석을 이용할 때 열차당 1회 이용할 수 있으며, 스마트폰 단말기에 설치된 카메라로 QR 코드 스캔 기능을 제공하는 기종만 해당 서비스 이용이 가능하다.

08 위 보도자료를 읽고 이해한 내용으로 가장 적절하지 않은 것은?

① 11월에 매표창구에서 현금으로 승차권을 구매한 승객은 당월에 해당 승차권을 취소할 시 매표창구에 직접 가서 취소해야 한다.
② 셀프 체크 서비스가 도입되기 전에는 검표 작업의 번거로움으로 인해 이용자들이 불편해 한 사례가 잦았다.
③ 웹 승차권 발송 서비스는 본격적으로 개시되기 전에 특정한 몇 개 역에서 일정 기간 테스트가 이루어 질 것이다.
④ 셀프 체크 서비스를 이용하고자 하는 사람은 하루에 한 번만 KTX 자유석에 해당 서비스를 이용할 수 있다.
⑤ 웹 승차권은 기존의 종이 승차권보다 환경을 보호할 수 있을뿐더러 비용도 줄일 수 있는 장점이 있다.

09 위 보도자료에서 (가) 문단과 (나) 문단의 서술상 특징으로 가장 적절한 것은?

	(가)	(나)
①	유추	과정
②	유추	인과
③	비교	과정
④	비교	인과
⑤	비교	분류

해커스공기업 휴노형·PSAT형 NCS 기출동형모의고사

[10-12] 다음은 원인별 지역 내 연평균 토양 및 수질 오염도를 나타낸 자료이다. 각 물음에 답하시오.

[원인별 지역 내 연평균 토양 오염도]

(단위: mg/kg)

구분	기준치	20X1년		20X2년		20X3년	
		A 지역	B 지역	A 지역	B 지역	A 지역	B 지역
구리	500	㉠ 380	390	360	380	420	280
불소	400	210	180	195	192	215	208
등유	800	530	620	642	630	565	680
경유	800	440	452	480	490	㉡ 452	540
제트유	800	400	470	350	450	440	430

[원인별 지역 내 연평균 수질 오염도]

(단위: mg/kg)

구분	기준치	20X1년		20X2년		20X3년	
		A 지역	B 지역	A 지역	B 지역	A 지역	B 지역
구리	500	390	280	410	290	420	300
불소	400	350	㉢ 150	220	165	㉣ 200	180
등유	800	490	520	440	540	480	480
경유	800	520	310	540	360	590	380
제트유	800	410	380	380	390	358	㉤ 410

10 다음 중 자료에 대한 설명으로 옳지 않은 것은?

① 제시된 기간 동안 지역 내 연평균 토양 오염도는 A 지역과 B 지역 모두 매년 등유가 불소보다 높다.

② 제시된 기간 동안 B 지역 내 경유로 인한 연평균 토양 오염도의 평균은 500mg/kg 이하이다.

③ 제시된 기간 동안 A 지역 내 구리로 인한 연평균 토양 오염도가 가장 높은 연도의 B 지역 내 등유로 인한 연평균 수질 오염도는 A 지역 내 등유로 인한 연평균 수질 오염도보다 높다.

④ 제시된 기간 동안 A 지역 내 제트유로 인한 연평균 수질 오염도가 기준치를 초과한 해는 없다.

⑤ 20X2년부터 20X3년까지 B 지역 내 경유로 인한 연평균 수질 오염도는 매년 전년 대비 증가하였다.

11 연평균 토양 및 수질 오염도 등급 기준표가 다음과 같을 때, ㉠~㉤ 중 등급이 나머지와 다른 하나는?

등급	양호	안전	경고	심각
기준치 기준	25% 미만	25% 이상 50% 미만	50% 이상 100% 미만	100% 이상

※ 기준치 기준(%) = (오염도/기준치) × 100

① ㉠   ② ㉡   ③ ㉢   ④ ㉣   ⑤ ㉤

12 ○○공사의 정 사원이 자료를 바탕으로 그래프를 작성하였을 때, 그래프 (가), (나)에 대한 설명으로 옳지 않은 것은?

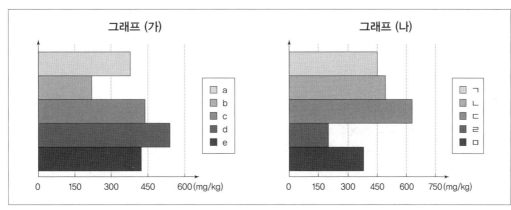

① 그래프 (가)가 20X2년 원인별 A 지역 내 연평균 수질 오염도라면, a는 제트유이다.
② 그래프 (나)가 20X2년 원인별 B 지역 내 연평균 토양 오염도라면, ㄷ은 등유이다.
③ 그래프 (가)가 20X1년 원인별 A 지역 내 연평균 토양 오염도라면, b는 불소이다.
④ 그래프 (나)가 20X1년 원인별 B 지역 내 연평균 토양 오염도라면, ㅁ은 제트유이다.
⑤ 그래프 (가)가 20X1년 원인별 A 지역과 B 지역 내 연평균 토양 오염도의 평균이라면, c는 경유이다.

2회

3회

4회

5회

6회

해커스공기업 휴노형·PSAT형 NCS 기출동형모의고사

[13-14] 다음은 20X2년 분기별 철도사고 현황에 대한 자료이다. 각 물음에 답하시오.

[평일 및 주말 철도사고 현황]

구분	철도사고 건수(건)		사망자 수(명)	
	평일	주말	평일	주말
1분기	36,387	13,023	581	210
2분기	43,540	15,308	651	219
3분기	44,013	14,544	597	184
4분기	46,798	15,957	710	189

[시간대별 철도사고 현황]

구분	철도사고 건수(건)				사망자 수(명)			
	00~06시	06~12시	12~18시	18~24시	00~06시	06~12시	12~18시	18~24시
1분기	5,119	12,504	16,440	15,347	193	205	182	211
2분기	5,456	15,637	20,717	17,030	173	227	244	226
3분기	5,509	15,051	20,659	17,338	156	214	198	213
4분기	5,669	16,238	21,307	19,541	180	244	232	243

※ 오전은 0시부터 12시까지, 오후는 12시부터 24시까지를 의미함

13 다음 중 자료에 대한 설명으로 옳지 않은 것은?

① 12~18시 철도사고 건수가 가장 많은 분기의 철도사고 건수는 12~18시 철도사고 건수가 가장 적은 분기의 철도사고 건수의 2배 이하이다.

② 3분기 오후 철도사고 건수의 평균은 3분기 오전 철도사고 건수 평균의 2배 이하이다.

③ 철도사고 사망자 수가 가장 많은 분기는 2분기이다.

④ 철도사고 건수가 가장 많은 시간대는 매 분기마다 동일하다.

⑤ 2분기 오후 철도사고 사망자 수는 같은 분기 오전 철도사고 사망자 수보다 70명 더 많다.

14 ○○공사의 갑 사원이 자료를 바탕으로 그래프를 작성하였을 때, 그래프 (가), (나)에 대한 설명으로 옳지 않은 것은?

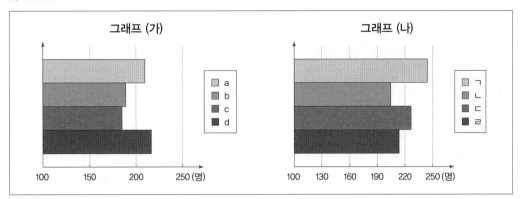

① 그래프 (가)가 20X2년 주말 철도사고 사망자 수라면, d는 2분기 주말 철도사고 사망자 수이다.

② 그래프 (나)가 20X2년 분기별 06~12시 철도사고 사망자 수라면, ㄴ은 1분기 철도사고 사망자 수이다.

③ 그래프 (가)가 20X2년 1분기 시간대별 철도사고 사망자 수라면, c는 1분기 12~18시 철도사고 사망자 수이다.

④ 그래프 (나)가 20X2년 분기별 18~24시 철도사고 사망자 수라면, ㄱ은 4분기, ㄷ은 3분기 철도사고 사망자 수이다.

⑤ 그래프 (가)가 20X2년 분기별 12~18시 철도사고 사망자 수라면, b는 3분기 철도사고 사망자 수이다.

[15-16] 다음은 A 기업의 자산별 명목 및 실질 생산 자본스톡에 대한 자료이다. 자료를 보고 각 물음에 답하시오.

[자산별 명목 및 실질 생산 자본스톡]

(단위: 백억 원)

		2018	2019	2020	2021	2022
명목 생산 자본스톡	소계	767,656	815,486	866,998	959,584	1,007,633
	건설자산	594,060	630,986	671,696	747,134	776,497
	설비자산	112,948	118,502	123,108	132,924	143,804
	지식재산 생산물	60,648	65,998	72,194	79,526	87,332
실질 생산 자본스톡	소계	715,055	738,577	762,718	787,634	810,830
	건설자산	548,293	565,055	581,871	597,894	612,802
	설비자산	109,579	112,735	116,414	121,332	125,484
	지식재산 생산물	57,183	60,787	64,433	68,408	72,544

15 다음 중 자료에 대한 설명으로 옳지 않은 것은?

① 2019년부터 2022년의 기간 동안 실질 생산 자본스톡의 소계가 전년 대비 감소한 해는 없다.

② 2019년 설비자산 명목 생산 자본스톡의 전년 대비 증가량은 같은 해 설비자산 실질 생산 자본스톡의 전년 대비 증가량보다 2,398백억 원 더 많다.

③ 2019년부터 2022년까지 설비자산 명목 생산 자본스톡의 평균은 130,000백억 원 이하이다.

④ 지식재산 생산물의 명목 생산 자본스톡이 전년 대비 가장 많이 증가한 해에 설비자산의 실질 생산 자본스톡 전년 대비 증가율은 4% 이상이다.

⑤ 전체 실질 생산 자본스톡에서 건설자산 실질 생산 자본스톡이 차지하는 비중은 제시된 기간 중 2018년이 가장 높다.

16 A 기업의 김 사원이 자료를 바탕으로 그래프를 작성하였을 때, 그래프 A~C에 대한 설명으로 옳지 않은 것을 모두 고르면?

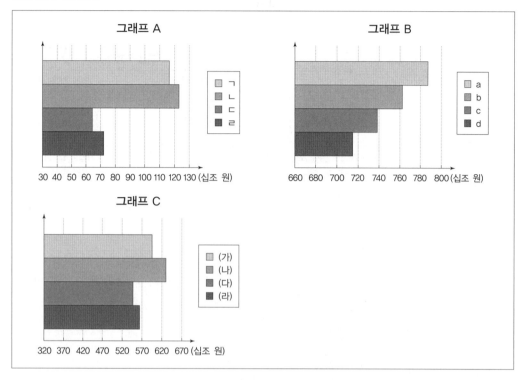

○ 그래프 B가 2018년부터 2021년까지의 실질 생산 자본스톡의 소계라면, a는 2021년 실질 생산 자본스톡의 소계이다.
ⓒ 그래프 A가 2019년과 2020년의 자산별 명목 생산 자본스톡의 일부라면, ㄱ은 2019년 설비자산의 명목 생산 자본스톡이다.
ⓒ 그래프 A가 2020년 자산별 명목 및 실질 생산 자본스톡의 일부라면, ㄹ은 지식재산 생산물의 실질 생산 자본스톡이다.
② 그래프 C가 2018년 및 2019년 건설자산의 명목 및 실질 생산 자본스톡이라면, (라)는 2019년 건설자산의 실질 생산 자본스톡이고, (가)는 2018년 건설자산의 명목 생산 자본스톡이다.

① ⓒ   ② ⓒ   ③ ㄱ, ⓒ   ④ ⓒ, ②   ⑤ ⓒ, ⓒ, ②

1회

2회

3회

4회

5회

6회

해커스공기업 휴노형·PSAT형 NCS 기출동형모의고사

17 A 기업의 전체 근로자 수는 작년에 2,500명이었고, 올해 2,320명이다. 올해 여자 근로자 수는 작년 대비 20% 늘었고, 남자 근로자 수는 작년 대비 30% 줄었을 때, 작년 여자 근로자 수는?

① 1,110명   ② 1,120명   ③ 1,130명   ④ 1,140명   ⑤ 1,150명

[18-20] 다음은 A 사의 멤버십 혜택에 대한 자료이다. 각 물음에 답하시오.

[멤버십 혜택]

1. 멤버십 등급 산정 기준

구분	등급 부여 월	등급 산정 기준	
		가입 기간	연간 사용 금액
일반 고객	매년 1월	본인의 멤버십 가입 날짜부터 등급 부여 전년도 12. 31까지의 기간	등급 부여 전년도를 기준으로 1. 1~12. 31의 금액
신규 가입 고객	신규 가입한 달을 포함하여 16개월 째 되는 달	–	신규 가입한 달의 다음 달 1일부터 12개월 동안의 사용 금액

※ 멤버십 등급은 본인의 등급 부여 월의 15일에 부여됨

2. 멤버십 등급 구분

구분		가입 기간		
		2년 미만	2년 이상 5년 미만	5년 이상
연간 사용 금액	35만 원 이상	FAMILY	VIP	VVIP
	25만 원 이상 35만 원 미만	FAMILY	VIP	VIP
	18만 원 이상 25만 원 미만	SILVER	FAMILY	FAMILY
	10만 원 이상 18만 원 미만	WELCOME	SILVER	FAMILY
	10만 원 미만	WELCOME	SILVER	SILVER

3. 멤버십 등급별 혜택 안내

구분	VV	V	F	S	W
영화 무료 관람 쿠폰	4매	3매	2매	–	–
편의점 5% 할인	O	O	O	O	–
온라인 도서 쇼핑 5% 할인	O	O	O	O	O
국내선 비행기 10% 할인	O	O	–	–	–
○○ 카페 커피 무료 교환 쿠폰	7매	5매	2매	1매	–
△△ 리조트 10% 할인	O	O	O	–	–

※ VV: VVIP, V: VIP, F: FAMILY, S: SILVER, W: WELCOME

4. 유의사항
- 신규 가입 고객은 WELCOME 등급이 부여되며, 다음 등급 부여까지 해당 등급이 유지됨
- 영화 무료 관람 쿠폰은 성인 영화 관람권에만 적용됨

─ 멤버십 등급별 혜택은 1일에 혜택별로 중복하여 사용할 수 있으나, 멤버십 등급별 혜택 중 동일한 혜택은 1일 1회로 사용이 제한됨

18 위 자료를 근거로 판단한 내용으로 옳지 않은 것은?

① 2X24년 12월 31일 기준 가입 기간이 18개월인 일반 고객의 2X24년 연간 사용 금액이 25만 원이라면 2X25년 1월에 FAMILY 등급을 부여받는다.

② 2X25년 2월 1일에 멤버십을 신규 가입한 사람이 2X26년 중에 SILVER 등급 이상을 받기 위해서는 2X26년 2월 말일까지 18만 원 이상을 사용해야 한다.

③ 편의점 할인 쿠폰과 온라인 도서 쇼핑 할인 쿠폰의 할인율은 동일하지만, 쿠폰별 혜택을 받을 수 있는 등급의 개수는 상이하다.

④ 2X23년 4월 1일에 멤버십을 가입한 사람의 2X27년 한 해 연간 사용 금액이 80만 원인 경우 이 가입자는 2X28년 1월에 멤버십 등급 중 가장 높은 등급을 받을 수 없다.

⑤ 2X23년 1월 1일에 새로 가입한 사람이 처음 받게 된 등급의 바로 다음으로 산정된 등급을 부여받게 되는 날짜는 2X24년 5월 15일이다.

19 다음은 K의 2X23년 A 사 사용 금액에 대한 정보이다. K가 A 사로부터 2X24년 1월에 부여받게 될 멤버십 등급으로 적절한 것은? (단, K의 A 사 멤버십 가입 날짜는 2X20년 7월 1일이다.)

1월 사용 금액	• 1개당 5,000원인 제품 총 4개 구매 • 1개당 20,000원인 제품 총 2개 구매
5월 사용 금액	• 1묶음(2개)당 25,000원인 제품 총 6개 구매
8월 사용 금액	• 1개당 8,500원인 제품 총 10개 구매
11월 사용 금액	• 1묶음(3개)당 30,000원인 제품 총 9개 구매

① WELCOME ② SILVER ③ FAMILY ④ VIP ⑤ VVIP

20 성인인 Z는 아버지, 어머니 그리고 청소년인 동생과 함께 이번 주 일요일에 영화를 관람하려고 한다. Z가 총 4장의 영화 관람권을 예매하려고 할 때, Z가 지불해야 하는 영화 관람권 요금은? (단, Z는 2X23년 멤버십 등급을 부여받은 2X23년 1월 15일 이후에 영화 관람권을 예매하였다.)

• Z의 멤버십 가입 날짜는 2X19년 1월 1일이다.
• Z가 A 사에서 2X22년 1~6월에 사용한 금액은 총 170,000원이며, 7~12월에 사용한 금액은 총 180,000원이다.
• Z는 멤버십 혜택으로 받은 영화 무료 관람 쿠폰을 최대한 사용할 예정이다.
• 영화 관람권의 경우 성인은 평일에 12,500원, 주말에 15,000원이며, 청소년은 성인 영화 관람권 평일 요금과 주말 요금 대비 각각 20% 더 저렴하다.

① 15,000원 ② 27,000원 ③ 30,000원 ④ 42,000원 ⑤ 55,000원

[21 - 23] 다음은 반려동물 운송에 대한 자료이다. 각 물음에 답하시오.

[반려동물 운송 예약 절차]

구분	세부사항
반려동물 운송 예약	• 국내선의 경우 항공기 출발 기준 24시간 전에, 국제선의 경우 항공기 출발 기준 48시간 전까지 예약을 완료해야 함 • 국가/지역/기종에 따라 반려동물 운송이 제한될 수 있으므로 여행 전 서비스 센터를 통해 운송 승인을 받아야 함 ※ 운송 승인없이 공항에 나오는 경우 기내 반입 또는 화물칸 위탁 운송 불가함 • 탑승객 1인당 기내 반입으로 1마리, 화물칸 위탁으로 2마리까지 운송이 가능함
동물 반입 허용 확인	• 자신의 목적지 국가에서 반입이 허용되는 동물을 사전에 확인해야 함
필요 서류 발급	• 광견병 예방접종증명서, 검역증명서 등 목적지 국가에서 요구하는 반입 서류를 확인하고 지참해야 함
반려동물 운송 용기 준비	• 반려동물 운송 용기 조건을 확인한 후 규정에 맞게 준비해야 함
공항 도착 및 탑승 수속	• 반려동물 수속 절차가 있으니 공항에 일찍 도착할 수 있도록 함 • 반려동물 운송 시, 수하물 소지 여부와 관계없이 별도의 요금이 부과됨

[운송 가능 및 불가능한 반려동물]

운송 가능한 반려동물	• 생후 8주 이상의 개, 고양이, 애완용 새 ※ 수하물로 위탁할 경우에는 생후 16주 이상이어야 함
운송 불가능한 반려동물	• 개, 고양이, 애완용 새를 제외한 토끼, 햄스터, 거북이, 뱀, 병아리, 닭 등 모든 종류의 동물 • 약물을 사용한 동물 ※ 안정제나 수면제를 투여한 경우 체온과 혈압이 떨어져 위험할 수 있음 • 불안정하고 공격적인 동물, 악취가 심하거나 건강하지 않은 동물

[반려동물 운송 무게 및 용기 기준]

구분		내용
운송 무게 기준	기내 반입	반려동물+운송 용기 총무게 7kg 이하
	화물칸 위탁 운송	반려동물+운송 용기 총무게 45kg 이하
운송 용기 기준	기내 반입	가로+세로+높이 합이 115cm 이하 ※ 가로 40cm 이하, 높이 26cm 이하
	화물칸 위탁 운송	가로+세로+높이 합이 285cm 이하 ※ 높이 84cm 이하

21 위 자료를 근거로 판단한 내용으로 옳지 않은 것은?

① 2살이 된 햄스터는 운송 무게 기준을 충족할지라도 국내선 및 국제선 항공기를 이용하여 운송하는 것이 불가능하다.

② 항공기를 탑승하는 부부 한 쌍이 항공기 화물칸으로 고양이를 위탁 운송할 시에는 최대 4마리, 기내로 반입할 시에는 최대 2마리까지 가능하다.

③ 동반 가능한 반려동물 중 안정제를 투약한 반려동물은 국제선뿐만 아니라 국내선 항공기를 통해 운송할 수 없다.

④ 위탁 수하물이 없으면서 항공기 기내에 반려동물과 함께 탑승할 수 있는 경우에도 반려동물 운송에 대한 추가 요금이 부과된다.

⑤ 높이가 25cm이고 세로가 40cm인 반려동물 운송 용기가 가로 길이를 포함하여 총 115cm라면 해당 운송 용기는 기내에 반입할 수 있다.

22 갑이 자신의 반려동물을 운송하려고 할 때, 갑의 반려동물인 B의 운송 예약이 가능한 날짜로 가장 적절한 것은?

1. 일본 여행을 가기 위해 2X23년 9월 20일에 11시 항공기를 예약하였음
2. 기내 반입 및 화물칸 위탁이 모두 가능한 자신의 반려동물 A와 B를 모두 여행에 데려갈 수 없어, A만을 기내에 반입하여 데려갈 예정임
3. 반려동물 B의 경우 제주도에 살고 있는 갑의 동생 병이 갑의 집에 와서 직접 데려갈 예정이며, 병은 2X23년 9월 19일 15시에 갑의 집에 도착할 예정임
4. 병은 갑의 집에 도착한 시간으로부터 7시간 뒤에 제주도로 출발하는 항공기를 예약함

① 2X23년 9월 18일 오후 9시
② 2X23년 9월 18일 오후 11시
③ 2X23년 9월 19일 오전 9시
④ 2X23년 9월 19일 오전 11시
⑤ 2X23년 9월 19일 오후 11시

23 K가 자신의 반려동물과 함께 여행을 가려고 한다. 다음 각 빈칸에 들어갈 숫자로 가장 적절한 것은?

K는 태어난 지 (㉠)개월 이상이 되어 위탁 수하물로 운송이 가능한 자신의 반려동물과 함께 미국으로 여행을 가려고 한다. 2X23년 10월 5일 오후 3시에 반려동물 운송 예약을 완료하였으며, 서비스 센터에 이에 대한 승인을 받았다. 자신의 여행지인 미국에서 반려동물 허용 여부를 확인한 결과, 검역증명서를 비롯한 몇 가지 서류가 필요하여 이를 준비하였다. K는 무게가 3.5kg인 자신의 반려동물을 운반하기 위해 (㉡)kg 이하의 운송 용기를 구매하였다.

	㉠	㉡		㉠	㉡
①	2	3.5	②	2	41.5
③	3	41.5	④	4	3.5
⑤	4	41.5			

[24-25] 다음은 특별 레일 승차권에 대한 자료이다. 각 물음에 답하시오.

[특별 레일 승차권]

1. 구입 절차

승차권 선택	▶	특별 점수 계산	▶	할인 적용	▶	요금 지불 및 구입 완료

2. 승차권별 편도 가격

목포 – 제주	여수 – 제주	서울 – 울릉도
82,800원	26,000원	114,500원

3. 특별 점수 계산 방법

만 25세 미만인 자녀가 2명 이상인가?	모범 납세자 기준에 해당되는가?	암표 등의 구입으로 한 달 이상 구입 제재를 받은 적이 있는가?	자차가 2대 이상인가?
Yes: 3점 No: 1점	Yes: 3점 No: 1점	Yes: 0점 No: 4점	Yes: 1점 No: 3점

※ 1) 장애의 정도가 심한 중증 장애인은 3점이 추가됨
　 2) 합계 점수가 5점 이하인 사람은 해당 승차권 구입이 불가함

4. 할인 내용

구분	할인율	비고
장애인	50%	중증 장애인만 적용됨 (단, 중증 이외의 장애인은 중증 장애인에게 적용되는 할인율의 30%만 적용됨)
경로(만 65세 이상)	30%	–
국가유공자	50%	–
청년(만 25세~34세)	20%	–

※ 할인은 중복 적용이 되지 않으며, 두 가지 이상의 할인율 중 더 높은 할인율 한 가지만을 적용함

24 위 자료와 아래의 내용을 근거로 판단할 때, 갑이 지불해야 할 승차권 가격으로 옳은 것은?

갑	
나이 및 성별	만 50세 여성
구입 예정 승차권	여수 – 제주 편도 승차권
기본 정보	• 만 25세 미만 자녀 0명 • 장애의 정도가 심한 중증 장애인 • 자차 2대 보유 • 암표 등의 구입으로 60일간 구입 제재 이력 있음 • 모범 납세자 기준에 해당함

① 13,000원 　　② 18,200원 　　③ 20,800원 　　④ 26,000원 　　⑤ 구매할 수 없음

25 위 자료와 아래의 내용을 근거로 판단할 때, 을이 지불해야 할 승차권 가격으로 옳은 것은?

을	
나이 및 성별	만 30세 남성
구입 예정 승차권	목포 – 제주 편도 승차권
기본 정보	• 만 25세 미만 자녀 2명 • 모범 납세자 기준에 해당하지 않음 • 자차 1대 보유 • 암표 등의 구입으로 50일간 구입 제재 이력 있음 • 장애의 정도가 심하지 않은 경증 장애인

① 53,820원 　　② 57,960원 　　③ 66,240원 　　④ 70,380원 　　⑤ 구매할 수 없음

약점 보완 해설집 p.2

무료 바로 채점 및 성적 분석 서비스 바로 가기
QR코드를 이용해 모바일로 간편하게 채점하고 나의 실력이
어느 정도인지, 취약 부분이 어디인지 바로 파악해 보세요!

2회 기출동형모의고사

문제 풀이 시작과 종료 시각을 정하고,
실전처럼 모의고사를 풀어보세요.

시   분 ~   시   분 (총 40문항/45분)

[1] 본 모의고사는 의사소통능력 8문항, 수리능력 8문항, 문제해결능력 8문항, 자원관리능력 8문항, 정보능력 8문항 총 40문항으로 구성되어 있는 모의고사로, 제한 시간은 45분입니다.

[2] 인천국제공항공사, 한국관광공사, 한국수자원공사, 한국임원진흥원, 한국산업인력공단 등의 기업에서 필기시험을 40문항으로 출제하고 있으며, 평균적으로 1문항당 1분 이내에 풀이하셔야 합니다.

  * 단, 세부 출제 영역 및 제한 시간 등은 기업에 따라 차이가 있으므로 시험 응시 전 채용 공고를 확인해야 합니다.

[3] 본 교재 마지막 페이지에 있는 OMR 답안지와 해커스잡 애플리케이션의 모바일 타이머를 이용하면 더욱 실전처럼 모의고사를 풀어볼 수 있습니다.

과학기술정보통신부는 26일 제30차 신기술·서비스 심의위원회를 개최해 'AI 수거로봇 기반 재활용 자원 수집·처리 서비스'와 '도심형 스마트 보관 편의 서비스' 등 총 11건의 규제 특례를 지정했다고 밝혔다. 한편 이번 심의위원회를 포함해 지난 2019년 1월 ICT 규제 샌드박스 제도 시행 이후 임시허가 68건과 실증 특례 121건 등 총 189건이 처리된 것으로 집계됐다. 이를 통해 115건의 신기술·서비스가 시장에 출시돼 1,399억 원의 매출액을 달성했고 1,970억 원 투자 유치, 6,498명의 고용 창출 등 경제적 성과도 거두었다.

먼저 페트병, 세제 통, 라면 봉지류 등과 같은 생활쓰레기를 신청기업의 수거로봇에 투입하면 자동으로 분류 처리한 뒤 폐플라스틱 열분해유의 원료 등으로 활용하는 'AI 수거로봇 기반 재활용 자원 수집·처리 서비스'에 대해 즉시 시장 출시가 가능하도록 했다.

도심 건물 내 미니 창고를 대여해 주고 이용자의 물건을 보관·관리해 주는 '도심형 스마트 보관 편의 서비스'도 실증 특례로 지정됐다. 이에 따라 1인 가구 등은 부피가 큰 물건이나 사용하지 않는 물건 등 생활물품을 간편하게 보관할 수 있게 됐다.

이어 온라인으로 농산물을 도매 거래하는 '농산물 온라인 도매시장 개설 및 운영'의 실증 특례를 지정했다. 특히 이 안건은 농림축산식품부와 과학기술정보통신부가 기획한 전략기획형 과제의 첫 번째 사례로 의미가 크다. 이 밖에도 9월 초 서면으로 진행했던 제29차 심의위원회에서 심의·의결한 '투명 OLED 디스플레이 활용 버스 유리창 디지털 사이니지 광고' 등 7건도 포함했다.

한편 이번 심의위원회에서는 '모바일 운전면허 확인 서비스'의 사업계획 변경안도 심의·의결했다. 이 서비스는 ICT 규제 샌드박스 임시허가를 통해 운전자격 및 개인신분 확인 측면에서 실물 운전면허증과 동일한 법적 효력을 인정받은 서비스로 2020년 9월 출시해 현재 530만 명이 사용하는 국민 생활 밀접 서비스로 성장했다. 다만, 그동안에는 주민등록번호 표출 기능이 없어 활용이 일부 제한됐던 문제가 있었다. 그러나 이번 심의위원회를 통해 주민등록번호 표출·활용도 가능하도록 사업계획을 변경해 앞으로는 더 많은 수요처에서 활용할 것으로 기대된다.

박○○ 과학기술정보통신부 차관은 "오늘 국민 실생활의 편의성을 높이는 과제들이 규제 특례를 받았는데, 통과시킨 것에 그치지 않고 시장에 빠르게 출시될 수 있도록 지원을 아끼지 않겠다"라며 "시장에 출시된 이후에도 현장에서 애로사항이 있다면 부처 간 적극 협의해 해소할 수 있도록 하겠다"고 말했다.

※ 출처: 과학기술정보통신부(2023-09-27 보도자료)

01 위 보도자료의 주제로 가장 적절한 것은?

① 과학기술정보통신부에서 지정한 규제 특례에 따라 6,498명의 고용 창출과 같은 경제적 성과가 발생할 것으로 기대되고 있다.

② 2023년 9월에 진행된 제29차 심의위원회에서는 '투명 OLED 디스플레이 활용 버스 유리창 디지털 사이니지 광고'를 포함한 7건이 대면으로 심의·의결되었다.

③ 'AI 수거로봇 기반 재활용 자원 수집·처리 서비스'와 '도심형 스마트 보관 편의 서비스' 등을 포함해 국민 실생활의 편의성을 높이는 서비스 11건에 대한 규제 특례가 지정되었다.

④ AI 수거로봇을 활용해 투명페트병, 폐비닐 등 재활용 자원을 수집 후 폐플라스틱 열분해유 연료로 활용하는 서비스가 향후 출시될 것으로 보인다.

⑤ 국민 생활 밀접 서비스인 '모바일 운전면허 확인서비스'가 내년 9월 출시되어 다양한 수요처에서 사용될 예정이다.

02 위 보도자료를 읽고 이해한 내용으로 가장 적절하지 않은 것은?

① AI 수거로봇 기반 재활용 자원 수집·처리 서비스를 활용하면 생활쓰레기를 폐플라스틱 열분해유의 원료로 사용할 수 있다.

② 모바일 운전면허 확인 서비스는 운전자격 및 개인신분 확인 측면에서 실물 운전면허증과 같은 법적 효력을 인정받은 서비스이다.

③ 실증 특례로 지정된 농산물 온라인 도매시장 개설 및 운영은 농림축산식품부와 과학기술정보통신부가 기획한 전략기획형 과제 중 첫 번째 사례에 해당한다.

④ ICT 규제 샌드박스 제도가 시행된 이래로 실증 특례는 120건 이상 처리되었다.

⑤ 모바일 운전면허 확인 서비스는 사업계획 변경에 따라 주민등록번호 표출 기능이 제한될 예정이다.

03 필자가 다음 글을 작성하기에 앞서 수립한 작문 계획으로 가장 적절하지 않은 것은?

20세기 들어 영양이 풍부한 음식을 손쉽게 섭취할 수 있게 되면서 전반적으로 발육이 좋아지고 영양분의 섭취가 필요 이상으로 증가함에 따라 비만이 사회적 문제로 대두하였다. 이로 인해 사회적으로 살찐 사람은 절제력이 부족한 실패자 혹은 어딘가 문제가 있는 사람이라고 낙인찍히는 경우가 많다. 사회적으로 마른 몸을 추구하는 경향이 다이어트를 조장하는 풍토를 형성하고 있는 것이다. 많은 사람이 습관적으로 다이어트를 반복하며, 충분한 영양분을 섭취해야 할 청소년조차 과도하게 다이어트를 하여 건강에 문제가 생기기도 한다.

지나친 다이어트로 인해 발생하는 대표적인 질환 중 하나인 신경성 식욕 부진증은 흔히 거식증이라고 불리는데, 명칭에 '식욕 부진증'이라는 단어가 포함되지만 해당 질환을 앓는 환자들이 실제로 식욕이 떨어진 상태는 아니다. 오히려 음식에 대한 생각에 심하게 집착하는 경우가 많으며, 음식물의 영양분과 칼로리 등에 관한 정보에 해박하다. 다만, 칼로리가 높은 음식을 먹지 않기 위해 극도로 조심하고, 음식물을 섭취한 이후에는 칼로리를 소모하고자 쉬지 않고 움직이거나 하루에 해야 하는 일을 강박적으로 반복하는 경향이 나타난다.

신경성 식욕 부진증 환자는 대개 초반에 음식의 섭취를 심하게 제한하나, 식욕의 장기 억제가 어려워 시간이 흐를수록 먹고 토하는 방식을 택한다. 신경성 식욕 부진증 환자들은 체중이 매우 적게 나감에도 자신이 뚱뚱하다고 신체 이미지를 왜곡하고, 체중 증가에 대한 공포가 강해 체중이 1~2kg만 증가해도 고통스러워하며 극단적인 단식을 하거나 먹은 음식을 일부러 토하는 행위를 한다. 체중을 감소시키기 위한 부적절한 식이 조절은 주변 사람이 모르도록 비밀스럽게 한밤중에 진행되는 경우가 많고, 누군가와 함께 식사하거나 공공장소의 식사를 기피하는 경향을 보인다.

신경성 식욕 부진증은 보통 10~30세에 증상이 시작되며 연구에 따르면 남성보다 여성에게서 최소 2배, 최대 20배까지 많은 환자가 발생하는 질환으로 알려졌다. 이들은 연령, 성별 등의 기준으로 판단하였을 때 신체적 건강을 위해 필요한 최소한의 조건을 충족하지 못하는 저체중을 유지한다. 심각한 저체중으로 무월경증, 탈모, 빈혈과 같은 신체적 질환은 물론이고 우울증, 불안, 불면증, 자극에 대한 과민 반응, 약물 오남용 등의 문제가 나타나기도 한다. 신경성 식욕 부진증은 사망률이 10% 이상이며, 직접적인 사인으로는 기아(飢餓), 자살, 전해질 불균형 등이 있다.

대체로 신경성 식욕 부진증 환자들은 본인을 완벽하게 통제하고자 하는 완벽주의적 성향이 강하기 때문에 주변 사람들에게는 큰 문제가 없는 사람으로 여겨진다. 혹여 주변에서 문제를 지적하더라도 당사자가 본인에게는 근본적으로 문제가 없으며 단순히 다이어트를 하는 것뿐이라고 주장하며 치료에 관심을 갖지 않거나 거부한다. 그러나 다이어트는 정상적인 사람의 문제이고, 신경성 식욕 부진증은 소수의 사람이 겪는 문제인 것처럼 이분화해서는 안 된다. 신경성 식욕 부진증은 다방면의 전문적인 치료가 필요한데, 환자와 주변 사람 모두 심각성을 인지하고 함께 치료받는 것을 권장하며 정신치료와 약물치료를 병행하는 것이 효과적이다.

일종의 문화적 현상이 되어버린 다이어트에 관심을 두는 것을 부정적이라고 볼 수 없다. 하지만 다이어트로 인해 신체적으로나 정신적으로 문제가 생긴다면 다이어트는 자기 관리가 아닌 치료가 필요한 하나의 질환이 된다. 올바른 다이어트를 위해서는 체중 감량과 주변 시선이 주는 압박에서 벗어나 엄격한 자기 검열을 멈추고 자신의 있는 그대로의 모습을 사랑하고 받아들이기 위한 노력이 필요하다.

① [작문 목적] 신경성 식욕 부진증의 위험성을 알리기 위함
② [예상 독자] 신경정신학과 전공 수업을 듣는 학생들
③ [글의 주제] 신경성 식욕 부진증의 문제점과 올바른 다이어트 방법의 필요성
④ [표현 방식] 중심 화제를 다양한 측면에서 분석하고 예방법을 조언함
⑤ [참고 자료] 신경성 식욕 부진증의 증상 및 원인, 치료법에 대한 연구 보고서

04 다음 글을 토대로 추론할 때, 대중매체 활용 방법으로 가장 적절하지 않은 것은?

　　대중매체란 많은 사람에게 대량의 정보를 전달하는 매체 또는 수단을 의미한다. 다양한 계층의 불특정 다수를 대상으로 하며, 시공간의 한계를 극복하여 공개적으로 여러 사람에게 동시에 정보가 전달된다는 특징이 있다. 대중매체는 기술 발전과 함께 발달하였다. 인쇄술의 등장으로 신문, 책, 잡지 등의 인쇄매체가 발달하였고, 라디오가 발명되어 음성매체가 발전하였다. 전통적으로는 인쇄매체와 음성매체의 영향력이 컸지만, 텔레비전이 보편화된 이후에는 영상매체가 가장 영향력 있는 매체로 부상하였다. 그러나 인터넷 보급이 확산되고, 최신 미디어 기기들이 등장함에 따라 인터넷, 스마트폰, SNS 등의 뉴 미디어가 새로운 대중매체로 발달하였으며 그 영향력 또한 급속히 증가하고 있다.

　　이러한 대중매체들은 대중사회 및 대중문화를 형성하고 전달하며, 민주주의적 가치관의 확산 및 여론 형성의 기능을 하며 대중들이 사회의 중심 역할을 담당하는 데 영향을 미쳤다. 오늘날 우리는 일상생활에서 수많은 대중매체에 노출되어 무의식적으로 정보를 전달하거나 수용하며, 대중매체를 무분별하게 의존하고 신뢰하여 수동적 존재로 전락할 가능성이 크다. 그러므로 매체의 유형별 특징을 고려하여 올바른 인식과 판단을 통해 주체적이고 능동적으로 대중매체를 이용해야 한다.

　　대중매체의 종류는 크게 인쇄매체와 전자매체로 나뉜다. 인쇄매체에는 책, 잡지, 신문 등이 포함되며, 주로 글과 그림 등의 시각적 이미지를 활용하여 각종 정보를 전달한다. 인쇄매체는 여러 번 반복하여 활용할 수 있으며, 자세한 정보를 많은 사람들에게 전달할 수 있다. 또한, 시공간의 제약이 크지 않다는 장점도 존재한다. 그러나 정보 전달의 속도가 느리고, 메시지를 이해하기 위해서는 문자 해독 능력이 요구된다.

　　전자매체는 다시 음성매체, 영상매체, 뉴 미디어로 분류된다. 음성매체는 라디오, 음반, 녹음기 등 소리에 의존하여 정보를 전달하는 매체로, 앞을 볼 수 없는 사람까지도 이용할 수 있다는 장점이 있다. 또한, 휴대성이 높고 정보 전달 속도가 빠르며, 상대적으로 낮은 비용으로 정보를 제공할 수 있지만 시각 정보를 다루기 어렵다는 한계가 있다.

　　텔레비전과 같은 영상매체는 문자, 동영상, 소리 등 다양한 시청각 이미지를 통해 현장감 있는 정보를 전달하므로 글을 알지 못하는 문맹자도 이해할 수 있다. 이와 더불어 영상매체는 남녀노소가 가장 많이 접할 수 있는 대중매체로, 정보 전달 속도가 빠르다. 앞서 살펴본 인쇄매체와 음성매체, 영상매체는 정보가 수용자에게 일방적으로 전달되기 때문에 비판적인 자세로 수용하는 것이 중요하다.

　　반면 인터넷, 스마트폰, SNS와 같은 뉴 미디어는 생산자와 수용자 간 정보의 상호 작용 및 쌍방향 소통이 이루어지는 쌍방향 매체라는 특성을 지닌다. 따라서 대중이 정보의 수용자이자 생산자로서 정보 전달 과정에 참여할 수 있어 정보 수용자와 생산자 간의 경계가 매우 모호하다. 이와 같은 뉴 미디어는 글, 그림, 영상, 소리 등의 다양한 시청각 이미지를 통해 정보를 전달하며, 신문, 라디오, 텔레비전 등 여러 대중매체가 하나로 융합된 매체이다. 또한, 정보의 복제와 전송이 용이하고 시공간의 제약이 적어 많은 양의 정보를 언제 어디서든 자유롭게 유통할 수 있어 그 파급력이 매우 크다.

① 은지: 명절 귀경길에 라디오를 통해 고속도로 교통 정보를 신속하게 얻을 수 있었지.
② 윤성: 많은 사람들에게 내가 가진 과학 지식을 자세하게 전달하고 공유하기 위해 책을 집필해야겠군.
③ 주영: 내가 쓴 인터넷 기사의 댓글을 보고 기사 내용 중 잘못된 부분을 수정한 적이 있어.
④ 제홍: 제주도에 태풍이 발생해서 제주 지역 주간 신문에 급하게 긴급 피난 방법 안내 기사를 실었어.
⑤ 상희: 글을 모르시는 우리 할머니께서는 매일 텔레비전 뉴스를 통해 다양한 정보를 얻고 계셔.

[05-06] 다음은 항공산업 혁신 성장 전략 연구 보고서를 쓰기 위해 작성한 개요이다. 각 물음에 답하시오.

제1장 서론	제1절 연구의 필요성 제2절 연구의 목적 제3절 연구의 범위 제4절 연구의 방법
제2장 항공산업 현황 및 생태계 분석	제1절 항공산업 현황 분석 제2절 항공산업 생태계 분석
제3장 항공산업의 혁신과 성장	제1절 혁신과 성장의 정의 제2절 항공산업의 혁신 및 성장 사례 분석
제4장 항공산업 혁신 성장의 추진 방향 설정 및 전략 도출	제1절 항공산업 혁신 성장의 추진 방향 설정 제2절 항공산업 혁신 성장의 추진 전략 도출
제5장 항공산업 혁신 성장의 세부 추진 전략 및 기대효과	제1절 산업 부문 혁신 성장의 세부 추진 전략 및 기대효과 제2절 정책 부문 혁신 성장의 세부 추진 전략 및 기대효과
제6장 결론 및 향후 연구 과제	제1절 결론 및 시사점 제2절 한계점 및 향후 연구 과제

05 다음 〈보기〉가 위 개요에 따라 작성한 보고서 내용의 일부라고 할 때, 〈보기〉가 속하는 항목으로 가장 적절한 것은?

〈보기〉

　항공산업의 혁신 성장은 항공산업의 경쟁력 강화를 목표로 추진되어야 한다. 항공산업은 대외환경과 기술의 급격한 변화가 이루어지고 있다. 따라서 외부환경의 변화에도 유연하게 대응할 수 있는 역량을 갖추도록 산업 부문에서는 혁신을 이룰 수 있는 환경을 조성하고 정책 부문에서는 혁신을 준비할 수 있도록 지원을 추진하여야 한다. 이를 바탕으로 산업 내에서 주요 혁신을 진행하고 정부 정책은 이를 보조하는 방향으로 혁신 성장이 이루어져야 한다. 이에 본 연구는 이러한 혁신 성장의 방향성 아래에 산업 부문과 정책 부문의 항공산업 혁신 전략을 각각 4개씩 도출하였다. 산업 부문의 혁신 전략은 1) 사업모델 및 사업전략의 다양화, 2) 신개념 항공기 기술 개발, 3) 무인항공기 활용 신규 서비스 발굴, 4) 항공 노선 확대이다. 정책 부문의 혁신 전략은 1) 규제혁신을 통한 경쟁력 있는 산업구조 형성, 2) MRO·화물 등 항공산업 생태계 조성, 3) 데이터 기반 핵심 리스크 사전 관리 등 항공안전 강화, 4) 인바운드 활성화를 통한 신규 수요 창출이다.

① 제2장 항공산업 현황 및 생태계 분석
② 제3장 항공산업의 혁신과 성장
③ 제4장 항공산업 혁신 성장의 추진 방향 설정 및 전략 도출
④ 제5장 항공산업 혁신 성장의 세부 추진 전략 및 기대효과
⑤ 제6장 결론 및 향후 과제

06 다음은 위 개요를 토대로 작성한 제1장 서론이다. (가)~(라)를 순서대로 알맞게 배열한 것은?

(가) 본 연구는 시기적으로 20XX년 기준 가장 최신 자료를 참고하였으며, 공간적으로는 전 세계 중 한국을 비롯하여 항공산업을 영위하고 있는 모든 지역 또는 나라로 한정하였다. 연구 내용은 혁신과 성장에 대한 정의, 항공산업에 혁신과 성장을 적용한 사례와 항공 이외 교통산업의 혁신 성장 사례를 비교·분석한 결과 등을 전반적으로 분석하여 전문가와 일반인들을 대상으로 한 항공산업의 혁신 성장에 대한 설문조사를 바탕으로 향후 정책 실현 방안을 제시하였다.

(나) 본 연구에서는 항공산업에서 혁신과 성장이 가지는 의미를 분석하고, 항공산업이 경쟁력 강화를 위해 어떠한 노력을 통해 혁신 성장을 이뤄야 할지 고찰하였다. 구체적으로는 항공산업의 기반사업을 중심으로 항공산업의 생태계 현황을 파악하고, 육상·해운 등 다른 교통산업과의 연계 관계와 차이점을 분석하여 항공산업의 향후 발전 방향을 제시하고자 하였다. 특히 국내 항공산업의 혁신은 민간 사업계를 중심으로 이루어지고 있는 만큼, 국내외 기술 개발과 선진 사례를 바탕으로 우리나라 특성에 맞는 적절한 정책 추진 방안을 마련하기 위해 항공산업 분야의 다양한 이슈를 도출하여 이슈별 혁신 방안과 추진 전략을 제시하였다.

(다) 항공운송산업이 침체기를 맞으며 전 세계적으로 항공 MRO 사업의 수요는 점차 증대되고 있다. 여기서 항공 MRO는 항공기의 성능을 향상하고 안전하게 운항하기 위한 정비, 수리, 분해·조립을 아우르는 개념이다. 항공 MRO 사업을 저성장 시대의 항공산업 핵심 동력으로 여긴 해외 항공 강국들이 사업 육성에 몰두하는 가운데, 한국은 항공을 규제 중심 산업으로 여겨 안전과 사업 관리에 치중하고 있다. 게다가 최근 항공산업은 에어택시와 같은 신규 사업의 등장, 수직이착륙전기항공기 및 초음속여객기 개발, 항공산업의 도심 진입 등 기술 발전에 따른 다양한 변화를 맞이하고 있다. 따라서 이러한 변화에 맞추어 항공산업의 경쟁력을 강화하기 위해서는 국내외 기술 개발 동향과 선진 사례를 참고하여 기존 정책들이 항공산업에 미치는 영향력을 파악하고, 국내 특성에 맞는 정책 추진 방안의 마련이 시급하다.

(라) 본 연구는 크게 현황 분석 및 문헌 검토, 설문조사 및 데이터 분석, 전문가의 자문 및 토론을 통해 연구를 시행하였다. 구체적으로 본격적인 연구를 진행하기에 앞서 정부가 추진하는 혁신 성장의 개념과 정책 방향의 현황을 분석하였다. 그리고 국내외 항공산업 부문의 혁신 성장 사례를 파악하여 항공산업의 혁신 성장이 무엇인가에 대해 정의하고, 관련 정책 추진 방향을 수립한 뒤 정책 추진 전략을 제시하였다. 또한 항공산업 생태계의 구조를 분석하였으며, 이를 통해 항공산업 부문별 현황과 전망을 분석하여 혁신 가능 분야를 도출하였다. 이후 도출한 혁신 가능 분야를 바탕으로 분야별 전문가 및 종사자를 대상으로 설문조사와 정책 수용성 조사를 시행하였으며, 데이터 분석 결과를 토대로 항공산업의 혁신 성장 전략을 산업 부문과 정책 부문으로 나누어 도출하였다.

① (나) - (가) - (다) - (라)
② (나) - (다) - (라) - (가)
③ (다) - (가) - (나) - (라)
④ (다) - (나) - (가) - (라)
⑤ (다) - (나) - (라) - (가)

07 다음 글을 읽고 제4차 산업혁명으로 인한 변화에 대해 이해한 내용으로 가장 적절하지 않은 것은?

인류는 정보혁명이라고 일컫는 제3차 산업혁명을 지나 초연결과 초지능을 특징으로 하는 제4차 산업혁명 시대에 돌입하였다. 전문가들은 과거 100년에 걸쳐 진행된 변화가 미래에는 10년 안에 이루어질 것으로 예측하고 있다. 이에 온라인의 가상 세계와 오프라인의 현실 세계 사이의 경계가 점차 모호해지면서 O2O(Online to Offline) 시장이 지속적으로 확대되고 있다. 현실 세계는 자원이 유한하여 한계효용이 감소하는 사회지만, 가상 세계는 한계효용이 증가하는 사회이다. 또한, 현실 세계의 경쟁력이 자원을 확보해 소유하는 데 있지만, 가상 세계의 경쟁력은 연결을 확장해 공유하는 데 있다.

이에 제4차 산업혁명 시대를 살고 있는 대부분은 현실 세계의 '소유'와 가상 세계의 '공유'라는 가치관의 충돌을 경험한다. 소유가 중요하게 여겨지는 현실 세계에서 상위 20%의 사람이 전체 부의 80%를 가지고 있다거나 상위 20%의 고객이 80%의 매출을 창출한다는 파레토 법칙이 적용된다. 현실에서의 자원 소유에는 제한이 있기 때문이다. 그러나 공유가 중요시되는 가상 세계에서는 80%의 사람이 시장을 지배하는 20%의 사람보다 탁월한 가치를 창출한다는 롱테일 법칙이 적용된다.

현실 세계와 가상 세계가 융합하는 O2O 시대에는 사람들이 경험하는 모든 것들을 개인화 서비스로 최적화할 수 있다. 기존의 전자 상거래는 제품을 직접 체험해볼 수 없었지만, 이러한 문제는 가상 세계에서 해결할 수 있다. 실제로 가구 회사 이케아에서는 가상 현실 기술을 활용하여 소비자가 구입하려고 하는 가구를 실제 주거 공간에 배치해볼 수 있는 서비스를 제공하고 있으며, 많은 호텔에서는 예약 전 가상 현실로 객실을 미리 확인하고 체험할 수 있는 기술을 지원하고 있다.

제4차 산업혁명의 핵심은 O2O에 있다. O2O로 생산자와 소비자 간 시공간의 제약이 줄어들면서 불필요한 비용이 감소할수록 생산과 소비가 자유로운 사회로 변화하게 된다. O2O의 등장으로 소비자들은 온·오프라인에서 본인이 원하는 맞춤형 제품을 가장 저렴한 가격에 구매할 수 있게 되었으며, 기업과 개인을 포괄하는 생산자들은 다채로운 방식으로 소비자의 취향에 맞는 제품과 서비스를 판매하기 위해 힘쓰고 있다. 즉, 제품 개발에 소비자가 직·간접적으로 참여하는 방식인 프로슈머 경제로의 전환이 가속화되고 있다.

프로슈머 경제가 확산되면서 생산자에게서 소비자로 권력이 이동하고, 기업의 경쟁력은 최소 비용으로 양질의 제품과 서비스를 생산하는 것에서 소비자가 원하는 제품과 서비스를 빠르고 정확하게 전달하는 것으로 바뀌었다. 이러한 경쟁력을 실현하는 기업들이 전 세계의 생산자와 소비자를 연결하면서 성장하고 있다. 변화하는 패러다임을 기업 운영에 반영하여 성공한 대표적인 기업으로는 차량 공유 서비스 업체 우버와 숙박 공유 서비스 업체 에어비앤비를 들 수 있다. 이들은 온라인 플랫폼을 통해 개개인이 보유하고 있는 유휴 자본을 다른 소비자에게 공유하면서 새로운 가치를 만들어 내는 공유경제로 수익을 창출한다.

제4차 산업혁명 시대는 O2O를 토대로 하여 현실 세계를 계속해서 가상 세계로 견인할 것이다. 이 과정에서 요구되는 시간, 공간, 융합 기술은 디지털화 기술의 중심축으로 떠오르고 있다. 전문가들은 앞으로 대부분의 사업에서 혁신과 변화가 일어나 전 세계의 생산자와 소비자가 하나로 연결될 것이라고 예측하고 있다. 물론 모든 변화가 그러하듯이 제4차 산업혁명으로 인한 변화에도 양날의 검과 같이 긍정적인 측면과 부정적인 측면이 존재한다. 현실 세계와 가상 세계의 구별이 없어질 미래 사회를 대비하기 위해서 어떠한 준비가 필요할지 깊은 고민이 필요한 시점이다.

① O2O 시대에는 소비자가 체험하는 모든 것을 개인에게 최적화된 서비스로 제공할 수 있다.
② 프로슈머 경제의 대표적인 사례로는 차량을 공유하는 우버와 숙박을 공유하는 에어비앤비가 있다.
③ 한계효용이 감소하는 현실 세계와 한계효용이 증가하는 가상 세계의 경계가 조금씩 사라지고 있다.
④ 가상 세계에서는 공유보다 소유를 더 중요한 가치관으로 여기기 때문에 파레토 법칙이 적용된다.
⑤ 기업 생산자와 개인 생산자 모두 소비자를 위한 맞춤형 제품과 서비스를 다양한 방식으로 판매한다.

08 다음 글의 서술상 특징으로 가장 적절하지 않은 것은?

국내 체류 외국인의 규모가 계속해서 증가하며 전체 인구에서 차지하는 비중 또한 매년 확대되고 있다. 2017년 말을 기준으로 2,108,498명이었던 국내 체류 외국인은 2018년 말을 기준으로 약 12.3% 증가한 2,367,607명으로 발표되었다. 국적별로는 한국계 중국인을 포함한 중국인이 전체의 45.2%에 해당하는 1,070,566명으로 가장 많았고, 태국인이 8.4%에 해당하는 197,764명, 베트남인이 8.3%에 해당하는 196,633명, 미국인이 6.4%에 해당하는 151,018명, 우즈베키스탄인이 2.9%에 해당하는 66,433명 등의 순으로 나타났다. 앞으로도 저출산 고령화의 영향으로 인한 외국인 노동자의 수, 국제 결혼 건수의 증가로 국내 체류 외국인의 수는 지속적으로 증가할 것으로 예측된다.

노인 부양비가 날로 증가함에 따라 지금과 같은 속도로 저출산 고령화가 이어진다면 사회적 부양비는 2060년에 이르러 101명으로 늘어날 것으로 보이는데, 이 수치는 생산 가능 인구 1명이 노인 1명을 부양해야 함을 의미한다. 한국경제연구원에 따르면 인구의 감소는 노동력 공급의 감소로 이어지고, 사회 전체의 재화와 서비스에 관한 수요가 감소하면서 결국 정부의 세수(稅收)와 고용의 감소로 귀결된다. 이러한 분석을 통해 국내 체류 외국인의 유입으로 생산 가능 인구의 목표가 이루어지면 조금씩 노인 부양비가 줄어들 것이라고 분석하였다.

한국경제연구원은 동태적 연산이 가능한 일반 균형 모형을 활용하여 이민의 규모에 따른 거시적 경제 효과를 파악하기 위해 이민자가 각각 국내 생산 가능 인구의 2%, 5%, 10%인 상태로 시나리오를 분류하고 각 상태에 상응하는 잠재 성장률과 총공급량을 조사하였다. 그 결과 이민자가 국내 생산 가능 인구의 2%일 때는 잠재 성장률이 최고 0.07%p, 5%일 때는 최고 0.17%p, 10%일 때는 최고 0.33%p까지 증가하는 것으로 나타났다. 즉, 국내 잠재 성장률에 영향을 주는 인적 자원의 증가량이 고르게 성장하기 위한 측면에서 바라본다면 이민자의 유입이 긍정적인 효과를 얻을 수 있다는 것이다.

그러나 국내 체류 외국인의 증가로 인해 긍정적인 효과만 얻을 수 있는 것은 아니다. 국내 체류 외국인의 증가로 각종 사회적 비용이 발생하고 국내 저임금 근로자의 일자리가 감소되며, 심리적 불편도가 높아져 사회 갈등이 증가하는 등의 문제가 발생할 것이라는 우려도 심화된다. 일례로 한국산업인력공단이 8개의 항목을 선정하여 계산한 비용 조사 결과에 따르면 외국인 근로자의 도입은 1년 동안 약 3,515억 원을 필요로 하는 것으로 분석되었다. 그러므로 외국인의 국내 체류로 얻을 수 있는 긍정적 영향을 최대화하고 부정적 영향을 최소화하기 위해서는 노동 시장의 수요를 고려한 외국인 유입 정책을 추구해야 한다.

실제로 법무부에서는 1차 산업, 기초 2차 산업의 비숙련 부문 등 인력 부족으로 곤란을 겪고 있는 영역에서 다양한 외국인 유입 제도를 추진하고 있다. 특히 일손이 집중적으로 필요한 농(農)번기와 어(漁)번기에 외국인을 90일간 고용할 수 있는 계절근로자 제도를 도입·운영하면서 농어촌 인력난 해소에 도움을 주고 있다. 또한, 전문 인력의 유입을 강화할 수 있는 전문 인력 전자 고용 추천제, 구직비자 점수제 등을 시행하고 있다. 이와 더불어 국가 재정의 누수를 방지하기 위해 세금 및 공과금 체납 외국인의 비자 연장을 제한하고, 외국인 관광객 유치 활성화를 위한 복수 비자 제도를 확대하는 등의 노력을 하고 있다.

① 중심 소재와 관련된 논지를 제시하고 사례를 통해 뒷받침하고 있다.
② 자료와 관련된 객관적 수치를 구체적으로 제시하고 있다.
③ 관련 분야 전문 단체의 설명을 인용하여 신뢰도를 높이고 있다.
④ 특정 관점에 입각하여 반대 입장의 주장을 논박하고 있다.
⑤ 중심 소재와 관련하여 진행 중인 정책을 긍정적으로 평가하고 있다.

09 갑과 을은 일정한 속력으로 둘레가 8km인 호수를 달리고 있다. 두 명이 같은 방향으로 달리면 2시간 후에 만나고 반대 방향으로 달리면 1시간 후에 만난다. 갑의 달리기 속력이 을의 달리기 속력보다 빠를 때, 갑의 달리기 속력은?

① 4km/h   ② 5km/h   ③ 6km/h   ④ 7km/h   ⑤ 8km/h

10 유미는 후드 티 3장, 바지 2벌, 셔츠 4장, 치마 6벌, 모자 3개, 가방 3개가 있다. 유미는 모자를 쓰거나 쓰지 않을 수도 있지만 가방은 꼭 가지고 외출한다고 할 때, 유미가 스타일링할 수 있는 경우의 수는? (단, 상의와 하의는 각각 하나씩 입으며, 모자와 가방은 각각 최대 1개만 가지고 외출한다.)

① 217가지   ② 336가지   ③ 448가지   ④ 504가지   ⑤ 672가지

11 주사위 3개를 차례로 던져 나오는 순서대로 세 자리 비밀번호를 만들려고 한다. 비밀번호가 4의 배수일 확률은?

① $\dfrac{1}{36}$ ② $\dfrac{5}{36}$ ③ $\dfrac{1}{6}$ ④ $\dfrac{1}{4}$ ⑤ $\dfrac{1}{3}$

12 현재 10대인 A의 나이는 B와 C의 나이 차이의 3배이고, 현재 C의 나이는 A의 나이의 4배이다. 4년 뒤에 B의 나이가 A의 나이의 3배가 될 때, 현재 B의 나이는?

① 26살   ② 30살   ③ 38살   ④ 44살   ⑤ 48살

13 다음은 주택용 저압 전기 요금표와 전기 요금 계산 방법이다. 주택용 저압 전기를 사용하는 A 씨가 6월에 는 한 달간 200kWh, 7월에는 한 달간 500kWh를 사용했을 때, 6월과 7월 전기 사용량에 대해 납입해야 하는 금액은? (단, 납입 금액은 6월과 7월의 총 전기 요금에 추가로 부가세 10%가 가산되며, 원 단위 절사 한다.)

[하계 전기 요금표(7/1~8/31)]

기본요금(원/호)		전력량 요금(원/kWh)	
300kWh 이하	910	처음 300kWh까지	93.3
301~450kWh	1,600	다음 150kWh까지	187.9
450kWh 초과	7,300	450kWh 초과	280.6

[기타계절 전기 요금표(1/1~6/30, 9/1~12/31)]

기본요금(원/호)		전력량 요금(원/kWh)	
200kWh 이하	910	처음 200kWh까지	93.3
201~400kWh	1,600	다음 200kWh까지	187.9
400kWh 초과	7,300	400kWh 초과	280.6

[전기 요금 계산 방법]

• 기본요금은 한 달 사용량에 해당하는 구간의 기본요금을 부과한다.
• 전력량 요금은 사용량 구간별로 계산하여 더한다.
• 한 달 전기 요금은 기본요금 + 전력량 요금이다.

① 106,780원　　② 124,720원　　③ 142,950원　　④ 167,170원　　⑤ 183,880원

14 다음은 20XX년 한국남동발전의 발전소별 태양광 발전량의 일부를 나타낸 자료이다. 조사 기간 동안의 태 양광 발전량 합계가 가장 큰 발전소의 태양광 발전량의 전월 대비 증가율이 가장 큰 달은?

[20XX년 한국남동발전 발전소별 태양광 발전량]

(단위: MWh)

구분	7월	8월	9월	10월	11월	12월
영흥#1	81.6	95.8	93.6	106.0	80.7	79.4
삼천포#2	100.5	115.8	107.2	95.4	100.8	85.5
영동	113.1	102.6	139.4	89.0	103.6	103.4
구미정수장	98.8	108.5	102.7	73.7	103.9	102.3
경상대	91.2	105.5	96.9	86.6	89.6	87.3

① 8월　　② 9월　　③ 10월　　④ 11월　　⑤ 12월

15 다음 [가]~[마] 자료는 2018년 4/4분기부터 2019년 4/4분기까지의 경제활동인구에 관한 분기별 자료를 무작위로 나열한 것이다. 제시된 조건을 고려하였을 때, 시기가 빠른 순서대로 자료를 바르게 나열한 것을 고르면?

[가]

(단위: 천 명)

구분	15세 이상 인구	경제활동인구	취업자	실업자	실업률(%)	고용률(%)
남자	21,758	16,035	15,389	646	4.0	70.7
여자	22,530	11,943	11,505	438	3.7	51.1
전체	44,288	27,978	26,894	1,084	3.9	60.7

[나]

(단위: 천 명)

구분	15세 이상 인구	경제활동인구	취업자	실업자	실업률(%)	고용률(%)
남자	21,865	16,088	15,416	672	4.2	70.5
여자	22,601	12,064	11,619	446	3.7	51.4
전체	44,466	28,152	27,035	1,118	4.0	60.8

[다]

(단위: 천 명)

구분	15세 이상 인구	경제활동인구	취업자	실업자	실업률(%)	고용률(%)
남자	21,806	16,088	15,436	652	4.1	70.8
여자	22,564	12,016	11,559	457	3.8	51.2
전체	44,370	28,104	26,995	1,109	3.9	60.8

[라]

(단위: 천 명)

구분	15세 이상 인구	경제활동인구	취업자	실업자	실업률(%)	고용률(%)
남자	21,960	16,139	15,538	601	3.7	70.8
여자	22,669	12,200	11,776	424	3.5	51.9
전체	44,629	28,339	27,314	1,025	3.6	61.2

[마]

(단위: 천 명)

구분	15세 이상 인구	경제활동인구	취업자	실업자	실업률(%)	고용률(%)
남자	21,914	16,039	15,463	576	3.6	70.6
여자	22,636	12,098	11,684	415	3.4	51.6
전체	44,550	28,137	27,147	991	3.5	60.9

※ 비경제활동인구 = 15세 이상 인구 − 경제활동인구
※ 출처: KOSIS(통계청, 경제활동인구조사)

<조건>

• 전체 고용률이 가장 낮은 시기는 2018년 4/4분기이다.

• 전체 15세 이상 인구가 가장 많은 시기는 2019년 4/4분기이다.

• 2019년 2/4분기와 2019년 3/4분기의 전체 취업자는 각각 27,000천 명을 초과한다.

• 2019년 3/4분기의 전체 비경제활동인구는 2019년 2/4분기보다 많다.

① [가] - [나] - [다] - [마] - [라]

② [가] - [다] - [나] - [마] - [라]

③ [가] - [다] - [라] - [마] - [나]

④ [다] - [나] - [마] - [가] - [라]

⑤ [다] - [라] - [마] - [가] - [나]

16 다음은 연도별 전자부품업 현황에 대한 자료이다. 자료에 대한 설명으로 옳지 않은 것은?

[연도별 전자부품업 현황]

(단위: 개, 명)

구분		2018	2019	2020	2021	2022
반도체	사업체 수	375	392	401	377	362
	상용 종사자 수	110,758	110,997	119,430	110,924	116,791
디스플레이	사업체 수	273	269	259	239	223
	상용 종사자 수	93,414	89,813	79,064	76,058	74,503
인쇄회로기판 및 전자부품실장기판	사업체 수	1,089	1,136	1,078	1,045	1,035
	상용 종사자 수	55,298	53,108	50,710	50,001	50,610
기타	사업체 수	1,351	1,443	1,415	1,384	1,393
	상용 종사자 수	61,399	63,669	69,687	70,694	69,236

① 2019년부터 2022년까지 인쇄회로기판 및 전자부품실장기판 사업체 수와 기타 사업체 수의 전년 대비 증감 추이는 동일하지 않다.

② 2018년에 사업체 수가 가장 적은 전자부품업의 2020년 상용 종사자 수는 79,064명이다.

③ 2021년 전자부품업의 전체 상용 종사자 수는 3년 전 대비 증가하였다.

④ 반도체 상용 종사자 수의 전년 대비 증가율은 2022년보다 2020년이 높다.

⑤ 2022년에 기타를 제외하고 사업체 1개당 상용 종사자 수가 가장 많은 전자부품업은 디스플레이이다.

17 갑, 을, 병, 정, 무 5명은 빨간색, 주황색, 노란색 중 한 가지 색과 네모, 세모, 별 중 한 가지 모양을 좋아한다. 다음 조건을 모두 고려하였을 때, 항상 옳지 않은 것은?

- 각각의 색과 모양은 적어도 1명 이상이 좋아한다.
- 노란색을 좋아하는 사람은 3명이고, 네모와 세모를 좋아하는 사람은 각각 2명씩이다.
- 을은 병과 같은 색을 좋아하고 을과 같은 모양을 좋아하는 사람은 없다.
- 갑과 병은 같은 색을 좋아하지만 서로 다른 모양을 좋아한다.

---

① 무가 네모를 좋아할 때 갑은 노란색과 네모를 좋아한다.
② 을이 좋아하는 색과 모양은 노란색과 별이다.
③ 정이 좋아하는 색과 동일한 색을 좋아하는 사람은 없다.
④ 병과 무는 서로 같은 모양을 좋아한다.
⑤ 갑과 정이 네모를 좋아할 때, 세모를 좋아하는 사람들은 서로 같은 색을 좋아한다.

18 진형이는 3층 3열짜리 수납장에 강아지, 곰, 고양이, 토끼, 돼지, 양 6개의 인형을 두려고 한다. 강아지, 고양이, 양 인형은 흰색이고 곰, 토끼, 돼지 인형은 분홍색이다. 다음 조건을 모두 고려하였을 때, 항상 옳지 않은 것은? (단, 이웃하여 둔다는 것은 같은 층이나 같은 열에 연달아 배치된 것을 의미한다.)

- 한 칸에는 1개의 인형만 두어야 한다.
- 2층 2열에는 돼지 인형을 둔다.
- 모든 인형은 같은 색 인형이 1개 이상 이웃하도록 두어야 한다.
- 같은 색 인형은 한 층에 최대 2개까지 둘 수 있다.
- 한 열에는 인형을 2개씩만 두어야 한다.
- 각 층에는 1개 이상의 인형을 두어야 한다.

[수납장]

구분	1열	2열	3열
3층			
2층			
1층			

① 돼지 인형을 모든 흰색 인형과 이웃하여 둔다.
② 토끼 인형과 강아지 인형을 같은 층에 둔다.
③ 각 층에 둔 인형 수는 다르다.
④ 곰 인형을 토끼 인형보다 위층에 둔다.
⑤ 1열에 둔 인형의 색과 3열에 둔 인형의 색은 서로 다르다.

19 ○○공사에서 진행한 신입사원 채용에 갑, 을, 병, 정, 무 5명이 지원하였다. 이들이 지원한 직무는 건축, 기계, 사무, 전기, 토목 5개의 분야 중 하나이다. 다음 조건을 모두 고려하였을 때, 항상 옳지 않은 것은?

- 갑, 을, 병, 정, 무는 모두 다른 직무 분야에 지원하였고 채용 전형 결과 3명은 합격, 2명은 불합격이었다.
- 을과 정의 채용 전형 결과는 서로 달랐다.
- 사무와 기계 분야에 지원한 지원자의 채용 전형 결과는 모두 합격이었다.
- 무의 채용 전형 결과는 불합격이었고, 갑은 사무와 기계 분야에 지원하지 않았다.
- 을은 토목 분야에 지원하였다.

① 병과 정의 채용 전형 결과는 같았다.
② 건축 분야에 지원한 사람의 채용 전형 결과는 합격이었다.
③ 정은 기계 분야에 지원하였다.
④ 을의 채용 전형 결과는 합격이었다.
⑤ 갑과 무의 채용 전형 결과는 서로 달랐다.

20 갑, 을, 병, 정, 무 5명은 각각 A 마을 또는 B 마을에 살고 있으며 A 마을 사람들은 항상 진실을 말하고, B 마을 사람들은 항상 거짓을 말하고 있다. 제시된 조건을 모두 고려하였을 때, A 마을에 살고 있는 사람을 모두 고르면?

갑: 병과 무는 서로 다른 마을에 살고 있어.
을: 3명이 진실을 말하고 있어.
병: 갑은 거짓을 말하고 있어.
정: 나는 병과 같은 마을에 살고 있어.
무: 을과 정은 같은 마을에 살고 있어.

① 갑, 무   ② 병, 정   ③ 병, 무   ④ 갑, 을, 정   ⑤ 을, 병, 정

21 다음 글을 근거로 판단할 때, 甲이 태어난 월과 일을 더한 값은?

> - 甲이 태어난 월과 일을 4자리 숫자로 표현하였을 때, 각 자리의 숫자를 '모두 더한 값'과 '모두 곱한 값'은 같다.
> - 甲이 태어난 월과 일의 차이는 10 이상이다.

① 25 　　　　 ② 26 　　　　 ③ 30 　　　　 ④ 35 　　　　 ⑤ 37

22 다음은 국제회의에 참석할 예정인 갑에 대한 자료이다. 자료를 근거로 판단할 때, 갑이 투숙할 호텔은?

> - 국제회의에 참석할 예정인 갑은 4박 5일(9월 1일 금요일~9월 5일 화요일) 동안 호텔 A~E 중에서 숙박 요금과 조식 요금의 합인 호텔 총 이용요금이 가장 저렴한 곳을 선택하여 투숙하고자 한다.
> - 갑은 4박 5일 동안 하나의 호텔에서만 투숙할 예정이며, 호텔에서 회의장까지 이동하는 데 걸리는 시간이 30분 이상인 호텔에서는 투숙하지 않는나.
> - 첫 날과 마지막 날을 제외한 3일간 조식을 먹을 예정이다.
> - 할인 혜택이 있는 호텔의 경우, 갑은 적용 가능한 모든 할인 혜택을 받을 예정이다.
> - 호텔 이용요금에 대한 정보는 다음과 같다.

구분	숙박 요금 (1박당)	조식 요금 (1일당)	호텔 → 회의장 이동 시간	비고
A 호텔	300달러	25달러	5분	- 주말은 숙박 및 조식 요금에 50% 가산함 - 국제회의 참석 목적으로 투숙 시 조식 요금 무료
B 호텔	450달러	10달러	20분	-
C 호텔	500달러	35달러	40분	- 9월 한 달간 숙박 요금 30% 할인
D 호텔	400달러	15달러	15분	- 3박 이상 이용 시 전체 숙박 요금의 10% 할인
E 호텔	350달러	5달러	15분	- 9월 4일부터 이틀간 소방 점검으로 인해 영업하지 않음

※ 주말은 금~토와 토~일 숙박을 의미함

① A 호텔 　　　 ② B 호텔 　　　 ③ C 호텔 　　　 ④ D 호텔 　　　 ⑤ E 호텔

23 다음은 저신용·저소득자보증제도에 대한 자료이다. 자료와 [상황]을 근거로 판단할 때, A, B, C, D, E 5명 중 저신용·저소득자보증을 받을 수 있는 사람은?

> 甲국에서는 저신용·저소득자의 은행권 안착을 지원하고자 일정한 자격을 갖춘 사람을 공공기관이 보증함으로써 시중 은행의 대출 상품을 이용할 수 있도록 하는 저신용·저소득자보증제도를 운영하고 있다.
>
> 여기서 저신용·저소득자란 신청일 현재 신용평점이 500점 미만이고, 연소득이 4,500만 원 이하인 사람을 의미한다. 단, 연소득이 3,500만 원 이하인 사람은 신용평점과 무관하게 저신용·저소득자로 간주한다. 예를 들어, 연소득이 3,000만 원이고 신용평점이 700점인 사람은 저신용·저소득자에 해당한다.
>
> 저신용·저소득자보증제도는 신청일 기준으로 1년 전에 비해 대출잔액이 감소하였거나 신용평점이 상승한 저신용·저소득자가 이용할 수 있다. 단, 기존에 서민금융상품을 6개월 이상 이용하지 않은 사람이나 서민금융상품을 연체 중인 사람은 저신용·저소득자 보증 대상에서 제외된다.

[상황]

구분	대출잔액(만 원)		신용평점(점)		연소득(만 원)	서민금융상품 이용 기간	서민금융상품 연체 여부
	신청일 기준 1년 전	신청일 현재	신청일 기준 1년 전	신청일 현재			
A	1,500	0	400	450	4,200	5개월	연체 없음
B	600	600	600	560	3,400	2년	연체 없음
C	3,000	1,800	520	410	4,800	8개월	연체 없음
D	2,000	2,500	470	520	3,000	1년 6개월	연체 중
E	300	500	600	630	3,200	1년	연체 없음

① A   ② B   ③ C   ④ D   ⑤ E

24 다음은 화상 회의에 대한 자료이다. 자료를 근거로 판단할 때, A, B, C, D, E가 화상 회의를 시작한 시간은?

- 재택근무 중인 팀원 A, B, C, D, E는 화상 회의를 진행하기로 했고, 모든 팀원이 화상 회의 시스템에 접속하면 곧바로 화상 회의를 시작한다.
- 화상 회의가 끝난 시간은 11시 30분이었다.
- 화상 회의가 끝난 시점에서 팀원 A, B, C, D, E가 화상 회의 시스템에 접속해 있던 시간은 다음과 같다.

팀원	A	B	C	D	E
시간(분)	75	68	77	66	72

※ 팀원들의 화상 회의 시스템 접속 횟수는 각 1회임

① 10시 13분   ② 10시 19분   ③ 10시 24분   ④ 10시 30분   ⑤ 10시 35분

[25-26] 다음은 ○○기관 K 부서의 성과상여금에 대한 자료이다. 각 물음에 답하시오.

[급수별 지급기준액]

1급	2급	3급	4급	5급	6급	7급	8급	9급
680만 원	620만 원	560만 원	490만 원	440만 원	370만 원	320만 원	260만 원	230만 원

[인원비율별 지급 등급 기준]

구분	지급 등급
전체 인원 중 상위 20%	S 등급
전체 인원 중 20% 초과 60% 이내	A 등급
전체 인원 중 60% 초과 90% 이내	B 등급
전체 인원 중 하위 10%	C 등급

※ 전체 인원은 부서 내 전체 인원을 의미하며, 부서 내 평가 점수에 따른 순위를 기준으로 등급을 차등 부여함

[성과상여금 지급 등급 및 지급액]

구분	지급액
S 등급	지급기준액의 170%
A 등급	지급기준액의 125%
B 등급	지급기준액의 85%
C 등급	지급하지 않음

[20X3년 직원별 급수 및 부서 내 평가 점수에 따른 순위]

구분	급수	부서 내 평가 점수에 따른 순위
갑	9급	9위
을	7급	23위
병	9급	5위
정	7급	29위
무	8급	7위

※ K 부서 내 전체 인원은 총 30명임

25 위 자료를 근거로 판단할 때, 20X3년에 K 부서 직원 5명이 받게 되는 성과상여금의 총액은?

① 12,750,000원   ② 12,755,000원   ③ 13,750,000원

④ 13,755,000원   ⑤ 13,760,000원

26 ○○기관에서는 성과상여금 기준을 다음과 같이 변경하였다. 변경된 기준을 적용하였을 때, 5명 중 가장 많은 성과상여금을 받는 직원은?

[변경된 인원비율별 지급 등급 기준]

구분	지급 등급
전체 인원 중 상위 10%	S 등급
전체 인원 중 10% 초과 50% 이내	A 등급
전체 인원 중 50% 초과 80% 이내	B 등급
전체 인원 중 하위 20%	C 등급

① 갑   ② 을   ③ 병   ④ 정   ⑤ 무

해커스공기업 휴노형·PSAT형 NCS 기출동형모의고사

27
다음은 ○○기업의 유연 근무제 규정 및 A 팀 가~라 4명의 유연 근무제에 따른 1주 차 근무 계획표이다. 다음 중 근무 계획을 올바르게 설정한 사람을 모두 고르면?

유연 근무제는 근로 시간의 결정 및 배치 등을 탄력적으로 운영할 수 있도록 만든 제도로, 일주일에 주 40시간을 5일 이하로 근무해야 한다. 근로 시간 책정 시, 점심시간 1시간(12:00~13:00) 및 저녁시간 1시간(19:00~20:00)은 포함하지 않는다. 근로 시간으로 인정되는 시간은 1일 기준 06:00~24:00이며, 1일 최대 근로 시간은 12시간으로 하며, 최소 근로 시간은 4시간으로 한다.

[A 팀 1주 차 근무 계획표]

구분	월	화	수	목	금
가	07:00~18:00	06:00~18:00	09:00~13:00	13:00~18:00	06:00~18:00
나	09:00~18:00	09:00~19:00	08:00~20:00	–	08:00~23:00
다	10:00~19:00	08:00~18:00	–	09:00~22:00	06:00~19:00
라	06:00~18:00	08:00~22:00	12:00~17:00	13:00~20:00	09:00~19:00

① 가 　　　　② 다 　　　　③ 라 　　　　④ 나, 라 　　　　⑤ 다, 라

28 ○○기업에 재직 중인 한 씨는 자신이 2023년 9월 16일부로 퇴사할 때 받을 것으로 예상되는 퇴직금을 계산하였다. 다음 자료를 근거로 판단할 때, 한 씨의 예상 퇴직금은? (단, 퇴직일 이전 3개월에 퇴사 일자는 포함되지 않는다.)

[한 씨의 퇴직금 계산 관련 자료]

- 입사 일자: 2019년 10월 2일
- 퇴사 일자: 2023년 9월 16일
- 재직 일수: 1,445일
- 월 기본급: 2,000,000원
- 월 기타수당: 360,000원
- 연간 상여금: 3,000,000원
- 연차수당: 없음

[퇴직금 계산 방법]

- 퇴직금 = 1일 평균임금 × 30(일) × (재직 일수 / 365)
  ※ 퇴직금과 1일 평균임금은 원 단위 미만 절사, (재직 일수 / 365)는 소수점 둘째 자리에서 반올림하여 계산한다.
- 1일 평균임금: (퇴직일 이전 3개월간 임금총액 + 상여금 가산액 + 연차수당 가산액) / 퇴직일 이전 3개월간의 총일수
  - 퇴직일 이전 3개월간 임금총액: 퇴직일 이전 3개월간 기본급 + 퇴직일 이전 3개월간 기타수당
  - 상여금 가산액: 연간 상여금 / 4
  - 연차수당 가산액: (연차수당×남은 연차 일수) / 4

---

① 6,212,960원 ② 7,212,960원 ③ 8,212,960원 ④ 9,212,960원 ⑤ 10,212,960원

[29 - 30] 다음 자료를 보고 각 물음에 답하시오.

[평가 항목별 배점 비율]

평가 항목	총 부스 임대료	총재료비	총 예상 방문자 수	계
배점 비율	40%	40%	20%	100%

[총 부스 임대료 점수]

총 부스 임대료 (만 원)	300 미만	300~349	350~399	400~449	450~499	500 이상
점수(점)	100점	95점	90점	85점	80점	75점

[총재료비 점수]

총재료비 (만 원)	200 미만	200~299	300~399	400~499	500~599	600 이상
점수(점)	100점	96점	92점	88점	85점	78점

[총 예상 방문자 수 점수]

총 예상 방문자 수(명)	500 미만	500~599	600~699	700~799	800~899	900 이상
점수(점)	50점	60점	70점	80점	90점	100점

[부스별 정보]

구분		총 부스 임대료	총재료비	총 예상 방문자 수
체험 부스	목걸이 만들기	300만 원	510만 원	750명
	팔찌 만들기	350만 원	400만 원	800명
	귀걸이 만들기	460만 원	380만 원	810명
	반지 만들기	280만 원	500만 원	750명
	발찌 만들기	420만 원	220만 원	480명

29 A 기업의 총무팀은 이번 달 말에 열리는 사내 워크숍에서 체험 부스를 설치할 예정이다. 총무팀은 총점이 가장 높은 체험 부스를 설치하려고 할 때, 총무팀이 설치하게 될 체험 부스는?

① 목걸이 만들기　　　　　② 팔찌 만들기　　　　　③ 귀걸이 만들기
④ 반지 만들기　　　　　　⑤ 발찌 만들기

30 총무팀 김 사원은 정 팀장으로부터 부스별 총재료비가 기존보다 100만 원씩 추가될 것이며, 이 내용을 토대로 다시 점수를 산정하여 총점이 가장 높은 체험 부스를 보고하여 달라고 전달받았다. 전달받은 내용을 토대로 김 사원이 점수를 다시 산정하였을 때, 총점이 가장 높은 체험 부스는?

① 목걸이 만들기　　　　　② 팔찌 만들기　　　　　③ 귀걸이 만들기
④ 반지 만들기　　　　　　⑤ 발찌 만들기

31 다음은 ○○기업의 신입사원 채용 면접 전형 항목별 가중치에 대한 자료이다. 아래 다섯 명의 지원자 중 최종 합격자는?

[면접 전형 항목별 가중치]

직무 적합성	전문성	성실성	혁신성	윤리성
0.3	0.3	0.15	0.15	0.1

※ 가중치를 부여한 최종 면접 점수가 가장 높은 지원자 1명이 최종 합격자가 되며, 동점자가 발생할 경우 서류 점수가 더 높은 지원자가 최종 합격자가 됨

[지원자별 서류 점수 및 면접 점수]

구분	서류 점수	면접 점수				
		직무 적합성	전문성	성실성	혁신성	윤리성
갑	75점	80점	65점	75점	90점	80점
을	80점	70점	90점	85점	80점	75점
병	85점	65점	80점	80점	100점	70점
정	80점	75점	90점	85점	90점	70점
무	90점	90점	70점	75점	100점	85점

① 갑   ② 을   ③ 병   ④ 정   ⑤ 무

32 다음은 ○○사에서 A, B, C 기기 3가지를 각각 1개씩 생산하기 위해 필요한 부품 개수 및 부품별 단가에 대한 자료이다. ○○사에서 기기 3가지를 각각 20개씩 생산하고자 할 때, 생산을 위해 필요한 부품의 총금액은?

[기기 1개의 부품 구성]

구분	부품 1	부품 2	부품 3	부품 4
A 기기	1개	2개	2개	3개
B 기기	2개	1개	2개	2개
C 기기	2개	3개	1개	2개

[부품별 단가]

구분	부품 1	부품 2	부품 3	부품 4
단가(1개당)	20,000원	15,000원	30,000원	18,000원

① 732만 원 ② 830만 원 ③ 832만 원 ④ 930만 원 ⑤ 932만 원

[33-36] 다음은 악성 Code의 백신 프로그램에 사용되는 Code 해독 방법 및 상태별 조치를 위한 입력값을 설명하는 자료이다. 각 물음에 답하시오.

[Code 해독 방법]

항목	세부사항
System Type	1) OCV: Code에 해당하는 값의 합 2) CV: Code에 해당하는 값 중 가장 큰 값

Code	• 발생 Code의 종류에 따라 산출되는 값은 다음과 같다.
	  1) Malware
	    – Backdoor(원격 액세스 및 제어권 발생): B(4)
	    – Downloader(장치에 다른 종류의 Malware 설치): D(3.5)
	    – Hacktool(액세스 무단 허용): H(3)
	    – Password Stealer(개인정보 무단 수집): P(2)
	    – Troy(정상 프로그램을 가장하여 Malware 접근 유도): T(1)
	  2) Ransomeware
	    – Gandcrab(문서 및 일부 소프트웨어 암호화): G(3)
	    – Crypton(문서 및 일부 소프트웨어 암호화): C(2)
	    – Magniber(문서 및 일부 소프트웨어 암호화): M(1)
	      ※ 암호화 정도에 따라 가중치 산정

Result Value	• S-level(안전수치) 및 D-level(위험수치)에 따른 값은 다음과 같이 산출한다.
	  1) Malware 발생 시: (위험수치−안전수치)×OCV 또는 CV
	  2) Ransomeware 발생 시: (위험수치−안전수치)+OCV 또는 CV
	  3) 두 Code 동시 발생 시: Ransomeware와 동일한 방법으로 산출

[상태별 조치 및 입력값]

Result Value	조치	Input Value
10 초과의 값	비활성화	InactiveA
8 초과~10 이하의 값	세부 점검	DetailB
5 초과~8 이하의 값	기본 점검	BasicC
3 초과~5 이하의 값	점검 불필요	GeneralD
3 이하의 값	현재 상태 유지	Well-Condition

[Code 종류에 따른 절차]

Virus has occurred in the script on this page

System Type: OCV

Malware Code: H
Malware Code: T

S—level: 9
D—level: 11

You have to input (　　　) on this page

절차 1. Result Value 산출
System Type이 OCV이고, Malware Code가 발생했으므로 H(3), T(1)의 합을 위험수치에서 안전수치를 뺀 값에 곱한다.
S—level이 9, D—level이 11이므로
Result Value=(11−9)×(3+1)=8이다.

절차 2. 상태별 조치에 따른 Input Value 입력
Result Value 8은 5 초과~8 이하의 값에 해당하므로 기본 점검 조치를 위해 'BasicC'가 입력되어야 한다.

33 다음 시스템 상태에서 입력할 Input Value는?

Virus has occurred in the script on this page

System Type: CV

Malware Code: P
Malware Code: B

S−level: 4
D−level: 8

You have to input (　　　　　) on this page

① InactiveA　　　　② DetailB　　　　③ BasicC
④ GeneralD　　　　⑤ Well−Condition

34 다음 시스템 상태에서 입력할 Input Value는?

Virus has occurred in the script on this page

System Type: OCV

Ransomeware Code: G
Malware Code: H

S—level: 13
D—level: 15

You have to input (   ) on this page

① InactiveA   ② DetailB   ③ BasicC
④ GeneralD   ⑤ Well—Condition

35 다음 시스템 상태에서 입력할 Input Value는?

Virus has occurred in the script on this page

System Type: OCV

Malware Code: D
Ransomeware Code: M

S—level: 17
D—level: 21

You have to input (   ) on this page

① InactiveA   ② DetailB   ③ BasicC
④ GeneralD   ⑤ Well—Condition

36 다음 시스템 상태에서 입력할 Input Value는?

Virus has occurred in the script on this page

System Type: CV

Ransomeware Code: C
Malware Code: T

S-level: 10
D-level: 11

You have to input (   ) on this page

---

① InactiveA

② DetailB

③ BasicC

④ GeneralD

⑤ Well-Condition

37 다음은 P 회사의 의류 제품 코드번호 부여 방법에 대한 자료이다. 갑이 관리하는 의류 제품에 대한 내용으로 옳지 않은 것은?

[P 회사의 의류 제품 코드번호 부여 방법]

생산 연월	생산 공장			생산 제품			제품 색상	
	지역번호	공장	코드	제품번호		종류	코드	색상	코드
• 20년 10월: 2010 • 21년 4월: 2104 • 21년 9월: 2109	1	경기	1공장	A	상의	0	면티	X	검정	K
			2공장	B			셔츠	Y		
	2	충청	1공장	A	하의	1	바지	X	하양	W
			2공장	B			치마	Y		
			3공장	C	일체형	2	슈트	X	빨강	R
	3	경상	1공장	A			원피스	Y		
			2공장	B	기타	3	모자	X	파랑	B
			3공장	C			양말	Y		

(주: 생산 제품 종류/색상 열 정렬은 위 코드표 기준)

[갑이 관리하는 의류 제품 코드번호]

구분	코드번호	구분	코드번호
1번	20082C3XK	5번	21022A0XW
2번	21111B0YB	6번	21092B1YB
3번	20091A2XR	7번	20122C1YK
4번	21033C1XK	8번	21123A3YR

① 경상도 2공장에서 생산한 제품은 바지이다.
② 가장 많은 색상은 검정이다.
③ 바지 또는 치마는 3개이다.
④ 3공장에서 생산한 제품은 3개이다.
⑤ 20년 10월 이후 제품은 6개이다.

38 다음은 A 마켓의 과일 품목에 따른 입고 수량 및 단가를 정리한 자료이다. 이를 바탕으로 온라인 마켓을 준비하는 귀하는 입고 수량이 가장 많은 세 가지 과일 품목을 선정하여 단가를 확인하려고 한다. 다음 엑셀 시트에 '=INDEX(B4:D10, MATCH(F6, B4:B10, 0), MATCH(G3, B3:D3, 0))'를 입력하였을 때, 출력값으로 가장 적절한 것은?

	A	B	C	D	E	F	G
1							(단위: 원)
2				(단위: 원)		입고 수량 상위 3순위	
3		과일 품목	입고 수량	단가		과일 품목	단가
4		사과	21	1,000		사과	
5		바나나	14	2,500		바나나	
6		망고	5	5,000		수박	
7		자몽	7	3,000			
8		멜론	10	10,000			
9		수박	11	13,000			
10		파인애플	3	15,000			

① 1,000 ② 2,500 ③ 5,000 ④ 13,000 ⑤ 15,000

39 다음은 유니코드를 16진수로 나타낸 표이다. 해당 표를 참고하여 유니코드 값을 변환하고자 할 때, 유니코드 T의 값을 2진수로 변환한 값은?

	000	001	002	003	004	005	006	007
0	NUL 0000	DLE 0010	SP 0020	0 0030	@ 0040	P 0050	` 0060	p 0070
1	SOH 0001	DC1 0011	! 0021	1 0031	A 0041	Q 0051	a 0061	q 0071
2	STX 0002	DC2 0012	" 0022	2 0032	B 0042	R 0052	b 0062	r 0072
3	ETX 0003	DC3 0013	# 0023	3 0033	C 0043	S 0053	c 0063	s 0073
4	EOT 0004	DC4 0014	$ 0024	4 0034	D 0044	T 0054	d 0064	t 0074

① $1010100_{(2)}$ ② $1100100_{(2)}$ ③ $1011100_{(2)}$ ④ $1110001_{(2)}$ ⑤ $1000100_{(2)}$

40 인사팀에 근무하는 귀하가 다음 워크시트를 활용하여 김지연 전무의 근무 월수를 계산하고자 할 때, [F4] 셀에 입력할 함수식으로 가장 적절한 것은?

	A	B	C	D	E	F
1	직원 명부					
2						
3	성명	소속	직급	입사 날짜	현재 날짜	근무 월수
4	김지연	경영기획팀	전무	2002-03-12	2023-10-18	
5	한보름	총무팀	이사	2004-01-08	2023-10-18	
6	오시은	인사팀	부장	2005-03-30	2023-10-18	
7	정영환	해외사업팀	과장	2008-05-07	2023-10-18	
8	이진수	생산팀	차장	2010-04-04	2023-10-18	
9	양형식	홍보기획팀	차장	2010-03-28	2023-10-18	
10	이창범	영업지원팀	대리	2011-09-12	2023-10-18	
11	유아리	인사팀	대리	2012-05-20	2023-10-18	
12	장윤희	총무팀	사원	2015-11-08	2023-10-18	

① = EDATE(E4, 6)

② = EDATE(D4, E4)

③ = DATEDIF(D4, E4, "M")

④ = DATEDIF(D4, E4, "D")

⑤ = EOMONTH(E4, 7)

약점 보완 해설집 p.10

무료 바로 채점 및 성적 분석 서비스 바로 가기
QR코드를 이용해 모바일로 간편하게 채점하고 나의 실력이
어느 정도인지, 취약 부분이 어디인지 바로 파악해 보세요!

3회 기출동형모의고사

문제 풀이 시작과 종료 시각을 정하고,
실전처럼 모의고사를 풀어보세요.

시   분 ~   시   분 (총 50문항/60분)

[1] 본 모의고사는 의사소통능력 17문항, 수리능력 17문항, 문제해결능력 16문항 총 50문항으로 구성되어 있는 모의고사로, 제한 시간은 60분입니다.

[2] 한국토지주택공사(LH), 한국공항공사, 한국해양교통안전공단, 정보통신산업진흥원, 한국투자공사, 사립학교교직원연금공단, 한국서부발전, 한국수력원자력, 한국동서발전, 한국가스공사, 한국전력공사 등의 기업에서 필기시험을 50문항으로 출제하고 있으며, 평균적으로 1문항당 1분 10초 이내에 풀이하셔야 합니다.

  * 단, 세부 출제 영역 및 제한 시간 등은 기업에 따라 차이가 있으므로 시험 응시 전 채용 공고를 확인해야 합니다.

[3] 본 교재 마지막 페이지에 있는 OMR 답안지와 해커스잡 애플리케이션의 모바일 타이머를 이용하면 더욱 실전처럼 모의고사를 풀어볼 수 있습니다.

[01-02] 다음 글을 읽고 각 물음에 답하시오.

(가) 주택 후분양제의 장점은 우선 소비자의 선택권이 확대되는 데에 있다. 기존의 주택 선분양제에서 소비자는 주택을 구매하고자 해도 조감도를 보고 자신이 거주할 집을 선택해야만 했다. 이와 달리 주택 후분양제에서는 구매할 주택의 건설 진행 상황을 직접 살핀 후에 분양을 받을 수 있고 계약을 하고 나면 오래 기다리지 않고도 바로 주택에 입주할 수 있다. 또한, 투기 세력의 개입과 부실시공 논란을 막고 정확한 공사 비용을 산출하여 적정 금액의 분양가 결정이 가능하다.

(나) 사실 이전에도 주택 후분양제에 대한 논의는 활발하게 진행된 바 있었으나 주택 후분양제에 대한 몇몇 잘못된 인식과 건설업체의 반대로 인하여 무산되게 되었다. 가장 큰 오해는 주택 후분양제의 시행으로 주택 공급이 줄어들게 된다는 점이다. 주택 후분양제가 도입되면 건설업체는 주택 구매자의 선납금을 대체할 수 있는 자금을 마련해야만 하고, 마련하지 못할 경우 주택 건설을 중단할 수밖에 없다는 것이다. 단기적으로 보면 주택 공급이 감소하는 문제가 발생할 수 있으나, 주택도시기금과 보증제도 등을 활용하여 건설업체의 자금 조달 비용을 최대한 줄이면 이와 같은 문제도 해결 가능하다.

(다) 다만, 정부에서 무리하게 민간에 주택 후분양제 도입을 강요할 경우 여러 부작용을 낳을 수 있다. 예컨대 정부의 규제를 피하고자 주택 후분양제를 실시하되 건설업체에서 무리한 금액을 책정하여 금액 부담을 가중할 수 있고, 주택 공급 일정을 마음대로 조정하여 주택 수급 불균형이 초래될 수 있다. 따라서 무조건적인 주택 후분양제 도입을 요구하기보다는 민간에서 주택 후분양제를 도입할 수 있는 환경을 만들어주어 민간 주택 후분양을 유인하는 쪽으로 가닥을 잡고 주택 후분양제의 이점을 잘 알려 차근차근 범위를 넓혀가는 것이 좋다.

(라) 주택 후분양제란 주택 선분양제에 대응되는 개념으로, 소비자가 주택 공정이 60~80% 이상 완성된 뒤에 주택을 분양받는 제도를 말한다. 현재 우리나라의 표준 주택 공급 방식은 선분양제인데, 이는 1970년대 주택 보급률이 낮았던 당시 상황과 도시화가 맞물리며 주택의 대량 공급이 필요했기 때문에 도입되게 되었다. 하지만 주택 선분양제로 인한 주택 투기가 과열될 뿐만 아니라 시공사의 부실 공사 문제까지 겹치면서 수요자가 직접 구매하고자 하는 집을 확인하고 구매하는 주택 후분양제에 대한 관심이 높아지게 되었다.

(마) 이외에 주택 후분양제 시행으로 건설 비용에 부담이 생기게 되고, 그 결과 분양가 상승으로 소비자가 피해를 보게 될 것이라는 오해도 있다. 그렇지만 건설 비용으로 인한 분양가 상승 문제는 비단 주택 후분양제에서 일어나는 것은 아니다. 후분양 시 책정되는 분양가보다 선분양 시 책정되는 분양가가 더 높을 수도 있으며, 주택 선분양제하에서는 정확한 공사 비용이 산정되지 않아 폭리를 취하는 이들도 생길 수 있다.

01 윗글의 문단을 논리적 순서대로 알맞게 배열한 것은?

① (가) – (나) – (라) – (마) – (다)
② (가) – (다) – (라) – (마) – (나)
③ (라) – (가) – (나) – (마) – (다)
④ (라) – (나) – (가) – (다) – (마)
⑤ (라) – (나) – (마) – (가) – (다)

02 윗글을 통해 추론한 내용으로 가장 적절하지 않은 것은?

① 주택 후분양제가 도입된 뒤에 건설업체에서 주택 공급 일정을 마음대로 조절할 경우 주택 수급이 편중되는 등의 문제가 발생할 가능성이 있다.
② 주택 후분양제하에서 주택을 구매하고자 하는 소비자는 조감도를 통해서만 집을 선택·구매하고 건설이 모두 완료될 때까지 오래 기다린 후에야 입주할 수 있다.
③ 과거 낮은 주택 보급률과 도시화로 인해 많은 양의 주택이 공급되어야 함에 따라 도입된 주택 선분양제는 오늘날 우리나라의 표준 주택 공급 방식에 해당한다.
④ 주택 선분양제하에서는 공사에 드는 비용을 정확히 파악하기 어려워 건설업체가 공사 비용을 부풀려 지나치게 많은 부당이익을 챙길 수도 있다.
⑤ 주택 후분양제 시행 시 발생하는 건설업체의 자금 조달 비용 마련의 문제는 주택도시기금 또는 보증 제도를 활용하면 해결할 수 있다.

03 다음 빈칸에 들어갈 내용으로 가장 적절한 것은?

댐이란 발전(發電)이나 수리(水利) 따위의 목적으로 강이나 바닷물을 막아 두기 위해 쌓은 둑을 말한다. 댐은 설립 목적, 유량제어방법, 재료 등 다양한 기준에 따라 분류할 수 있으며, 그중 목적에 따라서는 저수댐, 취수댐, 사방댐 등으로 구분된다. 댐의 기능은 하천의 물을 막음으로써 물을 쉽게 끌어오고자 하는 데 있다. 이에 따라 오늘날에도 물을 끌어오는 것을 목적으로 하는 취수댐이 많다. 하지만 단순히 취수를 위해 댐을 건설하는 것은 효과적이지 않다. 댐은 인간이 만드는 구조물 중 가장 큰 부류에 속하기 때문이다. 따라서 댐에는 다양한 장점이 있으므로 이를 모두 고려해서 건설하는 것이 좋다. 우선 댐은 하천의 유량이 많은 시기에 물을 저장해 두었다가 하천의 유량이 감소할 때 물을 사용하여 하천의 유량을 조절하는 것이 가능하다. 장마철에 하천이 불게 되면 (   ), 이 외에도 낙차가 큰 곳에서는 발전소를 설치하여 수력을 활용해 전력을 생산할 수도 있다. 물론 댐이 긍정적인 효과만 유발하는 것은 아니다. 본질적으로 정상적으로 흐르는 하천을 가로막는 것이기 때문에 생태계 교란이 발생할 수 있고, 하구부에는 부영양화로 인한 수질 오염이 발생하기도 한다. 또한 주로 대규모 댐의 건설이 이루어져 비용도 과도하게 소요되고, 건설에 참여하는 인부들도 안전하지 못한 것이 사실이다. 만약 댐이 붕괴되는 사고가 발생할 경우 수몰 지역에 인명 및 재산 피해가 발생할 수도 있다. 따라서 댐을 건설하고 운영하고자 한다면 단순히 대규모의 댐을 건설하기보다는 목적과 용도에 따라 적절한 형태의 댐을 건설하는 것이 좋으며, 다양한 이해관계자 및 환경에 미치는 영향을 고려하여 댐을 운용해야 한다.

① 산지에서 흘러 들어오는 토사를 막을 수 있으며
② 댐에 물을 저장하여 홍수 피해를 줄일 수 있으며
③ 댐을 이용하여 어류 등을 양식할 수도 있으며
④ 댐에 저장된 물을 둑이 낮은 곳으로 방수할 수 있으며
⑤ 사람들이 빠르게 대피할 수 있도록 알릴 수 있으며

04 다음 글을 읽고 난 후의 반응으로 가장 적절한 것은?

생물 분류상 쥐목 비버과에 속하는 비버는 성체 평균 몸길이가 60~70cm이고, 몸무게도 20~27kg 이상이며 드물게 40kg이 넘는 개체가 있을 정도로 설치류 중에서도 덩치가 매우 큰 편에 속한다. 비버의 크고 튼튼한 앞니는 일평생 계속 자라기 때문에 균형을 맞추기 위해 이빨로 채소, 과일 등의 먹이와 나무를 갈아 먹는다. 앞니의 힘이 굉장히 강하여 앞니로 갈아서 지름 5~20cm의 나무는 가볍게 쓰러뜨릴 수 있으며, 지름 1m 이상의 나무도 짧은 시간에 넘어트린다. 육지와 물속을 자유롭게 오가며 생활하는 비버는 보통 먹이를 먹거나 잠잘 때는 육지에 올라오지만 수중 생활에 익숙하여 물속에서도 많은 시간을 보낸다. 비버는 물속에서 물갈퀴가 발달되어 있는 뒷발을 이용하여 헤엄치며, 꼬리가 노처럼 넓적하고 비늘로 덮여 있어서 헤엄칠 때 균형을 유지하고 추진력을 내기 용이하다. 그리고 항문 옆에 있는 기름샘에서 나오는 기름을 수시로 몸에 발라서 방수 기능을 강화하고 물속에서의 적정 체온을 유지한다.

천재 건축가로 유명한 비버는 대체로 하천이나 늪에 거주하며, 강한 앞니로 갈아서 넘어트린 나무를 입에 물고 운반하여 흙, 돌 등의 재료와 함께 집을 짓거나 댐을 건설한다. 집은 강의 중앙에 나무, 진흙, 돌 등을 쌓아서 바닥을 구성하고 그 위에 나뭇가지를 4m 이상 겹겹이 포개어 올려 섬처럼 만든다. 큰 하천이나 늪에 서식하는 경우에는 강둑에 굴을 파서 집을 만들기도 한다. 비버는 집의 천장에 환기 구멍을 내고 나무 사이의 틈은 물이 새지 않도록 진흙, 돌, 수초 등으로 메운다. 집에는 일반적으로 2개 이상의 출입구를 만들며, 물 아래로도 출입구를 내서 다른 동물이 들어오는 것을 막는다. 비버는 물 아래의 출입구를 숨기고자 물 높이를 조절하는 댐을 만드는데, 계속해서 나무를 쌓아 올리는 습성으로 인해 댐의 길이는 보통 20~30m에 달하며 때에 따라서 400m 정도로 긴 것도 존재한다. 일례로 2010년에 발견된 비버 댐은 약 850m 길이였으며, 이는 미국에서 규모로 상위권에 속하는 후버댐보다 2배 이상 길어 위성 사진에 촬영될 정도라고 한다.

이처럼 비버가 매일매일 쌓고 고치면서 만든 댐은 자동차가 지나가도 될 정도로 튼튼한 것은 물론이거니와 생태계에서도 대단히 중요한 역할을 하는 것으로 알려져 있다. 우선 비버가 댐을 건설하는 과정에서 자연스럽게 습지가 조성되는데, 이 습지가 다른 생명체들의 안식처가 된다. 또한, 영국 엑서터대학교의 알란 퍼톡 교수 연구팀의 연구에 따르면 비버의 댐이 농경지에서 유입되는 흙을 여과하여 강물을 깨끗하게 만든다고 한다. 연구팀이 비버 무리가 5년간 만든 13개의 댐을 조사한 결과, 100톤가량의 침전물이 발견되었고 침전물 중 70%가 근처 농경지에서 유출된 흙이라는 사실을 알아냈다. 그리고 비버의 댐은 사람이 건설한 댐처럼 하천의 물 높이를 조절할 수 있어서 홍수가 나면 물을 저장하고 가뭄이 나면 물을 흐르게 하여 자연재해를 막는 데 도움이 된다. 실제로 영국 정부에서는 비버 댐의 특장점을 활용하여 홍수 피해를 예방하고자 글로스터셔 지역의 리드브룩 마을에 비버 4마리를 방사한 사례도 있다.

① 미경: 비버는 자신의 집에 다른 동물이 들어오는 것을 막기 위해서 집 출입구는 하나만 만들고 나무 사이 틈을 진흙 등으로 모두 메운대.

② 정호: 비버는 설치류임에도 불구하고 앞발에 물갈퀴가 발달되어 있어서 물속에서 헤엄치며 생활할 수 있구나.

③ 한올: 비버의 댐은 홍수가 나면 물을 흐르게 하고 가뭄이 나면 물을 저장해서 하천의 물 높이를 조율할 수 있다고 하더라.

④ 슬기: 비버의 앞니는 일정한 나이가 되면 성장을 멈추지만 매우 크고 튼튼해서 먹이와 나무를 갈아 먹는 것에는 큰 문제가 되지 않아.

⑤ 민수: 비버 중에서 큰 하천이나 늪에 서식하는 개체는 강의 중앙이 아닌 강둑에 굴을 파서 집을 만들기도 해.

(가) 40대부터는 백내장, 녹내장 등의 망막질환이 발생할 가능성이 높다. 그중 녹내장, 당뇨망막병증, 황반 변성은 실명의 주요 원인으로 꼽히는 질병들인데, 발생 초기에 제대로 치료하지 않으면 실명 위험이 커진다. 문제는 대부분의 사람들이 나이가 들면서 발생하는 시력 저하를 안과 질환이라 여기지 않고 노화로 인한 자연스러운 현상으로 여긴다는 점이다. 하지만 노화가 진행될수록 안과 질환 발병률은 급격히 상승하고, 그만큼 갑자기 실명을 겪게 될 수도 있다. 따라서 40대 이후부터는 1년에 최소 1회 이상은 안과 검진을 받아보아야 한다.

(나) 청소년기와 성인기에는 스마트 폰과 TV의 영향으로 눈이 쉽게 피로해지기 쉽다. 이로 인해 안구건조증을 겪는 사람이 많은데, 안구건조증은 눈물이 부족하거나 눈물이 많이 증발하면서 나타나는 질병이다. 안구건조증을 겪게 되면 이물감이나 건조 증상과 같은 자극이 나타날 수 있고, 눈이 자주 충혈되거나 시리기도 한다. 또한 눈 뜨기를 힘들어하기도 하며, 심할 때는 두통을 동반하기도 한다.

(다) 우리는 눈을 통해 세상을 본다. 만약 시력이 좋지 않아 아무것도 보지 못하게 된다면 불편함은 이루 말하기 어려울 것이다. 태어났을 때부터 시력이 좋지 않은 사람도 있지만, 최근에는 후천적인 영향에 의해 시력이 나빠져 안경을 착용하는 사람도 크게 늘었다. 안경은 시력 교정에 매우 효과적이지만, 비용도 많이 소요될뿐더러 착용했을 때 어느 정도 불편함을 감수해야만 한다.

(라) 안구건조증을 완화하기 위해서는 인공 눈물을 넣어주거나 물을 자주 섭취하여 신체 내에 충분한 수분을 공급해주어야 한다. 장기적으로는 오메가3나 지방산과 같은 미세 영양소가 많이 든 음식이나 비타민 A, B, C가 다량 함유된 음식을 섭취하면 좋다. 특히 스마트 폰을 보거나 독서할 때는 눈을 자주 깜빡여주고, 눈의 수분을 빼앗아가는 에어컨이나 선풍기 등의 바람은 직접 쐬는 건 피해야 한다.

(마) 사람의 시각은 7~8세가 되면 모두 발달한다. 이때 근시나 사시 등의 문제가 나타났을 경우 즉시 치료해주지 않으면 정상적인 시각 발달을 기대하기 어렵다. 특히 영유아는 신체 발달과 더불어 시력도 발달하는데, 자신의 의사를 쉽게 표현할 수 없기 때문에 부모가 주의 깊게 관찰하여 이상이 있다면 바로 병원에서 검사를 받아보아야 한다. 시각이 모두 발달한 뒤에도 안구는 계속 성장하므로 시력에는 변화가 생길 수 있어 성인이 될 때까지 주기적으로 시력 검사를 시행할 필요가 있다.

05 윗글의 문단을 논리적 순서대로 알맞게 배열한 것은?

① (다) − (나) − (가) − (마) − (라)
② (다) − (마) − (나) − (라) − (가)
③ (다) − (마) − (가) − (나) − (라)
④ (마) − (나) − (라) − (가) − (다)
⑤ (마) − (나) − (가) − (다) − (라)

06 윗글을 통해 추론한 내용으로 가장 적절한 것은?

① 대부분의 사람들은 유전과 같은 선천적인 문제로 인하여 시력이 나빠지게 된다.
② 노화로 인해 발생하는 안과 질환은 시간이 흐름에 따라 자연스럽게 치유된다.
③ 영유아기의 사시 증상은 바로 치료하지 않더라도 시각 발달에 영향을 미치지 않는다.
④ 극심한 안구건조증을 겪는 사람은 눈이 시리거나 자주 충혈되지만 두통과 같은 증상은 나타나지 않는다.
⑤ 오메가3, 비타민 등이 많이 함유된 음식 섭취는 안구건조증 완화에 도움을 줄 수 있다.

07 다음 ㉠~㉣에 들어갈 단어가 순서대로 바르게 연결된 것은?

사람은 사는 동안 대략 3분의 1 정도의 시간을 수면에 할애한다. 수면은 피로가 누적된 뇌의 활동을 주기적으로 회복하기 위해 이루어지는 생리적인 의식상실 상태로, 내·외부적인 환경의 자극과 정신적 흥분, 심신 피로와 연관이 깊다. 정상적인 수면은 생체 에너지를 사용하는 것이 아닌 에너지 소모를 (㉠)하는 역할을 하므로 생명 유지에 꼭 필요하다. 수면 상태에서는 일반적으로 의식상실과 함께 신경 기능이 저하되거나 둔해지고, 맥박·호흡 완화, 체온 및 신진대사 저하 등의 현상이 나타난다. 그뿐만 아니라 수면 중인 사람의 뇌파도 수면의 깊이에 따라 변화하게 된다. 단순히 눈을 감고 있을 때는 10Hz 전후의 α파가 나타나는데, 일단 잠이 들면 α파는 없어지고 진폭이 작은 4~6Hz의 서파(徐波)와 가는 속파(速波)가 나타난다. 그다음 14Hz의 빠른 방추파(紡錘波)가 나타났다가 이후 방추파 외에 진폭이 큰 3Hz의 서파가 동시에 확인된다. 수면이 더 깊어지면 방추파가 감소하고 서파는 (㉡)된다. 즉, 수면이 깊어짐에 따라 뇌파가 느려지는 것이다. 그런데 행동적인 측면에서 보았을 때 잠이 깊게 든 상태임에도 불구하고, 안구가 신속하게 움직이고 뇌파는 깨어 있는 상태와 유사하게 빠르고 낮은 전압의 β파가 나타나기도 한다. 이와 같이 (㉢)인 수면 상태를 일컬어 렘수면이라고 부른다. 렘수면은 하룻밤 사이에 약 1시간 반 간격으로 3~5회가량 나타나며, 유지 시간은 5~30분 정도이나 새벽에 가까워질수록 길어지는 경향이 있다. 한편 렘수면은 꿈과 밀접한 관련이 있는데, 렘수면 상태의 사람을 깨우면 주로 꿈을 꾸고 있었다고 말한다. 이는 렘수면 상태에서 꾼 꿈은 대개 시각적일 가능성이 높아 기억하기 쉽기 때문이다. 하지만 렘수면 상태에서 한 번의 꿈만을 꾸는 것은 아니며, 하룻밤 동안에 여러 번의 꿈을 꾸지만 실제로는 깨어나기 (㉣)에 꾼 꿈만 기억하게 된다.

	㉠	㉡	㉢	㉣
①	예방	지속	역설적	직전
②	예측	소멸	역설적	직후
③	예방	소멸	역설적	직전
④	예측	지속	이상적	직후
⑤	예방	지속	이상적	직전

08 다음 글을 읽고 이해한 내용으로 가장 적절하지 않은 것은?

서킷 브레이커(Circuit breaker)란 전기 회로의 과열된 회로를 차단하는 장치로, 증권 시장에서는 가격 변동 폭이 확대되어 지수가 급락할 때 거래를 일시적으로 중단시켜 시장 참여자가 투자에 대해 냉정하게 판단하는 시간을 제공하는 제도이다. 서킷 브레이커는 일종의 '주식 거래 중단 제도'로 여겨지며, 증권 시장에서의 급격한 가격 변동으로 발생할 수 있는 문제를 방지하는 역할을 한다. 서킷 브레이커는 1987년 10월 다우존스 산업지수가 22%나 급락하는 '블랙 먼데이(Black monday)' 사건을 겪은 뉴욕증권거래소가 증권 시장 붕괴를 막고자 처음 도입되게 되었다. 서킷 브레이커가 발동되는 기준 및 거래 정지 시간은 시장마다 약간씩 다른데, 뉴욕증권거래소에서는 10%, 20%, 30% 등 주가가 하락하는 상황에 따라 1~2시간가량 주식 거래를 중단시키거나 그날 시장을 아예 중지하기도 한다. 우리나라의 경우 1998년 12월 주가 상하 제한 폭이 12%에서 15%로 확대됨에 따라 주가 변동으로 인한 투자자의 손실 위험을 낮추고자 도입되었고, 2015년부터는 가격 제한 폭을 상하 30%로 확대하여 3단계로 세분화된 서킷 브레이커를 운영하고 있다. 1단계는 종합주가지수가 전일 대비 8% 이상 하락했을 때 발동되며, 2단계는 전일 대비 15% 이상 하락하고 1단계 발동 지수와 비교하여 주가가 1% 이상 추가로 하락했을 때 발동된다. 서킷 브레이커 1~2단계가 발동된 경우에는 20분 동안 모든 종목의 거래가 정지되고, 이후 10분간 단일가 매매로 거래가 다시 이루어진다. 마지막 3단계는 주가가 전일 대비 20% 이상 하락하고 2단계 발동 지수와 비교하여 1% 이상 추가 하락했을 때 발동되며, 발동 시점을 기준으로 모든 주식 거래가 종료된다. 한편, 코스닥 시장에서 서킷 브레이커는 현물 주식과 선물옵션의 모든 거래를 중지시키는 현물 서킷 브레이커와 선물옵션 거래만 중단시키는 선물 서킷 브레이커로 구분되며, 전자의 경우 현물 주가가 폭락할 때 발동되며, 후자의 경우 선물 가격이 급격히 상승하거나 하락하는 등 모든 상황에서 발동된다.

---

① 우리나라의 증권 시장에서 3단계 서킷 브레이커가 발동되면 발동 시점부터 모든 주식 거래가 중지된다.

② 증권 시장에서 주식 거래를 중단하는 서킷 브레이커는 증권 시장에서 급격한 가격 변동으로 발생하는 문제를 줄여준다.

③ 코스닥 시장에서 현물 서킷 브레이커는 현물 가격의 급등, 급락 등 어떤 상황에서라도 발효될 수 있다.

④ 우리나라의 증권 시장에서 종합주가지수가 전일과 비교해 10% 하락했다면 1단계 서킷 브레이커가 발동될 수 있다.

⑤ 서킷 브레이커는 뉴욕증권거래소에서 블랙 먼데이 사건이 발생하면서 증권 시장이 무너지는 것을 막기 위해 도입되었다.

09 다음은 팬데믹(Pandemic)에 대한 신문기사를 읽고 직원들이 나눈 대화이다. 빈칸에 들어갈 내용으로 가장 적절한 것은?

세계보건기구(WHO)에서는 전염병의 위험 정도에 따라 전염병 경보 단계를 1~6단계까지 구분하고 있다. 각 단계에 따른 상태는 다음과 같은데, 1단계는 동물 사이에 한정적으로 전염이 일어나는 상태, 2단계는 동물에서 소수의 사람에게 전염되는 상태, 3단계는 사람들 사이에서 전염이 증가한 상태, 4단계는 사람 사이에서 급속하게 이루어지는 전염으로 세계적 유행병이 발생할 수 있는 초기 상태, 5단계는 전염병이 최소 2개국에서 유행하는 상태, 6단계는 전염병이 2개 이상의 대륙으로 널리 퍼져 세계적으로 유행하는 상태를 말한다.

전염병 경보가 1~3단계일 때는 대개 전염병에 대한 대비책을 마련하고, 4단계 이후부터는 각국에 여행 자제 조치 등 구체적인 전염병 확산 지침을 내리게 된다. 5단계의 경우 에피데믹(Epidemic)이라고도 하며, 마지막 6단계는 팬데믹(Pandemic)이라고도 부른다. 에피데믹은 전염병이 세계 곳곳에서 발병하는 상황은 아니지만, 비교적 넓은 범위에 전염병이 퍼졌을 때 선포된다. 에피데믹이 선언된 전염병은 주로 감염 속도가 2주 이하로 매우 빠르다는 특징이 있다.

최고 위험 등급에 속하는 팬데믹은 다른 대륙에까지 전염병이 유행하게 되면 선포되는데, 팬데믹이 선포되기 위해서는 창궐하는 전염병이 특정 권역을 넘어 2개 이상의 대륙으로 확산되어야 한다는 기준을 충족해야 한다. 역사적으로 팬데믹 기준에 충족하는 전염병은 흑사병, 스페인 독감, 홍콩 독감, 신종 플루, 코로나19로, 세계보건기구가 설립된 1948년 이후 팬데믹이 선포된 사례는 1968년의 홍콩 독감을 포함하여 2009년 신종 플루, 2020년 코로나19 세 번뿐이다.

간혹 엔데믹(Endemic)도 세계보건기구에서 선포하는 전염병 경보 단계라고 착각하는 사람들이 있으나, 엔데믹은 특정한 지역에서 주민 사이에서 주기적으로 나타나는 풍토병을 말한다. 에피데믹이나 팬데믹이 선포된 전염병은 전염 속도가 너무 빠르고 넓은 지역에서 큰 피해를 유발해 예측하기 어렵지만, 이와 달리 엔데믹은 일부 지역에서 주기적으로 관찰되어 어느 정도 예측할 수 있다. 동남아시아와 아프리카 등지에서 자주 유행하는 말라리아나 뎅기열 등이 대표적이다.

세계보건기구에서 전염병 경보를 선포하는 이유는 바이러스나 세균에서 유발된 질병이 발생시키는 문제가 매우 크기 때문이다. 물론 역설적으로 방역과 의학 발전이 이루어지는 등 인류 문명이 발달하기도 하지만, 이를 위해서는 수많은 사람이 목숨을 잃게 될 수도 있다. 과학과 기술이 발달하면서 전염병이 줄었음에도 불구하고 21세기에 이르러서도 바이러스는 여전히 우리에게 무서운 존재이다. 따라서 언제든지 바이러스의 피해자가 될 수 있다는 점을 인지하고 세계 각국의 질병에 대해 경계 태세를 늦추지 않는 것이 중요하다.

김 대리: 코로나19가 창궐하자 세계보건기구에서 팬데믹을 선포한 적이 있죠.

박 사원: 팬데믹은 전염병이 2개 이상의 대륙으로 확산되어 세계 곳곳에서 유행하는 상태로, 전염병 경보 단계 중 최고 단계인 6단계에 해당해요.

이 주임: 이름이 유사해서 많이들 헷갈리는 엔데믹은 말라리아나 뎅기열과 같이 일부 지역에서 간헐적으로 되풀이되는 풍토병으로, 세계보건기구의 전염병 경보 단계와는 별개로 여겨진다고 합니다.

조 과장: 맞습니다. 그런데 전염병은 많은 사람들의 목숨을 앗아가는 심각한 문제이기 때문에 발생해서는 안 되지만, 모순되게도 (   ) 기여하기도 합니다.

① 세계 곳곳에서 여행 등의 인적 교류가 감소하는 데에
② 방역 시스템이나 의료 분야 수준 향상에
③ 전염병의 발생 시기와 장소 예측에
④ 전염병 경보의 발동 시기를 앞당기는 데에
⑤ 풍토병의 기세가 누그러지는 데에

1회

2회

3회

4회

5회

6회

10 다음 ㉠~㉣에 들어갈 단어가 순서대로 바르게 연결된 것은?

> 프로파일러(Profiler)란 수집된 증거를 토대로 용의자의 신체조건이나 심리 상태, 행동 따위를 (㉠)하여 수사의 방향을 제시하는 전문가를 말한다. 범죄심리분석관 또는 범죄심리분석 요원이라고도 불리는 프로파일러의 주요 업무는 범죄 현장 분석으로 파악된 증거를 가지고 프로파일링(Profiling)하여 현장을 재구성하는 것이다. 즉, 프로파일링을 통해 일련의 사건에서 범인이 주로 어떤 행동을 했는지를 파악함으로써 행동에 대한 이유를 도출하고 사건을 재구성하게 된다. 이러한 절차를 거치고 나면 프로파일러는 범인의 신원이 전혀 파악되지 않은 상태에서도 범인의 성격과 특징을 찾아내어 용의자의 범위를 한정하고, 도주 경로 및 은신처 등을 예측하여 용의자 검거의 (㉡)을 높이는 데 기여한다. 이외에 용의자가 검거된 뒤 고도의 심리적 전략을 구사하여 범행 자백을 받아내는 역할도 한다. 이들이 수사 시 활용하는 프로파일링은 지문이나 DNA로 대표되는 법의학적 증거물이나 생물학적인 증거물 파악에 주력하는 과학수사와는 달리 범죄자의 심리와 행동에 주목한다는 특징이 있다. 프로파일링은 1970년대부터 미국 내에서 급증한 연쇄 살인 사건을 해결하고자 미연방수사국에 의해 처음 만들어졌으며, 우리나라에서는 2000년대 초반 무렵부터 도입하여 전국에 배치되어 있다. 한편 국가마다 법이 달라 모든 국가가 동일한 것은 아니지만, 우리나라의 경우 프로파일러가 특정인을 바로 용의자로 지목하거나 프로파일링 결과를 용의자의 유죄를 증명하는 (㉢)적인 근거로 사용할 수 없게 되어 있다. 이는 프로파일러의 주 역할이 수사의 방향을 잡아주거나 용의자 범위 축소에 있기 때문이다. 그로 인해 프로파일러의 분석 결과는 일종의 정황증거로서 수사관이 유죄의 증거를 찾아내기 위한 자료로 활용된다. 하지만, 최근에는 국내에서도 프로파일링 보고서가 법정에서 범인의 유죄를 (㉣)하는 자료로 인정되어 법원이 경찰과 검찰의 손을 들어준 사례도 있어 앞으로 프로파일러가 미제사건을 포함해 수많은 범죄를 해결할 것으로 보인다.

	㉠	㉡	㉢	㉣
①	유인	효험	간접	입증
②	유인	효율	직접	반증
③	유추	효험	간접	반증
④	유추	효율	직접	반증
⑤	유추	효율	직접	입증

해커스공기업 휴노형·PSAT형 NCS 기출동형모의고사

[11-12] 다음 글을 읽고 각 물음에 답하시오.

산업혁명 이후 등장한 고전파 경제학자들은 한정된 자원과 기술을 어떤 방법으로 생산하고 분배할 수 있을지에 대해서 연구하고 체계화하였다. 이들은 일정 기간 동안 만들어진 생산물은 다시 분배되고 분배된 생산물은 다시 소비되므로 국민 경제에 있어서 총공급량과 총수요량은 같다고 여겼으며, 결과적으로 총공급량과 총수요량 각각이 국민 소득에 해당한다고 주장하였다. 즉, 이는 완전 고용 상태를 전제로 하여 자원의 효율적인 배분에 좀 더 관심을 두었다고 볼 수 있다.

이와 달리 영국의 경제학자인 존 메이너드 케인스(John Maynard Keynes)는 국민 경제가 항상 완전 고용 상태일 수는 없다고 주장하며 유효 수요 원리를 중심으로 자신의 이론을 펼쳤다. 그의 저서인 〈고용과 이자 및 화폐의 일반 이론〉에서는 당대 경제학자들이 상정할 수 없었던 불완전 고용화의 균형을 논증함으로써 실업과 불황 등의 문제를 겪는 1930년대 자본주의 모순을 지적하고 새로운 경제 체제의 필요성을 이론화하였다.

케인스가 주장한 경제학의 궁극적인 목표는 완전 고용의 달성에 있었다. 그는 사회의 유효 수요 부족에 따라 경기가 악화되면 실업이 발생하는 것이라고 여겼다. 보이지 않는 손에 따른 자유 경쟁 체제에서 불공평한 분배가 이루어질 수밖에 없고, 분배의 불평등은 결국 노동 계급의 구매력 저하를 유발해 경제 발전 또한 이룩하기 어려워진다고 보았다.

이에 케인스는 분배의 불평등을 완화하여 노동 계급의 구매력이 저하되지 않도록 하고, 정부가 민간 자본가를 대신해서 투자를 진행할 경우 완전 고용을 달성할 수 있다고 주장하였다. 그리고 이를 이룩하기 위해서는 정부가 시장을 통제해야 한다고 여겼다. 다만, 기본적으로 자본주의 경제에 대한 옹호를 이론의 기반으로 삼았으므로 흔히 사회주의에서 주장하는 공동 분배나 공동 생산을 피력한 것은 아니다. 불완전한 시장 경제를 정부가 통제함으로써 오히려 자본주의를 강화할 수 있고 생각한 것이다.

케인스 이론의 의의는 경제 문제를 해결하기 위해 정부가 적극적으로 시장에 개입해야 한다는 수정 자본주의의 기반을 다지는 데 공헌한 데 있다. 그의 이론에서 정부란 합리적으로 행동하며 공익을 위해 헌신하는 존재라는 가정이 내포되어 있었기 때문이다. 그뿐만 아니라 그의 이론으로 현대 화폐 금융론과 거시 경제학의 기초가 정립되었고, 이후 수십 년간 케인스의 이론은 경제학의 지배적인 패러다임으로 여겨져 케인스의 이론에 대해 '케인스 혁명'이라고 명명하기도 한다.

11 윗글의 서술상의 특징으로 가장 적절한 것은?

① 추상적인 이념을 친숙한 사물에 비교하며 구체화하고 있다.
② 자문자답의 방식을 사용하여 논지를 구체화하고 있다.
③ 특정 통념에 대해 문제를 제기하는 학자의 견해를 서술하고 있다.
④ 논지 전환을 위해 일상적으로 겪을 수 있는 다양한 경험을 제시하고 있다.
⑤ 특정 이론이 유발하는 부정적인 결과를 다양한 예시를 들며 설명하고 있다.

12 윗글을 읽고 이해한 내용으로 가장 적절하지 않은 것은?

① 케인스 이론에서 정부는 공익을 위해 헌신함과 동시에 합리적으로 행동하는 존재로 가정된다.

② 완전 고용 상태가 전제된다면 국민 경제에서 총공급량과 총수요량이 동일해질 수 있다.

③ 케인스는 자신의 저서에서 실업, 불황 등을 해결하기 위해 새로운 경제 체제가 필요하다고 주장하였다.

④ 케인스는 사회의 유효 수요가 부족하기 때문에 실업이 발생한다고 주장하였다.

⑤ 케인스는 정부에서 강력하게 시장을 통제하여 공동 분배 및 공동 생산이 이루어져야 한다고 여겼다.

13 다음 중 밑줄 친 단어의 쓰임이 가장 적절하지 않은 것은?

> 축구, 야구 등의 실외 스포츠는 자연 상황의 영향을 많이 받는다. 예컨대 비가 오면 경기가 취소되기도 하고, 바람의 세기에 따라 선수가 의도한 바와 달리 공의 ⑦궤적이 엉뚱한 방향으로 휘어지기도 한다. 이러한 스포츠 경기장의 취약점을 극복하기 위해 등장한 돔구장은 경기장 전체를 둥근 지붕으로 덮은 건축물을 가리킨다. 돔구장에는 천장이 덮여있기 때문에 기상 변화에 따른 문제가 발생하지 않으며, 냉난방 시설도 갖춘 경우가 많아 더위나 추위 속에서도 경기를 진행할 수 있다. 그뿐만 아니라 미세먼지나 빛·소음 ⑥공해도 최소화할 수 있기 때문에 선수들은 물론 관람객도 쾌적한 환경에서 경기를 즐기는 것이 가능하다. 세계 최초의 돔구장은 미국 텍사스주 휴스턴에 지어진 릴라이언트 애스트로돔이다. 1965년에 지어진 이 돔구장은 여름철 기온이 매우 높고 모기떼의 습격이 빈번히 발생하는 지역적 특성에 따라 건설되었다. 우리나라의 경우 1963년 장충체육관을 리모델링하여 돔구장을 만든 바 있으나, 야외 스포츠를 위해 지어진 돔구장은 아니기 때문에 2015년 야구 전용으로 지어진 고척 스카이돔을 국내 최초의 돔구장으로 보는 것이 옳다. 한편 세계적인 추세가 된 돔구장 건설은 일반 경기장의 한계를 극복할 수 있다는 점에서는 긍정적인 효과가 있지만, 건축에 천문학적인 비용이 ⑥소요된다는 단점을 무시할 수 없다. 실제로 미국 애틀랜타의 메르세데스 벤츠 스타디움은 1조 8,000억 원을 들여 지었고, 러시아의 크레스토브스키 스타디움도 건설에 1조 원이 넘는 금액이 쓰였다. 우리나라에서도 부산 사직 야구장을 상황에 따라 유동적으로 활용할 수 있도록 천장이 ②개선 가능한 돔구장으로 재건축하고자 하였으나, 비용적인 측면에서 논란이 많아 재건축과 단순 개보수 중 결정을 내리지 못한 상황이다. 물론 돔구장은 ⑩건립에 많은 돈이 들어간다. 하지만 돔구장은 스포츠 경기 외에도 콘서트, 전시와 같이 다용도로 활용할 수 있으므로 건설비만 고려하기보다는 세계적인 흐름에 발맞추어 돔구장의 필요성에 대해 다각도로 고민해볼 필요가 있다.

① ⑦　　　② ⑥　　　③ ⑥　　　④ ②　　　⑤ ⑩

심리학자 제임스 카텔은 1886년에 빨간색을 보고 '빨간색'이라고 말하는 속도에 비해 '빨간색'이라고 적힌 글자를 말하는 속도가 더 빠르다는 사실을 발견하였다. 그는 이러한 현상이 나타나는 이유를 대부분의 사람이 색상보다 글자를 읽는 데 더 익숙하기 때문이라고 해석하였다. 카텔의 해석을 통해 아이디어를 얻은 심리학자 존 리들리 스트룹은 1935년에 색과 글자를 조합하여 실험한 결과, 단어의 뜻과 글자의 색이 일치하지 않는 조건에서 단어를 인지하도록 하면 색을 명명하는 속도가 느려진다는 사실을 증명하였다.

스트룹은 가설을 증명하기 위해 두 가지 실험을 시행하였다. 우선 색을 나타내는 단어 몇 개를 모두 검은색 잉크로 쓴 후, 실험 참가자에게 읽어보라고 하였다. 예상한 것처럼 참가자들은 단어를 보자마자 글자를 쉽게 읽었다. 다음으로 색을 나타내는 단어들을 각기 그 단어와 관계없는 색 잉크로 쓴 뒤에 참가자에게 글자의 색을 읽어 보라고 하였다. 예를 들어 파란색이라는 단어를 노란색 잉크로 썼다면 참가자들은 단어를 보고 노란색이라고 대답해야 한다. 여기서 참가자들이 글자의 색을 대답하는 시간은 앞선 실험에서 검은색 잉크로 쓰인 단어를 읽는 시간보다 오래 걸렸다.

발견자의 이름을 따서 '스트룹 효과'라고 명명된 이 현상은 특정한 과제에 대해 반응하는 시간이 주의에 따라 달라지는 것을 말한다. 즉, 스트룹 효과는 익숙한 정보가 자동으로 처리되는 과정과 인지적 노력이 요구되는 정보가 의식적으로 처리되는 과정 사이에 갈등이 생겨 정보 처리에 시간이 소요되기 때문에 발생한다. 단어 실험에서는 사람들이 무의식적으로 단어의 뜻을 자동으로 처리하는 경향이 있어서 익숙한 단어의 의미를 무시하고 단어의 색상에 관한 정보를 처리하면서 대답이 지체되었다. 다시 말해 노란색 잉크로 쓰여 있는 파란색이라는 단어를 보면 단어의 의미인 파란색을 무시하면서 노란색에 선택적으로 주의를 기울여야 하므로 추가적인 정보 처리 시간이 필요하다는 것이다.

스트룹 효과는 색과 글자를 읽는 조건에서만 나타나는 현상은 아니며, 다양한 상황에서 찾아볼 수 있다. 동물의 사진에 그 사진과 관계없는 동물의 이름을 병기한 후 동물의 이름이 무엇인지 말하게 하는 경우에도 스트룹 효과가 발생한다. 일례로 호랑이 사진 아래에 '바다표범'이라고 써서 사람들에게 보여 줄 때, '호랑이'라고 대답하는 속도가 호랑이 사진만 보여줄 때보다 느리게 나타난다.

스트룹 효과를 측정하는 스트룹 과제는 환경에 있는 여타 대상은 무시하고 특정 대상에 주의를 집중하는 선택적 주의, 인지적 유연성, 처리 속도 등을 측정하는 데 활용된다. 아동과 읽기 능력이 결여된 사람의 언어 및 읽기 체계의 상대적 우세를 알 수 있고, 학습과 주의력, 정서 조절, 문제 해결 능력 등에 영향을 주는 전두엽의 실행 기능을 평가하는 기준이 된다. 스트룹 과제를 수행하는 능력은 뇌 손상, 치매와 같은 신경계 질환과 ADHD, 조현병과 같은 정신 장애와 관련되었을 때 저하되는 경우가 많다.

〈보기〉

　　2018년에 이스라엘 벤-구리온 대학의 미카엘 길리아드 교수 연구팀은 정치, 사회 이슈, 개인의 취향 등을 분류하여 88개의 간단한 글을 작성한 다음 28명의 실험 참가자에게 배포하였다. 글에는 문법적으로 오류가 있는 문장과 오류가 없는 문장이 혼재되어 있었는데, 길리아드 교수는 참가자들에게 제시된 글에서 문법적으로 오류가 있는 문장을 찾도록 지시하였다. 그 결과, 제시된 글이 참가자들 개개인의 의견과 일치하는지 여부에 따라 문법적 오류가 있는 문장을 찾아내는 반응 속도가 다르게 나타났다. 제시된 글이 본인의 의견과 일치하면 일치하지 않는 글보다 문법적 오류가 있는 문장을 빠르게 찾아낸 것이다. 이를 통해 자신과 동일한 생각을 하는 사람의 말과 행동에 반응하는 속도가 자신과 다른 생각을 하는 사람의 말과 행동에 반응하는 속도보다 빠르게 나타난다는 점이 입증되었다.

① 글을 작성할 때 검은색이 아닌 다른 색 잉크로 글을 쓰면 검은색 잉크로만 글을 작성하는 경우에 비해 문법적 오류가 있는 문장을 더 빠르게 찾아낼 수 있다.
② 길리아드 교수의 실험 참가자가 자신의 의견과 일치하지 않는 글을 볼 때는 글의 의미를 무시하고 문법적 오류가 있는 문장을 찾아야 해서 스트룹 효과가 일어났다.
③ 본인의 의견과 일치하는 글과 일치하지 않는 글이 동시에 제시되면 스트룹 효과가 발생하여 대부분의 사람이 본인의 의견과 일치하는 글에 더 관심을 보이게 된다.
④ 길리아드 교수는 실험 결과를 통해 스트룹 과제를 수행하는 능력이 참가자들의 정서와 밀접하게 연관되어 있다는 사실을 증명하였다.
⑤ 글에서 문법적 오류가 있는 문장을 찾는 실험 중에 일어난 스트룹 효과로 인해 참가자들이 본인의 의견과 일치하는 글에서 문법적 오류가 있는 문장을 찾기 어려워했다.

15 다음 글의 중심 내용으로 가장 적절한 것은?

과거 학생부 성적 기재 방식으로 사용되던 '수·우·미·양·가'는 여전히 일상생활에서 평가 등급의 기준으로 심심치 않게 사용되고 있다. 각각의 한자는 빼어날 수(秀), 넉넉할 우(優), 아름다울 미(美), 좋을 양(良), 옳을 가(可)로, 모두 긍정적인 의미를 내포하고 있어서 사회에서 통용되고 있는 것으로 보인다. 하지만 수·우·미·양·가는 일본의 사무라이가 적의 머리를 포함한 귀와 코를 베어 온 수를 보고 등급을 매긴 평가 방식에서 유래하였으므로 사용을 지양해야 한다. 15~16세기 일본의 전국 시대에 사무라이들은 적의 머리와 코, 귀를 담을 수 있는 대바구니를 허리춤에 매달고 싸웠는데, 대바구니에 담긴 귀와 코의 개수를 기준으로 '수·우·양·가'를 매기어 사무라이의 등급을 나누었다. 1592년 임진왜란 당시에 조선을 침략한 일본군은 조선인을 살육한 시체에서 머리, 귀, 코를 잘라 일본에 전리품으로 보냈으며, 현재 일본에는 당시 일본군이 베어간 조선인들의 귀와 코가 묻힌 커다란 무덤이 실존한다. 그리고 수·우·양·가는 센고쿠 시대의 무사들이 사용하던 용어로, 무사 가문의 문서에서 빈번하게 언급된다. 일례로 임진왜란을 일으킨 도요토미 히데요시의 이름도 그의 주군 오다 노부가나가 목을 많이 베어오는 신하라는 의미로 명명한 것이다. 도요토미(豊臣)는 가장 뛰어난 가신이라는 뜻이며, 히데요시(秀吉)는 수·우·양·가 중 '수'에 속한다는 뜻이다. 도요토미 히데요시의 성이 본래 기노시타(木下)였다가 하시바(羽紫)로 바뀌었고, 결국 도요토미(豊臣)가 되었다는 사실이 이 주장을 뒷받침한다. 또한, 임진왜란 이후 에도막부 시대에 일본이 평가 방식으로 수와 미를 제외한 '우·양·가·부(不)'를 사용했다는 기록이 남아있다. 우리나라의 경우 조선 시대 서원에서 대통(大通)·통(通)·약통(略通)·조통(粗通)·불통(不通)의 5단계 혹은 통(通)·약(略)·조(粗)·불(不)의 4단계 평가 방식을 사용하였으며, 과거시험에서는 성균관 유생들의 시험 결과를 갑·을·병 3단계로 분류하였다. 우리나라에서 수·우·양·가 평가 방식이 사용되기 시작한 것은 일제강점기 때부터이며, 오늘날에는 스스로 중간에 '미'라는 기준까지 추가해서 사용하고 있는 실정이다. 정작 일본은 제2차 세계대전 패전 직후인 1945년부터 수·우·양·가 기준을 사용하지 않고 있다.

① 학생의 자존감 향상을 위해 좋은 한자로 구성된 수·우·미·양·가를 성적 평가 방식으로 활용해야 한다.
② 현대 사회에서 평가 등급의 기준은 과거를 답습할 필요 없이 상황에 따라 세분화하여 사용해야 한다.
③ 우리 선조들의 정신을 본받아 소통의 능력을 바탕으로 하는 다양한 방식의 평가 기준을 설정해야 한다.
④ 외국어와 외래어를 무작정 쓰기보다는 언어 사용 환경에 맞추어 적절히 개량하여 사용할 필요가 있다.
⑤ 수·우·미·양·가 평가 방식이 일제의 잔재라는 점을 주지하여 사용하지 않도록 주의해야 한다.

(가) 우리나라에도 중생대 지층이 경상도를 중심으로 두껍게 펴져 있어서 암모나이트 화석이 발견될 법하지만, 우리나라의 중생대 지층은 대부분이 당시 내륙의 강, 호수 등 육상분지에 축적된 퇴적층이기 때문에 암모나이트 화석이 발굴된 적은 없다. 다만, 암모나이트 화석이 포함된 석회암이 건축 자재로 흔히 사용되어 해외에서 채석장 주변의 건물 벽에서 암모나이트 화석이 자주 발견되는 것처럼 우리나라에서도 건물 내장재 용도로 수입한 암석에서 암모나이트 화석이 발견되는 경우가 있다.

(나) 또한, 암모나이트는 고생대 데본기 중반에 출현하여 중생대 백악기 말의 대멸종 시기에 공룡류와 함께 멸종한 것으로 추측되는데, 시대에 따라 껍데기의 모양과 봉합선 등에 차이가 있어서 생물의 진화를 증명하는 증거로 사용되기도 한다. 특히 중생대 쥐라기에 가장 번성하여 전 지구에 서식하였으며, 단기간에 빠르게 진화하고 수백만 년 사이에 멸종해서 지층의 연대를 측정하는 표준 화석으로 활용되고 있다. 만약 특정 지층에서 암모나이트 화석이 발견되었다면 해당 지층은 중생대 지층일 가능성이 높다.

(다) 이 껍데기는 격벽으로 분리되는 여러 개의 방으로 구성되어 있다. 입구 방향의 가장 넓은 체방에 머리와 몸통, 촉수가 존재하고, 기방이라 불리는 안쪽에 있는 다수의 작은 방이 부력을 조절하는 기관으로 사용되었다. 암모나이트의 껍데기는 매일 자라는 것이 아니라 필요에 따라 키우는데, 체방 뒤에 나선 방향으로 기방을 하나씩 추가로 부착하며 성장한다. 이때 추가되는 방과 방 사이에 생기는 특유의 줄무늬 경계선을 봉합선이라고 하며, 암모나이트가 진화를 반복할수록 봉합선은 점점 복잡해졌다.

(라) 이미 멸종하였기에 화석으로 확인할 수 있는 껍데기에 관한 정보 외에 연질부(軟質部)에 관한 정보는 거의 얻을 수 없어서 암모나이트의 생태에 관해서는 매우 제한적으로만 추측할 수 있다. 암모나이트가 퇴적된 주변 환경이나 껍데기의 형태를 기반으로 추정하였을 때 암모나이트는 바닷속을 헤엄치며 육식을 했을 것으로 짐작된다. 과학자들은 암모나이트가 앵무조개처럼 수염 모양의 촉수를 사용해 먹이를 포획하고, 껍데기에 가스와 액체를 채우면서 부력을 조절하여 물속을 떠다녔을 것이라고 짐작하고 있다.

(마) 고대 이집트 신화에서 신들의 왕으로 숭배되었던 아몬이라는 신은 주로 숫양의 뿔을 쓰고 있는 것으로 묘사된다. 연체동물문 두족류 화석종의 하나인 암모나이트의 명칭은 '아몬의 뿔'이라는 의미에서 유래하였는데, 안으로 말려 있는 암모나이트의 외형이 아몬이 쓰고 있던 숫양의 뿔의 모양과 비슷하여 이와 같이 명명된 것으로 알려졌다. 대부분의 암모나이트 껍데기는 원뿔 나선형으로 말려 있는 달팽이, 고둥 등의 껍데기와 다르게 평면 사선형으로 말려 있다.

16 윗글의 문단을 논리적 순서대로 알맞게 배열한 것은?

① (가) – (다) – (라) – (마) – (나)
② (가) – (마) – (다) – (나) – (라)
③ (라) – (나) – (다) – (마) – (가)
④ (마) – (나) – (가) – (다) – (라)
⑤ (마) – (다) – (라) – (나) – (가)

17 윗글을 읽고 이해한 내용으로 가장 적절한 것은?

① 암모나이트 화석을 분석하면 껍데기뿐만 아니라 연질부에 대한 세부적인 정보까지 얻을 수 있다.
② 보편적으로 암모나이트의 껍데기는 달팽이, 고둥의 껍데기와 마찬가지로 원뿔 나선형으로 말려 있다.
③ 우리나라의 경우 중생대 지층이 두껍게 분포하는 경상도에서 암모나이트 화석이 빈번하게 발굴된다.
④ 필요에 따라 기방을 추가하여 성장하는 암모나이트의 껍데기에는 방과 방을 잇는 봉합선이 존재한다.
⑤ 암모나이트는 장기간에 걸쳐 천천히 진화하여 지층의 연대를 측정하는 표준 화석으로 이용된다.

18 ○○공사는 국도를 확장하며 일직선상 도로의 양쪽 라인에 벚나무를 심으려고 한다. 3km 길이의 도로에 일정한 간격으로 벚나무 122그루를 심었을 때, 벚나무 사이의 간격은?

① 25m ② 30m ③ 40m ④ 50m ⑤ 55m

19 가 도시의 기차역에는 A, B 2대의 열차가 각각 일정한 간격마다 도착한다. A 열차의 운행 간격은 48분이고, B 열차의 운행 간격은 A 열차보다 132분 더 길다고 할 때, 8일 오전 9시에 A 열차와 B 열차가 동시에 도착한 뒤, 처음으로 두 열차가 동시에 도착하는 시각은?

① 8일 오후 3시 ② 8일 오후 5시 ③ 8일 오후 9시 ④ 9일 오전 1시 ⑤ 9일 오전 3시

20 ○○공사의 직원들은 엘리베이터를 이용하여 1층에 있는 A4용지 박스를 3층 사무실로 옮기려고 한다. 먼저 몸무게가 80kg인 직원 4명이 A4용지 6박스를 엘리베이터에 실어 옮기고, 그다음 몸무게가 50kg인 직원 6명이 A4용지 11박스를 엘리베이터에 실어 옮겼다고 할 때, 엘리베이터에 실을 수 있는 A4용지 박스의 최대 수는? (단, 동일한 엘리베이터를 이용했으며, 두 번 모두 엘리베이터의 적재 하중을 실었다.)

① 80박스 ② 84박스 ③ 86박스 ④ 88박스 ⑤ 92박스

21 회의실에 일렬로 나열된 5개의 좌석에 사원 3명과 대리 2명이 앉아 교육을 수강하고자 한다. 사원끼리는 붙어 앉아도 되지만 대리끼리는 붙어 앉을 수 없다고 할 때, 사원과 대리가 좌석에 앉는 경우의 수는?

① 36가지 　　② 72가지 　　③ 120가지 　　④ 360가지 　　⑤ 720가지

1회

2회

3회

4회

5회

6회

22 $0 \leq x \leq 2$ 범위에서 이차함수 $f(x) = -x^2 + 4x$ 그래프와 $g(x) = x^2 - 6x + 8$ 그래프, x축으로 둘러싸인 부분의 넓이는?

① $\dfrac{7}{3}$ 　　② 3 　　③ $\dfrac{13}{3}$ 　　④ 5 　　⑤ $\dfrac{16}{3}$

해커스공기업 휴노형·PSAT형 NCS 기출동형모의고사

23 갑은 회사에서 40km 떨어진 버스 정류장에서 버스에 승차하여 출근한다. 어제는 버스가 60km/h의 속력으로 운행하였지만, 오늘은 폭설이 내려 어제보다 버스 이동 시간이 10분 더 길어졌다고 할 때, 어제 출근 시 탑승한 버스 속력과 오늘 출근 시 탑승한 버스 속력의 차이는?

① 10km/h 　　② 12km/h 　　③ 13km/h 　　④ 15km/h 　　⑤ 16km/h

24 H 기업의 신입사원은 총 13명으로 8명은 건축공학, 5명은 토목공학을 전공하였다. 이 신입사원들을 A 조 7명, B 조 6명으로 나누어 교육을 진행할 때, B 조에서 교육을 듣는 신입사원 중 토목공학을 전공한 신입사원이 건축공학을 전공한 신입사원보다 더 적을 확률은?

① $\frac{14}{33}$　　　　② $\frac{72}{143}$　　　　③ $\frac{245}{249}$　　　　④ $\frac{84}{143}$　　　　⑤ $\frac{332}{429}$

25 한 변의 길이가 60cm씩 차이 나는 정삼각형 3개가 있다. 정삼각형 3개 둘레의 합이 2,160cm일 때, 가장 작은 정삼각형과 가장 큰 정삼각형 넓이의 합은? (단, $\sqrt{3}$은 1.7로 계산한다.)

① $3.825m^2$　　　② $5.202m^2$　　　③ $6.273m^2$　　　④ $520.2m^2$　　　⑤ $627.3m^2$

26 다음은 어느 복숭아 축제의 가판대에서 판매하고 있는 음료의 1개당 판매 이익과 음료 1개를 만드는 데 필요한 재료를 나타낸 자료이다. 이 가판대에서 하루 동안 복숭아는 48kg, 우유는 22L를 사용하여 최대한 많은 개수의 음료를 만들 때, 하루 동안 만든 음료를 모두 판매하여 얻는 총이익은?

[음료별 판매 이익 및 재료]

구분	판매 이익	재료	
		복숭아	우유
복숭아 주스	3,200원	480g	100ml
복숭아 스무디	2,400원	300g	250ml

① 345,600원　　② 346,800원　　③ 348,200원　　④ 350,400원　　⑤ 351,200원

27 다음은 국가별 조강 생산 현황에 대한 자료이다. 자료에 대한 설명으로 옳지 않은 것은?

[국가별 조강 생산 현황]

(단위: 천 M/T)

국가별	2017년	2018년	2019년	2020년	2021년	2022년
한국	69,073	66,061	71,543	69,670	68,576	71,030
중국	731,040	822,000	822,306	803,825	807,609	831,728
일본	107,232	110,595	110,666	105,134	104,775	104,661
캐나다	13,507	12,417	12,730	12,473	12,646	13,614
멕시코	18,073	18,242	18,930	18,218	18,824	19,924
미국	88,695	86,878	88,174	78,845	78,475	81,612
브라질	34,524	34,163	33,897	33,256	31,275	34,365
뉴질랜드	912	900	859	793	577	657

① 2018년 일본의 조강 생산량은 전년 대비 3,363천 M/T 증가하였다.

② 제시된 모든 국가는 2020년에 조강 생산량이 전년 대비 감소하였다.

③ 2022년 캐나다의 조강 생산량은 같은 해 뉴질랜드의 조강 생산량의 20배 이상이다.

④ 2021년 중국의 조강 생산량은 4년 전 대비 10% 이상 증가하였다.

⑤ 제시된 기간 중 미국의 조강 생산량이 가장 많은 해는 동일 기간 한국의 조강 생산량이 가장 많은 해와 같다.

28 다음은 고용노동부에서 일·가정양립실태를 파악하기 위해 진행한 설문조사 중 2017~2018년 출산 휴가 제도 활용 여부에 대한 자료이다. 자료에 대한 설명으로 옳지 않은 것은?

[출산 휴가 제도 활용 여부]

(단위: 개)

구분		2017년		2018년	
		활용 업체 수	미활용 업체 수	활용 업체 수	미활용 업체 수
종사자 규모	5~9인	26,569	260,808	23,721	275,543
	10~29인	24,750	157,561	23,654	164,494
	30~99인	13,059	44,771	11,758	41,341
	100~299인	4,758	7,852	4,970	5,019
	300인 이상	2,353	969	5,120	1,200
지역	서울특별시	16,366	106,676	14,758	100,711
	부산광역시	6,337	29,079	5,936	34,841
	대구광역시	3,099	20,194	2,817	20,254
	인천광역시	4,954	22,671	2,738	22,343
	광주광역시	2,197	14,747	1,068	14,064
	대전광역시	2,460	12,796	2,396	12,976
	울산광역시	2,047	8,193	1,631	11,808
	경기도	14,430	108,715	14,194	116,195
	강원도	1,807	17,180	2,243	14,094
	충청북도	2,893	14,591	2,191	19,600
	충청남도	2,769	19,141	4,583	21,374
	전라북도	2,979	17,000	2,885	15,972
	전라남도	1,452	17,822	2,321	18,317
	경상북도	2,722	24,108	2,407	26,122
	경상남도	4,661	32,655	6,142	35,378
	제주특별자치도	316	6,391	912	3,547

※ 출처: KOSIS(고용노동부, 일·가정양립실태조사)

① 2017년 모든 지역에서 출산 휴가 제도를 활용한 업체 수가 출산 휴가 제도를 미활용한 업체 수보다 적다.

② 2018년 종사자 규모가 5인 이상 100인 미만인 업체 중 출산 휴가 제도를 활용한 업체 수는 총 59,233개이다.

③ 2018년 경기도의 출산 휴가 제도를 미활용한 업체 수는 같은 해 제주특별자치도의 출산 휴가 제도를 미활용한 업체 수의 30배 이상이다.

④ 2018년 충청남도의 출산 휴가 제도를 미활용한 업체 수는 전년 대비 2,233개 증가하였다.

⑤ 종사자 규모가 300인 이상인 업체 중 2017년과 2018년 출산 휴가 제도를 활용한 업체 수의 평균은 3,736.5개이다.

29 다음은 2017~2019년 상반기 축종별 배합사료 생산실적을 나타낸 자료이다. 자료에 대한 설명으로 옳은 것을 모두 고르면?

[2017년 상반기 축종별 배합사료 생산실적]

(단위: 천 톤)

구분	1월	2월	3월	4월	5월	6월
양계용	404	372	432	408	469	499
양돈용	533	498	536	495	525	506
젖소용	102	95	103	96	103	99
고기소	388	363	401	355	390	373
합계	1,427	1,328	1,472	1,354	1,487	1,477

[2018년 상반기 축종별 배합사료 생산실적]

(단위: 천 톤)

구분	1월	2월	3월	4월	5월	6월
양계용	509	453	498	490	528	529
양돈용	579	519	550	523	544	515
젖소용	105	95	100	97	102	95
고기소	408	358	374	369	390	364
합계	1,601	1,425	1,522	1,479	1,564	1,503

[2019년 상반기 축종별 배합사료 생산실적]

(단위: 천 톤)

구분	1월	2월	3월	4월	5월	6월
양계용	503	451	509	536	558	546
양돈용	604	506	544	563	569	522
젖소용	111	88	96	103	101	92
고기소	439	341	383	403	402	366
합계	1,657	1,386	1,532	1,605	1,630	1,526

※ 출처: KOSIS(농림축산식품부, 배합사료 생산실적 및 원료사용실적)

ㄱ 제시된 모든 축종별 배합사료 생산실적은 2019년 6월에 전년 동월 대비 증가하였다.
ㄴ 제시된 기간 중 3월의 배합사료 생산실적이 가장 많은 축종은 매년 양돈용이다.
ㄷ 2017년 6월 양계용 배합사료 생산실적은 같은 해 1월 대비 25% 이상 증가하였다.
ㄹ 2018년 4월 고기소 배합사료 생산실적은 2018년 같은 월 젖소용 배합사료 생산실적의 4배 이상이다.

① ㄱ   ② ㄴ   ③ ㄴ, ㄷ   ④ ㄴ, ㄹ   ⑤ ㄷ, ㄹ

30 다음은 국가별 옥수수 생산량에 대한 자료이다. 자료에 대한 설명으로 옳지 않은 것은?

[국가별 옥수수 생산량]

(단위: 톤)

국가별	2019년	2020년	2021년	2022년
한국	82,008	78,243	73,681	72,587
이스라엘	163,601	88,990	80,264	87,583
캐나다	11,606,400	13,679,500	13,889,000	14,095,300
멕시코	23,273,257	24,694,046	28,250,783	27,762,481
미국	361,091,140	345,486,340	384,777,890	370,960,390
덴마크	72,900	52,700	43,800	38,900
프랑스	18,343,320	13,716,048	12,131,249	14,121,680
독일	5,142,100	3,973,000	4,017,800	4,547,600
그리스	1,864,065	1,716,520	1,511,620	1,362,400
헝가리	9,315,100	6,632,783	8,729,915	6,811,337
폴란드	4,468,403	3,156,212	4,342,910	4,021,592

① 2020~2022년 그리스의 옥수수 생산량은 매년 전년 대비 감소하였다.
② 2021년 멕시코 옥수수 생산량의 전년 대비 증가량은 같은 해 독일의 옥수수 생산량보다 많다.
③ 제시된 국가 중 2019~2022년 옥수수 생산량이 가장 많은 국가와 가장 적은 국가는 매해 동일하다.
④ 2022년 헝가리의 옥수수 생산량은 같은 해 한국의 옥수수 생산량의 90배 이상이다.
⑤ 2022년 이스라엘의 옥수수 생산량은 3년 전 대비 약 46.5% 감소하였다.

31 다음은 국가별 식물성 폐기물 생산량에 대한 자료이다. 자료에 대한 설명으로 옳은 것은?

[국가별 식물성 폐기물 생산량]

(단위: TJ)

국가	2018년	2019년	2020년	2021년	2022년
중국	1,484,547	1,572,324	1,580,328	1,613,903	1,753,712
덴마크	21,125	19,134	19,824	19,921	20,400
프랑스	14,047	17,672	18,712	18,065	17,469
독일	5,614	5,905	6,483	5,838	9,098
이탈리아	7,918	8,921	9,433	9,672	10,247
폴란드	63,286	46,747	60,674	50,806	45,517
포르투갈	16,051	17,490	7,606	3,196	5,888
스페인	34,189	26,234	43,829	38,520	38,923
태국	187,957	208,908	212,555	448,520	391,430
터키	44,128	40,489	40,163	40,551	45,407
영국	48,160	57,637	76,092	75,348	97,943
미국	657,691	689,479	615,782	516,257	529,623

① 2019년부터 2022년까지 중국과 이탈리아의 식물성 폐기물 생산량은 모두 전년 대비 매년 감소하였다.
② 제시된 국가 중 식물성 폐기물 생산량이 가장 적은 국가는 매년 독일이다.
③ 2020년 스페인의 식물성 폐기물 생산량은 전년 대비 50% 미만 증가하였다.
④ 2021년 폴란드의 식물성 폐기물 생산량은 3년 전 대비 12,480TJ 감소하였다.
⑤ 2019년부터 2022년까지 영국과 터키의 식물성 폐기물 생산량의 전년 대비 증감 추이는 반대이다.

32 다음은 2016~2018년 지역별 연료전지 실적을 나타낸 자료이다. 자료에 대한 설명으로 옳지 않은 것은?

[2016년 지역별 연료전지 실적]

구분	에너지생산량(toe)	발전량(MWh)	누적보급용량(kW)	신규보급용량(kW)
A 지역	38,137	180,321	42,772	20,082
B 지역	6,406	30,327	22,277	15,431
C 지역	10,911	51,655	11,341	85
D 지역	23,850	112,962	18,733	5,020
E 지역	547	2,376	381	21
F 지역	65	282	52	16
G 지역	3,987	18,721	3,117	35

[2017년 지역별 연료전지 실적]

구분	에너지생산량(toe)	발전량(MWh)	누적보급용량(kW)	신규보급용량(kW)
A 지역	69,689	326,809	42,794	22
B 지역	38,933	182,741	37,712	15,435
C 지역	8,899	41,699	11,401	60
D 지역	25,253	118,492	18,744	11
E 지역	547	2,388	383	2
F 지역	86	375	68	16
G 지역	4,432	20,656	3,137	20

[2018년 지역별 연료전지 실적]

구분	에너지생산량(toe)	발전량(MWh)	누적보급용량(kW)	신규보급용량(kW)
A 지역	68,432	320,908	42,850	56
B 지역	55,703	261,462	37,728	16
C 지역	8,908	41,702	11,843	442
D 지역	44,274	207,787	( )	38,072
E 지역	547	2,389	421	38
F 지역	95	416	72	4
G 지역	3,587	16,691	3,577	440

① 2016년 B 지역 연료전지 누적보급용량에서 신규보급용량이 차지하는 비중은 약 69%이다.

② 2018년 G 지역 연료전지 발전량은 2년 전 대비 1,930MWh 감소하였다.

③ 2017년 F 지역과 C 지역 연료전지 에너지생산량의 전년 대비 증감 추이는 서로 반대이다.

④ 2016년 에너지생산량이 가장 많은 지역과 발전량이 가장 많은 지역은 동일하다.

⑤ 2018년 D 지역 연료전지 누적보급용량은 56,816kW이다.

33 다음은 성별 및 연령대별 최근 1년간 운동용품 구매 여부와 종류에 대한 자료이다. 자료에 대한 설명으로 옳지 않은 것을 모두 고르면?

[성별 및 연령대별 최근 1년간 운동용품 구매 여부]

(단위: %)

구분		2016년		2017년		2018년	
		있음	없음	있음	없음	있음	없음
성	남자	59.0	41.0	53.0	47.0	49.4	50.6
	여자	47.4	52.6	45.1	54.9	42.7	57.3
연령대	10대	56.5	43.5	51.5	48.5	44.5	55.5
	20대	61.9	38.1	54.5	45.5	55.9	44.1
	30대	59.2	40.8	54.1	45.9	51.9	48.1
	40대	58.5	41.5	54.1	45.9	51.1	48.9
	50대	56.9	43.1	51.8	48.2	49.3	50.7
	60대	39.7	60.3	38.9	61.1	39.3	60.7

[성별 및 연령대별 최근 1년간 구매한 운동용품 종류]

(단위: %)

구분		2016년				2017년				2018년			
		의류	신발	구기	라켓	의류	신발	구기	라켓	의류	신발	구기	라켓
성	남자	74.4	79.3	5.8	6.9	76.9	81.5	5.9	6.2	72.6	77.3	6.0	7.0
	여자	73.4	72	2.7	2.8	74.5	74.4	2.9	3.4	75.3	69.5	3.1	3.4
연령대	10대	54.3	85.4	4.7	4.9	59.0	88.8	4.8	5.6	67.3	81.1	4.9	2.2
	20대	75.5	77.7	4.7	4	77.2	81.5	5.5	2.6	73.0	76.5	3.5	3.6
	30대	78	76.8	6.3	6	81.8	75.2	4.7	5.8	75.1	72.9	5.5	8.4
	40대	79.5	74.7	3.8	6.4	79.1	74.4	5.7	5.7	73.8	74.9	5.6	6.2
	50대	79.2	72.2	3.8	4.5	79.5	73.7	2.9	6.5	80.4	71.8	5.4	5.1
	60대	73.7	67.5	3.7	4.6	78.8	71.8	3.5	2.2	76.1	67.9	3.3	7.0

※ 종류별 구매한 용품은 중복 응답함

※ 출처: KOSIS(문화체육관광부, 최근 1년간 운동용품 구매 현황)

ㄱ 2016년 60대가 구매한 운동용품 종류 중 가장 적은 비중을 차지하는 용품은 2017년과 다르다.
ㄴ 2018년 남자가 신발을 구매한 비율은 2년 전 대비 2%p 증가하였다.
ㄷ 제시된 기간에 운동용품을 구매한 사람의 비율은 매년 남자가 여자보다 높다.
ㄹ 2018년 모든 연령대에서 운동용품 종류 중 신발을 구매한 사람의 비율이 가장 높다.

① ㄱ, ㄴ   ② ㄴ, ㄷ   ③ ㄴ, ㄹ   ④ ㄷ, ㄹ   ⑤ ㄱ, ㄷ, ㄹ

34 다음은 20XX년 지역별 체인화 편의점업과 제과점업에 대한 자료이다. 자료에 대한 설명으로 옳지 않은 것을 모두 고른 것은?

[20XX년 지역별 체인화 편의점업]

구분	사업체 수 (개)	종사자 수 (명)	매출액 (백만 원)	영업비용 (백만 원)	인건비 (백만 원)
경기도	10,536	47,714	5,505,437	5,307,758	414,629
강원도	1,704	6,422	800,667	764,918	59,284
충청북도	1,426	5,598	663,086	636,183	48,249
충청남도	2,115	7,950	995,925	958,302	70,072
전라북도	1,286	4,770	549,682	527,978	42,106
전라남도	1,125	4,327	534,437	514,791	32,709
경상북도	1,926	7,134	898,571	865,687	56,902
경상남도	2,858	10,871	1,289,492	1,235,538	89,266
제주특별자치도	1,026	4,022	497,896	468,847	38,716

[20XX년 지역별 제과점업]

구분	사업체 수 (개)	종사자 수 (명)	매출액 (백만 원)	영업비용 (백만 원)	인건비 (백만 원)
경기도	1,832	9,095	831,010	779,773	85,766
강원도	230	872	79,775	73,982	7,722
충청북도	265	1,029	96,399	87,968	10,008
충청남도	307	1,324	125,628	116,801	14,210
전라북도	247	987	90,241	84,271	9,088
전라남도	234	943	85,951	78,464	10,146
경상북도	323	1,269	124,428	116,275	11,265
경상남도	458	1,844	165,637	154,686	15,401
제주특별자치도	108	479	48,805	43,897	6,350

ⓐ 강원도 체인화 편의점업의 사업체 1개당 평균 종사자 수는 약 3.8명이다.
ⓑ 제과점업의 종사자 수는 전라북도가 전라남도보다 많지만, 인건비는 전라북도가 전라남도보다 적다.
ⓒ 경상북도 체인화 편의점업의 사업체 수는 같은 지역 제과점업 사업체 수의 7배 이상이다.
ⓓ 체인화 편의점업과 제과점업 각각 영업비용이 높은 순으로 지역을 나열하였을 때 3위는 서로 같다.

① ⓑ
② ⓒ
③ ⓓ
④ ⓐ, ⓒ
⑤ ⓒ, ⓓ

35 인사팀 직원 A, B, C, D, E, F 6명의 직급은 대리 또는 과장이며, 이 중 과장이 2명이다. 이들은 이번 주 월요일부터 토요일까지 하루에 한 명씩 돌아가며 야간 당직을 서기로 했다. 다음 조건을 모두 고려하였을 때, 항상 옳은 것은?

- 직급에 따라 대리는 평일에, 과장은 공휴일 또는 주말에 야간 당직을 선다.
- A는 금요일에 야간 당직을 선다.
- B가 야간 당직을 서는 바로 다음 날 D가 야간 당직을 선다.
- C가 야간 당직을 서는 날은 A가 야간 당직을 서는 바로 전날이거나 바로 다음 날이다.
- D의 직급은 대리이고, F의 직급은 과장이다.
- 이번 주 수요일은 공휴일이다.

① C는 목요일에 야간 당직을 선다.
② E의 직급은 과장이다.
③ F는 D가 야간 당직을 서는 바로 다음 날에 야간 당직을 선다.
④ B의 직급은 대리이다.
⑤ A는 C보다 먼저 야간 당직을 서지 않는다.

해커스공기업 휴노형·PSAT형 NCS 기출동형모의고사

36 A, B, C, D, E 5명은 초콜릿, 사탕, 젤리, 과자, 아이스크림 중 한 종류 또는 두 종류의 간식을 먹었다. 초콜릿, 젤리, 과자는 각각 1,000원이고 사탕, 아이스크림은 각각 2,000원이며, 5명 모두 한 종류의 간식을 2개 이상 먹지 않았다. 다음 조건을 모두 고려하였을 때, 항상 옳은 것은?

> - 두 종류의 간식을 먹은 사람은 2명이다.
> - A는 두 종류의 간식을 먹었고 C와 D는 사탕을 먹지 않았다.
> - B와 E는 같은 종류의 간식을 먹지 않았고 B와 E 두 사람이 먹은 간식은 총 세 종류이다.
> - 두 종류의 간식을 먹은 사람은 초콜릿과 젤리를 먹었고, 아무도 먹지 않은 간식은 없다.

① B가 먹은 간식은 총 2,000원이다.
② A와 E는 같은 간식을 먹었다.
③ C가 과자를 먹었을 경우 B가 사탕을 먹었다.
④ A와 D가 먹은 간식의 가격은 같다.
⑤ D와 E가 먹은 간식은 총 3,000원이다.

37 어느 날 편의점에 분홍색 모자를 쓴 강도가 나타나 범죄를 저질렀다. 용의자는 당시 편의점 근처에 있던 A, B, C, D, E 중 1명이고, 사건 발생일에 5명은 각각 빨간색, 노란색, 파란색, 초록색, 분홍색 모자 중 1개를 쓰고 있었으며, 서로 다른 색의 모자를 썼다고 한다. 용의자들의 진술은 아래와 같으며, 5명의 용의자 중 2명은 진실을 말하고, 3명은 거짓을 말하고 있을 때, 편의점 강도 사건의 범인은? (단, 진실을 말하는 용의자의 진술은 모두 진실이며, 거짓을 말하는 용의자의 진술은 모두 거짓이다.)

> - A: B는 초록색 모자를 쓰지 않았고 B는 거짓을 말하고 있다.
> - B: D는 파란색 모자를 썼고 E는 거짓을 말하고 있다.
> - C: E는 분홍색 모자를 썼고 A는 진실을 말하고 있다.
> - D: A는 빨간색 모자를 썼고 B는 진실을 말하고 있다.
> - E: C는 노란색 모자를 썼고 D는 거짓을 말하고 있다.

① A   ② B   ③ C   ④ D   ⑤ E

38 A, B, C, D, E, F 6명의 친구들은 A의 생일을 맞아 파티룸을 대여하여 생일 파티를 하였다. 다음 조건을 모두 고려하였을 때, 항상 옳은 것은? (단, 옆자리 방향은 자리에 앉은 사람이 탁자를 바라보는 방향을 기준으로 정한다.)

[자리 배치]

- 이웃한다는 것은 바로 앞자리에 앉거나 바로 옆자리에 앉는 것을 의미하며, 대각선 자리에 앉는 것은 의미하지 않는다.
- A와 C는 이웃하게 앉았다.
- F와 이웃하게 앉은 사람은 3명이다.
- D는 A의 바로 앞자리에 앉았다.
- C의 바로 오른쪽 옆자리는 E가 앉았다.

창가		
○	○	○
탁자		
○	○	○

---

① D는 F의 바로 왼쪽 자리에 앉았다.
② C는 B의 바로 앞자리에 앉았다.
③ A는 E와 이웃하게 앉았다.
④ F는 B의 바로 오른쪽 자리에 앉았다.
⑤ C는 D와 이웃하게 앉았다.

39 한 층이 1호와 2호로 이루어진 4층짜리 건물에 감사실, 법무실, 비서실, 홍보실, 미래혁신실, 안전기획실 6개의 부실이 위치하고 있다. 다음 조건을 모두 고려하였을 때, 항상 옳은 것은?

- 하나의 호에는 하나의 부실만 위치한다.
- 홍보실과 미래혁신실 사이에 2개 층이 위치한다.
- 감사실과 비서실은 같은 층에 위치한다.
- 법무실 바로 위층은 공실이다.
- 안전기획실은 202호에 위치한다.
- 1호와 2호에 각각 하나의 공실이 있다.

① 법무실과 미래혁신실은 같은 층에 위치한다.
② 201호와 402호는 공실이다.
③ 비서실은 301호에 위치한다.
④ 감사실은 법무실보다 세 층 더 높은 층에 위치한다.
⑤ 홍보실은 안전기획실과 다른 층이면서 같은 호에 위치한다.

40 자동차 동호회 회원 A, B, C, D, E는 각각 SUV, 세단, 왜건, 쿠페, 트럭 중 하나를 타며, 자동차 색상은 빨간색, 파란색, 노란색 중 하나이다. 다음 조건을 모두 고려하였을 때, 항상 옳지 않은 것은?

- A, B, C, D, E의 차종은 모두 서로 다르며 자동차 색상은 빨간색 1대, 파란색 2대, 노란색 2대이다.
- D의 자동차 색상은 빨간색이 아니다.
- B의 자동차 색상은 E의 자동차 색상과 같으며 B의 차종은 트럭이다.
- SUV의 색상은 빨간색이다.
- C의 자동차 색상은 노란색이다.
- E의 차종은 세단이 아니다.

① E의 차종은 쿠페이다.
② A와 D의 자동차 색상은 같다.
③ C의 차종은 왜건이다.
④ B의 자동차 색상은 파란색이다.
⑤ D의 차종은 세단이다.

[41-42] 다음은 ○○프로젝트 업무별 소요시간이다. 각 물음에 답하시오.

[○○프로젝트 업무별 소요시간]

구분	A 업무	B 업무	C 업무	D 업무	E 업무	F 업무
소요시간	12시간	6시간	7시간	16시간	7시간	16시간
선행 업무	없음	A 업무	B 업무	A 업무	C 업무, D 업무	E 업무

※ 1) 선행 업무는 해당 업무를 시작하기 전 먼저 완료해야 하는 업무임
  2) 모든 업무는 선행 업무가 끝나는 즉시 시작함

41 유 대리는 팀원들과 ○○프로젝트 진행 계획을 세웠다. 유 대리와 팀원들은 A 업무를 시작하여 최대한 빠르게 F 업무까지 완료하려고 할 때, 유 대리와 팀원들이 ○○프로젝트를 완료하는 데 소요되는 최소 시간은?

① 48시간　　　② 51시간　　　③ 57시간　　　④ 58시간　　　⑤ 64시간

42 유 대리는 ○○프로젝트를 진행하던 중 갑작스럽게 해외 출장을 가게 되어 백 대리가 유 대리를 대신하여 ○○프로젝트를 이어서 진행하기로 하였다. ○○프로젝트를 이어받은 백 대리는 F 업무만을 진행하면 된다는 사실을 확인했다고 할 때, 백 대리가 13일부터 F 업무를 시작하여 ○○프로젝트를 완료하게 될 날짜는?

[일자별 백 대리가 ○○프로젝트를 수행할 수 있는 시간]

월	화	수	목	금
11일	12일	13일	14일	15일
		3시간	2시간	4시간
18일	19일	20일	21일	22일
3시간	1시간	1시간	2시간	1시간

① 18일　　　② 19일　　　③ 20일　　　④ 21일　　　⑤ 22일

[43-44] 다음은 기초생활수급자 근로능력 평가 제도에 대한 안내문이다. 각 물음에 답하시오.

[기초생활수급자 근로능력 평가 제도 안내]

1. 목적
- 기초생활수급자의 근로능력에 대한 객관적인 평가를 통해 적절한 서비스를 제공함으로써 빈곤층의 자립과 자활을 도모하기 위함

2. 법적 근거
- 국민기초생활보장법 제9조(생계급여의 방법) 및 동법 시행령 제7조(근로능력이 있는 수급자)

3. 평가대상
- 18세 이상 64세 이하로 장애의 정도가 심한 장애인, 재학생 및 희귀난치성 질환자 등의 근로무능력자를 제외한 자

4. 평가 절차

구분	STEP 1	STEP 2	STEP 3	STEP 4	STEP 5	STEP 6	STEP 7
절차	근로능력 평가 신청	근로능력 평가 의뢰	의학적 평가	활동능력 평가	평가 결과 전송	근로능력 판정	근로능력 판정 결과 통보
기관	주민센터	지방자치단체	국민연금공단			지방자치단체	
주체	기초생활수급자	공무원	자문의사, 국민연금공단 직원	국민연금공단 직원		공무원	

※ 근로능력 평가 신청은 방문 신청, 온라인 신청 모두 가능

5. 평가방법

1) 개요
- 진단서, 진료 기록지 등을 기초로 심사하는 의학적 평가와 대상자와 대면을 통해 심사하는 활동능력 평가에 대한 종합적인 의견 및 점수를 토대로 근로능력을 판정함

의학적 평가		활동능력 평가		근로능력 판정
의료기관에서 발급한 진단서 등을 토대로 국민연금공단에서 전문가 자문 심사 회의를 거쳐 1단계(경증)~4단계(중증)로 평가	+	의학적 평가 결과 1~2단계로 평가된 신청자에 대하여 국민연금공단 직원이 개별 방문을 통해 활동능력 평가	→	국민연금공단의 근로능력 평가 결과를 토대로 지방자치단체에서 근로능력 유·무 최종 판정

2) 의학적 평가
① 의학적 평가 결과가 1단계인 신청자 중 활동능력 평가가 55점 이하인 경우 근로능력 없음으로 판정
② 의학적 평가 결과가 2단계인 신청자 중 활동능력 평가가 63점 이하인 경우 근로능력 없음으로 판정
※ 의학적 평가 결과 3, 4단계에 해당하는 신청자는 활동능력 평가 없이 근로능력이 없는 것으로 판정하나, 신청자의 지원이 있을 경우 활동능력 평가를 응시할 수 있으며 활동능력 평가 점수에 상관없이 근로능력이 없는 것으로 판정

3) 활동능력 평가(75점 만점)

구분	신체	인지	음주	영향요인
점수	30점	30점	3점	12점

43 주민센터에서 근무하는 귀하는 민원인으로부터 기초생활수급자 근로능력 평가 제도에 대한 문의를 받았다. 위의 안내문을 근거로 판단할 때, 귀하와 민원인이 나눈 대화 내용으로 옳지 않은 것을 모두 고르면?

> 민원인: 안녕하세요. 기초생활수급자 근로능력 평가 제도에 대해 문의하고자 연락드렸습니다. 신청은 어디에서 할 수 있나요?
>
> 귀　하: ㉠기초생활수급자 근로능력 평가를 받고 싶으시다면 고객님이 거주하는 지역의 주민센터에서 신청하시면 됩니다.
>
> 민원인: 제가 몸이 불편해서 그러는데 주민센터에 직접 방문해야 하나요?
>
> 귀　하: ㉡신청은 방문 신청과 온라인 신청 모두 가능하기 때문에 주민센터에 직접 가기 어려우시다면 온라인으로 신청하시면 됩니다.
>
> 민원인: 아 그렇군요. 기초생활수급자 근로능력 선정 시 평가는 어떤 방식으로 이루어지나요?
>
> 귀　하: ㉢네, 평가는 의학적 평가와 활동능력 평가 두 가지가 진행되는데, 의학적 평가는 의료기관의 의료전문가들로 구성된 평가단이 자문 심사 회의를 진행하여 신청자에 대해 1단계인 경증부터 4단계인 중증 중 하나로 평가하게 됩니다. 이후 1단계와 2단계로 평가된 신청자의 경우 국민연금공단 직원이 개별적으로 방문하여 활동능력을 평가합니다. ㉣3단계나 4단계로 평가된 신청자의 경우 활동능력 평가 없이 바로 근로능력이 없는 것으로 판정됩니다.
>
> 민원인 : 네, 친절한 상담 감사합니다.

① ㉠　　　② ㉢　　　③ ㉣　　　④ ㉠, ㉡　　　⑤ ㉢, ㉣

44 위의 안내문을 근거로 판단할 때, 근로능력 평가 신청자에 대한 설명으로 옳은 것은?

[근로능력 평가 신청자별 특이사항]

희민	의학적 평가 3단계
민주	의학적 평가 2단계
호철	의학적 평가 1단계
준혁	의학적 평가 2단계
남수	의학적 평가 4단계

① 남수의 활동능력 평가 결과가 75점이라면 근로능력이 있는 것으로 판정된다.
② 민주의 활동능력 평가 결과가 56점이라면 근로능력이 있는 것으로 판정된다.
③ 희민이의 활동능력 평가 결과가 58점이라면 근로능력이 있는 것으로 판정된다.
④ 호철이의 활동능력 평가 결과가 57점이라면 근로능력이 있는 것으로 판정된다.
⑤ 준혁이의 활동능력 평가 결과가 65점이라면 근로능력이 없는 것으로 판정된다.

[45-46] 다음은 서울시의 호텔 정보를 나타낸 자료이다. 각 물음에 답하시오.

[서울시 호텔 정보]

구분	세부 정보
A 호텔	• 지역: 성북구 • 체크인 시간: 당일 14시 이후 • 호텔 등급: 4성급 • 1박 숙박 요금: 220,000원 • 7박 이상 숙박 시 전체 숙박 요금 30% 할인 • 부대 이용 항목: 수영장, 온천, 조식
B 호텔	• 지역: 강남구 • 체크인 시간: 당일 15시 이후 • 호텔 등급: 4성급 • 1박 숙박 요금: 200,000원 • 3박 이상 숙박 시 전체 숙박 요금 20% 할인 • 부대 이용 항목: 수영장, 온천, 조식, 헬스장
C 호텔	• 지역: 강동구 • 체크인 시간: 당일 13시 이후 • 호텔 등급: 5성급 • 1박 숙박 요금: 230,000원 • 4박 이상 숙박 시 전체 숙박 요금 20% 할인 • 부대 이용 항목: 수영장, 온천, 조식, 헬스장
D 호텔	• 지역: 강서구 • 체크인 시간: 당일 14시 이후 • 호텔 등급: 3성급 • 1박 숙박 요금: 280,000원 • 6박 이상 숙박 시 전체 숙박 요금 20% 할인 • 부대 이용 항목: 수영장, 온천, 조식, 헬스장
E 호텔	• 지역: 관악구 • 체크인 시간: 당일 13시 이후 • 호텔 등급: 5성급 • 1박 숙박 요금 240,000원 • 5박 이상 숙박 시 전체 숙박 요금 10% 할인 • 부대 이용 항목: 수영장, 조식, 헬스장

※ 호텔별 1박 숙박 요금은 월요일~목요일 및 일요일 1박 기준이며, 금요일, 토요일 1박 숙박 요금은 기존 요금의 50%가 추가로 적용됨

45 위의 자료를 근거로 판단할 때, 김○○이 B 호텔에서 화요일부터 토요일까지 4박 5일간 숙박 시 지불해야 하는 호텔 이용 요금은? (단, 숙박 요금 이외의 사항은 고려하지 않는다.)

① 600,000원 　　② 720,000원 　　③ 800,000원 　　④ 900,000원 　　⑤ 960,000원

46 ○○공사에서 근무하는 이 사원은 상사의 지시에 따라 외국 바이어가 한국 방문 일정 동안 숙박할 호텔을 예약하려고 한다. 이 사원이 상사로부터 다음과 같은 지시를 받았다고 할 때, 이 사원이 예약할 호텔은?

> 상사: 이 사원, 이번 외국 바이어와 계약은 우리 회사에 정말 중요한 일입니다. 이번에 방문하는 바이어는 한국에서 지내는 동안 숙박할 호텔을 까다롭게 생각하고 있는 것 같아요. 바이어의 요청이 있었는데 강동구 이외의 지역이면서 한국 시간으로 적어도 숙박 당일 14시 30분에는 체크인이 가능해야 하고 부대시설에 온천이 포함된 호텔로 예약해달라고 합니다. 바이어의 요청사항에 맞는 호텔을 검토해보시되, 매우 중요한 바이어이므로 호텔 등급이 가장 높은 곳으로 예약 진행해주세요.

① A 호텔 　　② B 호텔 　　③ C 호텔 　　④ D 호텔 　　⑤ E 호텔

세이버메트릭스(Sabermetrics)란 야구에 수학적·통계학적 방법론을 도입하여 객관적인 수치로 경기 및 선수를 분석하는 방법론을 말한다. 세이버메트릭스는 미국의 통계학자인 빌 제임스가 창시한 SABR(The Society for American Baseball Research)이라는 모임을 기반으로 확립된 개념이다. 특히 빌 제임스는 야구와 관련된 모든 사항을 객관적이고 세밀하게 분석할 수 있도록 다양한 지표를 고안하여 이 분야의 아버지라고도 불린다. 빌 제임스가 고안한 지표는 매우 많지만, 그중 가장 대표적인 지표를 하나 꼽자면 피타고리안 기대승률이 있다. 피타고리안 기대승률이란 득점과 실점만으로 팀의 승률을 예측하는 지표로, 공식은 '피타고리안 기대승률 = 득점^2 ÷ (득점^2 + 실점^2)'이다. 피타고라스 공식과 닮았다고 하여 피타고리안이라고 불리는 이 공식은 프로야구와 같이 매 시즌 100경기 이상을 치르는 종목의 경우 득점이 많고 실점이 적은 팀의 순위가 높다는 점을 착안하여 만들어졌다. 실제로 피타고리안 기대승률은 시즌 종료 후 승률과 비교했을 때 오차 범위가 크지 않아 시즌 중 팀의 최종 순위를 예측하는 데에 도움이 된다.

한편, 특정 선수의 가치를 판단할 때도 세이버메트릭스가 활용된다. 선수 평가 지표는 빌 제임스의 윈 셰어(Win share)로부터 출발하여 OPS, WHIP, ㉠WAR과 같이 다양한 지표로 발전하였지만, 오늘날에는 WAR이 가장 보편적으로 이용된다. 'Wins Above Replacement'의 약자인 WAR은 대체 선수 대비 승리에 기여한 정도를 나타내는 수치이다. 이때, 대체 선수란, 평균 이하의 성적을 기록하는 선수이거나 트레이드 시장에서 쉽게 구할 수 있는 선수, 혹은 많은 경기에 나설수록 팀의 성적에 악영향을 미치는 선수를 말한다. 이에 따라, WAR이 3인 선수는 대체 선수보다 팀에 3승을 더 안겨주는 선수로 평가받게 된다. 일반적으로 WAR이 0~1이면 벤치 선수, 1~2면 핵심 선수, 2~3이면 꾸준한 주전 선수, 3~4면 좋은 선수, 4~5면 올스타 선수, 5~6이면 슈퍼스타 선수, 6 이상이면 MVP 선수로 여겨진다.

과거에는 선수의 가치를 평가하기 위해 수비는 UZR, 타격은 wRAA, 피칭은 FIP 등 별도의 기준으로 분석된 결과를 일일이 확인할 수밖에 없었다. 하지만 WAR은 한 선수가 기록한 모든 부문의 성적을 기준으로 계산될 뿐만 아니라 경기가 진행된 연도의 리그나 구장에 의한 요소 역시 고려된다. 또한, 선수의 포지션과 별개로 일괄적인 평가가 이루어질 수 있으므로 객관적 지표로서의 가치가 높다. 게다가 WAR을 통해 연봉이 고평가되었거나 저평가된 선수를 확인하는 것이 가능하여 구단 입장에서도 각 선수의 적정 연봉을 산정하기에 유리하다. 물론 포수의 수비적 부분에 대해서는 아직 연구가 진행되고 있기 때문에 WAR에서 포수는 수비 측면에서 모두 '평균'이라는 평가를 받는다고 지적받기도 하지만, 선수의 가치를 가장 객관적으로 판단할 수 있는 지표임은 부인하기 어려운 사실이다.

47 윗글을 근거로 판단할 때, 다음 A~D 팀 중 피타고리안 기대승률이 4할 5푼 이하인 팀의 개수는? (단, 소수점 셋째 자리에서 반올림하여 계산한다.)

구분	득점	실점
A 팀	150	90
B 팀	120	100
C 팀	140	130
D 팀	110	120

① 0개   ② 1개   ③ 2개   ④ 3개   ⑤ 4개

48 윗글을 근거로 판단할 때, 밑줄 친 ⊙에 대해 추론할 수 있는 내용으로 옳지 않은 것은?

① 선수 연봉 산정 시 WAR을 활용하면 선수의 적정 연봉을 판단할 수 있다.
② WAR은 대체 선수 대비 팀의 승리에 기여한 정도를 토대로 결정된다.
③ 포수의 수비 능력이 WAR에 정확히 반영되었다고 보기 어렵다는 지적을 받기도 한다.
④ WAR 수치가 4.5인 선수는 올스타 선수로 평가된다.
⑤ WAR 수치에는 구장으로 인한 요소는 반영되지 않는다는 한계가 있다.

[49-50] 다음은 ○○시에서 진행하는 국민참여형 사진 공모전에 대한 안내문이다. 각 물음에 답하시오.

[국민참여형 사진 공모전 안내]

1. 공모전 개요
  1) 응모주제: ○○시 유적지에서 촬영한 일상
  2) 응모대상: 국내 거주자라면 누구나 응모 가능
  3) 촬영기간: 20XX년 6월 1일~6월 30일

2. 출품방법
  1) 출품 수: 1인 2작품
  2) 작품 규격: 2~5MB 내외, 2,000픽셀 이상(단, 핸드폰 카메라로 촬영한 사진이어야 함)
  3) 제출기간: 촬영기간과 동일
  4) 제출방법
    – 이메일 제출(Picture@KCity.com)
    – 이름/연락처/소속/작품명/촬영 의도(100자 내외)/유적지 방문 스토리(100자 내외)를 기재하여 제출

3. 심사 안내
  1) 심사 기준: 주제 적합성(30%), 표현력(30%), 창의력(40%)을 토대로 가중치를 적용하여 심사
  2) 심사 절차: 1차 전문가 심사, 2차 국민 심사, 3차 전문가 심사

4. 결과 안내
  1) 결과 발표: 20XX년 7월 15일
  2) 통보방법: ○○시 홈페이지 공지 및 수상자 개별 통보
  3) 시상내역: 총 85명

구분	초·중등부	고등부	대학생·일반인	상금
대상		1명		50만 원
금상	2명	2명	4명	30만 원
은상	3명	3명	3명	20만 원
동상	6명	6명	5명	10만 원
입선		50명		기념품

  ※ 상금은 1인 기준임

5. 공모 규정
  1) 입선을 제외한 입상작으로만 사진전이 개최될 예정
  2) 명시된 촬영기간에 촬영한 작품이 아닐 경우 심사에서 제외
  3) 출품작은 반환되지 않으며 표절, 모방, 대리 출품, 타 사진대회 입상작 등은 심사대상에서 제외
  4) 출품작 중 입상하지 않은 작품은 공모전 종료 후 3개월 이내에 모두 폐기될 예정

49 대학생 A, B, C, D, E는 국민참여형 사진 공모전에 참가하고자 한다. 위의 안내문을 근거로 판단할 때, A~E 5명이 이해한 내용으로 옳지 않은 것은?

① A: 입상에 실패했더라도 이미 제출한 작품은 다시 돌려받지 못한대.
② B: 공모전 종료 후 진행되는 사진전에서는 85개의 입상작을 모두 확인할 수 있겠어.
③ C: 1인당 두 개의 작품을 제출해야 하는데 촬영기간을 꼭 준수해야만 해.
④ D: 출품작은 주제 적합성, 표현력, 창의력을 토대로 평가된대.
⑤ E: 학교 공모전에서 ○○시 유적지 사진으로 수상한 적이 있지만, 이 작품은 제출해도 소용없겠군.

50 위의 안내문을 근거로 판단할 때, 국민참여형 사진 공모전에서 수상자들에게 수여하는 상금의 총액은?

① 110만 원　　② 290만 원　　③ 500만 원　　④ 640만 원　　⑤ 740만 원

약점 보완 해설집 p.20

무료 바로 채점 및 성적 분석 서비스 바로 가기
QR코드를 이용해 모바일로 간편하게 채점하고 나의 실력이
어느 정도인지, 취약 부분이 어디인지 바로 파악해 보세요!

4회 기출동형모의고사

문제 풀이 시작과 종료 시각을 정하고,
실전처럼 모의고사를 풀어보세요.

시 　 분 ~ 　 시 　 분 (총 50문항/60분)

[1] 본 모의고사는 의사소통능력 10문항, 수리능력 10문항, 문제해결능력 10문항, 자원관리능력 10문항, 조직이해능력 10문항 총 50문항으로 구성되어 있는 모의고사로, 제한 시간은 60분입니다.

[2] 한국토지주택공사(LH), 한국공항공사, 한국해양교통안전공단, 정보통신산업진흥원, 한국투자공사, 사립학교교직원연금공단, 한국서부발전, 한국수력원자력, 한국동서발전, 한국가스공사, 한국전력공사 등의 기업에서 필기시험을 50문항으로 출제하고 있으며, 평균적으로 1문항당 1분 10초 이내에 풀이하셔야 합니다.

 * 단, 세부 출제 영역 및 제한 시간 등은 기업에 따라 차이가 있으므로 시험 응시 전 채용 공고를 확인해야 합니다.

[3] 본 교재 마지막 페이지에 있는 OMR 답안지와 해커스잡 애플리케이션의 모바일 타이머를 이용하면 더욱 실전처럼 모의고사를 풀어볼 수 있습니다.

01 ○○전력 기업의 본사 이전으로 본사 소속 남자 직원 A, B, C와 여자 직원 D, E, F도 이전 지역에 제공하는 1층부터 6층까지의 기숙사 건물에 입주할 예정이다. 다음 조건을 모두 고려하였을 때, 3층과 4층에 입주하는 직원을 바르게 연결한 것은?

- 각 층당 1명씩 입주하며, 같은 성별의 직원은 인접한 층에 입주하지 않는다.
- A와 F가 입주하는 층 사이에는 두 개의 층이 있다.
- B와 D는 인접한 층에 입주한다.
- E는 A와 B가 입주하는 층 사이에 있는 층 중 하나에 입주한다.
- 6층에는 여자 직원이 입주한다.

	3층	4층
①	A	D
②	A	E
③	B	D
④	C	E
⑤	C	F

02 다음은 ○○기업의 교통안전 캠페인 수행기관 모집을 위한 선정 기준 및 공모에 접수한 가~마 5개의 기관별 평가 결과이다. 5개의 기관 중 평가점수 합계가 가장 높은 기관 한 곳을 수행기관으로 선정한다고 할 때, 수행기관으로 선정되는 기관은?

[수행기관 선정 기준]

구분		배점				
		1등급	2등급	3등급	4등급	5등급
평가항목	캠페인 수행 실적	20점	18점	15점	13점	10점
	캠페인 수행 계획	30점	25점	20점	15점	10점
	캠페인 수행 인력	30점	25점	20점	15점	10점
	비용 집행 효율성	20점	18점	15점	13점	10점

※ 평가점수 합계가 가장 높은 기관이 두 곳 이상일 경우 캠페인 수행 실적, 캠페인 수행 계획, 캠페인 수행 인력, 비용 집행 효율성 순으로 점수를 비교하여 점수가 더 높은 기관을 수행기관으로 선정함

[기관별 평가 결과]

구분	가 기관	나 기관	다 기관	라 기관	마 기관
캠페인 수행 실적	5등급	4등급	2등급	3등급	1등급
캠페인 수행 계획	4등급	1등급	5등급	3등급	3등급
캠페인 수행 인력	2등급	4등급	1등급	2등급	5등급
비용 집행 효율성	1등급	2등급	1등급	4등급	4등급

① 가 기관 ② 나 기관 ③ 다 기관 ④ 라 기관 ⑤ 마 기관

사회심리학 분야의 권위자 윤정구 교수에 따르면 오로지 일을 통해서만 놀이 경험을 쌓는 '전문가들의 놀이터'는 넷플릭스, 아마존, 구글 등의 기업에서 예전부터 행하여 온 조직 형태로, 조직이 정한 사명과 목적에 관한 믿음을 기반으로 업의 개념을 형성하는 것을 핵심 원리로 여긴다. 업의 개념은 놀이터의 견고한 울타리이며, 울타리 내부에서 업에 몰두하는 모든 구성원은 회사의 가족이자 전문가이다. 구성원은 조직의 보호하에 안정감을 얻으며, 업무를 하면서 자유롭게 실험과 실수를 반복하고 종국에는 결실을 보는 방법을 찾아낸다. 실패 또한 조직의 목적을 이루는 과정에서 나타나는 것이라면 학습으로 규정하고 권장한다.

여기서 조직의 사명과 목적을 이루려는 구성원의 역할은 초기 태아와 같은 프로토타입으로 나타나는데, 프로토타입은 구성원에게 배분된 과제를 토대로 더 큰 역할로 성장한다. 프로토타입은 조직에서 직책, 과정, 전략 등의 사족을 없애고, 조직의 목적을 달성하기 위해 필요한 과제에 집중한다. 직책, 과정, 전략은 전문가들의 놀이터에서 사명을 이룩하기 위한 부대 비용에 불과하다. 다시 말해 구성원은 본인의 역할에 맞는 프로토타입을 형성하고 이를 다른 구성원과 협력하여 역할의 내재적인 질서를 세운다.

전문가들의 놀이터는 업무 지향적인 조직 형태이기 때문에 모든 구성원이 조직의 사명을 인지하고 사명과 본인의 역할을 결합하여 어른스럽게 업무를 처리해 간다. 전문가들의 놀이터를 조직에 접목한 기업들은 구성원을 어른으로 대한다는 점에서 경영적 전략 관리와 구분된다. 경영적 전략 관리에서 경영자는 전략을 세우는 어른이고 구성원은 경영자가 지시하는 일을 얼마나 제대로 수행하는지에 따라 보상을 받는 아이이다. 그러나 전문가들의 놀이터에서 구성원은 직무를 초월하여 본인이 해야 할 역할을 창의적으로 고안하고 수행하는 어른으로 여겨진다.

전문가들의 놀이터에서 일을 통해 얻은 높은 전문성은 구성원에게 성장체험을 제공하며, 성장체험은 정당한 보상과 함께 전문가의 놀이터를 움직이는 원동력이 된다. 보상이 외부에서 얻는 원동력이라면 성장체험은 구성원 내부의 발전을 유발하는 원동력이기 때문에 전문가들의 놀이터를 운용하는 조직은 언제나 활력이 솟아난다. 물론 전문가들의 놀이터에서 구성원이 얻을 수 있는 최고의 보상은 스스로 훌륭한 전문가로 성장해 가는 경험이다. 전문가들의 놀이터에서 일과 학습은 별도의 것이 아니며, 모든 학습이 일을 통해 만들어진다.

전문가들의 놀이터를 채택하여 활용하고 있는 기업들은 미래에 실현될 목적을 현재로 가져와서 자사의 제품과 서비스에 녹여냄으로써 혁신을 불러일으킨다는 공통점을 갖는다. 이렇게 전문가들의 놀이터로 혁신을 일으켜 지속 가능한 성과를 얻고 있는 기업들은 모든 요소가 목적을 향하여 정렬되어 있다. 초연결 사회에 들어서 경영 환경은 점차 복잡해졌을 뿐만 아니라 예측할 수 없을 정도로 시시각각 변화한다. 이러한 시기일수록 기업들은 기본으로 돌아가 불필요한 군더더기를 제거하고 기업의 존재 이유, 즉 목적에 집중하는 목적 경영을 추구해야 한다.

① 구성원의 역할은 구성원에게 할당된 과제를 통해 더 큰 역할로 성장하는 프로토타입으로 나타난다.
② 경영자는 전략을 수립하는 어른이고 구성원은 역할 수행에 따라 보상을 받는 태아로 간주한다.
③ 미래에 실현될 목적을 현재로 끌어와서 자사의 제품과 서비스에 적용함으로써 혁신을 가져오게 만든다.
④ 실험과 실수를 용인하며 조직의 목적 달성 과정에서 발생한 실패는 학습으로 판단하고 장려한다.
⑤ 성장체험은 일을 통해 습득한 높은 전문성을 기반으로 제공되며 전문가의 놀이터를 움직이는 원동력이다.

04 다음은 설비별 발전량 및 연료 사용량, 국가별 우라늄 생산량에 대한 자료이다. 자료에 대한 설명 중 옳지 않은 것의 개수는?

[설비별 발전량]

(단위: GWh)

구분	2018년	2019년	2020년	2021년	2022년
원자력	181,299	192,754	201,089	207,890	218,692
석탄	193,265	197,356	220,886	239,900	235,716
유류	13,717	9,840	6,795	3,699	3,501
LNG	107,656	107,805	89,891	75,436	74,232
수력	1,474	1,372	2,551	4,014	4,812

[연료 사용량]

구분	2018년	2019년	2020년	2021년	2022년
국내탄(천 톤)	1,729	2,044	2,125	2,528	1,079
유연탄(천 톤)	78,760	77,688	79,433	78,045	89,217
유류(천 Kl)	3,551	1,692	1,962	2,939	1,101
경유(천 Kl)	149	111	111	155	174
LNG(천 톤)	17,005	12,497	8,764	8,284	8,161

[국가별 우라늄 생산량]

(단위: 톤)

구분	2018년	2019년	2020년	2021년	2022년
오스트레일리아	6,350	5,001	5,654	6,315	5,882
캐나다	9,000	9,134	11,709	14,039	13,116
인도	400	385	385	385	421
카자흐스탄	22,500	23,127	23,800	24,575	23,391
남아프리카공화국	540	393	322	490	308
우크라이나	1,075	926	1,200	1,005	550
미국	1,792	1,919	1,256	1,125	940
우즈베키스탄	2,400	2,400	2,385	2,404	2,404

㉠ 2019년부터 2022년까지 유류 발전량과 유류 사용량은 매년 전년 대비 같은 증감 추이를 보인다.
㉡ 제시된 기간 중 원자력 발전이 가장 많은 해에 우라늄 생산량은 카자흐스탄이 가장 많다.
㉢ LNG 사용량이 처음 10,000천 톤 미만인 해에 LNG 발전량은 전년 대비 17,914GWh 감소하였다.
㉣ 제시된 기간에 인도의 우라늄 생산량 평균은 395.2톤이다.

① 0개   ② 1개   ③ 2개   ④ 3개   ⑤ 4개

[05-08] 다음은 A 회사 영업부 7명의 전년 및 올해 실적 현황과 성과 등급 기준표에 대한 자료이다. 각 물음에 답하시오.

[영업부 직원별 전년 및 올해 실적 현황]

구분	전년 실적	전년 실적 대비 올해 목표 증가 실적	올해 실적
윤 부장	4,500만 원	20%	5,670만 원
김 과장	3,500만 원	20%	4,410만 원
백 과장	3,000만 원	10%	3,630만 원
최 대리	3,000만 원	30%	4,290만 원
박 대리	2,500만 원	20%	3,150만 원
조 사원	1,700만 원	25%	2,550만 원
이 사원	2,000만 원	10%	2,090만 원

[성과 등급 기준표]

등급	목표 실적 대비 올해 실적 달성률
S	120% 이상
A	110% 이상
B	100% 이상
C	100% 미만

05 위 자료를 근거로 판단한 내용으로 가장 적절하지 않은 것은?

① 윤 부장의 올해 실적은 전년 실적 대비 26% 증가하였다.
② 올해 김 과장의 성과 등급은 이 사원의 성과 등급보다 두 등급 더 높다.
③ 올해 목표 실적은 최 대리가 백 과장보다 600만 원 더 많다.
④ 7명 중 올해 목표 실적이 올해 실적보다 높은 직원은 1명이다.
⑤ 전년 실적 대비 올해 실적의 비율은 박 대리가 조 사원보다 작다.

06 위 자료를 근거로 판단할 때, A 회사의 영업부 7명 중 올해 성과 등급이 가장 높은 직원은?

① 윤 부장　　② 백 과장　　③ 최 대리　　④ 박 대리　　⑤ 조 사원

07 A 회사의 성과 등급 기준표 기준이 매년 동일할 때, 박 대리의 올해 실적 대비 내년 목표 증가 실적이 20% 라면 내년에 성과 등급 S를 받기 위해 달성해야 하는 최소 실적은?

① 4,428만 원　　② 4,536만 원　　③ 4,581만 원　　④ 4,679만 원　　⑤ 4,724만 원

1회

2회

3회

4회

5회

6회

08 다음은 A 회사의 성과급 지급 기준표이다. 올해 A 회사의 영업부 7명이 지급받을 성과급의 총합은?

등급	성과급
S	올해 실적의 30%
A	올해 실적의 20%
B	올해 실적의 10%
C	없음

① 3,672만 원　　② 3,735만 원　　③ 3,821만 원　　④ 3,928만 원　　⑤ 4,056만 원

09 다음은 재생에너지원별 전력거래량 및 비중에 대한 자료이다. 제시된 자료를 바탕으로 만든 그래프로 옳은 것은?

[재생에너지원별 전력거래량 및 비중]

(단위: GWh, %)

구분		2013년	2014년	2015년	2016년	2017년
태양	전력거래량	748	1,125	1,533	1,807	2,462
	비중	5.6	7.2	9.3	10.1	12.2
폐기물	전력거래량	6,392	9,545	10,049	9,759	9,967
	비중	47.6	61.3	60.7	54.4	49.4
풍력	전력거래량	1,144	1,135	1,332	1,674	2,162
	비중	8.5	7.3	8.0	9.3	10.7
수력	전력거래량	4,216	2,706	2,107	2,757	2,773
	비중	31.4	17.4	12.7	15.4	13.7
해양	전력거래량	484	492	496	495	489
	비중	3.6	3.2	3.0	2.8	2.4
바이오	전력거래량	450	568	1,039	1,442	2,347
	비중	3.3	3.6	6.3	8.0	11.6

※ 출처: KOSIS(한국전력공사, 한국전력통계)

① [2013년 재생에너지원별 전력거래량]

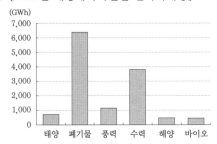

(GWh)

② [연도별 폐기물에너지 전력거래량의 비중]

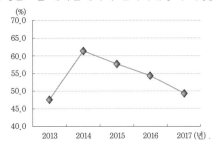

(%)

③ [연도별 태양에너지 전력거래량의
　　전년 대비 증가량]

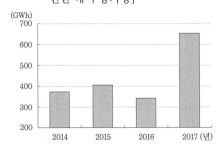

(GWh)

④ [연도별 바이오에너지 전력거래량의 비중]

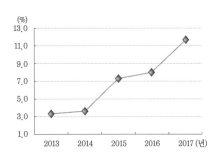

(%)

⑤ [2017년 재생에너지원별 전력거래량의 비중]

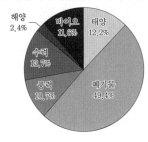

(가) 우리나라의 경제는 고임금 및 노사 갈등 문제로 인한 제조업의 공동화, 심각한 청년 실업, 고령화 사회로의 진입 등의 문제와 함께 기술 경쟁에서 선진국의 견제를 받으면서 가격 경쟁에서는 개발 도상국에 뒤처지는 '넛크래커' 상태에 놓여 있다. 제4차 산업혁명으로 변화하는 과정에서 이러한 문제들을 효과적으로 처리하기 위해서는 새로운 국가 발전의 패러다임을 구축해야 한다. 여기서 새로운 국가 발전의 패러다임은 기술 혁신이 활성화되는 선진형 국가혁신체계, 즉 NIS(National Innovation System)를 의미한다.

(나) NIS는 새로운 지식을 고안, 확산, 활용하는 것과 연관된 공공·민간조직 및 제도의 네트워크를 일컫는다. NIS의 구성 요소에는 기술 혁신이 일어나는 핵심 영역에 해당하는 기업의 혁신 역량, 과학 시스템, 정부 정책과 제도 등이 포함된다. 이와 더불어 국가의 교육 및 훈련 시스템, 시장 상황, 정보 유통 하부 구조, 글로벌 네트워크, 산업 클러스터 등이 NIS를 구성한다. 이와 같이 NIS는 다양한 요소의 결합으로 구성되어 국가마다 다른 내용을 담게 되므로 정부 혹은 특정 정책만으로 바람직한 NIS를 새로 구축하는 것은 불가능하다.

(다) 그럼에도 불구하고 일반적으로 NIS의 효과성에 대한 국가별 차이는 정부의 거버넌스에서 비롯하였다고 전제한다. 당초 NIS의 개념과 활용 방안에 관한 연구가 국가별로 고유한 NIS가 존재하여 완벽한 국가혁신체계를 갖출수록 기술 혁신이 잘 일어난다는 판단 아래 진행되었기 때문이다. NIS는 한 국가에서 시행되는 경제·사회적 제도들의 근본적인 시작점이 정부 거버넌스에서 출발하였다는 사실을 통해 기술 혁신을 위해서 노동력 및 자본과 같은 투입 요소는 물론이고 구성 요소를 결합하는 시스템과 시스템을 지원하는 경제·사회적 제도가 정비되어 있어야 한다고 판단한다. 즉, NIS는 기술 개발에 노동력과 자본을 투입하면 기술 혁신이 촉진된다는 투입 중심적 사고와 본질 자체가 다르다.

(라) NIS는 개별적인 산업혁신시스템이 합쳐진 하나의 생태계로, 산업 수준과 국가 수준에서 구분하여 접근할 필요가 있다. 산업 수준에서는 개별 산업혁신시스템의 전문화를 바탕으로 한 자율성과 독립성을 확보하는 것이, 국가 수준에서는 개별 산업혁신시스템을 포괄하는 혁신 정책의 보편적인 원칙을 정하여 세우는 것이 중요하다. 이러한 접근에 따르면 개별 산업의 거버넌스와 국가 수준의 상위 조정 거버넌스를 연결하는 기능을 하는 혁신 코디네이터 역시 중요하게 여겨진다.

(마) 바람직한 NIS를 구축하는 것은 국가 발전을 위한 새로운 패러다임을 실현하는 것과 마찬가지다. 따라서 효과적인 기술 지식의 활용을 통해 국가 경쟁력과 생산성을 높일 수 있는 NIS를 설계해야 한다. 이를 위해서는 기술 혁신의 실질적인 주체인 민간기업을 중심으로 하는 체계가 형성되어야 하며, 기술 혁신은 시장과 수요자의 욕구를 충족해야 성공할 수 있다는 점을 유념하여 기술 공급자가 아닌 시장과 수요자 중심으로 체제를 구축해야 한다. 그리고 국제적인 시각에서 국내 상황을 분석하여 전략적으로 창조형 NIS의 구축을 추구하되, 정부, 대학, 민간기업 등이 힘을 합쳐 총력을 기울여야 한다.

10 윗글의 각 문단 중심 내용으로 가장 적절하지 않은 것은?

① (가): 우리나라의 경제 문제를 해결하기 위한 NIS의 필요성
② (나): NIS의 개괄적인 의미와 NIS를 구성하는 요소들의 종류
③ (다): 기술 혁신이 국가별 경제·사회적 제도와 NIS에 미치는 영향
④ (라): 산업 및 국가 수준으로 접근한 NIS와 혁신 코디네이터의 중요성
⑤ (마): 바람직한 NIS를 구축하기 위한 구체적인 설계 방안

11 윗글을 읽고 이해한 내용으로 가장 적절하지 않은 것은?

① 국가 경쟁력과 생산성을 높이는 방향으로 NIS를 설계하려면 민간기업 중심 체계가 만들어져야 한다.
② 국가 수준에서 NIS는 개별 산업혁신시스템의 전문화를 기반으로 자율성 및 독립성을 확보해야 한다.
③ 투입 중심적 사고하에서는 기술 개발에 노동력과 자본을 투입하면 기술 혁신이 촉진된다고 여겨진다.
④ 특정한 정책만으로는 바람직한 NIS를 새로이 구축할 수 없다.
⑤ 넛크래커 상태에 놓인 우리나라는 가격 경쟁 측면에서 개발도상국에 뒤처진 현황이다.

[12-13] 다음 자료를 보고 각 물음에 답하시오.

[모니터 제품별 사양]

구분	A 모니터	B 모니터	C 모니터	D 모니터	E 모니터
화면 사이즈	80cm	75cm	80cm	80cm	75cm
밝기	200cd/m^2	230cd/m^2	230cd/m^2	200cd/m^2	230cd/m^2
무게	6kg	4.5kg	6kg	5.5kg	5kg
케이블 길이	1.5m	1.3m	1.2m	1.5m	1.5m
가격	54만 원	49만 원	50만 원	52만 원	53만 원
블루투스 연결	O	X	O	O	O

12 김 사원은 회의실에 둘 모니터 한 대의 구매 업무를 맡게 되었다. 김 사원은 박 팀장의 요구사항에 따라 구매할 모니터를 결정하며, 박 팀장의 요구사항이 다음과 같을 때, 김사원이 구입해야 할 모니터는?

[박 팀장의 요구사항]

− 아래 요구사항은 1, 2, 3 순서대로 우선순위를 갖는다.
요구사항 1. 모니터 화면 사이즈가 80cm 이상일 것
요구사항 2. 블루투스 연결이 가능한 모니터로 구매할 것
요구사항 3. 가격이 가장 저렴할 것

① A 모니터   ② B 모니터   ③ C 모니터   ④ D 모니터   ⑤ E 모니터

13 김 사원은 김 상무의 모니터를 구매하여 교체하라는 업무를 추가로 받았다. 김 상무는 김 사원에게 모니터 사양별 점수표를 토대로 총점이 가장 높은 모니터를 구입하라고 하였으며, 이에 따라 총점이 가장 높은 모니터를 구입하려고 할 때, 김 사원이 구입할 모니터는?

[모니터 사양별 점수]

구분	5점	4점	3점	2점	1점
화면 사이즈	85cm 이상	80cm 이상 85cm 미만	75cm 이상 80cm 미만	70cm 이상 75cm 미만	70cm 미만
밝기	210cd/m² 이상	190cd/m² 이상 210cd/m² 미만	170cd/m² 이상 190cd/m² 미만	150cd/m² 이상 170cd/m² 미만	150cd/m² 미만
무게	4.5kg 미만	4.5kg 이상 5kg 미만	5kg 이상 5.5kg 미만	5.5kg 이상 6kg 미만	6kg 이상
케이블 길이	1.4m 이상	1.2m 이상 1.4m 미만	1.0m 이상 1.2m 미만	0.8m 이상 1.0m 미만	0.8m 미만
가격	40만 원 미만	40만 원 이상 45만 원 미만	45만 원 이상 50만 원 미만	50만 원 이상 55만 원 미만	55만 원 이상
블루투스 연결	가능	-	-	-	-

① A 모니터　　② B 모니터　　③ C 모니터　　④ D 모니터　　⑤ E 모니터

해커스공기업 휴노형·PSAT형 NCS 기출동형모의고사

[14 - 15] 다음 글을 읽고 각 물음에 답하시오.

탄산나트륨을 제조하는 새로운 공정을 공업화하여 큰돈을 번 벨기에의 화학자 에르네스트 솔베이는 이익금을 국제과학연구소 설립, 학술회 후원 등에 사용하며 과학의 발전을 이끌고자 하였다. 솔베이의 기부금을 기반으로 1911년부터 3년에 한 번씩 개최되는 솔베이 회의는 당대 위대한 물리학자들 중 초청된 사람만 참여할 수 있는데, 그중 양자역학(量子力學)의 발전에 중요한 역할을 한 제5차 솔베이 회의가 가장 유명하다. 1927년 제5차 솔베이 회의에서는 독일의 물리학자 알베르트 아인슈타인과 덴마크의 물리학자 닐스 보어를 중심으로 양자역학에 대한 논쟁이 벌어졌다. 보어가 현재 양자역학의 근간으로 여겨지는 코펜하겐 해석을 발표하자 아인슈타인이 이를 비판하며 받아들일 수 없다고 주장하여 설전이 시작된 것이다.

당시 물리학자들도 지지하던 보어의 코펜하겐 해석을 끝내 받아들이지 않은 아인슈타인은 죽을 때까지 양자역학을 인정하지 않았다. 하지만 모순되게도 아인슈타인은 양자역학의 기초를 다지는 데 크게 공헌한 인물이다. 1900년에 독일의 물리학자 막스 플랑크가 이전의 고전 전자기학으로는 설명되지 않는 빛의 흑체복사를 설명하기 위해 '빛은 정수배의 진동수를 갖는 일종의 입자'라는 가설을 제안하였다. 이로부터 5년 후, 아인슈타인은 이 가설을 바탕으로 금속에 빛을 쬐었을 때 방출되는 전자의 에너지 분포에 대한 광전효과가 빛이 입자이기 때문에 나타나는 결과라고 설명하였다. 즉, 빛이 파동성과 입자성을 모두 갖는다는 빛의 이중성을 주장함으로써 결과적으로 빛의 양자론을 공고히 하는 역할을 한 것이다.

또한, 아인슈타인은 고체의 비열을 설명하는 데에도 양자역학을 적용하였다. 여기서 비열은 어떤 물질 1g의 온도를 1℃만큼 높이는 데 필요한 열량을 말하는데, 비열이 클수록 온도를 높이기 위해 더 많은 열량이 필요하다. 일례로 물의 비열이 모래의 비열보다 약 5배 크기 때문에 물은 모래에 비해 온도 변화가 적다. 한여름 해수욕장에 가면 모래는 뜨거워도 바닷물은 시원하게 느껴지는 이유가 여기에 있다. 1819년 발견된 뒬롱·프티의 법칙에 따르면 고체의 비열은 온도와 관계없이 기체 상수 R의 약 3배로 일정해야 했으나, 실제로는 고체의 비열이 온도에 따라 달라진다는 문제가 있었다. 아인슈타인은 이 문제를 해결하기 위해 '포논(Phonon)'이라는 개념을 도입하였다.

고체 속을 흐르는 진동과 소리는 빛과 마찬가지로 파동이면서 동시에 입자이다. 양자역학에서는 연속적으로 보이는 모든 것을 자연수로 셀 수 있는 양으로 재해석하여 양자화하는데, 포논은 진동하는 고체 원자들의 사이를 잇는 양자화된 입자를 말한다. 고체의 한쪽 면을 두드렸을 때 그 소리가 반대쪽 면에서도 들리는 이유는 입자인 포논이 고체 내부에서 소리를 전달하는 역할을 하기 때문이다. 고체 내부의 진동을 포논으로 해석한 아인슈타인은 1907년, 고체를 구성하고 있는 원자가 일정하게 격자 진동한다고 여기고 아인슈타인 모형을 고안하여 고체의 비열이 온도에 따라 달라진다는 사실을 증명할 수 있었다. 아인슈타인 모형은 진동에 양자역학을 적용한 것으로, 결과적으로 고체 원자들이 양자화되어 있다는 점을 확고하게 만들었다.

14 윗글의 제목으로 가장 적절한 것은?

① 흑체복사와 광전효과의 공통점과 차이점
② 양자역학에 관한 과학적 해석의 변화 양상
③ 포논과 아인슈타인 모형의 상관관계
④ 아인슈타인이 양자역학 정립에 미친 영향
⑤ 고체의 비열이 온도에 따라 변화하는 원인

15 윗글을 읽고 이해한 내용으로 적절한 것의 개수는?

ⓐ 동일한 조건에서 물과 모래의 온도를 1℃씩 올리기 위해서는 물보다 모래에 더 많은 열량이 필요하다.
ⓑ 1927년에 개최된 제5차 솔베이 회의에는 당대에 업적을 세운 과학자라면 누구나 참석할 수 있었다.
ⓒ 문밖에서 노크했을 때 맞은편에서 소리가 들리는 이유는 고체 원자들이 직접 소리를 전달했기 때문이다.
ⓓ 광전효과는 빛의 이중성으로도 설명이 불가능하여 빛의 양자론을 지지하지 못한다는 한계가 있다.

---

① 0개   ② 1개   ③ 2개   ④ 3개   ⑤ 4개

16 A는 미소 여행사에서 1박 2일 여행 상품을 예약하였는데, 집안 사정으로 인해 여행 출발 10일 전에 상품을 환불하였다. 미소 여행사의 여행약관 일부와 A의 여행 계약서가 다음과 같을 때, A가 환불받은 금액은?

[미소 여행사 여행약관]

① 국외 여행 표준약관

제4조 계약의 구성

1. 여행계약은 여행 계약서와 여행약관·여행 일정표(또는 여행 설명서)를 계약 내용으로 합니다.

2. 여행 일정표(또는 여행 설명서)에는 여행 일자별 여행지와 관광 내용, 교통수단, 쇼핑 횟수, 숙박장소, 식사 등 여행 실시 일정 및 여행사 제공 서비스 내용과 여행자 유의사항이 포함되어야 합니다.

제5조 특약

여행업자와 여행자는 관계법규에 위반되지 않는 범위 내에서 서면으로 특약을 맺을 수 있습니다. 이 경우 표준약관과 다름을 여행업자는 여행자에게 설명해야 합니다.

제9조 최저 행사인원 미충족 시 계약해제

1. 여행업자는 최저 행사인원이 충족되지 아니하여 여행계약을 해제하는 경우 여행 출발 7일 전까지 여행자에 통지하여야 합니다.

2. 여행업자가 여행 참가자 수 미달로 전항의 기일 내 통지를 하지 아니하고 계약을 해제하는 경우 이미 지급받은 계약금 환급 외에 다음 각 목의 1의 금액을 여행자에게 배상하여야 합니다.
   1) 여행 출발 1일 전까지 통지 시: 상품 총가격의 30%
   2) 여행 출발 당일 통지 시: 상품 총가격의 50%

제15조 여행 출발 전 계약해제

1. 당사 또는 여행자는 여행 출발 전 여행계약을 해제할 수 있습니다. 이 경우 발생하는 손해액은 '소비자피해보상규정'(재정경제부고 시)에 따라 배상합니다.
   1) 여행자의 여행계약 해제 요청이 있는 경우(여행자의 취소 요청 시)
      (1) 여행 출발 20일 전(~20일)까지 통보 시: 상품 총 가격의 10% 배상
      (2) 여행 출발 10일 전(19~10일)까지 통보 시: 상품 총 가격의 15% 배상
      (3) 여행 출발 8일 전(9~8일)까지 통보 시: 상품 총 가격의 20% 배상
      (4) 여행 출발 1일 전(7~1일)까지 통보 시: 상품 총 가격의 30% 배상
      (5) 여행 출발 당일 통보 시: 상품 총 가격의 50% 배상
   2) 당사의 취소 통보로 인한 여행 취소 손해배상
      (1) 여행 출발 20일 전까지 통보 시: 상품 총 가격의 10% 배상
      (2) 여행 출발 10일 전까지 통보 시: 상품 총 가격의 15% 배상
      (3) 여행 출발 8일 전까지 통보 시: 상품 총 가격의 20% 배상
      (4) 여행 출발 1일 전까지 통보 시: 상품 총 가격의 30% 배상
      (5) 여행 출발 당일 통보 시: 상품 총 가격의 50% 배상

② 특별약관

제1조(여행 예약의 확정)

1. 여행자는 여행 상담 및 안내문을 확인 후 계약금을 통상 3일 이내에 입금하여 예약을 확정합니다.

2. 투어 예약의 경우 예약일 7일 이내에 취소 시 100% 환불 가능합니다.

제7조(취소 및 환불)

1. 미소 여행사 여행의 경우 여행자의 예약금 납부 후 요청사항에 맞추어 전 세계의 호텔과 항공 예약을 시작합니다. 따라서 위 계약사항을 취소할 경우에 발생하는 위약금의 책임은 여행자에게 있습니다.

2. 구매 취소 및 환불에 관하여 다음과 같이 위약금이 발생하며, 위약금을 제외한 금액이 환불됩니다.
   - 예약금 입금 후 여행 출발 30일 전까지 취소할 경우 위약금 발생
   - 여행 출발 15일~29일 전 취소: 여행 총경비의 25% 위약금 발생
   - 여행 출발 1일~14일 전 취소: 여행 총경비의 30% 위약금 발생
   - 여행 당일 취소 및 환불 불가
3. 여행자 보험 등 기타 추가 항목의 경우 여행 7일 전까지 전액 환불 가능합니다.
4. 위의 취소 규정과는 별도로 항공기 운임비, 호텔 숙박비, 선택 패키지 내역의 경우 선예약이 필요한 상품이므로 국외 여행 표준약관 및 소비자보호법의 취소료 규정 외에 미소 여행사가 규정한 특별약관을 적용하여 아래와 같이 취소 위약금을 추가 징수한 뒤, 환불됩니다.

   ※ 특별약관일 경우, 국외 여행 표준약관보다 높은 수수료가 부과될 수 있으며, [하단 환불규정은 당사 국외 여행 표준약관보다 우선 적용]되는 특약규정입니다. 따라서, 국외 여행 표준약관 제5조(특약) 적용상품으로 '소비자 분쟁해결기준'이 아닌 특별약관 환불 조건이 적용되는 상품 여부를 확인하셔야 합니다. 특별약관은 상품계약과 동시에 계약자의 약관 동의가 적용됩니다.

   (1) 여행 출발 15일 전: 5%   (2) 여행 출발 14일~10일 전: 10%
   (3) 여행 출발 9일~5일 전: 50%   (4) 여행 출발 4일~당일: 100%

국외 여행 계약서(여행자용)			
여행 상품명 및 기간	1박 2일 밤도깨비 여행 20XX. 08. 05.(목)~20XX. 08. 06.(금)		
보험 가입 등	영업보증. 금액: 22억 1천만 원		
여행 인원	6명	여행 국가/지역	대만/가오슝
여행 경비	• 기본 패키지+선택 패키지 경비 내역(추가 항목 제외) 　- 기본 패키지 성인 1인당: 259,000원 　- 선택 패키지 성인 1인당: 128,500원 　→ 6인 경비 총액: 2,325,000원 ※ 선택 패키지 내역: 보트 투어(1인당 43,500원), 해피랜드(1인당 50,000원), 발 마사지(1인당 35,000원) ※ 기본 패키지는 특가 상품으로 특약 규정 적용되며, 선택 패키지는 특별 예약 프로그램이므로 별도 취소료 규정 적용		
출발(도착) 일시	출발: 20XX. 08. 05.(목) (인천) 도착: 20XX. 08. 06.(금) (인천)	교통수단	항공기(기본)
숙박 시설	관광호텔: 3성급	식사 횟수	조식 1회, 중식 2회, 석식 1회
현지 안내원	유, 가이드 1인	현지 교통수단	미니버스(8인승), 기사 1인 포함
여행 경비 포함사항	필수 포함 항목		기타 추가 항목
여행 경비 포함사항	- 항공기 운임(1인 115,000원) - 숙박(1인 49,000원) - 식사(1인 70,000원) - 일정표 내 관광지 입장료 - 제세공과금을 포함한 세금 - 선택 내역		- 현지 안내원/기사 봉사료 - 호텔/식당 팁 - 쇼핑
여행 경비 포함사항			여행자 보험(최고 한도액: 1억 원) 가입, 1인 5,300원
특약 (위약금/취소료 규정)	특가 상품으로 국외 여행 표준약관이 아닌 여행사의 특별약관이 적용됩니다. ※ 자사 규정 참고		

① 1,410,000원　② 1,452,000원　③ 1,550,400원　④ 1,627,500원　⑤ 1,976,250원

[17 - 18] 다음은 철도차량 운전면허 교육훈련 운영규정의 개정 전·후 조문과 개정 후 별표8의 일부를 정리하여 나타낸 것이다. 각 물음에 답하시오.

[철도차량 운전면허 교육훈련 운영규정 개정 전·후 조문]

개정 전	개정 후
제14조(교육훈련의 기간·방법 등) ① 교육과정별 교육기간 및 교육방법은 별표8과 같다. ② 교육은 주 5일 수업을 원칙으로 한다. 다만, 인재개발원장이 교육상 필요하다고 인정하는 경우는 따로 조정할 수 있다. ③ 수업시간은 50분 수업, 10분 휴식을 원칙으로 한다. ④ 인재개발원장은 운전면허과정 집체 이론교육시간을 교육환경 변화에 따라 단축 또는 폐지할 수 있다. 제19조(퇴교조치) ① 인재개발원장은 교육운영의 원활을 기하기 위하여 다음 각 호의 어느 하나에 해당되는 행위를 한 자에 대하여 퇴교를 명할 수 있다. 　1. 타인에게 대리수업을 받게 한 때 　2. 시험 중 부정행위 　3. 고의로 교육훈련 질서를 문란하게 하거나 피교육자로서의 본분을 망각한 중대한 행위를 한 때 　4. 총 교육시간의 10% 이상을 수강하지 아니한 때(단, 교육담당부서장의 미승인 시에는 5%에 한함) 　5. 신병 등 기타사유로 교육을 받을 수 없을 때(필요시 증빙서류 제출)	제14조(교육과정별 교육 시간·과목 등) ① 교육과정별 교육 시간·과목은 별표8과 같다. ② 교육은 주 5일 수업을 원칙으로 한다. 다만, 인재개발원장이 교육상 필요하다고 인정하는 경우는 따로 조정할 수 있다. ③ 수업시간은 50분 수업, 10분 휴식을 원칙으로 한다. ④ 인재개발원장은 운전면허과정 이론교육시간을 교육환경 변화에 따라 단축 또는 폐지할 수 있다. 제19조(퇴교조치) ① 인재개발원장은 교육운영의 원활을 기하기 위하여 다음 각 호의 어느 하나에 해당하는 행위를 한 자에 대하여 퇴교를 명할 수 있다. 　1. 타인에게 대리수업을 받게 한 때 　2. 시험 중 부정행위 　3. 성희롱, 폭력, 도박 등 고의로 교육훈련 질서를 문란하게 하거나 피교육자로서의 본분을 망각한 중대한 행위를 한 때 　4. 이론교육 과목별 교육시간의 20% 이상을 수강하지 아니한 때(단, 교육담당부서장의 미승인 시에는 10%에 한함) 또는 별표9의 교육생 근태 평가 벌점의 합이 15점을 초과한 경우 ② 제1항의 사유로 퇴교된 경우 교육비는 퇴교일(학사심의위원회 의결일)을 기준으로 일할 계산하여 반환한다.

※ 총 교육시간＝총 이론교육시간＋총 기능교육시간

[별표8]

[철도차량 운전면허 교육훈련 운영규정 개정 후
제2종 전기차량 운전면허 교육과정의 이론교육 과목별 교육시간]

구분	일반응시자	운전면허 소지자		철도차량 운전 관련 업무경력자	철도 관련 업무경력자
		제1종 전기차량 또는 디젤차량 운전면허 소지자	철도장비 운전면허 소지자	보조경력 1년 이상 또는 전동차 차장경력 2년 이상	철도관련 업무종사 경력 3년 이상
철도관련법	50시간	–	30시간	30시간	30시간
도시철도시스템 일반	50시간	10시간	30시간	30시간	30시간
전기동차의 구조 및 기능	110시간	30시간	70시간	90시간	100시간

| 운전이론 일반 | 30시간 | – | 30시간 | 30시간 | 20시간 |
| 비상시 조치 등 | 30시간 | 10시간 | 10시간 | 10시간 | 20시간 |

17 위 자료를 근거로 판단한 내용으로 가장 적절하지 않은 것은?

① 철도차량 운전면허 교육훈련 운영규정에 따른 수업시간 및 휴식시간은 개정 후와 개정 전이 동일하다.

② 개정 후, 제2종 전기차량 운전면허 교육과정에서 모든 교육대상자가 공통적으로 수강하는 이론교육 과목은 3개이다.

③ 개정 후, 제2종 전기차량 운전면허 교육과정에서 철도장비 운전면허 소지자의 총 이론교육시간은 160시간이다.

④ 개정 후, 제2종 전기차량 운전면허 교육과정에서 전기동차의 구조 및 기능 과목의 교육시간이 가장 적은 교육대상자는 제1종 전기차량 또는 디젤차량 운전면허 소지자이다.

⑤ 철도차량 운전면허 교육훈련 운영규정에 따른 퇴교조치는 개정 전·후 모두 인재개발원장이 명한다.

18 제2종 전기차량 운전면허 교육과정을 수강 신청한 A 씨는 다음 조건을 만족한다. 개정 전·후의 이론교육 과목 및 교육시간이 동일하다면, A 씨는 어떤 교육대상자인가? (단, A 씨의 총 기능교육시간은 100시간이며, 이론교육을 모두 수강하였다.)

[조건]

• 이론교육 과목 중 철도관련법을 29시간만큼 수강하지 않을 경우 교육담당부서장의 승인 시, 철도차량 운전면허 교육훈련 운영규정 개정 전 기준으로는 퇴교조치 된다.

• 이론교육 과목 중 전기동차의 구조 및 기능을 15시간만큼 수강하지 않을 경우 교육담당부서장의 승인 시, 철도차량 운전면허 교육훈련 운영규정 개정 후 기준으로는 퇴교조치 되지 않는다.

---

① 일반응시자

② 제1종 전기차량 또는 디젤차량 운전면허 소지자

③ 철도장비 운전면허 소지자

④ 보조경력 1년 이상 또는 전동차 차장경력 2년 이상인 철도차량 운전관련 업무경력자

⑤ 철도관련 업무종사 경력 3년 이상인 업무경력자

[19~20] 다음은 K 은행의 건강한 둘레길 적금에 대한 안내문이다. 다음 자료를 보고 각 물음에 답하시오.

[건강한 둘레길 적금 안내문]

1. **가입대상**
   – 만 14세 이상 개인(1인 1계좌)

2. **가입기간**
   – 1년
   ※ 2021년 2월 이후부터는 가입이 불가능하며, 판매 한도인 100,000좌 소진 시 판매가 조기 종료됨

3. **가입금액**
   – 1천 원 이상 30만 원 이내의 일정한 금액으로 매월 약정한 일자에 적립

4. **금리안내**
   – 기본금리 : 0.7%
   – 우대금리 : 만기일 전일까지 K 은행 모바일 앱을 통해 인증한 건강 활동 수에 따라 우대금리를 차등 적용
   ※ 1) 건강 활동은 각각 둘레길 탐방(A, B, C 코스), 금연, 금주, 헬스 라이프(헬스/요가/필라테스 등의 운동 등록), 봉사(헌혈, 자원봉사), 마라톤 대회 참가(D, E, F 코스), 등산(G, H 산), 건강 교육 수강, 걷기 운동으로 구분되며 총 9개임
   2) 1개 건강 활동당 1회, 1일 1개 건강 활동만 인증이 가능함

구분	우대금리(%p)
2개 건강 활동	0.1
3~4개 건강 활동	0.3
5~6개 건강 활동	1.0
7~8개 건강 활동	1.5
9개 건강 활동	2.5

   3) 적금 가입월부터 만기 전월 말까지 상품우대조건 충족 후 만기해지 시 기본금리에 우대금리를 가신한 약정금리가 적용됨

5. **이자지급방법**
   – 입금일부터 만기일 전일까지의 적립금에 대해 약정금리로 단리 이자를 계산하여 지급
   ※ 세전 적금 단리 이자 = {월 적립 금 × 약정금리 × 가입기간(월) × (가입기간(월) + 1) / 2} / 가입기간(월)

19 위 안내문을 근거로 판단한 내용으로 옳은 것은?

① 적금 가입기간에 A 코스 둘레길 탐방, E 코스 마라톤 대회 참가, 금주, 헬스 등록, B 코스 둘레길 탐방, F 코스 마라톤 대회 참가 6개의 건강 활동을 하루에 한 개씩 모바일 앱으로 인증했다면 1.0%의 약정금리가 적용된다.

② 2021년 1월 31일 이전에는 언제든지 건강한 둘레길 적금에 가입할 수 있다.

③ 적금 가입 첫날 헌혈과 걷기 운동, 둘째 날에 D 코스 마라톤 대회에 참여한 후 모바일 앱으로 인증을 시도했다면 총 3회 인증한 것으로 인정된다.

④ 적금에 가입한 사람이 2021년 3월에 첫 건강 활동 후 K 은행 홈페이지를 통해 건강 활동을 인증했다면 우대금리 적용 조건을 만족한다.

⑤ 세금을 고려하지 않았을 때, 해당 적금으로 지급받을 수 있는 최대 이자는 100,000원 이상이다.

20 갑순이는 K 은행의 건강한 둘레길 적금에 매월 25만 원을 적립하려고 한다. 갑순이의 건강 활동 일정이 다음과 같을 때, 적금 만기 시 갑순이가 받게 될 금액은? (단, 세금은 고려하지 않으며 원 단위는 절상한다.)

[갑순이의 건강 활동 일정]

2020년 8월 25일	2020년 9월 15일	2020년 10월 17일	2020년 10월 18일
D 코스 마라톤 대회 참가	헌혈	금연	필라테스 등록
2020년 11월 12일	2020년 11월 12일	2020년 11월 13일	2020년 12월 4일
H 산 등산	건강 교육 수강	요가 등록	E 코스 마라톤 대회 참가
2021년 2월 22일	2021년 3월 12일	2021년 3월 12일	2021년 5월 30일
걷기 운동	B 코스 둘레길 탐방	C 코스 둘레길 탐방	헬스 등록
2021년 7월 26일	2021년 8월 11일	2021년 9월 3일	2021년 10월 3일
수영 등록	D 코스 마라톤 대회 참가	G 산 등산	금주

※ 1) 갑순이의 적금 가입일은 2020년 10월 1일임
   2) 갑순이는 각각의 건강 활동을 완료한 직후 모바일 앱으로 인증함
   3) 활동 일자가 같은 건강 활동은 표 상에서 왼쪽 열부터 시행하였으며, 먼저 시행한 건강 활동을 모바일 앱으로 인증함

① 3,016,250원 ② 3,027,630원 ③ 3,035,750원
④ 3,051,000원 ⑤ 3,052,000원

[21-22] 다음 자료를 읽고 각 물음에 답하시오.

[용지 및 잉크별 가격]

구분		가격
A3 용지(1박스)		50,000원
A4 용지(1박스)		32,000원
잉크(1개)	검은색	12,000원
	파란색	9,000원
	노란색	10,000원
	빨간색	9,500원

※ 종류 구분 없이 용지 5박스 이상 구매 시 총구매 금액에서 10% 할인되고, 종류 구분 없이 잉크 10개 이상 구매 시 잉크 총구매 금액에서 10% 할인되며, 두 할인은 중복 적용이 가능함

[총무팀 필요 물품 수량]

구분		개수
A3 용지		2박스
A4 용지		5박스
잉크	검은색	7개
	파란색	2개
	노란색	2개
	빨간색	3개

21 위 자료를 근거로 판단할 때, 총무팀에서 필요한 물품을 구매하기 위해 지불해야 하는 총비용은?

① 345,905원   ② 346,050원   ③ 349,450원   ④ 355,905원   ⑤ 369,450원

22 총무팀 소속 김 사원은 자신의 팀에 일부 사무용품의 재고가 남아 있는 것을 확인하였다. 총무팀 물품 재고 수량은 다음과 같고, 김 사원은 총무팀에 필요한 물품의 수량에서 재고 수량만큼을 제외하고 물품을 구입한다고 할 때, 김 사원이 총무팀 필요 물품을 구매하기 위해 지불해야 하는 총비용은?

구분		개수
A3 용지		-
A4 용지		2박스
잉크	검은색	3개
	파란색	1개
	노란색	-
	빨간색	2개

① 109,440원   ② 216,465원   ③ 246,465원   ④ 254,250원   ⑤ 273,850원

[23~24] 다음 글을 읽고 각 물음에 답하시오.

현실보다 이상을 추구하면서 살아가는 이는 얼마나 될까? 소설가 리처드 바크의 우화소설 〈갈매기의 꿈〉은 주인공인 갈매기 조나단이 자아실현을 위해 가족과 동료의 말림에도 불구하고 꿈을 향해 긴 여정을 마치는 과정을 그렸다. 조나단은 그 과정에서 자신을 믿고 지지해주는 스승과 함께 마침내 자신의 목표에 도달하게 된다. 〈갈매기의 꿈〉은 현실에 급급하며 살아가는 대부분의 사람을 구속하는 것이 타인이 아니라 오히려 자기 자신은 아니었는지, 우리에게도 우리의 꿈을 믿고 격려해줄 사람이 필요했던 것은 아니었는지 생각해보게 만드는 소설이다.

갈매기 사회에서 비행은 식량을 위한 수단일 뿐이다. 이와 달리 주인공 갈매기 조나단은 비행 자체를 사랑하는 갈매기이다. 그는 먹이를 찾아 비행해야 한다는 부모님의 말씀을 듣지 않고 더 높은 세계로 올라가기 위한 비행 연습에 집중한다. 이러한 조나단의 행동은 갈매기 사회의 관습에 반항하는 것으로 여겨지게 되고, 동료들의 미움을 사게 된 조나단은 결국 갈매기 사회로부터 추방당한 외톨이 신세가 된다.

그러나 하늘을 날아 자신의 자유와 자아실현을 꿈꾸었던 조나단은 자신의 한계를 끊임없이 시험한다. 고속 낙하, 수면 비행, 회전 비행 등 다양한 방법을 시도하던 중 스승 설리번과 어른 갈매기 치앙을 만나 궁극의 비행술을 훈련하기 시작한다. 결국, 조나단은 동료의 배척과 자신의 한계에도 포기하지 않고 비행술을 스스로 연마한 끝에 자신의 목표이자 무한한 자유를 느낄 수 있는 초현실적인 공간으로 날아오르게 된다. 그는 자신의 꿈을 혼자서 실현하는 것에 그치지 않고, 동료 갈매기들을 자신과 함께 초월의 경지로 이끌어낸다.

전직 비행사였던 〈갈매기의 꿈〉 작가 리처드 바크는 비행에 대한 자신의 꿈과 신념을 갈매기 조나단의 일생에 투영하였다. 그는 갈매기 조나단을 통해 (   )

특히, 갈매기 무리로부터 쫓겨났음에도 흔들리지 않고 자신의 꿈에 도전하는 갈매기의 모습에서 자기완성의 소중함을 시사한다. 작가는 '가장 높이 나는 새가 가장 멀리 본다'라는 삶의 진리를 이야기하며 눈앞에 있는 일을 넘어 다가올 먼 훗날을 바라보기를, 자신마다 마음속에 품고 있는 꿈과 이상을 간직한 채로 살아가기를 이야기하고 있다.

23 윗글을 읽고 이해한 내용으로 적절하지 않은 것을 모두 고르면?

ⓐ 먹잇감을 찾는 것이 비행의 주목적이 아니었던 조나단은 갈매기 무리로부터 버림받았다.
ⓑ 작가 리처드 바크는 비행에 대한 자신의 꿈과 굳은 마음을 갈매기 조나단의 삶으로 표현하였다.
ⓒ 〈갈매기의 꿈〉은 현실에 치이는 사람들을 옥죄는 것이 자기 자신은 아니었는지 되묻는다.
ⓓ 조나단이 자신의 목표를 이룰 수 있게 된 이유는 스승과 어른 갈매기를 만났기 때문이다.

① ⓐ   ② ⓓ   ③ ⓑ, ⓒ   ④ ⓑ, ⓓ   ⑤ ⓐ, ⓒ, ⓓ

24 윗글의 빈칸에 들어갈 내용으로 가장 적절한 것은?

① 인간이 추구해야 하는 삶의 태도를 상징적으로 담아낸다.
② 개인의 의지가 세상을 변화시킬 수 있음을 시사한다.
③ 조종사로 근무하던 젊은 시절에 대한 향수를 그린다.
④ 현실에 얽매이지 않고 때로는 본능에 충실할 것을 조언한다.
⑤ 모든 것을 현실적으로 바라보는 시각의 중요성을 이야기한다.

[25-26] 다음은 주택용 전기 요금표와 A, B, C 가구의 20XX년 월별 전기 사용량을 나타낸 자료이다. 각 물음에 답하시오.

[주택용 전기 요금표]

사용전력량		기본요금(원/호)		전력량 요금(원/kWh)	
기준	하계할인	저압	고압	저압	고압
200kWh 이하 사용	300kWh 이하 사용	910	730	93.3	78.3
201~400kWh 사용	301~500kWh 사용	1,600	1,260	187.9	147.3
400kWh 초과 사용	500kWh 초과 사용	7,300	6,060	280.6	215.6

※ 1) 전기 요금 = 기본요금 + 전력량 요금(요금은 원 단위로 절사함)
  2) 기본요금은 한 달 사용량에 해당하는 구간의 기본요금을 부과함
  3) 하계할인은 7월과 8월에만 적용됨
  4) 슈퍼유저 요금: 동·하계(12~2월, 7~8월) 1,000kWh 초과분 전력량 요금은 저압 709.5원/kWh, 고압 574.6원/kWh 적용

[20XX년 월별 전기 사용량]

(단위: kWh)

구분	1월	2월	3월	4월	5월	6월	7월	8월	9월	10월	11월	12월
A 가구	345	325	250	180	195	220	900	900	335	240	275	335
B 가구	215	250	130	115	105	205	515	295	265	210	240	250
C 가구	270	290	230	180	135	290	1,100	700	300	280	295	325

※ A, C 가구는 고압 전기를 사용하며, B 가구는 저압 전기를 사용함

25 다음 중 자료에 대한 설명으로 옳지 않은 것을 모두 고르면?

ㄱ 10월부터 12월까지 A, B, C 가구 전기 사용량의 전월 대비 증감 추이는 모두 서로 같다.
ㄴ B 가구의 8월 전기 요금은 38,110원이다.
ㄷ A 가구와 C 가구의 7월과 8월 전기 요금의 합은 같다.
ㄹ 20XX년 월별 전기 사용량이 네 번째로 적은 달은 A, B, C 가구 모두 서로 다르다.

① ㄴ   ② ㄱ, ㄴ   ③ ㄴ, ㄷ   ④ ㄷ, ㄹ   ⑤ ㄴ, ㄷ, ㄹ

26 B 가구는 7월에 하계할인이 누락되어 전기 요금을 추가 납부하였다. 하계할인을 적용하여 추가 납부한 금액을 돌려받았을 때, B 가구가 돌려받은 금액은?

① 6,480원   ② 12,620원   ③ 18,730원   ④ 28,060원   ⑤ 32,240원

27 다음은 서울 지사에 근무 중인 A와 하노이 지사에 근무 중인 B, 샌프란시스코 지사에 근무 중인 C가 원격 회의에 참석할 수 있는 시간을 나타낸 자료이다. A~C 모두 참석할 수 있는 시간에 1시간 동안 회의를 진행했다고 할 때, 서울 지사 기준으로 A가 원격 회의에 참석한 일시는?

[A~C의 원격 회의 참석 가능 시간]

구분	9/25(월)	9/26(화)	9/27(수)	9/28(목)
A	10:00~16:00	14:00~18:00	09:00~15:00	11:00~17:00
B	11:00~17:00	15:00~20:00	09:00~21:00	08:00~15:00
C	07:00~12:00	09:00~14:00	09:00~20:00	05:00~11:00

※ 일자별 A~C의 원격 회의 참석 가능 시간은 A~C가 각각 근무 중인 지사의 위치 기준 시간임

[그리니치 표준시]

구분	그리니치	서울	하노이	샌프란시스코
그리니치 시차	0	+9	+7	−7

① 9/25(월) 15:00~16:00
② 9/26(화) 17:00~18:00
③ 9/27(수) 12:00~13:00
④ 9/28(목) 11:00~12:00
⑤ 9/28(목) 12:00~13:00

28 ○○연구소 인사팀에서 근무하는 이 팀장은 연구원 채용 공고에 지원한 지원자들의 이력서를 검토하고 있다. 평가 점수가 70점 이상인 지원자는 모두 서류 전형에 합격하였을 때, 서류 전형에 합격한 지원자의 최고점과 최저점은?

[기본 항목 평가 점수표]

구분	평가 항목 및 기준	배점(점)
최종 학력	박사	35
	석사	28
	학사	20
관련 연구 경력	1년 미만	20
	1년 이상 3년 미만	26
	3년 이상 5년 미만	32
	5년 이상	35
논문 수상 실적	0건	5
	1건	10
	2건	16
	3건 이상	20
기본 항목 평가 점수		90

[지원 부서별 우대 전공]

구분	우대 전공
환경	토목학, 환경학, 지질학
로봇	컴퓨터공학, 기계공학, 전자공학
의학	생물학, 화학, 약학

※ 지원자의 전공이 지원한 부서의 우대 전공에 해당하는 경우 기본 항목 평가 점수에 10점을 가산함

[지원자 이력 사항]

지원자	지원 부서	최종 학력	관련 연구 경력	논문 수상 실적	전공
A	환경	박사	없음	1건	토목학
B	로봇	석사	2년	2건	전자공학
C	환경	학사	3년	1건	토목학
D	의학	학사	6년	0건	컴퓨터공학
E	의학	석사	5년	3건	지질학
F	환경	박사	2년	3건	약학
G	로봇	학사	7년	1건	기계공학
H	로봇	석사	없음	4건	화학
I	의학	학사	4년	0건	환경학
J	환경	박사	1년	2건	지질학

	최고점	최저점
①	91	72
②	91	70
③	87	72
④	87	70
⑤	81	70

29 ○○기업은 신제품 구매 고객에게 제공할 텀블러를 구입하고자 한다. 다음에 제시된 텀블러 선택 조건 우선순위를 모두 고려하여 텀블러 한 종류를 구입한다고 할 때, ○○기업이 구입할 텀블러의 종류와 구매 가능 개수를 연결한 것으로 가장 적절한 것은? (단, 구매 가능 개수는 소수점 첫째 자리에서 반올림하여 계산한다.)

[텀블러 종류별 정보]

종류	소재	용량	무게	1개당 가격
텀블러 A	폴리프로필렌(PP)	600ml	100g	4,800원
텀블러 B	플라스틱	500ml	140g	4,700원
텀블러 C	스테인리스	380ml	125g	4,800원
텀블러 D	스테인리스	550ml	90g	4,850원
텀블러 E	폴리프로필렌(PP)	580ml	120g	5,000원

[텀블러 선택 조건 우선순위]

1순위. 용량은 500ml 이상이어야 한다.
2순위. 소재는 폴리프로필렌(PP) 또는 스테인리스이어야 한다.
3순위. 무게는 120g 미만이어야 한다.
4순위. 500만 원의 예산 내에서 최대한 많은 수량을 구매할 수 있어야 한다.

	종류	구매 가능 개수
①	텀블러 A	1,042개
②	텀블러 B	1,063개
③	텀블러 C	1,042개
④	텀블러 D	1,031개
⑤	텀블러 E	1,000개

다음은 ○○회사의 근태 조건과 소속 직원인 갑~무 5명의 월요일부터 금요일까지 5일간 근태 기록에 대한 자료이다. 각 물음에 답하시오.

[○○회사 근태 조건]

- 기본 근무시간은 A 조(7~16시), B 조(8~17시), C 조(9~18시)로 구분된다.
- 점심시간은 12~13시로, 근무시간에 포함되지 않는다.
- 기본 근무시간은 8시간이며, 분 단위 이하는 버림하여 기록된다.
  예) A 조인 직원이 6시 5분에 출근하여 16시 48분에 퇴근할 경우 근무시간은 9시간으로 기록됨
- 기본 근무시간을 초과할 경우 1시간당 추가 근무 수당 12,000원이 지급된다.
- 직출·직퇴 또는 근태 입력 누락 시 기본 근무시간으로 기록된다.
  ※ 직출·직퇴는 사무실이 아닌 외부로 출근하거나 외부에서 퇴근하는 것을 의미함
- 10분 이상 지각, 조퇴, 근태 입력 누락 시 0.5점씩 벌점을 부여한다.
  ※ 조퇴는 각 조의 퇴근 시간 이전에 퇴근하는 것을 의미함
- 당일 벌점이 1점 이상인 경우 같은 날 기록된 근무시간에서 1시간을 차감한다.

[직원별 5일간 근태 기록]

구분	조	월		화		수		목		금	
갑	A	06:50	16:10	07:02	직퇴	07:08	17:30	06:45	16:38	07:13	누락
을	C	08:36	18:21	09:02	19:03	08:45	18:15	08:52	20:37	08:55	17:35
병	B	08:21	17:23	직출	직퇴	누락	16:58	08:02	17:08	07:59	20:33
정	B	직출	17:15	08:20	16:33	07:46	21:26	누락	22:11	08:12	17:14
무	C	09:25	19:35	08:33	17:46	누락	18:01	09:11	20:58	직출	직퇴

30 위 자료를 근거로 판단한 내용으로 가장 적절한 것은?

① 5명은 모두 5일 중 10분 이상 지각한 날이 1일 이상이다.
② 추가 근무 수당을 지급받을 수 있는 사람은 4명이다.
③ 5일간 벌점을 1점 받은 사람은 1명이다.
④ 월요일에 기록된 근무시간이 가장 많은 사람은 을이다.
⑤ 5일간 근태 입력 누락으로만 벌점을 받은 사람은 1명이다.

31 위 자료를 근거로 판단할 때, 5일간의 근무를 통해 갑~무 5명이 지급받을 추가 근무 수당의 합은?

① 108,000원 ② 120,000원 ③ 132,000원 ④ 156,000원 ⑤ 168,000원

32 위 자료를 근거로 판단할 때, 5일 중 병의 근무시간이 가장 많은 날과 가장 적은 날에 기록된 근무시간의 차이는?

① 1시간 　　② 2시간 　　③ 3시간 　　④ 4시간 　　⑤ 5시간

33 위 자료를 근거로 판단할 때, 갑~무 중 5일간 총 근무시간이 가장 많은 직원의 5일간 누적 벌점은?

① 0.5점 　　② 1점 　　③ 1.5점 　　④ 2점 　　⑤ 2.5점

34 다음 글을 읽고 이해한 내용으로 적절한 것을 모두 고르면?

만약 전기가 없다면 우리의 삶은 어떻게 될까? 삶의 질이 떨어지고 매우 불편한 생활을 하게 될 것이다. 이렇듯 우리가 편리한 삶을 살 수 있도록 도와주는 아주 중요한 발명품인 전기 발전에 큰 영향을 미친 대표적인 위인으로는 에디슨과 테슬라가 있다. 전기의 발전에 공헌하였다는 업적 외에 이들 사이에서 벌어진 싸움을 모르는 사람이 매우 많은데, 사실 이 두 사람은 19세기 후반에 자신들이 주장하는 방식으로 송배전 시스템의 표준을 결정하기 위해 전류 전쟁을 일으킨 당사자들이다.

에디슨은 백열전구를 발명한 후 전등을 상업화한 유능한 CEO로, 1882년 뉴욕에 세계 최초로 중앙 발전소를 설립하며 미국 전력사업의 대표 주자가 된다. 당시만 하더라도 에디슨의 전등회사는 3개의 직류 발전기로 3,000여 개의 백열전구에 전력을 공급하는 방식을 사용하였다. 그러나 에디슨의 직류 시스템은 거리가 멀리 떨어져 있는 경우에 발생하는 송전 손실 문제를 해결할 수 없다는 단점이 있었다.

테슬라는 이러한 문제를 해결하기 위해서 교류 시스템을 도입해야 한다고 주장하였고, 그의 주장은 당시 전력사업을 주도하던 에디슨사에 대한 도전이었다. 테슬라는 교류 시스템을 통해 장거리 송전 손실 문제를 극복할 수 있다고 여겼는데, 직류 시스템과는 다르게 교류 시스템에는 전압을 유연하게 바꿀 수 있는 변압 기술이 도입되어 있기 때문이었다. 결국 테슬라의 교류 시스템은 장거리 송전 손실 문제를 개선하며 에디슨의 직류 시스템을 누르고 전류 전쟁에서 승리하였으며, 교류 시스템은 송배전 시스템의 표준이 되었다.

테슬라가 전류 전쟁에서 승리한 지 100여 년이 지난 지금도 가정의 송배전은 여전히 교류 시스템을 사용하고 있다. 하지만 20세기에 들어서면서 미래 에너지 시스템인 신재생에너지와 분산전원 시스템 등이 발전하자 과거 에디슨이 주장한 직류 시스템을 다시 도입해야 한다는 의견이 주목받고 있다. 그동안 사용해 온 교류 시스템은 전력을 안정화하기 힘들어 신재생에너지와 같은 미래 에너지를 안정적으로 공급하는 것이 어렵기 때문이다.

무엇보다도 직류 시스템을 활용하면 전력을 변환하는 과정에서 잃는 에너지를 최소화할 수 있어 에너지 효율을 극대화할 수 있을 뿐만 아니라 위상, 주파수, 회전 방향을 고려하지 않아도 되므로 전압을 일정하게 제공할 수 있다. 물론 아직 직류 시스템은 미래 전력망이라는 인식이 강해 도입하는 데 어려움을 겪고 있지만, 최근 직류 전력망을 구성하는 데 큰 걸림돌이었던 고성능의 직류 차단기가 개발되면서 직류 시스템이 차세대를 이끌 송배전 시스템이 될 것으로 여겨지고 있다.

ⓐ 전류 전쟁 당시 직류 시스템에는 전압을 유연하게 변환할 수 있는 변압 기술이 도입되어 있었다.

ⓑ 직류 시스템은 높은 에너지 효율과 전압을 균일하게 공급할 수 있다는 장점으로 인해 각광받고 있다.

ⓒ 18세기 초반에 송배전 시스템의 표준을 정하기 위한 전류 전쟁이 에디슨과 테슬라에 의해 발발하였다.

ⓓ 에디슨이 주장한 직류 시스템은 거리가 멀리 떨어져 있을 때 발생하는 송전 손실을 해결하지 못하는 문제가 있었다.

ⓔ 신재생에너지와 분산전원 시스템이 발달하면서 교류 시스템의 중요성이 다시금 강조되고 있다.

① ⓑ   ② ⓐ, ⓒ   ③ ⓑ, ⓓ   ④ ⓐ, ⓒ, ⓔ   ⑤ ⓑ, ⓓ, ⓔ

35 다음 글의 문단을 논리적 순서대로 알맞게 배열한 것은?

(가) 학계에 보고된 것을 계기로 대중에게 알려지기 시작한 투레트 증후군은 증상이 매우 다양하다. 대개 틱 증상이 얼굴과 목에서 먼저 나타나다가 점차 아래로 이동하는데, 단순한 틱이 점차 복합적으로 발전하는 경우도 있다. 투레트 증후군 환자들에게 가장 많이 나타나는 증상은 표정이 변하거나 몸의 일부를 움직이는 안면 근육 틱이지만, 증상이 심화되면 본인과 타인을 때리거나 발길질을 하고 몸을 비트는 등의 근육 틱과 외설증, 반향 언어, 동어 반복증과 같은 음성 틱이 지속적으로 반복된다.

(나) 1,500명 중 1명 정도에서 발생하는 희귀 질환인 투레트 증후군은 갑작스럽게 단순한 동작을 반복하는 근육 틱과 특정한 소리를 내는 하나 이상의 음성 틱이 1년 이상 계속되는 가장 복잡한 형태의 틱 장애이다. 일반적으로 투레트 증후군은 7~10세 전후에 발병하며, ADHD나 강박 신경증 등의 행동 장애와 함께 나타나는 경우가 흔하다. 이 질환은 1885년 이 질병을 처음으로 보고한 프랑스의 신경과 의사 조르주 질 드라 투레트의 이름을 따서 투레트 증후군이라고 명명되었다.

(다) 이처럼 여전히 발병 원인에 대하여 다양한 가설이 제기되고 있는 투레트 증후군 환자들은 통제하기 어려운 증상으로 인해 일상생활에 큰 불편을 겪을 뿐만 아니라 사회의 부정적인 시선 때문에 정신적·심리적으로도 매우 고통받는다. 그나마 다행인 점은 투레트 증후군의 증상은 청소년기를 지나면서 거의 사라지며, 행동치료, 약물치료 등으로 많은 증상을 완화할 수 있다는 것이다. 환자는 발달 과제, 정신 병리, 가족과 사회 적응을 기준으로 오랜 기간 치료를 받는데, 틱 증상을 없애는 것보다는 학교, 단체 등 사회에 적응하고 강박 증상을 소멸시키는 데 중점을 맞춘다.

(라) 특정 행동을 반복하는 증상이 나타난다는 점에서 20세기 중반까지 투레트 증후군은 해결되지 못한 심리적 갈등이나 성적 충동이 신체로 표현되는 것으로 여겨져 심리적 요인에 의해 발병한다고 알려졌다. 그러나 1960년대에 할로페리돌이라는 물질이 투레트 증후군 환자들의 틱을 억제하는 데 효과적이라는 사실이 증명되면서 생물학적 요인을 규명하는 것에 초점이 맞춰졌다. 결과적으로 현재 투레트 증후군의 발생 원인은 대뇌의 CSTC 회로의 이상과 관련되어 있는 것으로 분석된다. CSTC 회로의 운동 경로가 지나치게 활성화되었을 때 조절 영역의 활동이 감소하면 틱이 통제되지 못한다는 것이다.

(마) 또한, 투레트 증후군이 나타나는 아이의 경우 투레트 증후군이 나타나지 않거나 증상이 약한 아이에 비해 임신 당시 합병증, 태반 이상, 임신중독증 및 과도한 정신적 스트레스 등이 높은 빈도로 발견되었다는 점을 근거로, 태아를 임신한 기간에 자궁에서의 환경적 요인을 원인으로 보는 가설도 있다. 이외에도 환자가 틱을 할 때 감정 중추가 활성화된다는 점을 근거로 틱을 전조 충동에 대한 반응으로 보는 가설과 약물에 의한 노출, 연쇄상 구균 감염 후의 면역 반응 등이 원인으로 제시되고 있다.

① (가) – (나) – (라) – (다) – (마)
② (나) – (가) – (라) – (마) – (다)
③ (나) – (가) – (마) – (다) – (라)
④ (라) – (나) – (마) – (다) – (가)
⑤ (라) – (마) – (다) – (가) – (나)

36 다음은 광역시별 은행 및 저축기관 사업체 수에 대한 자료이다. 자료에 대한 설명으로 옳은 것은?

[은행 및 저축기관 사업체 수 현황]

(단위: 개)

구분		2016년	2017년	2018년
부산	합계	1,174	1,157	1,164
	중앙은행	1	1	1
	일반은행	599	590	587
	신용조합	540	532	544
	상호저축은행 및 기타 저축기관	34	34	32
대구	합계	878	880	874
	중앙은행	1	1	1
	일반은행	394	389	380
	신용조합	473	481	484
	상호저축은행 및 기타 저축기관	10	9	9
인천	합계	726	718	726
	중앙은행	1	1	1
	일반은행	306	299	304
	신용조합	405	402	406
	상호저축은행 및 기타 저축기관	14	16	15
광주	합계	524	527	532
	중앙은행	1	1	1
	일반은행	200	199	201
	신용조합	309	314	317
	상호저축은행 및 기타 저축기관	14	13	13
대전	합계	534	525	523
	중앙은행	1	1	1
	일반은행	199	192	185
	신용조합	325	324	327
	상호저축은행 및 기타 저축기관	9	8	10
울산	합계	390	390	391
	중앙은행	1	1	1
	일반은행	153	154	152
	신용조합	232	232	235
	상호저축은행 및 기타 저축기관	4	3	3

※ 출처: KOSIS(통계청, 전국사업체조사)

① 제시된 기간 동안 부산 지역의 상호저축은행 및 기타 저축기관의 사업체 수는 인천 지역의 상호저축은행 및 기타 저축기관의 사업체 수보다 매년 2배 이상 많다.

② 제시된 기간 동안 인천 지역의 신용조합 사업체 수는 일반은행 사업체 수보다 매년 100개 이상 많다.

③ 2017년 대전 지역의 일반은행 사업체 수는 전년 대비 약 4.6% 감소하였다.

④ 2018년 제시된 모든 지역에서 은행 및 저축기관 사업체 수의 합계는 전년 대비 증가하였다.

⑤ 2016년 광주 지역의 은행 및 저축기관 사업체 수의 합계는 같은 해 울산 지역의 은행 및 저축기관 사업체 수 합계의 약 1.5배이다.

37 다음은 식품제조업의 연도별 수입산 양파 이용량 및 국산 양파 이용 비율과 국산 양파 재배면적에 대한 자료이다. 제시된 기간 중 식품제조업 수입산 양파 이용 비율이 가장 높은 해에 국산 양파 재배면적 1ha당 국산 양파 이용량은 약 얼마인가?

[연도별 수입산 양파 이용량 및 국산 양파 이용 비율]

(단위: t, %)

구분	2017	2018	2019	2020	2021	2022
수입산 양파 이용량	6,987	2,284	4,236	8,640	7,372	7,821
국산 양파 이용 비율	88.3	96.4	93.5	87.5	90.3	90.4

[연도별 국산 양파 재배면적]

(단위: ha)

구분	2017	2018	2019	2020	2021	2022
국산 양파 재배면적	20,036	23,911	18,015	19,896	19,538	26,425

※ 양파는 국산과 수입산으로 분류됨

① 2.55t   ② 3.04t   ③ 3.31t   ④ 3.47t   ⑤ 3.63t

38 K 회사에서는 매년 여름 우수 고객들을 대상으로 고객 감사 행사를 진행한다. 고객관리팀 소속의 이형구 사원은 상사의 지시로 올해 진행될 고객 감사 행사를 위한 예산안을 수립하고, 필요한 물품들을 미리 구매하는 일을 맡게 되었다. 이형구 사원이 예산안 수립을 위해 정리한 자료가 다음과 같을 때, 행사 진행에 필요한 물품 및 비용 내역의 총액은?

■ 행사 개요

항목	내용	비고
행사명	푸른 숲 가족 캠핑 여행	
행사대상	멤버십 VIP 등급 이상 고객 100명(동반 3인)	(참가 대상 100명)+(참가 대상 1인당 동반 3인)=400명(예상), 행사 진행 요원 60명
행사일시	6월 20일(토)~6월 21일(일) 예정	상황에 따라 변동 가능성 있음

■ 주요 내용

항목	시간	세부 내용	사전 준비 내역
캠핑장 입소 및 행사 안내	11:00~13:00	– 캠핑장 자리 배정(선착순) – 캠핑 장비 배분 – 이벤트 응모권 및 행사 참여 팔찌 배포 – 행사 및 공연 일정 안내	캠핑장 임대 및 캠핑 장비 대여
중식	13:00~14:00	– 고급형 도시락 제공	고급형 도시락: 예상 참가 대상 및 행사 진행 요원 1인당 1개 제공 (10% 여유분 준비)
오후 행사	14:00~19:00	– 가족사진 촬영, 인화 이벤트 (행사 참가 가구 1가구 1회 제공) – 푸른 숲 어린이 수영장 이용권 (어린이 동반 가구 선착순 제공) – 나이테 목걸이 만들기 체험 (어린이 동반 가구 선착순 제공) – 나무와 함께하는 와인 힐링존 (어린이 미동반 가구 대상) – 푸른 숲과 함께하는 요가 체험	– 어린이 수영장 이용권: 어른 이용권 150매, 어린이 이용권 150매 – 나이테 목걸이 재료 키트: 100개 – 와인: 레드와인 40병, 화이트와인 30병
석식	19:00~21:00	– 캠핑 요리 대전 진행 (희망 가구에 한해 1가구당 1인 참가) – 바비큐 세트 제공	바비큐 세트: 예상 참가 대상 및 행사 진행 요원 1인당 1인분씩 제공(10% 여유분 준비)
저녁 행사	21:00~23:00	– 별자리 관측 행사 – 노래와 함께하는 푸른 밤 콘서트 (이벤트 응모권 추첨)	응모권 추첨 경품: A 사 냉장고(1인), B 사 휴대폰(2인), C 사 제습기(5인)
자율 취침 및 퇴소	23:00~	– 기념품 증정(퇴소 시 1가구당 1개)	기념품: 푸른 숲 스노우 볼(100개)

■ 물품 및 비용 내역

항목	세부 내용	비용
캠핑장 임대	120구역 (고객용 A급 100구역, 직원용 B급 20구역)	A급: 50천 원/1구역 B급: 35천 원/1구역
캠핑 장비	120세트(텐트＋그늘막＋간이 식탁 세트)	텐트: 40천 원/1개 그늘막: 25천 원/1개 간이 식탁: 15천 원/1개
고급형 도시락	한식 불고기 도시락	10천 원/1개
푸른 숲 수영장 이용권	어린이 수영장 입장권	어린이 입장권: 35천 원/1인 어른 입장권: 40천 원/1인
나이테 목걸이 체험	나이테 목걸이 체험 키트	9천 원/1개
와인 힐링존	레드와인 및 화이트와인	레드와인: 48천 원/1병 화이트와인: 45천 원/1병
바비큐 세트	돼지 목살, 쌈 채소, 즉석밥 등	25천 원/1인
A 사 냉장고	스마트 냉장고	1,800천 원/1대
B 사 휴대 전화	최신 휴대 전화	1,000천 원/1대
C 사 제습기	습기 쏙 제습기	350천 원/1대
푸른 숲 스노우 볼	푸른 숲을 모티브로 주문 제작	20천 원/1개

※ 캠핑장 단체 임대로 총 임대 가격의 10% 할인

① 19,790천 원　　② 35,210천 원　　③ 47,860천 원　　④ 55,410천 원　　⑤ 61,530천 원

39 다음은 ○○공사의 국외 출장여비 규정 중 일부이다. 다음 규정을 근거로 판단한 내용으로 옳지 않은 것은?

[국외 출장여비 규정]

제21조(국외 출장여비) 국외 출장의 경우에는 다음 각 호에 따른 여비를 지급한다.

1. 교통비는 철도운임, 선박운임, 항공운임 또는 자동차운임을 포함하는 것으로, 실비로 정산한다.
2. 일비·숙박비·식비는 국외 여비 지급 기준표에 따라 지급하며, 숙박비는 법인카드로 계산된 금액을 실비 정산한다. 다만, 법인카드를 사용할 수 없는 특별한 사유가 있는 경우에는 신용카드 등을 사용하고 정산한다.
3. 숙박비 및 식비는 업무형편 또는 기타 부득이한 경우에는 기준 금액의 5할 범위 이내에서 추가 지급 할 수 있으며, 국제회의 참석 시 주최 측에서 숙소를 지정한 경우에는 숙박비가 기준 금액의 5할의 범위를 초과하더라도 실비로 지급한다. 이 경우 귀국일로부터 2주일 이내에 법인카드 또는 신용카드 등의 사용 시 받은 매출전표에 세부사용내역이 명시된 증빙서류를 첨부하여 정산신청을 하여야 한다.
4. 여행잡비는 예방 주사료, 여행자보험료, 여권교부수수료, 사증(査證)수수료를 포함하는 것으로, 실비로 정산한다.

[국외 여비 지급 기준표]

(단위: 달러)

구분	일비 (1인당)	숙박비(1인당)			식비(1인당)		
		가 등급	나 등급	다 등급	가 등급	나 등급	다 등급
임원	40	실비 (상한액: 282)	실비 (상한액: 207)	실비 (상한액: 108)	133	99	72
1~2직급	30	실비 (상한액: 176)	실비 (상한액: 137)	실비 (상한액: 81)	81	59	44
3직급 이하	26	실비 (상한액: 155)	실비 (상한액: 123)	실비 (상한액: 77)	67	49	37

※ 1) 일비, 숙박비, 식비는 모두 1일당 지급 금액을 기준으로 함
　 2) 업무출장으로 30일을 초과하여 동일 등급의 국가에 출장을 갈 때에 일비는 최초 30일까지는 기준 금액의 전체를, 30일을 초과한 기간에 대해서는 1일당 지급하는 일비의 50%를 지급함

[등급별 국외 출장 도시 구분]

구분	국외 출장 도시
가 등급	도쿄, 뉴욕, 런던, 로스앤젤레스, 모스크바, 샌프란시스코, 파리
나 등급	베이징, 오사카, 오키나와, 푸시카르, 멕시코시티, 워싱턴 D.C., 아테네, 리브르빌
다 등급	웰링턴, 다카, 산티아고, 부쿠레슈티, 프라하, 바르샤바, 암만, 바그다드, 루사카

① 국외 업무출장으로 인해 사용한 여행자보험료와 항공운임비, 자동차운임비는 모두 실비로 정산한다.

② 국제회의에 참석한 직원이 회의 주최 측이 지정한 숙소에 숙박했을 경우 숙박비를 지급받기 위해서는 귀국한 날로부터 14일 이내에 정산신청을 해야 한다.

③ 도쿄에서 40일간 업무출장 후 샌프란시스코로 이동하여 10일간의 업무출장을 마치고 귀국한 3직급의 직원이 지급받을 수 있는 일비는 총 1,170달러이다.

④ 2직급의 직원이 프라하에서 15일, 산티아고에서 15일의 업무출장을 마치고 지급받을 수 있는 식비는 1,320달러이다.

⑤ 3직급의 직원이 20일간 뉴욕으로 업무출장을 다녀오면서 해당 국가의 가장 비싼 숙소에 머물렀다면 지급받을 수 있는 숙박비는 최대 3,100달러이다.

[40-41] 다음은 주택용·산업용 전기 요금표를 나타낸 자료이다. 각 물음에 답하시오.

[주택용 전기 요금표]

기본요금(원/호)			전력량 요금(원/kWh)		
구간	저압	고압	구간	저압	고압
200kWh 이하 사용	910	730	처음 200kWh까지	93.3	78.3
201~400kWh 사용	1,600	1,260	다음 200kWh까지	187.9	147.3
400kWh 초과 사용	7,300	6,060	400kWh 초과	280.6	215.6

※ 1) 전기 요금 = 기본요금 + 전력량 요금
   2) 기본요금은 한 달 사용량에 해당하는 구간의 기본요금을 부과함
   3) 필수사용량 보장공제: 200kWh 이하 사용 시 저압 월 4,000원, 고압 월 2,500원 한도 감액(감액 후 최저요금 1,000원)
   4) 슈퍼유저 요금: 동·하계(7~8월, 12~2월) 1,000kWh 초과분 전력량 요금은 저압 709.5원/kWh, 고압 574.6원/kWh 적용

[산업용 전기 요금표]

구분		기본 요금 (원/kW)	전력량 요금(원/kWh)			적용 범위
			여름철 (6~8월)	봄·가을철 (3~5월, 9~10월)	겨울철 (11~2월)	
저압		5,550	81.0	59.2	79.3	표준전압 220V, 380V 고객
고압A	선택 I	6,490	89.6	65.9	89.5	표준전압 3,300V 이상 66,000V 이하 고객
	선택 II	7,470	84.8	61.3	83.0	
고압B	선택 I	6,000	88.4	64.8	88.0	표준전압 154,000V 고객
	선택 II	6,900	83.7	60.2	81.9	

※ 1) 전기 요금 = (기본요금 × 계약 전력) + 전력량 요금
   2) 전기사용 시간이 월 200시간 이하라면 고객에게는 선택 I, 월 200시간 초과 500시간 이하라면 선택 II 요금제가 유리함

40 다음 중 자료에 대한 설명으로 옳은 것은?

① 고압B의 선택 I 요금제를 이용하는 산업체는 가격 측면에서 여름철이 겨울철보다 유리하다.
② 9월 한 달 동안 주택용 저압 전기를 150kWh 사용한 가구의 전기 요금은 14,905원이다.
③ 11월과 12월에 각각 주택용 고압 전기를 1,100kWh 사용한 가구의 11월, 12월의 전기 요금은 동일하다.
④ 표준전압이 6,600V인 전기를 한 달 동안 200시간 사용하는 산업체는 고압A의 선택 II 요금제를 이용하는 것이 유리하다.
⑤ 8월 한 달 동안 주택용 고압 전기를 1,200kWh 사용한 가구의 전기 요금은 295,460원이다.

41 K 산업체는 표준전압이 154,000V인 전기를 한 시간에 20kW씩, 매달 300시간 사용한다. 계약 전력이 20kW일 때, K 산업체에 유리한 선택 요금제를 적용한 11월 전기 요금은?

① 368,100원 ② 498,300원 ③ 499,200원 ④ 629,400원 ⑤ 648,000원

42 다음 글을 읽고 난 후의 반응으로 가장 적절한 것은?

> 다른 사람이 뜻밖의 불행을 겪는 모습을 보고 남몰래 기분이 좋아진 경험이 있는가? 독일어에는 타인의 불행을 통해 느끼는 기쁨이라는 의미의 '샤덴프로이데(Schadenfreude)'라는 단어가 있다. 미국 하버드대의 심리학 교수 미나 시카라에 따르면 샤덴프로이데는 성격에 심각한 결함이 있는지 등의 여부와 관계없이 누구나 느낄 수 있는 보편적인 감정이다. 사람들은 타인이 불행해지는 상황에서 본인이 얻는 직접적인 이점이 없음에도 종종 그러한 상황을 목격하는 자체를 즐거워한다.
>
> 이러한 감정이 생기는 원인에 관해 파악하고자 일본 교토대의 의학전문대학원 다카하시 히데히코 교수의 연구팀은 실험을 진행하였다. 평균 연령 22세의 남녀 19명에게 가상의 각본을 주고 주인공을 자신이라고 생각하도록 지시했는데, 각본에는 성적도 연애 경험도 평범한 수준인 주인공과 모든 면에서 주인공보다 뛰어난 동창 A가 등장한다. 연구팀은 실험 참가자가 각본을 읽는 동안 뇌의 반응을 fMRI(기능성 자기공명영상장치)로 분석하였고, 연구 결과 시기심을 느끼는 대상이 불행을 당하면 사람의 뇌는 기쁨을 느낀다는 사실을 밝혀냈다.
>
> 연구가 진행되는 과정에서 참가자들은 주인공과 비교되는 동창 A의 이야기를 읽으며 동창 A를 향한 시기심을 가졌고, 동창 A에게 여행 취소, 자동차 고장 등의 불행한 상황이 닥치는 내용을 접하며 샤덴프로이데를 느꼈다. fMRI로 촬영한 영상을 분석한 연구진은 동창 A에게 시기심을 느낄 때 뇌에서 갈등과 불확실성의 추적을 담당하는 전측대상피질이 활성화되고, 동창 A에게 닥친 불행으로 샤덴프로이데를 느낄 때 뇌에서 기쁨, 보상, 중독 등과 관련된 복측 선조체가 활성화된다는 사실을 알게 되었다. 또한, 전측대상피질과 복측 선조체가 밀접하게 연관되어 있다는 점을 근거로 시기심과 샤덴프로이데가 비례한다는 점을 증명하였다.
>
> 현재까지 진행된 샤덴프로이데 관련 연구 결과를 종합적으로 분석해보면 시기심을 느끼는 대상을 평소에 어떻게 생각했는지에 따라 생체 반응이 다르게 나타났다는 공통점에 주목해야 한다. 일반적으로 자신과 관련이 없거나 별로 중요하게 여기지 않는 분야에 속한 인물에게는 그가 얼마나 성공했든 시기심을 느끼거나 불행에 기뻐하는 생체 반응이 나타나지 않았다. 다시 말해 사람들은 주로 본인과 연관이 있다고 생각하는 대상에게 시기심과 샤덴프로이데를 느낀다는 것이다.
>
> 샤덴프로이데가 자극을 양분 삼아 성장할 수 있는 계기가 된다면 무작정 부정적인 감정이라고 배척할 필요는 없다. 하지만 샤덴프로이데는 타인과 비교한 본인의 도덕적 우월성을 확인하는 용도로 오용되거나, 개인의 영역에서 벗어나 집단의 영역으로 확장되어 자신이 속하지 않은 집단을 공격하는 형태로 표출되는 등 본인과 타인에게 직간접적으로 해를 입힐 수 있다는 치명적인 측면이 있다. 따라서 샤덴프로이데라는 감정을 방치하기보다는 그러한 감정을 느낄 때 본인의 가치를 외부가 아닌 내부에서 찾기 위해 노력하며 자존감을 회복해야 한다.

① 충규: 특정 인물에게 샤덴프로이데를 느낄 때 뇌의 전측대상피질이 활성화된다는 점이 흥미로워.

② 동한: 시카라 교수는 성격에 심각하게 문제가 있는 사람만 샤덴프로이데라는 감정을 느낀다고 봤구나.

③ 다은: 나와 관련 없거나 내가 관심 없는 분야에 소속된 인물에게는 샤덴프로이데를 느낄 확률이 낮겠네.

④ 선인: 샤덴프로이데를 느끼게 된다면 내 가치를 외부의 인정을 통해 확인받아서 자존감을 높여야겠어.

⑤ 재훈: 히데히코 교수 연구팀은 시기하는 대상이 행복해하는 모습을 보면 뇌가 고통을 느낀다고 분석했군.

[농작물 재해 과실손해 보험 상품 설명서]

1. **가입내용**
   1) 가입품목 : 사과, 배, 단감, 떫은감
   2) 가입단위 : 보험 가입금액 200만 원 이상 가입 가능
   3) 자기부담비율 : 10%형, 15%형, 20%형, 30%형 中 택1

2. **적과 종료 시점에 따른 과실손해 보장 내용**

구분	보상 가능 재해	품목	보장 개시 시점	보장 종료 시점
적과 종료 전 사고 발생 시	자연재해, 조수해, 화재피해	사과, 배	계약체결일 24:00 이후	적과 종료 시점 (단, Y년 6월 30일 이내)
		단감, 떫은감	계약체결일 24:00 이후	적과 종료 시점 (단, Y년 7월 31일 이내)
적과 종료 이후 사고 발생 시	특정위험 5종	가입품목 전체	적과 종료 이후	Y년 수확기 종료 시점 (단, Y년 11월 30일 이내)
	가을동상해	사과, 배	Y년 9월 1일	Y년 수확기 종료 시점 (단, Y년 11월 30일 이내)
		단감, 떫은감	Y년 9월 1일	Y년 수확기 종료 시점 (단, Y년 11월 15일 이내)
	일소피해	가입품목 전체	적과 종료 이후	Y년 9월 30일

   ※ 1) 자연재해 : 태풍피해, 우박피해, 동상해, 호우피해, 강풍피해, 한해, 냉해, 조해, 설해 및 기타 자연현상으로 발생한 피해
   2) 특정위험 5종 : 태풍, 우박, 지진, 화재, 집중호우로 발생한 피해
   3) "Y"는 해당 품목 판매개시일이 속하는 연도를 의미함

3. **보험금 지급**
   1) 지급범위 : 보험 가입금액의 0~(100 − 자기부담비율)%
   ※ 보험 가입금액 = 가입수확량 × 가입가격
   2) 보험금 지급 사유 : 보상하는 손해로 인해 발생한 감수량이 자기부담감수량을 초과하는 경우
   ※ 1) 감수량은 수확이 줄어든 양을 의미함
   2) 자기부담감수량 = 기준수확량 × 자기부담비율
   3) 지급금액
   • 종합위험
   − 종합위험 착과감소보험금 = (착과감소량 − 미보상감수량 − 자기부담감수량) × 가입가격 × 80%
   • 특정위험
   − 특정위험 과실손해보험금 = (적과 종료 이후 누적감수량 − 미보상감수량 − 자기부담감수량) × 가입가격
   ※ 1) 착과감소량은 평년 착과수에서 적과 종료 이후 착과수의 차를 의미하고, 미보상감수량은 보상하는 재해 이외의 요인으로 감소되었다고 평가되는 부분을 의미함
   2) 종합위험 착과감소보험금은 특정위험 5종을 제외한 피해에 대해 보상하는 보험이고, 특정위험 과실손해 보험금은 특정위험 5종으로 발생한 피해에 대한 보험임

43 Y년 2월 7일에 ○○은행 농작물 재해 과실손해 보험 상품에 가입한 갑, 을, 병, 정 4명은 모두 농작물 피해를 입은 사고 발생일 다음 날 보험금 청구를 신청하였다. 가입자별 보험 가입 및 사고 발생 내역을 근거로 판단할 때, 특정위험 과실손해보험금을 받을 수 있는 사람은? (단, 감수량은 사고 발생일에 해당 보험에서 보상하는 손해로만 발생하였으며, 제시되지 않은 사항은 고려하지 않는다.)

[가입자별 보험 가입 및 사고 발생 내역]

구분	내용		
갑	• 피해 과실: 사과 • 자기부담비율: 20% • 감수량: 300kg	• 재해 원인: 우박 • 사고 발생일: Y년 9월 30일	• 기준수확량: 550kg • 적과 종료일: Y년 6월 15일
을	• 피해 과실: 단감 • 자기부담비율: 30% • 감수량: 150kg	• 재해 원인: 조수해 • 사고 발생일: Y년 8월 18일	• 기준수확량: 300kg • 적과 종료일: Y년 7월 22일
병	• 피해 과실: 배 • 자기부담비율: 10% • 감수량: 70kg	• 재해 원인: 집중호우 • 사고 발생일: Y년 8월 27일	• 기준수확량: 750kg • 적과 종료일: Y년 6월 22일
정	• 피해 과실: 떫은감 • 자기부담비율: 10% • 감수량: 200kg	• 재해 원인: 지진 • 사고 발생일: Y년 12월 1일	• 기준수확량: 400kg • 적과 종료일: Y년 7월 27일

① 갑   ② 을   ③ 병   ④ 정   ⑤ 없음

44 감 농장을 운영하는 A는 Y년 2월 7일에 ○○은행 농작물 재해 과실손해 보험 상품 가입 후 6월에 적과 종료하였으나 9월에 한국 전역을 강타한 태풍으로 인해 떫은감 과실이 크게 피해를 입어 보험금 청구 신청 후 보험금을 지급받았다. A의 보험 가입 내역 및 감수량이 다음과 같을 때, A가 받은 보험금은? (단, 제시되지 않은 사항은 고려하지 않는다.)

[A의 보험 가입 내역 및 감수량]

가입품목	자기부담비율	기준수확량	적과 종료 이후 누적감수량	미보상감수량	가입가격
떫은감 450kg	15%	500kg	350kg	80kg	1kg당 7,000원

① 1,092,000원   ② 1,365,000원   ③ 1,540,000원   ④ 1,925,000원   ⑤ 2,450,000원

[파티룸별 정보]

구분	A 파티룸	B 파티룸	C 파티룸	D 파티룸	E 파티룸
1박당 숙박요금(원)	90,000	105,000	90,000	85,000	120,000
숙박 기준 인원(인)	5	6	5	4	7
출발지부터 파티룸까지의 거리(km)	130	100	150	120	180

※ 1) 총비용 = 숙박요금 + 기름비
   2) 숙박 인원이 숙박 기준 인원을 초과할 시에는 초과 인원 1인당 1박 기준 15,000원씩 추가 요금이 부과됨
   3) 기름비는 10km당 2,000원이며, 편도 비용만 고려함

45 동욱이는 이번주 토요일에 친구들과 총 7명이서 자신의 차 한 대로 1박 2일 동안 머물 파티룸에 갈 예정이다. 동욱이는 총비용이 가장 저렴한 파티룸을 선택한다고 할 때, 동욱이가 선택할 파티룸은?

① A 파티룸   ② B 파티룸   ③ C 파티룸   ④ D 파티룸   ⑤ E 파티룸

46 동욱이는 다섯 개의 파티룸 중 총비용이 가장 저렴한 파티룸을 선택하려고 하였으나, 해당 파티룸의 예약이 모두 마감되었다는 연락을 받았다. 동욱이는 처음 선택했던 파티룸을 제외한 파티룸 중 총비용이 가장 저렴한 파티룸을 선택했다고 할 때, 동욱이가 지불해야 하는 총비용은?

① 116,000원   ② 130,000원   ③ 140,000원   ④ 146,000원   ⑤ 150,000원

47 다음은 가중평균 SMP에 대한 자료이며, 시장가격의 추이 분석 등을 위한 참고자료로 활용된다. 이를 바탕으로 만든 자료로 옳지 않은 것은?

[연도별 하반기 가중평균 SMP]

(단위 : 원/kWh)

구분	2013	2014	2015	2016	2017	2018
7월	155.29	142.72	81.99	67.06	76.79	87.27
8월	154.19	128.60	88.59	71.73	76.40	91.02
9월	136.88	131.44	90.98	71.55	73.21	92.87
10월	155.80	132.22	98.34	73.48	72.84	102.36
11월	145.05	133.78	94.93	75.04	81.48	105.11
12월	149.90	144.10	95.46	86.93	90.77	109.95

* SMP(계통한계가격)는 전력거래 시간대별로 전력량에 대해 적용되는 전력시장가격을 의미함
* 가중평균 SMP는 시간대별 SMP를 시간대별 전력 수요 예측량으로 가중평균한 값을 의미함

① [8월 가중평균 SMP]

② [9월 가중평균 SMP]

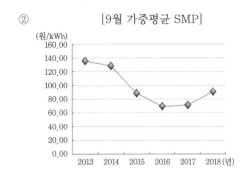

③ [10월 가중평균 SMP]

④ [11월 가중평균 SMP]

⑤ [12월 가중평균 SMP]

48 행정팀 소속인 귀하는 A, B, C, D, E 5명 학생의 3회차 등록금 납부 날짜 및 납부 금액을 전달받았으며, 납부 기간 내에 정확한 금액을 납부하지 않은 학생에게 경고 메일을 보내려고 한다. 등록금 분할 납부 및 장학금 안내와 학생 정보를 고려하였을 때, A~E 중 경고 메일을 받는 학생은?

[등록금 분할 납부 안내]

1. 신청 일정
   - 20△△년 3월 4일(월) 0시~20△△년 3월 8일(금) 18시(마감일 제외 신청 기간 내 24시간 신청 가능)

2. 신청 자격
   - 직전 학기 등록 학생(1학년 2학기부터 신청 가능)

3. 회차별 분할 납부 기간 및 금액

구분	납부 기간	납부 금액
1회차	3월 11일~3월 13일	실 납부 금액의 25%
2회차	4월 1일~4월 3일	실 납부 금액의 25%
3회차	4월 29일~5월 1일	실 납부 금액의 25%
4회차	5월 13일~5월 15일	실 납부 금액의 25%

※ 1) 3회차에만 3~4회차 납부 금액을 동시 납부 가능하며, 이 경우 분할 납부 신청 시 함께 접수해야 함
　 2) 실 납부 금액 = 등록금 − 장학금

[다자녀 가구 국가장학금 안내]

1. 지원 대상
   - 대한민국 국적을 소지한 국내 대학의 소득 8구간 이하인 대학생(소득 9~10구간 학생은 지원받지 못함)
   - 다자녀(자녀 3명 이상) 가구의 자녀

2. 소득 구간별 지원 금액

구분	지원 금액
기초생활수급자	300만 원
차상위계층	300만 원
2~4구간	250만 원
5~6구간	200만 원
7~8구간	150만 원
9~10구간	–

※ 한 학기 기준 지원 금액을 의미함

[성적 우수 장학금 안내]

1. 지원 대상
   - 직전 학기 성적을 기준으로 학과에서 성적이 우수한 학생

2. 성적별 지원 금액

구분	지원 금액
1등	등록금 전액
2등	등록금의 50%
3등	등록금의 30%

※ 장학금은 중복 지원이 불가능하며, 성적 우수 장학금을 우선 적용함

[학생 정보]

- 5명 모두 전자공학과 2학년으로 직전 학기를 등록하였으며, 전자공학과의 한 학기 등록금은 500만 원이다.
- 5명 모두 형제가 3명 이상으로 다자녀 가구 국가장학금을 신청했으며, 다른 국가장학금은 신청하지 않았다.
- 소득 구간은 A와 E가 9구간, B가 3구간, C가 10구간, D가 8구간으로 산정되었다.
- B와 E는 분할 납부 신청 시 3회차에 4회차 금액도 함께 납부하는 것으로 접수하였다.
- 5명 중 성적 우수 장학금은 A만 받으며, A의 직전 학기 성적은 3등이다.

	학생	납부 날짜	납부 금액
①	A	4월 29일	875,000원
②	B	5월 1일	1,250,000원
③	C	4월 29일	875,000원
④	D	4월 30일	875,000원
⑤	E	5월 1일	2,500,000원

49 L 거리의 A~H에 박물관, 병원, 영화관, 유치원, 카페, 헬스장 6개 업소가 서로 다른 장소에 입주해 있으며, 2곳에는 어떤 업소도 입주해 있지 않다. 제시된 조건을 근거로 판단할 때, 카페가 입주한 장소는? (단, 이웃해 있다는 것은 도로를 사이에 두지 않고 인접한 두 장소를 의미하고, 마주 본다는 것은 도로를 사이에 두고 서로 수직이나 수평으로 바라보는 두 장소를 의미한다.)

- 영화관이 입주한 장소는 북쪽에 있다.
- 헬스장이 입주한 장소와 마주 보며 입주한 업소는 병원뿐이다.
- 카페와 헬스장이 입주한 장소와 이웃하여 입주한 업소는 없다.
- 병원이 입주한 장소는 가장 서쪽에 있다.
- 유치원이 입주한 장소와 박물관이 입주한 장소는 서로 마주 보고 있다.
- 카페가 입주한 장소는 가장 동쪽에 있지 않다.

[L 거리 지도]

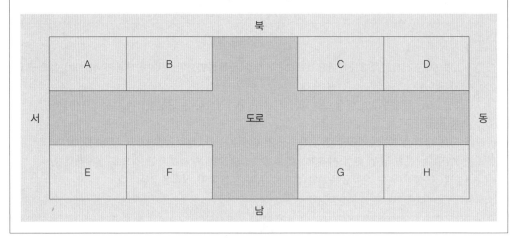

① B   ② C   ③ E   ④ F   ⑤ G

50 다음은 OECD 주요국의 1인당 생활 폐기물 발생량을 나타낸 자료이다. 자료에 대한 설명으로 옳지 않은 것을 모두 고르면?

[OECD 주요국의 1인당 생활 폐기물 발생량]

(단위 : kg)

구분	2016년	2017년	2018년	2019년	2020년	2021년	2022년
폴란드	317	315	295	270	284	305	314
체코	318	305	305	308	315	337	343
일본	354	352	350	346	344	338	–
한국	358	356	353	359	367	383	380
터키	420	413	408	405	400	425	423
스페인	483	467	454	448	456	465	464
핀란드	505	506	493	482	500	503	509
이탈리아	525	502	496	498	496	507	498
영국	487	473	478	479	481	482	467
그리스	489	480	467	472	470	480	485
프랑스	534	526	519	518	517	515	514
네덜란드	566	548	525	527	523	521	516
오스트리아	568	573	572	560	557	566	574
독일	621	614	610	627	632	636	637
미국	733	729	733	738	744	–	–

※ 1) 1인당 생활 폐기물 발생량은 연간 생활 폐기물 발생량을 총인구수로 나눈 값을 나타냄
  2) 2021년, 2022년 미국의 자료와 2022년 일본의 자료는 측정되지 않음

ⓐ 2019년 폴란드의 1인당 생활 폐기물 발생량의 3년 전 대비 감소량은 2019년 핀란드의 1인당 생활
 폐기물 발생량의 3년 전 대비 감소량의 2배 이상이다.
ⓑ 이탈리아와 그리스의 1인당 생활 폐기물 발생량은 2017년부터 2022년까지 전년 대비 증감 추이
 가 같다.
ⓒ 일본의 1인당 생활 폐기물 발생량이 처음으로 350kg 미만이 된 해에 오스트리아의 1인당 생활 폐
 기물 발생량은 제시된 기간 중에 가장 적다.
ⓓ 2020년 미국의 총인구수가 같은 해 한국의 총인구수의 6배라고 할 때, 2020년 미국의 생활 폐기
 물 발생량은 한국의 약 12배이다.

① ㉠   ② ㉡   ③ ㉡, ㉢   ④ ㉢, ㉣   ⑤ ㉡, ㉢, ㉣

약점 보완 해설집 p.32

무료 바로 채점 및 성적 분석 서비스 바로 가기
QR코드를 이용해 모바일로 간편하게 채점하고 나의 실력이
어느 정도인지, 취약 부분이 어디인지 바로 파악해 보세요!

5회 기출동형모의고사

> 문제 풀이 시작과 종료 시각을 정하고,
> 실전처럼 모의고사를 풀어보세요.
>
> 시   분 ~   시   분 (총 50문항/60분)

[1] 본 모의고사는 의사소통능력 14문항, 수리능력 14문항, 문제해결능력 14문항, 기술능력 8문항 총 50문항으로 구성되어 있는 모의고사로, 제한 시간은 60분입니다.

[2] 한국토지주택공사(LH), 한국공항공사, 한국해양교통안전공단, 정보통신산업진흥원, 한국투자공사, 사립학교교직원연금공단, 한국서부발전, 한국수력원자력, 한국동서발전, 한국가스공사, 한국전력공사 등의 기업에서 필기시험을 50문항으로 출제하고 있으며, 평균적으로 1문항당 1분 10초 이내에 풀이하셔야 합니다.

* 단, 세부 출제 영역 및 제한 시간 등은 기업에 따라 차이가 있으므로 시험 응시 전 채용 공고를 확인해야 합니다.

[3] 본 교재 마지막 페이지에 있는 OMR 답안지와 해커스잡 애플리케이션의 모바일 타이머를 이용하면 더욱 실전처럼 모의고사를 풀어볼 수 있습니다.

[01-02] 다음은 철도 안전사고 개선 관련 보고서의 요약본이다. 각 물음에 답하시오.

2013년 2월부터 2018년 2월까지 발생한 철도 사고 조사 보고서를 분석한 결과에 따르면 사고 유형으로는 열차탈선 사고가 전체의 약 67%를 차지하며 가장 높은 비율을 보였으며, 충돌 사고, 화재, 장치파손 등의 기타 사고가 뒤를 이었다. 이 중 화물열차의 경우 모두 차륜파손에 의한 탈선으로 이어졌으며, 여객열차 사고는 대부분이 인적 오류가 원인으로 밝혀졌으나 전동차 사고의 경우 인적·차량·시설 요인이 비슷한 비중을 차지하는 것으로 분석되었다. 이에 본 연구에서는 국내 철도 안전사고의 문제점을 분석하여 선제적으로 대응하기 위한 개선 방안을 도출하고자 하였다.

본 연구에서는 국내 철도 안전사고의 문제점을 크게 3가지로 분석하였다. 우선 오늘날 철도공사의 안전관리체계 유지 여부는 한국교통안전공단의 정기 검사로 모니터링되고 있다. 그러나 감사원의 감사 결과, 철도 사고 보고 누락이나 차량 검수 주기 미준수 등 철도안전관리체계 유지 기준을 준수하지 않은 사례를 정기 검사 과정에서 확인하지 못했음이 밝혀지며 정기 검사의 실효성에 대한 의문이 제기되었다. 국내 철도 운영 기관과 종사자 수가 증가하는 추세임에 따라 정부 차원의 철도안전관리체계 정기 검사 업무가 철저히 수행되는 것만을 바라기에는 한계가 있다. 따라서 철도 안전보고서를 도입함으로써 운영 기관은 사전에 위험 요인을 분석하여 제출하고, 교통안전공단은 보고서상 취약 및 의심 분야를 집중 검사를 시행하며 장기적으로는 위험 데이터를 수집 및 분석하여 이에 따른 예방대책을 마련할 수 있는 체계를 구축해야 한다.

철도공사는 국토교통부로부터 국가철도관제업무를 위탁 수행하고 있으며, 원칙적으로는 관제사의 적절한 업무 수행을 위해 공정성과 독립성을 보장하게 되어 있다. 그러나 감사원의 보고 결과에 따르면 경쟁사보다 자사에 유리하도록 관제를 지시하여 공정성을 해친 사실이 적발되었다. 이러한 일이 발생하는 원인으로 관제사들이 경영자의 업무지시에 따라 안전성보다는 효율성과 정시율에 치중하여 업무를 진행한다는 점이 지적되었다. 본 보고서에서는 이를 해결하기 위한 방안으로 철도 관제 기능을 집중적으로 제시하였다. 현재 관제는 철도교통관제를 중심으로 다수의 열차 이동을 확보하는 용도로 시행되고 있기 때문에 안전이 보장되지 않는 상태에서 열차 운행을 중단할 수 있도록 관제의 기능을 '철도안전관제'로 전환한다면 철도에서 안전을 확보할 수 있을 것으로 기대된다.

과학기술이 발전하며 안전성이 향상됨에 따라 국내의 연도별 전체 철도 사고 발생 횟수는 감소세를 보이고 있다. 그러나 기계적 결함에 의한 철도 사고 발생 건수는 감소하는 반면 운영자의 취급 오류 또는 유지보수 오류 등 인적 요인에 의한 철도 사고의 발생 건수는 점차 증가하는 추세이다. 그럼에도 불구하고 인적 요인에 의해 발생하는 사고를 철도 종사자 개인의 특수성 및 환경의 특수성으로 간주함에 따라 인적 요인 관리를 위한 예방 대책 및 피해 저감을 위한 대책은 매우 제한적으로 시행되고 있다. 그러므로 효율적인 인적 요인 관리를 위해서는 우선 인적 요인의 유형과 관리 요건에 따른 체계적인 접근이 필요하다. 구체적으로는 인적 요인 관리를 위한 전문가를 확보하여 자문을 수행해야 하며, 위험성이 높은 운전 습성을 가진 기관사에 대한 교정을 시행하고 원활한 교육 훈련을 수행하기 위해 자원을 확보해야 한다. 또한, 안전업무 종사자의 스트레스와 피로를 최소화할 수 있도록 작업 조건을 설정해야 하며, 안전 문화를 형성하여 인적 요인에 의한 사고를 저감하는 데 힘써야 한다.

01 윗글의 제목으로 가장 적절한 것은?

① 철도 안전사고 저감을 위한 안전한 철로 설계 연구
② 철도 관제 기능의 공정성 확보를 위한 개선 방안 연구
③ 국내외 철도 안전사고에 대한 문제점 및 해결 방안 연구
④ 인적 요인에 의한 철도 안전사고 발생 현황 연구
⑤ 국내 철도 안전사고 현황 및 문제 분석을 통한 개선 방안 연구

02 윗글의 내용을 통해 확인할 수 없는 것은?

① 철도안전관리체계 정기 검사의 개선 방안
② 국내 철도 사고 발생 원인별 발생 건수의 증감 추이
③ 국내 철도안전관리체계 정기 검사 항목
④ 열차 종류별 국내 철도 안전사고 발생 이유
⑤ 오늘날 관제업무의 공정성을 저해하는 원인

03 필자가 다음 글을 작성하기에 앞서 수립한 작문 계획으로 가장 적절하지 않은 것은?

프랑스의 철학자 장 보드리야르는 저서 〈소비자 사회〉에서 사회는 제2차 세계대전을 지나며 생산 중심에서 소비 중심으로 변화하였다고 설명하였다. 또한, 소비자가 제품을 구매하는 행동 자체에 해당 소비자의 이상적인 자아가 투영되며, 제품은 사용 가치와 교환 가치 외에도 신호 가치를 가진다고 보았다. 여기서 신호 가치는 소비자가 기품, 권력, 재력과 같은 본인의 특별한 가치를 타인에게 인공적이고 적극적으로 나타내기 위한 수단으로 소비 행위를 한다는 사실을 의미한다.

1960년대 프랑스인의 소비 및 여가 패턴을 분석한 보드리야르는 '파노플리 효과'에 대해 제시하였다. 파노플리는 본디 프랑스어로 기사의 갑옷과 투구 한 벌 또는 하나의 집단을 지칭하였으나, 소비 사회에서는 개개인이 이상으로 여기는 집단과 자신이 연결되어 있다는 것을 내세우기 위해 소비하는 특정한 제품을 일컫는다. 이는 현대 사회에서 신분에 따른 계급이 소멸된 만큼, 사람들이 명품을 구매하며 상류층에 가까워졌다는 의식을 갖게 된다는 점에서 명품 브랜드 제품을 뜻하는 용어로 사용되기도 한다.

파노플리 효과는 문맥상 과시적 소비라는 점에서 가격이 오르는데 도리어 수요가 증가하는 현상을 칭하는 베블런 효과와 비슷한 의미로 언급되는 경우도 있다. 그러나 베블런 효과가 주로 충분한 부를 가진 상류층의 구매 형태를 나타내는 것과 달리 파노플리 효과는 상류층을 부러워하여 상류층이 되고자 하는 사람들의 구매 형태를 설명한다는 점에서 차이가 있다.

일반적으로 베블런 효과가 일어나는 사치재는 가격이 오를수록 해당 제품을 향유할 수 있는 소비자의 수가 감소하기 때문에 월등한 사회적 지위와 특권을 지닌 선택된 극소수의 사람만 제품을 사용할 수 있다는 상류층의 허영심 혹은 과시욕에 의해 수요가 증가한다. 반면 파노플리 효과는 사람들이 본인에 관한 사회적 평가를 자신의 소비를 통해 조작할 수 있다는 심리 상태 또는 착각을 말한다. 쉽게 말하자면 아이들이 마법사 놀이 세트를 가지고 놀면서 본인이 마법사가 된 것과 같은 기분을 느끼는 효과와 비슷하다.

우리는 파노플리 효과의 영향을 받은 소비자들이 특정 제품을 소비하면서 그 제품을 소비할 것으로 예상되는 계층 및 집단과 본인을 동일하게 여긴다는 점에 주목할 필요가 있다. 많은 기업이 파노플리 효과를 자극한 마케팅 전략을 수립하여 전략적으로 소비자들의 구매 욕구를 이끌어 내고 있기 때문이다. 신경 마케팅 전문가 한스 게오르크 호이젤 박사에 따르면 소비자는 항상 뇌에서 무의식적이고 감정적으로 결정한다. 즉, 파노플리 효과를 통한 성공적인 마케팅 전략을 수립하기 위해서는 예상 소비자가 선망하는 대상에 관하여 파악하는 것이 중요하다.

인기 연예인이 특정 브랜드의 액세서리를 즐겨 착용한다는 사실이 매스컴에 노출되어 해당 브랜드의 매출이 급증했다는 소식과 유사한 현상이 비일비재하다는 점을 예로 들어보자. 해당 액세서리가 협찬인지, 정말로 연예인이 애용하는 제품인지는 중요하지 않다. 매력적이고 멋있는 모델이 제품을 사용하는 이미지를 노출하여 소비자들이 본인도 그 제품을 쓰면 모델과 동일한 부류가 될 수 있을 것이라는 바람으로 구매욕을 불러일으키게 만든 것이다.

① [작문 목적] 마케팅 분야의 전문가들과 친교적 관계를 형성하기 위함
② [예상 독자] 효과적인 마케팅 전략을 수립하는 방법에 관심을 두고 있는 사람들
③ [글의 주제] 파노플리 효과의 특징을 활용하여 성공적인 마케팅 전략을 수립하는 방법
④ [표현 방식] 정의, 비교, 예시의 방법을 사용하여 파노플리 효과에 대해 설명함
⑤ [참고 자료] 파노플리 효과의 어원과 파노플리 효과가 활용된 마케팅 사례

04 다음 글을 토대로 추론할 때, ㉠~㉢의 주장에 대한 설명으로 가장 적절하지 않은 것은?

　　인간이 언어를 학습·습득하는 언어 발달에 대한 이론은 크게 행동주의, 생득주의, 상호작용주의로 나뉜다. 경험론이라고도 하는 행동주의 이론은 ㉠블룸필드와 스키너를 중심으로 발달한 이론으로, 인간은 경험 자료에 대해 조건반사적인 연상을 일으켜 지식을 습득한다고 주장한다. 이들은 발성, 청각을 통한 언어 처리, 문맥 사용, 연상 등 인간의 몇 가지 선험적 능력만 인정할 뿐, 대부분의 지식이 경험 자료에서 기인한다고 가정한다.

　　이에 따르면 언어는 반복, 모방, 연상, 조작적 조건화, 강화 등을 통해 학습된다. 아동이 주위 어른의 말을 모방하여 적절히 표현하였을 때 이에 대한 칭찬이나 보상 등을 제공하면 바람직한 행동이 증가하는 정적 강화가 일어나며, 아동이 제대로 모방하지 못하면 강화가 이루어지지 않아 언어 사용이 감소하거나 없어지는 소거가 발생한다. 즉, 언어도 다른 행동과 마찬가지로 변별적으로 학습되는 것이다.

　　그러나 행동주의 이론은 언어 습득을 충분히 설명하지 못한다는 문제가 있다. 블룸필드는 아동이 새로운 단어를 창조하지 못한다고 주장하였으나, 실제 아동은 언어권에 관계없이 잠재적으로 언어 규칙을 가정하고 이를 토대로 옳거나 그릇된 새로운 표현을 창조한다. 또한, 행동주의 이론은 언어 습득 과정에서 어른이 올바르게 가르치고 틀린 부분을 정정함에도 불구하고 아동이 잘못된 표현을 계속 반복하는 현상도 설명하지 못한다는 한계가 있다.

　　이와 같은 행동주의 이론에 반박하여 선험적인 지식의 역할을 강조하며 등장한 것이 생득주의 이론이다. 합리주의 사상에 영향을 받아 생득주의 이론을 전개한 ㉡촘스키는 인간의 창조성을 강조하고, 학습 및 오류 정정 효과를 인정하지 않았다. 이들에 따르면 인간은 선천적으로 보편 문법에 관한 지식 즉, 언어의 토대를 이루는 어휘 및 기본 원리원칙 등의 언어획득장치를 가지고 태어나기 때문에 인간은 체계적인 가르침을 받지 않고도 선천적인 언어 능력을 바탕으로 언어 규칙을 내면화하며 언어를 습득한다. 그러나 생득주의 이론은 구체적인 언어 발달 과정을 객관적으로 밝히기 어렵고, 언어 습득에 미치는 사회적 요인을 간과한다는 점에서 비판을 받는다.

　　㉢피아제, 베이츠 등에 의해 전개된 상호작용주의 이론에 따르면 인간의 언어 발달은 생물학적 요인·인지 발달 요인·언어적 환경이 상호작용하여 이루어지며, 언어를 환경에 의한 것 또는 생득적 특성으로 보기보다는 인지적 성숙의 결과로 얻을 수 있는 여러 능력 중 하나로 여긴다. 피아제에 의하면 인지 발달은 언어 발달에 선행하며, 언어 발달의 원동력이 된다. 따라서 인지 발달 단계가 언어 발달 단계를 결정하며, 언어는 사고를 규정할 수 없다. 그리고 아동이 자기중심적인 사고에서 벗어났을 때 비로소 자기중심적 언어에서 벗어나 진정한 의미의 사회화된 언어를 사용할 수 있다고 주장한다.

① ㉠: 아동은 부모의 언어를 모방함으로써 언어를 습득할 수 있다.
② ㉠: 아동은 자신이 경험하지 못한 새로운 단어는 말할 수 없다.
③ ㉡: 인간의 타고난 언어 능력에 의한 언어 발달 과정을 객관적으로 밝힐 수 있다.
④ ㉡: 문법을 배우지 않은 아동이더라도 자연스럽게 언어를 습득할 수 있다.
⑤ ㉢: 아동의 언어는 자기중심적 언어에서 사회화된 언어로 발달한다.

영국의 과학자이자 철학자인 마이클 폴라니는 지식을 형식지와 암묵지로 구분하였다. 형식지는 문자나 언어, 이미지 등을 통해 겉으로 표현된 지식으로, 문서화 또는 데이터화된 지식을 뜻한다. 반면 암묵지는 경험과 관찰 또는 학습을 통해 개인에게 체화되어 있지만, 겉으로 드러나지 않는 상태의 지식을 의미한다. 즉, 어떠한 형태로든 형상화된 형식지와 달리, 암묵지는 문자나 언어를 통해 나타나지 않고 개인의 머릿속에만 존재하는 주관적이고 개인적인 지식이다. 암묵지는 문서를 통해 습득할 수 없고 관찰과 경험을 통해 체득되며, 형식지는 이러한 암묵지의 기반 위에서 공유된다.

폴라니는 과학 교재나 이론에 제시된 형식지 이외에도 개별 과학자에게 체화된 개인적이고 암묵적인 지식을 중요하게 여겼다. 암묵지는 인간 행동의 기초가 되며, 대부분의 사람이 겉으로 표현하는 것보다 더 많은 양의 암묵지를 가지고 있기 때문이다. 예를 들어 실험 계획을 세우는 방법, 각종 조건을 조절하거나 돌발 상황에 대처하는 노하우 등 교과서와 논문에서는 다루고 있지 않지만 실험에 필요한 암묵지는 실제 실행되는 모습을 관찰하거나 직접 수행하는 경험을 통해 체득된다. 이로 인해 실험에 갓 참여한 학생이 암묵지를 체득하기 전까지 제대로 된 실험 결과를 얻기 어려운 상황이 발생하는 것이다.

과학적 발견은 개인적이고 암묵적인 지식에 기초하여 이루어진다. 다시 말해 알고자 하는 핵심 목표에 보조적인 세부 내용들을 통합하여 전체의 의미와 양식을 인식하는 것이 앎의 과정이라고 한다면, 과학적 발견은 이러한 중심과 보조적 내용의 암묵적인 통합을 이루어내는 개인적 인식을 통해 일어난다. 이때 지식은 주체와 대상이 명확히 분리된 상태에서 주체가 대상을 수동적으로 분석하여 형성되는 것이 아니라, 오히려 주체가 대상을 몸 안으로 통합하거나 신체를 확장하여 대상을 포함하는 능동적인 과정을 통해 형성된다. 한 번 몸으로 자전거 타는 법을 익히고 나면 시간이 흘러도 자전거를 탈 수 있듯, 과학자는 자신의 감각과 기술을 통해 과학적 발견에 도달하는 과정을 체화함으로써 암묵지에 의존하여 진리를 추구하는 것이다.

이처럼 과학 지식에는 암묵지가 존재하기 때문에 어떤 지식이 전수되거나 복제되는 과정에서 어려움이 발생할 수 있다. 대표적으로 해리 콜린스가 연구한 TEA 레이저 기술의 전파 과정을 사례로 들 수 있다. 1970년도 초반에 TEA 레이저 기술을 최초 개발한 캐나다 국방 연구 실험실은 다른 연구팀도 레이저를 만들 수 있도록 설계도를 공개했다. 그러나 설계도를 이용하여 TEA 레이저 복제를 시도한 여러 연구팀 중 복제 실험에 성공한 팀은 추가로 캐나다 국방 연구 실험실을 방문하거나 통화 등의 직접적인 접촉을 한 연구팀들뿐이었다. 공식 문서로 문자화된 정보 외에도 기존 연구팀으로부터 실험 기술 등의 암묵지를 전수받은 연구팀만이 실험 복제에 성공한 것이다.

위 실험과 같이 공식 문서에 의도적으로 형상화하지 않은 세부 내용도 암묵지에 해당하지만, 스스로 자각하지 못하는 암묵지도 존재한다. 또한, 어떤 암묵지는 해당 분야의 과학이 발달하며 인식 및 표현할 수 있게 되기도 하지만, 이후 새로운 실험이 시행됨에 따라 관련 기술의 일부는 항상 암묵지로 남는다. 이러한 암묵지는 특정 실험에 성공하거나 실험에 숙달하는 데 필요한 시간과 노력을 예측하는 일을 어렵게 한다. 따라서 새로운 지식과 기술의 전수를 용이하게 만들기 위해서는 암묵지의 중요성과 암묵지를 얻는 데 필요한 기간과 노력 등을 인식하고 시행착오 끝에 좋은 결과를 얻을 수 있다는 확신을 바탕으로 노력하는 과정이 필요하다.

① 강현: 과학 기술이 발전을 거듭하여 인식 및 표현되더라도 언어나 문자로 표현하지 못하는 지식인 암묵지는 언제나 존재해.

② 은서: TEA 레이저 복제를 시도한 연구팀 중 일부만 실험에 성공한 이유는 설계도라는 형식지를 이용했을 뿐만 아니라 실험 기술과 같은 암묵지도 활용했기 때문이라고 볼 수 있어.

③ 소영: 오랜 시행착오를 경험하며 얻은 장인의 노하우를 담은 책을 읽는다고 하더라도 그 장인의 암묵지를 습득하기는 힘들겠네.

④ 준희: 과학자가 어떠한 과학적 진리를 발견하기 위해 가장 먼저 해야 하는 행동은 자신과 자신이 분석하고자 하는 대상을 명확하게 분리하는 거야.

⑤ 재준: 대부분의 사람은 자신이 문서나 언어를 통해 밖으로 표현한 것보다 훨씬 많은 양의 암묵지를 보유하고 있어.

1회 2회 3회 4회 5회 6회

06 다음 중 ⊙~⑩에 들어갈 문장으로 가장 적절하지 않은 것은?

그 자체만으로 생물체라고 볼 수 있는 균과는 다르게 바이러스는 세포질이 없어서 홀로 증식이나 대사(代謝)를 하지 못하며, 세포 소기관이 없고 생물체 외부에서는 결정체로 존재하여 생물체로 구분되지 않는다. (⊙) 바이러스가 동물 혹은 식물을 숙주로 삼는 과정에서 동물과 사람 사이에 감염이 발생하는 경우가 있는데, 감염을 일으킨 바이러스가 신체 내부에서 증식하고 사람과 사람 사이에 전파가 발생하는 조건까지 충족되면 전 세계를 공포로 몰아넣는 전염병이 창궐할 수 있는 상황이 갖춰진다. 세계보건기구와 미국 질병통제예방센터가 사망자 수를 기반으로 세계 10대 전염병을 집계한 결과, 이 중 8개가 RNA 바이러스, 2개가 DNA 바이러스에 해당하는 것으로 알려졌다. (ⓒ) 여기서 RNA 바이러스는 단일가닥 RNA 또는 이중가닥 RNA를 유전 물질로 갖는 바이러스로, RNA로 된 유전 물질과 단백질 외피 캡시드가 유전 물질을 둘러싼 구조를 갖는다. (ⓒ) 사람을 포함한 대부분의 생명체는 유전 정보를 DNA 구조로 가지고 있고, 소수의 바이러스만이 유전 정보를 RNA 구조로 가지고 있다. (②) 하지만 RNA는 복제 과정에서 오류가 생기더라도 별도로 교정하는 과정이 없다. 이로 인해 RNA 바이러스는 교정되지 않은 오류의 영향으로 세대를 거듭하며 계속해서 돌연변이가 만들어지는 것이다. RNA 바이러스는 복제할 때 RNA가 DNA로 변경되는 역전사 과정을 추가로 거쳐야 한다. 유전 정보가 RNA에서 DNA로 전달될 때 오류가 생기면 여기서 만들어지는 바이러스 단백질의 성분과 형태가 달라져 돌연변이가 되는데, RNA 바이러스는 역전사 과정에서 오류가 빈번히 발생하여 변이가 빠르고 높은 빈도로 발생한다. 그래서 (⑩) 이와 더불어 RNA 바이러스에 감염되면 동일한 백신을 투약해도 사람에 따라 치료 반응이 다르게 나타난다는 문제로 인해 정확한 진단과 치료를 위해서는 신속하게 바이러스 전체 유전자 염기서열을 해독해야 한다.

① ⊙: 바이러스는 생물체가 아니기 때문에 숙주의 효소를 활용하여 숙주 내에서 증식한다.

② ⓒ: RNA 바이러스는 DNA 바이러스보다 치료와 예방이 어려워 전염병 창궐에 지대한 영향을 미친다.

③ ⓒ: 일부 RNA 바이러스에서는 캡시드 외에 지질막에 해당하는 피막이 추가로 발견되기도 한다.

④ ②: DNA는 복제되는 과정에서 오류가 생길 경우 자체적으로 교정하는 과정을 거친다.

⑤ ⑩: 역전사 과정을 중단시키지 않으면 바이러스에 감염되는 사람의 수가 기하급수적으로 증가한다.

해커스공기업 휴노형·PSAT형 NCS 기출동형모의고사

[07~08] 다음 글을 읽고 각 물음에 답하시오.

점자블록은 시각 장애인의 안전을 위해 도로에 깐 특수한 블록으로, 지팡이나 발바닥의 촉감으로 길을 찾을 수 있도록 표면에 돌기가 나 있다. 이 덕분에 시각 장애인의 보행 과정에서 발생하는 시행착오를 줄이고 정확한 보행 위치와 방향을 안내하는 데 도움을 준다. 점자블록은 보행성과 내구성, 내마모성이 뛰어나서 보행자가 잘 미끄러지지 않으면서도 주변 바닥재와 촉감 및 마찰력에서 차별화된 재료로 제작하는 것이 좋다. 우리나라를 포함한 여러 나라에서는 콘크리트, 합성고무, 염화 비닐 수지 등을 재료로 활용한다.

점자블록은 기능과 형태에 따라 점형블록과 선형블록으로 분류된다. 점형블록은 보행 분기점, 대기점, 시발점, 종착점 등을 표시하고, 장애물과 위험 지역을 둘러막아서 위험을 사전 경고하는 데 사용된다. 지하도, 횡단보도, 육교 등의 시작과 끝에 설치하여 시각 장애인이 해당 위치에 안전하게 정지할 수 있도록 한다. 현행법상 점형블록은 30cm × 30cm 크기의 블록 안에 36개의 돌출점이 원뿔절단형, 반구형 또는 두 형태의 혼합배열형으로 구성된 것을 표준형으로 삼는다. 돌출점의 높이는 0.6cm ± 0.1cm를 허용한다.

선형블록은 보행로, 횡단보도, 출입구 등의 방향을 유도하는 역할을 하며, 보행 동선의 대기점, 시발점에서 목적 방향으로 진행 동선을 연결하여 일정한 거리까지 설치함으로써 이동 동선에서 이탈하지 않도록 방향을 잡아 준다. 선형블록이 끝나는 지점은 점형블록으로 마무리하여 더 이어지지 않음을 인지시킨다. 이 외에도 복잡하거나 기준선이 불명확한 도로에서는 보도의 중앙에 설치하여 제3의 보행 기준선으로 사용한다. 선형블록은 현행법상 30cm × 30cm 크기의 블록에 상단부 평면형의 돌출선 4개로 구성되어야 하며, 돌출선의 높이는 0.5cm ± 0.1cm를 허용한다.

시각 장애인 중 완전히 앞이 보이지 않는 사람은 전체의 약 20%에 해당하며, 대부분의 시각 장애인은 시력이 0.04 미만으로 완전 맹인이 아니기 때문에 약간의 빛을 인지한다. 이로 인해 점자블록은 보편적으로 황색 계통의 색을 사용한다. 일반적으로 황색이 저시력인에게 제일 눈에 띄는 색이며, 비장애인에게는 주의 혹은 경고의 의미로 여겨지기 때문이다. 황색 외의 다른 색을 사용하는 경우에는 바닥재와 명도가 70% 이상 차이 나는 색으로 선택하여 저시력인이 잔존 시력으로도 점자블록을 쉽게 지각할 수 있도록 만들어야 한다. 일례로 바닥재의 색상이 황색이면 점자블록의 색상은 흰색 혹은 녹색으로 선택한다.

시각 장애인에게 일종의 눈과 같은 역할을 하는 점자블록은 시각 장애인이 독립적으로 보행하는 데 필요한 시설물이다. 그럼에도 불구하고 현실적으로 점자블록이 제대로 관리되지 않는 경우가 상당히 많다. 점자블록의 돌출부 높이가 부분적으로라도 0.2cm 이하로 내려가면 교체되어야 하는데, 모든 돌출부가 닳아 없어져도 그저 방치된 도로를 어렵지 않게 찾을 수 있다. 점자블록은 시공 이후 매년 정기적으로 점검 및 보수가 이루어져야 하며, 파손 혹은 유실 시 즉시 보수·교체되어야 한다. 또한, 이물질, 장애물 등이 점자블록 위를 덮거나 가려서 동선을 방해할 경우 즉각 치우고 시정 조치를 취해야 한다.

07 윗글을 읽고 이해한 내용으로 가장 적절한 것은?

① 기준선이 불명확한 도로에서는 보도의 양옆에 선형블록을 설치하여 제3의 보행 기준선으로 이용한다.
② 저시력인은 바닥재와 명도가 70% 이상 차이 나는 색의 점자블록을 잔존 시력으로 쉽게 인지할 수 있다.
③ 선형블록은 장애물과 위험 지역을 둘러막아 보행자에게 위험을 사전 경고하는 용도로 사용되기도 한다.
④ 점자블록은 보행성과 내구성, 내마모성이 우수하고 주변 바닥재와 촉감이 비슷한 재료로 만드는 것이 좋다.
⑤ 점형블록과 선형블록의 돌출부는 높이가 부분적으로라도 3mm 이하로 내려가면 교체되어야 한다.

08 윗글을 바탕으로 지하철의 엘리베이터부터 탑승구까지 점자블록을 설치하고자 할 때, 점자블록의 형태로 가장 적절한 것은? (단, 각 점자블록은 크기가 30cm × 30cm로 동일하며, 색상은 고려하지 않는다.)

①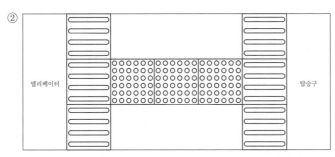

②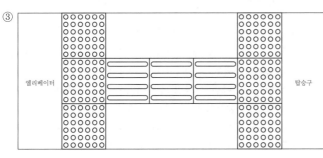

③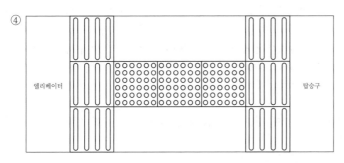

④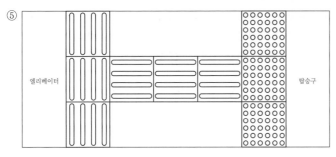

⑤

1회

2회

3회

4회

5회

6회

해커스공기업 휴노형·PSAT형 NCS 기출동형모의고사

사내벤처는 기업이 기존 사업과 전혀 다른 신규 시장을 개척하거나 새로운 제품을 개발하기 위해 회사 내부에 독립된 새로운 기업을 조직하는 제도를 말한다. 이 제도는 경쟁력이 부족한 사업을 정리하기 위해 기존 부서를 독립시키는 여느 제도들과는 달리, 장래에 촉망받는 새로운 사업을 육성하기 위해 시행된다는 특징이 있다. 사내벤처가 확실한 수익 모델을 가지게 되면 기존 기업의 신규 사업 부서로 바뀌거나 별도의 법인으로 독립시켜 계열사로 편입되기도 한다. 대표적으로 1999년 설립된 한빛EDS도 한국전력공사의 사내벤처에서 출발한 업체이다.

사내벤처를 적절하게 운영하면 모기업과 벤처기업 모두 이익을 얻을 수 있다. 우선, 모기업은 사내벤처를 시행함으로써 인재의 외부 유출을 막고 새로운 사업 기회를 발굴할 수 있으므로 기업 경쟁력을 강화할 수 있다. 벤처기업은 별도의 법인으로 독립하기 전까지 모기업으로부터 자금, 기술 및 경영 지원을 받으며 아이템을 사업화할 수 있다. 또한, 사업이 실패하더라도 개인은 모회사에 귀속되어 있어 고용 안정을 보장받고, 금전적 위험은 모회사가 책임지므로 창업에 따른 위험 부담도 줄여준다.

우리나라는 1996년부터 소사장제를 시작으로 사내벤처를 도입하였다. 소사장제는 대개 제조업에서 사용되는 방식으로, 모기업의 생산성을 높이기 위해 일부의 생산라인·공정에 독립경영 체제를 수립하는 신경영 기법이다. 소사장제를 시행하면 생산 근로자가 해당 생산라인·공정의 경영책임자인 소사장이 되며, 모기업이 생산설비를 설치하고 총무, 회계, 영업 등의 업무를 대신 수행하여 소사장이 생산에 집중할 수 있도록 한다. 이에 따라 제품의 품질 향상과 불량률 개선의 효과도 나타난다. 소사장제는 제조업 외에 서비스업에서도 경영 전반에 대한 권한을 소사장에게 위임하는 형태로 시행되기도 한다.

한편, 공공기관은 민간기업에 비해 관련 분야의 기술력을 장기간에 걸쳐 축적할 수 있기 때문에 사내벤처 창업 시 우세한 점이 다수 있다. 공공기관에서 사내벤처를 적극적으로 시행하여 일자리를 창출하고 새로운 사업 시장을 개척하면 공공기관 내부를 넘어서 민간까지 혜택을 받을 수 있다. 만약 공공기관의 기술과 아이디어를 사업화하지 못한다면 사회적·경제적 손실이 발생하고, 평소에 국가 정책을 위한 사업 위주로 진행하는 공공기관의 상황상 혁신적인 신사업을 추진할 기회를 잃게 된다.

하지만 이러한 이점에도 불구하고 공공기관이 사내벤처를 시행하는 비율은 낮은 편이다. '공공기관의 운영에 관한 법률'에 따라 겸직이 불가능하기 때문이다. 사내벤처 공모로 사업을 구체적으로 계획하고 창업을 준비하는 단계에서는 별도의 제재를 받지 않지만, 창업 단계에서 독립법인을 설립하여 대표나 임직원으로 근무하고자 하면 겸직 제한 규정에 위배된다. 또한, 원칙적으로 연구원만 사내벤처 창업이 가능하다는 문제도 있다. 따라서 공공기관의 사내벤처를 육성하기 위해서는 겸직 제한 규정을 완화하고, 연구원뿐만 아니라 일반 직원에게도 사내벤처 창업의 기회를 제공해야 한다.

㉠ 소사장제는 모기업이 생산라인·공정에 경영책임자를 직접 파견하는 업무를 대행하여 소사장이 생산에 집중하도록 돕는다.

㉡ 사내벤처에서 시작한 벤처기업은 별도의 법인으로 독립하기 전까지는 모기업의 지원을 받을 수 있다.

㉢ 공공기관에서 근무하는 근로자는 별도의 법인을 세워 대표자가 되는 것이 법적으로 금지되어 있다.

㉣ 공공기관은 일자리 창출과 신사업 수행을 위해 사내벤처를 보다 더 능동적으로 도입할 필요가 있다.

㉤ 일반적으로 사내벤처는 기존 사업 중 경쟁력이 떨어지는 사업을 정리하기 위한 목적으로 도입된다.

① ㉠, ㉢　　　　　② ㉠, ㉤　　　　　③ ㉠, ㉡, ㉤　　　　　④ ㉡, ㉢, ㉣　　　　　⑤ ㉠, ㉡, ㉢, ㉤

10 다음 글을 읽고 이해한 내용으로 가장 적절하지 않은 것은?

독일의 소도시인 프라이부르크(Freiburg)는 세계적인 녹색도시이자 친환경 생태도시로 유명하다. 프라이부르크가 친환경도시로 자리잡을 수 있었던 시작점에는 원전 폐쇄를 향한 주민들의 노력이 있었다. 1970년대 초반, 독일 정부는 중공업 육성에 필요한 전력을 생산하기 위해 프라이부르크에서 20~30km가량 떨어진 비일 지역에 원자력 발전소 건립 계획을 추진하였다. 포도 재배 농가가 대부분이었던 프라이부르크 시민들은 포도나무를 살리기 위해 몇 년에 걸쳐 원전 건설에 반대하는 시민운동을 벌였고, 마침내 독일 정부로부터 원전 건립 계획 철회 약속을 받아내었다.

여기에 그치지 않고 시민들은 환경 및 에너지와 관련된 논의를 이어갔으며, 도시 차원의 환경보호와 에너지 전환을 실천하였다. 1979년에는 원자력을 대체할 수 있는 친환경에너지에 주목하여 태양광 패널을 설치하였고, 1980년대에는 독일 최초로 시에 환경국을 설립하고 에너지 자립도시임을 선언하였다. 그리고 오늘날 프라이부르크는 시내 관공서와 일반 주택 등 1,000여 개의 건물에서 태양광 발전기를 통해 전력 수요의 상당 부분을 자체적으로 충당하고 있으며, 유럽 제일의 태양에너지 연구기관인 프라운호퍼 연구소와 국제태양에너지학회(ISES)가 입주하며 세계 태양광 기술 혁신의 거점이 되었다.

프라이부르크에서 가장 유명한 친환경 지구는 도심에서 도시 철도인 트램으로 10분 거리에 있는 생태주거단지 '보봉(Vauban) 마을'이다. 프라이부르크는 마을 계획 당시 고효율 에너지 발전 시스템을 설치하고 재생에너지 사용에 주민들이 자발적으로 참여하도록 하는 데에 중점을 두었다. 그 결과 보봉 마을의 건물 대부분이 태양광, 열병합 발전 등을 통해 자체적으로 에너지를 수급하는 '제로에너지 주택'으로 건설되었다. 현재 마을 주민들은 시 당국에 잉여 전력을 판매하여 월평균 250유로에 달하는 순수익을 올리고 있으며, 햇빛을 쫓아 회전하는 태양광 주택 '헬리오트롭'은 자체 수요량의 5배에 달하는 전력을 판매한다고 한다.

프라이부르크가 친환경 생태도시를 건설할 수 있었던 비결은 크게 두 가지로 나뉜다. 우선, 첫 번째 비결은 독일 내 다른 도시보다 풍부한 일조량에 있다. 프라이부르크에 햇볕이 내리쬐는 시간은 연간 1,800시간에 달하는데, 이는 $1m^2$당 1,117kWh의 전력을 생산할 수 있는 양이다. 비록 연평균 일조량이 1,400~1,600kWh/m^2인 한국보다는 적은 양이지만, 프라이부르크 주민들은 태양광에너지의 이용 가능성을 먼저 인식하고 잘 활용했기 때문에 태양광 발전을 활성화할 수 있었다. 즉, 태양광의 절대량보다 태양광을 어떻게 활용하는지가 더 중요하다는 의미이다.

두 번째 비결은 치밀하고 일관적인 정책 개발 및 산업 지원 정책이다. 대표적인 사례로, 프라이부르크는 1970년대부터 자가용의 통행을 제한하고 보행자와 자전거 중심의 도시교통 정책을 전개하였다. 여기에 높은 환경 의식에 기반한 주민들의 자발적인 참여가 동반된 결과, 오염물질을 배출하지 않는 도보, 자전거, 트램이 교통 분담률의 70%를 차지한다고 한다. 이 외에도 프라이부르크 시의회는 도심 및 옥상 녹화 사업이나 열병합 발전 시스템의 폐열을 냉난방으로 활용하는 등 에너지 절약을 실천할 수 있는 친환경 정책을 추진하고 있으며, 주민들은 쓰레기 공동 처리, 절전형 전구 및 재활용 용지 사용 등 실생활에서도 환경보호를 실천하고 있다.

① 보봉 마을에 있는 많은 건물들은 태양광, 열병합 발전을 통해 자체적으로 필요한 전력을 수급한다.
② 한국보다 적은 일조량에도 생태도시로 성공한 프라이부르크는 태양광 활용 방법의 중요성을 시사한다.
③ 독일 정부는 프라이부르크 시민들의 계속된 반대 운동으로 비일 지역 원전 건설 계획을 무효화하였다.
④ 태양광을 원자력 대체 에너지로 삼은 프라이부르크는 오늘날 세계 태양광 기술 혁신의 중심지가 되었다.
⑤ 프라이부르크 시민들은 잦은 정책 변화 속에서도 높은 환경 의식과 자발성으로 친환경 생태도시를 건설했다.

11 다음 글을 읽고 이해한 내용으로 적절하지 않은 것을 모두 고르면?

　　거대한 규모의 전력망을 뜻하는 '슈퍼그리드(Super grid)'는 주로 신재생에너지를 이용하여 대륙 또는 국가 간 생산된 전력을 연결하는 전력 공급 체계를 일컫는다. 초기에는 대륙망(Continental grid)이라고 불렸으나, 최근에는 국가 단위의 스마트그리드를 하나의 국제 전력망으로 연결한다는 차원에서 슈퍼그리드라는 용어가 더 자주 쓰이게 되었다. 슈퍼그리드는 국가 간의 전력 공급을 목표로, 전력 손실이 적고 안정적으로 대용량 장거리 전송이 가능한 고압직류송전(HVDC) 등의 기술을 활용한다.

　　슈퍼그리드가 도입되면 각국은 전력 수요가 증가하는 시간대에 다른 나라에서 전력을 공급받아 예비 전력을 확보할 수 있다. 또한, 바람이 많이 부는 곳, 태양열이 강하게 내리쬐는 곳 등 각 지역의 환경적 특성을 살린 에너지를 공유하면 국가별 에너지원이 다양화되어 전력의 안정성을 도모할 수 있게 된다. 그뿐만 아니라 슈퍼그리드는 신재생에너지 기술을 발전시키고 관련 산업을 활성화하여 경제를 발전시키며, 온실가스와 미세먼지 같은 환경 문제를 개선하는 데 도움을 준다.

　　이 시스템은 1960년대 미국 북서부에서 수력발전을 통해 생산한 전력을 캘리포니아주에 공급한 프로젝트를 기점으로 발전되어 왔으며, 현재 전 세계 여러 국가에 적극적으로 도입되고 있다. 북아프리카와 중동의 태양과 풍력을 활용하는 남유럽-MENA 슈퍼그리드, 콩고강의 수력을 사용하는 남부 아프리카 슈퍼그리드 등이 대표적이다. 그중 북해 연안의 풍력과 수력을 활용하는 북유럽 슈퍼그리드가 가장 활발하게 진행 중인데, 이 프로젝트는 노르웨이, 스웨덴, 덴마크 등 유럽 10개국이 2009년부터 추진하여 2050년까지 사하라 사막을 연결하는 초대형 에너지망 사업을 준비하고 있다.

　　한편, 우리나라를 포함한 동북아시아는 2011년 일본 대지진을 기점으로 한국, 몽골, 러시아, 중국, 일본을 연결하는 동북아 슈퍼그리드를 구축하고자 논의 중에 있다. 동북아 슈퍼그리드는 다른 지역의 슈퍼그리드에 비해 에너지 소비국과 판매국이 뚜렷하게 구분된다. 즉, 동북아 슈퍼그리드의 실현으로 에너지 다소비국가인 한국, 중국, 일본은 에너지 자원의 효율적 분배로 원가를 절감하고, 넓은 영토와 풍부한 에너지원을 보유한 러시아, 몽골은 경제 발전을 이뤄 서로 도움이 되는 효과를 얻을 수 있을 것으로 전망된다.

　　다만, 동북아 슈퍼그리드를 구성하는 국가들은 국가 사이의 영토 분쟁, 사회적 대립 등으로 이해관계가 얽혀있고, 유럽과 비교하면 정치적·경제적으로 불안정하여 슈퍼그리드 구축 이전에 내부적으로 해결해야 할 문제가 있다. 하지만 동북아 슈퍼그리드가 실현된다면 참여국에 수많은 이점을 가져올 것이라는 점은 명확하다. 특히 지리적 한계와 산업구조상 자체 에너지 생산량으로는 수요를 충당하기 매우 어려운 우리나라의 경우, 동북아 슈퍼그리드가 구축되면 이전보다 더 안정적이고 효율적으로 에너지를 수급할 수 있을 것으로 기대하고 있다.

　　㉠ 각국이 슈퍼그리드를 통해 에너지원을 다양화하는 것은 전력의 안정성 측면에서 도움이 된다.
　　㉡ 동북아 슈퍼그리드는 에너지를 공급하는 판매국과 소비하는 소비국의 경계가 불분명하다.
　　㉢ 슈퍼그리드에는 많은 양의 전력을 장거리에 전송하면서도 전력 손실이 적은 기술이 활용된다.
　　㉣ 동북아시아 내부의 정치적·경제적·사회적 문제는 동북아 슈퍼그리드를 구축하면 자연스럽게 해결된다.
　　㉤ 북유럽 슈퍼그리드의 목표는 2050년에 사하라 사막까지 에너지 연결망의 범위를 확장하는 것이다.

① ㉡, ㉣　　　　　　　　　② ㉢, ㉤　　　　　　　　　③ ㉠, ㉢, ㉣
④ ㉡, ㉣, ㉤　　　　　　　⑤ ㉠, ㉡, ㉣, ㉤

12 다음 글을 읽고 이해한 내용으로 적절하지 않은 것을 모두 고르면?

RFID(Radio Frequency Identification)는 초소형 반도체칩에 저장된 정보를 무선 주파수를 이용하여 식별하는 기술을 의미한다. RFID의 활용법은 바코드를 읽는 방법과 유사하다. 그러나 데이터를 읽으려면 조준선이 필요하고 일일이 사물에 접촉해야 하는 바코드와 달리, RFID는 정보가 저장된 태그와 이를 읽는 리더기 사이에 다른 물체가 있거나 물체와 직접 접촉하지 않더라도 데이터를 인식할 수 있으며, 동시에 여러 개의 정보를 인식하거나 수정할 수도 있다.

RFID 시스템은 IC칩과 안테나로 이루어진 RFID 태그, 태그와 통신하는 안테나, 안테나와 연결된 리더기, 시스템을 제어하고 데이터를 처리하는 호스트로 구성되는데, RFID 시스템의 동작 원리는 다음과 같다. 우선, 태그의 IC칩에 활용하고자 하는 목적과 부합하는 정보를 저장하고 대상에 태그를 부착한다. 계산대, 톨게이트 등에 부착된 RFID 리더기가 안테나를 통해 태그에 무선 신호를 전달하면 저장된 데이터가 태그에서 송출된다. 이때 안테나는 데이터를 디지털 신호로 변환하여 리더기로 송출하는데, 리더기는 송신한 데이터를 해독하여 호스트로 보내 데이터를 처리하도록 한다.

RFID는 태그가 작동하는 방식에 따라 수동형 태그와 능동형 태그로 나뉜다. 수동형 태그는 배터리가 내장되어 있지 않기 때문에 크기가 작고 생산 단가가 저렴하며 반영구적으로 사용할 수 있다는 장점이 있다. 하지만 동작 전원으로 리더기에서 송출 받은 전자파를 사용하므로, 태그에 도달하는 전자파의 세기에 따라 인식 범위가 제한되어 능동형 태그보다 인식 범위가 짧고 전력 소모가 크다는 한계가 있다. 수동형 태그는 자산관리, 출입관리와 같은 다양한 응용 분야에서 사용되고 있으며, 주유소처럼 전기 스파크에 예민한 분야에서도 사용된다.

한편, 능동형 태그는 자체적으로 내부 배터리와 송신장치를 내장하고 있어 스스로 송신할 수 있고 리더기와 먼 거리에서도 인식할 수 있다. 하나의 리더기는 전파 방식에 따라 여러 태그와 통신하는데, 리더기는 유선 이더넷을 통해 호스트에 직접 연결하거나 WLAN을 통해 AP에 접속한 뒤 이더넷을 거쳐 호스트와 연결되기도 한다. 그러나 능동형 태그는 배터리 수명에 한계가 있기 때문에 영구적으로 사용할 수 없으며, 수동형 태그보다 가격이 비싸다는 단점이 있다. 그럼에도 불구하고 수동형 태그보다 인식 가능 거리가 멀어 보통 고가의 물품을 넓은 지역에 걸쳐 추적하고 관리하는 데 사용된다.

한편, RFID는 주파수에 따른 전자파의 성질이 달라 수백 kHz부터 수 GHz에 달하는 다양한 주파수를 이용하는데, 주로 125/135kHz, 13.56MHz, 433MHz, 2.45GHz의 네 가지 주파수가 표준으로 채택되어 사용된다. 낮은 주파수 대역은 장거리 인식이 불가능한 대신 시스템 가격이 저렴하고, 높은 주파수 대역은 인식 거리가 먼 대신 시스템 가격이 비싸다. 이에 따라 저렴한 비용으로 칩과 안테나를 소형으로 제작할 수 있고 리더기와 태그 간의 인식 거리가 길 뿐만 아니라, 여러 태그를 구분할 수 있어 유통, 항공 등에 폭넓게 사용할 수 있는 900MHz 대역이 세계적으로 주목받고 있다.

㉠ RFID는 사물에 부착된 태그가 무선 신호를 송출하면 리더기에 데이터가 저장되는 방식으로 작동한다.

㉡ 능동형 태그의 리더기는 태그와 오직 일대일로만 통신하여 이더넷을 거치지 않고 호스트와 연결한다.

㉢ RFID가 데이터를 인식하기 위해서는 반드시 태그와 리더기의 중간에 어떠한 장애물도 없어야 한다.

㉣ 주파수 대역이 높을수록 RFID가 인식할 수 있는 거리가 증가하지만 그만큼 시스템 가격도 비싸진다.

㉤ 수동형 태그의 인식 범위는 리더기에서 송출되어 태그에 이르는 전자파 세기에 의해 결정된다.

① ㉠, ㉢   ② ㉡, ㉣   ③ ㉣, ㉤   ④ ㉠, ㉡, ㉢   ⑤ ㉢, ㉣, ㉤

13 다음 글을 읽고 이해한 내용으로 가장 적절하지 않은 것은?

> 오늘날 신문, 잡지, 책 등으로 대표되는 인쇄 매체는 기원전 5세기경부터 이미 인류가 책을 만들어 정보 제공 매체로 활용했다는 점에서 인류 역사에서 대중을 대상으로 한 최초이자 최고(最古)의 매체로 볼 수 있다. 하지만 디지털 시대에는 인쇄 매체를 통해 정보를 전달하기보다는 정보를 표현하기 위해 네트워크를 활용하여 하이퍼텍스트 구조로 구성한다. 여기서 하이퍼텍스트란 각각의 개별 정보들을 링크(Link)를 통해 유기적으로 연결하여 구성하는 텍스트로, 연상이라는 인간 정신에 대한 이해로부터 시작하여 이를 기술적으로 구현하고자 한 것을 말한다.
>
> 인쇄 매체로 대표되는 전통적 방식의 텍스트는 전통성과 뛰어난 기록 보존성이라는 특성을 토대로 여타 매체를 막론하고 가장 신뢰도가 높았다. 그러나 전통적 방식의 텍스트는 책이나 컴퓨터 데이터베이스 등 텍스트가 구성되는 형태와 관계없이 순차성을 띤다는 문제가 있다. 즉, 텍스트가 읽히는 순서를 결정하는 하나의 선형적(線形的) 순차가 전제된 것이다. 예를 들어, 전통적 방식의 텍스트는 정보를 얻기 위해 첫 번째 페이지를 읽은 후에 두 번째 페이지를 읽을 수밖에 없다.
>
> 하지만 하이퍼텍스트는 상호 연계된 정보 조각들과 이들을 결합하는 전자적 링크로 이루어져 있기 때문에 링크를 활용하면 다른 정보 단위로 이동할 수 있다는 장점이 있다. 하이퍼텍스트의 가장 작은 정보 단위를 일컬어 노드(Node)라고 하는데, 일반적으로 네트워크상에서 노드는 다른 노드로의 데이터 전송을 인식하고 처리하거나 전달할 수 있도록 프로그래밍이 되어 있다.
>
> 이러한 노드의 프로그램화 때문에 하이퍼텍스트는 비선형성을 띤다는 장점이 있으며, 비선형성은 하이퍼텍스트를 전통적인 텍스트와 구별시켜주는 가장 대표적인 특성이다. 하이퍼텍스트는 여러 개의 노드가 연결되어 있어 사용자의 사고 흐름에 따라 효율적으로 정보를 검색할 수 있다. 실제로 사용자는 한 텍스트 안에서 불필요한 부분을 배제하고 읽거나 다른 텍스트를 참고하기 위해 읽기를 멈추고 각주로 옮겨 읽는 등의 작업을 할 수 있다.
>
> 그뿐만 아니라 하이퍼텍스트는 단순히 줄글로 된 텍스트 외에도 이미지, 그래픽, 도표, 사운드 등 객체(Object)라고 불리는 요소들이 다양한 방식으로 결합하여 역동성을 띤다. 이는 결과적으로 하이퍼텍스트를 벗어나 하이퍼미디어로 발전되는 효과를 불러일으키기 때문에 전형적인 텍스트 외에 여러 미디어 유형들을 지원할 수도 있어 확장성도 갖고 있다. 게다가 단순히 저자가 일방적으로 정보를 전달하는 것이 아니라 저자 혹은 설계자, 또는 사용자 사이에서 서로 정보를 주고받는 상호작용이 가능하다.

① 하이퍼텍스트는 비선형적이므로 이용자의 사고 흐름에 의해 정보를 효율적으로 검색하는 것이 가능하다.
② 인쇄 매체는 기원전 5세기경부터 인간이 대중에게 정보를 알리기 위해 사용한 가장 오래된 매체이다.
③ 하이퍼텍스트는 객체들이 결합하여 특정 사용자와 상호작용을 통해 정보를 공유하는 폐쇄성을 띤다.
④ 전통적 방식을 활용한 텍스트는 선형적 순차에 따라 텍스트를 읽어야 한다는 특징을 갖고 있다.
⑤ 네트워크에서 노드는 상호 연계되어 있어 여타 노드로 데이터 전송을 인식·처리하거나 전달할 수 있다.

14 다음 글을 통해 추론한 내용으로 적절하지 않은 것은?

라이프로그(Lifelog)는 삶에 대한 기록으로, 인터넷 또는 스마트 기기를 통해 개인의 일상을 디지털로 기록하고 저장한 데이터를 의미한다. 이 기술은 정보처리 기능이 내장된 사물을 사용함으로써 사용자의 개입 없이도 언제 어디서나 오디오, 비디오, 위치, 환경, 생체 등 사용자가 경험하는 다양한 정보를 자동으로 기록하고, 특징에 따라 분류하여 활용할 수 있다. 즉, 사용자가 직접 기록한 사진, 동영상, 메모뿐만 아니라 GPS, 신용카드, 디지털 센서 등을 통해 사용자의 위치정보, 생체정보, 운동량 등을 수집하여 분석한 체계적인 데이터도 라이프로그에 포함된다.

과거에도 인간은 많은 기록을 남겼지만, 이를 저장하거나 분석할 기술이 없어 일상생활에서 생겨나는 대부분의 데이터가 생성과 동시에 폐기되었다. 하지만 정보기술의 발달로 대용량의 데이터를 저장하고 분석할 수 있게 되자, 자연스럽게 대규모 데이터 속에서 쓸모 있는 정보를 찾아내는 빅데이터 기술이 주목받기 시작하였다. 그리고 오늘날 라이프로그를 기반으로 한 빅데이터는 석탄과 석유가 산업혁명을 일으킨 것처럼 새로운 산업을 일으킬 중요한 자원으로 여겨진다. 사람들은 자신이 선호하는 행동을 반복하는 경향이 있기 때문이다. 다시 말해, 라이프로그를 분석하면 개인의 생활 패턴을 수집할 수 있으며, 수집한 데이터를 기반으로 개인의 선호도와 필요에 따른 맞춤 서비스를 제공할 수 있어 기업 경쟁력을 강화하고 새로운 비즈니스를 창출할 수 있다.

현재 라이프로그가 가장 활발하게 사용되고 있는 분야는 바로 건강관리 분야이다. 최근 정밀의학이 부상하면서 임상 데이터와 유전체 데이터를 모두 확보할 수 있는 라이프로그의 활용도는 더욱 높아지고 있다. 대표적인 사례로 스마트폰 애플리케이션이나 스마트밴드와 같은 웨어러블 기기를 통해 이동 거리 및 칼로리 소모량을 알 수 있다. 그뿐만 아니라 호흡, 혈압, 맥박 등의 생체정보를 기록할 수 있으며, 수집한 데이터를 바탕으로 수면의 질이나 운동 효과 등을 분석하고 사용자가 원하는 정보만을 선별하여 제공하기도 한다. 이 외에도 개별화된 라이프로그를 바탕으로 노인들이 과거에 관심을 가졌을 법한 영상이나 물건을 제시하여 치매와 같은 노인 질환의 발병을 지연하기 위한 회상 체험 서비스도 개발 중이다.

라이프로그를 기록하는 일은 더욱 편리해질 예정이며, 인체에 부착된 센서를 통해 개인의 경험뿐만 아니라 당시의 감정까지도 기록할 수 있는 기술도 개발하고 있는 것으로 알려졌다. 그리고 나아가 우리가 보고 듣는 모든 것이 데이터화되고, 라이프로그를 바탕으로 제작된 가상의 분신 즉, 아바타를 통해 영원한 삶을 영위하게 될 수도 있을 것으로 전망된다. 물론 부정적인 측면 또한 존재한다. 일부 기록의 경우 삭제가 불가능할뿐더러, 자신의 의사와 무관하게 일생의 기록이 영원히 남게 되어 곤란한 상황에 처할 수도 있다. 게다가 라이프로그가 유출될 경우 단순히 개인정보를 넘어서 개인의 모든 행적과 일상이 낱낱이 노출될 위험도 있다. 따라서 라이프로그 기술은 개개인의 삶을 안전하게 지킬 수 있도록 보안 기술 개발과 더불어 사회적인 안전망도 함께 구축되어야 한다.

① 라이프로그는 고령화 시대에 노인 치매를 예방하는 새로운 서비스의 창출을 위해서도 활용된다.
② 현재 라이프로그 기술은 인간이 경험하는 순간에 느끼는 감정까지도 기록이 가능하다.
③ 라이프로그를 분석하면 반복적으로 나타나는 생활 패턴을 파악하여 개별화된 서비스를 제공할 수 있다.
④ 미래에는 우리의 삶에 대한 기록을 바탕으로 가상의 분신을 제작하여 영원한 삶을 살게 될 수도 있다.
⑤ 사용자의 경험 정보를 자동으로 기록하기 위해서는 정보처리 기능이 탑재된 기기를 사용해야 한다.

15 동일한 화장품을 생산하는 A~C 공장이 있다. 하루에 A 공장은 화장품을 200개 생산하고, B 공장은 A 공장보다 50% 더 많이 생산하며, C 공장은 B 공장보다 50개 더 많이 생산한다. 각 공장이 불량품을 생산할 확률은 A 공장이 10%, B 공장이 5%, C 공장이 8%일 때, 하루에 A~C 공장이 불량품을 생산할 확률은 약 얼마인가? (단, 소수점 둘째 자리에서 반올림하여 계산한다.)

① 7.0%　　　② 7.4%　　　③ 7.8%　　　④ 8.2%　　　⑤ 8.8%

16 E 회사는 전체 직원 중 1,000명을 대상으로 만족도 조사를 시행하였다. 조사 결과, 매우 만족을 선택한 직원의 비중은 25%, 만족을 선택한 직원의 비중은 30%, 보통을 선택한 직원의 비중은 25%, 불만족을 선택한 직원의 비중은 15%, 매우 불만족을 선택한 직원의 비중은 5%였다. 불만족을 선택한 직원 중 여자 직원의 비중은 46%이며 이는 전체 직원의 3%일 때, E 회사의 총 직원 수는?

① 2,000명　　　② 2,300명　　　③ 3,000명　　　④ 3,500명　　　⑤ 4,600명

17 C 가게는 점퍼를 원가의 20%의 이익을 더해 판매하며 점퍼 100벌 이상 구매 시 구매하는 점퍼 100벌마다 3벌을 추가로 증정하고 이월 상품은 정가의 60%를 할인해준다. 정민이가 이월 상품인 점퍼 총 515벌을 2,400만 원에 구매하였을 때, 점퍼 1벌의 원가는?

① 10만 원　　　② 12만 원　　　③ 15만 원　　　④ 20만 원　　　⑤ 30만 원

18 서로 다른 원료 A, B, C, D, E 중 세 가지 원료를 각각 10g씩 배합하여 가, 나, 다, 라, 마 5가지 제품이 생성될 때, 가격이 가장 비싼 원료는?

구분	A	B	C	D	E	제품 가격(원)
가	○		○	○		860
나		○	○	○		180
다	○		○		○	4,380
라	○	○			○	420
마		○		○	○	2,150

※ 제품 가격은 사용된 원료의 가격을 합산하여 산정함

① A   ② B   ③ C   ④ D   ⑤ E

19 전기회로에서 전압의 크기 V는 전류의 세기 I와 저항 R의 곱과 같다. 일정 전압의 직류 전원에 저항을 접속했을 때 흐르는 전류의 전류값을 30% 증가시키려고 할 때, 저항값은 약 몇 배로 증가시켜야 하는가?

① 0.56배   ② 0.77배   ③ 0.83배   ④ 1.03배   ⑤ 1.30배

20 다음은 해양사고 발생 현황에 대한 자료이다. 자료에 대한 설명으로 옳은 것은?

[시간대별 해양사고 발생 건수]

(단위: 건)

구분	2022년	2021년	2020년	2019년	2018년	2017년
총계	2,971	2,671	2,582	2,307	2,101	1,330
0~4시	214	223	185	190	176	129
4~8시	525	469	420	370	382	240
8~12시	758	679	648	618	521	316
12~16시	741	623	625	528	475	285
16~20시	499	461	481	400	353	234
20~24시	234	216	223	201	194	126

[선박 용도별 해양사고 발생 척수]

(단위: 척)

구분	2022년	2021년	2020년	2019년	2018년	2017년
총계	3,274	2,968	2,882	2,549	2,362	1,565
여객선	53	44	46	65	66	51
화물선	111	112	127	116	115	111
어선	2,134	2,013	1,939	1,794	1,621	1,029
유조선	93	89	73	67	65	51
예인선	94	111	91	77	94	102
수상레저기구	586	469	472	−	−	−
기타선	203	130	134	430	401	221

※ '기타선'에 포함되었던 '수상레저기구'가 2020년부터 별도 항목으로 분리됨

① 2018년부터 2022년까지 해양사고 발생 건수 총계가 전년 대비 가장 많이 증가한 해에 모든 시간대에서 해양사고 발생 건수는 전년 대비 50건 이상 증가하였다.
② 제시된 기간 동안 어선의 연평균 해양사고 발생 척수는 1,700척 미만이다.
③ 해양사고 전체의 발생 건수당 발생 척수는 2022년이 2017년보다 많다.
④ 2020년 해양사고 전체의 발생 척수에서 수상레저기구의 해양사고 발생 척수가 차지하는 비중은 약 14.4%이다.
⑤ 제시된 기간 동안 시간대별 해양사고 발생 건수의 합은 4~8시보다 16~20시에 더 많다.

21 다음은 전국 및 수도권의 화재발생 현황에 대한 자료이다. 자료에 대한 설명으로 옳지 않은 것을 모두 고르면?

[전국 화재발생 건수 및 사상자 수]

구분	2022년	2021년	2020년	2019년	2018년
건수(건)	42,338	44,178	43,413	44,435	42,135
사망자 수(명)	369	345	306	253	325
부상자 수(명)	2,225	1,852	1,718	1,837	1,856

※ 사상자 수 = 사망자 수 + 부상자 수

[수도권 지역 화재발생 건수]

(단위: 건)

구분	2022년	2021년	2020년	2019년	2018년
서울	6,368	5,978	6,443	5,921	5,815
인천	1,620	1,608	1,790	1,875	1,818
경기	9,632	9,799	10,147	10,333	9,675

㉠ 2019년 수도권 지역 화재발생 건수의 1/3 이상이 서울에서 발생하였다.
㉡ 제시된 기간 동안 전국의 화재발생으로 인한 연평균 부상자 수는 1,850명 이상이다.
㉢ 2019년부터 2022년까지 인천 지역의 화재발생 건수가 전년 대비 증가한 횟수와 감소한 횟수는 서로 같다.
㉣ 2018년부터 2022년까지 전국의 화재발생으로 인한 사망자 수의 총합은 1,498명이다.

① ㉠, ㉡   ② ㉠, ㉣   ③ ㉡, ㉢   ④ ㉢, ㉣   ⑤ ㉠, ㉡, ㉣

22 다음은 생활폐기물 발생 현황에 대한 자료이다. 자료에 대한 설명으로 옳은 것을 모두 고르면?

[계절별 1인당 1일 평균 생활폐기물 발생량]

(단위: g)

구분	합계	종량제	음식물	재활용
봄	1,082.23	278.86	360.08	443.29
여름	977.08	290.25	420.16	266.67
가을	853.61	241.60	315.37	296.64
겨울	806.49	210.96	376.12	219.41

[도시 규모별 1인당 1일 평균 생활폐기물 발생량]

(단위: g)

구분	합계	종량제	음식물	재활용
특별시	910.86	218.33	389.95	302.58
광역시	1178.99	318.97	534.99	325.03
중소도시	903.59	254.32	349.14	300.13
농어촌	620.48	177.69	185.32	257.47

※ 1) 생활폐기물은 종량제폐기물, 음식물폐기물, 재활용폐기물로 구성됨
　 2) 전국은 특별시, 광역시, 중소도시, 농어촌으로 구성됨
※ 출처: KOSIS(환경부, 전국폐기물통계조사)

ⓐ 도시 규모별 1인당 1일 평균 생활폐기물 발생량은 종량제폐기물, 음식물폐기물, 재활용폐기물 모두 농어촌에서 가장 적다.
ⓑ 전국의 1인당 1일 평균 재활용폐기물 발생량은 300g 미만이다.
ⓒ 봄의 1인당 1일 평균 생활폐기물 발생량 중 음식물폐기물이 차지하는 비중은 34% 미만이다.
ⓓ 겨울의 1인당 1일 평균 음식물폐기물 발생량 중 40% 이상이 농어촌에서 발생하였다.

① ㄱ, ㄷ　　　　② ㄱ, ㄹ　　　　③ ㄷ, ㄹ　　　　④ ㄱ, ㄴ, ㄷ　　　　⑤ ㄴ, ㄷ, ㄹ

23 다음은 우리나라의 지역별 경제성장률에 대한 자료이다. 자료에 대한 설명으로 옳은 것은?

[지역별 경제성장률]

(단위: %)

구분	2022년	2021년	2020년	2019년	2018년
서울특별시	3.6	2.3	2.8	2.9	1.5
부산광역시	1.7	1.6	1.7	3.0	4.2
대구광역시	2.4	1.7	0.0	3.0	2.6
인천광역시	0.7	4.3	2.6	1.8	4.8
광주광역시	5.0	1.3	3.1	2.0	4.0
대전광역시	0.9	0.8	3.5	3.0	2.0
울산광역시	−2.2	−0.7	0.9	0.6	0.1
세종특별자치시	2.8	4.2	5.1	7.3	25.5
경기도	6.0	6.6	4.7	5.5	4.5
강원도	1.9	4.1	2.9	2.0	4.9
충청북도	6.3	6.1	5.8	7.0	4.2
충청남도	0.6	5.4	3.2	1.1	2.9
전라북도	1.7	1.9	−0.8	1.0	2.0
전라남도	2.2	1.3	2.3	0.7	0.0
경상북도	−1.2	−1.2	2.5	−2.6	7.1
경상남도	0.6	−0.7	0.7	1.7	0.4
제주특별자치도	−0.9	4.6	8.0	7.4	6.9

※ 경제성장률 = {(당해년도 지역 내 총생산 − 전년도 지역 내 총생산) / 전년도 지역 내 총생산} × 100

① 2020년 경제성장률이 가장 높은 지역은 세종특별자치시이다.
② 2021년 서울특별시의 총생산이 390조 원이라면 2022년 서울특별시의 총생산은 400조 원 미만이다.
③ 제시된 기간 중 광주광역시의 경제성장률이 가장 낮은 해에 서울특별시는 부산광역시보다 경제성장률이 0.7%p 더 높다.
④ 2019년부터 2022년까지 경기도의 경제성장률 평균은 5.325%이다.
⑤ 제시된 기간 동안 강원도의 경제성장률은 충청북도의 경제성장률보다 매년 낮다.

24 다음은 연도별 신재생에너지 거래전력량 및 단가에 대한 자료이다. 자료에 대한 설명으로 옳지 않은 것은?

[연도별 신재생에너지 거래전력량 및 단가]

(단위: MWh, 원/kWh)

구분		2018	2019	2020	2021	2022
소수력	거래전력량	7,610	7,190	10,140	8,680	12,960
	단가	150	100	70	70	80
바이오·폐기물	거래전력량	9,910	16,290	20,890	32,440	32,130
	단가	230	160	120	80	100
풍력·연료전지	거래전력량	70	40	30	960	8,290
	단가	210	160	90	80	100
태양광	거래전력량	1,006,550	1,933,070	2,684,580	3,774,650	5,173,330
	단가	240	150	120	110	120

① 풍력·연료전지 거래전력량이 처음으로 전년 대비 증가한 해에 풍력·연료전지 거래전력량은 전년도 풍력·연료전지 거래전력량의 32배이다.

② 연도별로 신재생에너지의 단가가 높은 순서대로 순위를 매기면 2018년과 순위가 같은 해는 없다.

③ 2019년부터 2022년까지 바이오·폐기물 단가가 전년 대비 가장 크게 감소한 해에 바이오·폐기물 거래전력량은 전년 대비 6,180MWh 증가했다.

④ 2019년부터 2022년까지 신재생에너지별 단가의 전년 대비 증감 추이가 풍력·연료전지 단가와 같은 증감 추이를 보이는 신재생에너지는 2개이다.

⑤ 2020년 태양광 단가의 전년 대비 감소율은 20% 이상이다.

25 다음은 연도별 철도 관련 기계 보유 수에 대한 자료이다. 자료에 대한 설명으로 옳은 것을 모두 고르면?

[연도별 철도 관련 기계 보유 수]

(단위 : 대)

구분	2017	2018	2019	2020	2021	2022
공작기계	919	892	898	881	845	800
원동기계	35	36	35	41	42	42
시험기계	818	780	833	843	843	839
유체기계	173	174	170	162	158	159
양물기계	1,284	1,281	1,363	1,369	1,391	1,428
공기기계	364	356	367	374	373	376
계중기계	12	11	11	9	10	8
차량이동기계	42	41	43	43	43	43
전기기계	92	87	84	78	74	67
로기계	78	73	83	84	84	86
잡기계	1,863	1,827	1,959	1,961	1,955	1,998
고속시험기계	118	134	152	166	161	178
전체	5,798	5,692	5,998	6,011	5,979	6,024

ⓐ 2017년 공기기계 보유 수가 전체 철도 관련 기계 보유 수에서 차지하는 비중은 약 6.3%이다.
ⓑ 2021년과 2022년에 철도 관련 기계 보유 수가 세 번째로 많은 기계는 서로 같다.
ⓒ 제시된 기간 중 유체기계 보유 수가 가장 많은 해에 전기기계 보유 수는 전년 대비 4대 감소했다.
ⓓ 2019년 고속시험기계 보유 수는 같은 해 원동기계 보유 수의 4배 이상이다.

① ㉠   ② ㉡   ③ ㉠, ㉣   ④ ㉠, ㉡, ㉢   ⑤ ㉡, ㉢, ㉣

26 다음은 부산 및 광주광역시의 농업기계별 보유 현황에 대한 자료이다. 자료에 대한 설명으로 옳지 않은 것을 모두 고르면?

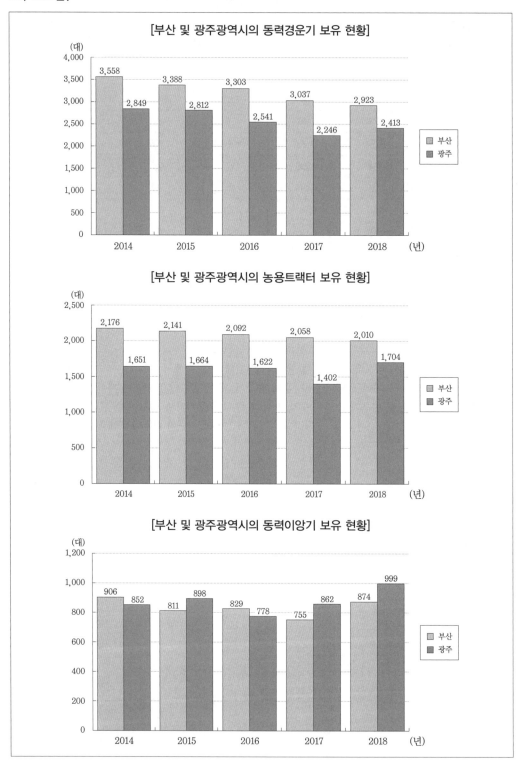

[부산 및 광주광역시의 동력경운기 보유 현황]

[부산 및 광주광역시의 농용트랙터 보유 현황]

[부산 및 광주광역시의 동력이앙기 보유 현황]

※ 출처 : KOSIS(농림축산식품부, 농업기계 보유 현황)

ⓙ 2015년 부산광역시의 동력경운기 보유 수는 같은 해 부산광역시의 동력이앙기 보유 수의 약 4.2 배이다.
ⓛ 2018년 광주광역시의 농용트랙터 보유 수의 전년 대비 증가량은 302개이다.
ⓒ 2017년 부산광역시의 동력경운기 보유 수는 3년 전 대비 20% 이상 감소하였다.
ⓔ 2016년 광주광역시의 농용트랙터와 동력이앙기 보유 수의 합은 2,500대이다.

① ⓙ   ② ⓒ   ③ ⓔ   ④ ⓛ, ⓔ   ⑤ ⓒ, ⓔ

[27-28] 다음은 2017년과 2018년 철도화물 수송 종류별 수송실적에 대한 자료이다. 각 물음에 답하시오.

[철도화물 수송 종류별 수송실적]

(단위 : 톤)

구분		2017년	2018년
컨테이너	일반	7,817,933	8,680,582
	중량	257,416	760,247
	석탄류	60,500	343,568
	크링카	34,550	14,550
	기타중량품	246,500	27,300
	페로니켈	47,058	48,051
시멘트	벌크	12,882,083	12,136,076
	크링카	104,350	20,548
	포대	236,161	239,643
석탄	발전용무연탄	201,061	143,170
	민수용무연탄	382,752	290,613
	경석	85,957	23,745
광석	석회석	882,255	729,037
	백운석	81,282	144,502
	철광석	696,038	782,673
철강	냉연	1,030,393	935,282
	열연	1,371,126	1,271,882
	기타철재	84,074	148,462

※ 출처 : KOSIS(한국철도공사, 철도화물 수송실적)

27 다음 중 자료에 대한 설명으로 옳은 것을 모두 고르면?

> ㉠ 석회석과 철광석 수송실적의 합은 2017년이 2018년보다 적다.
> ㉡ 2017년 열연 수송실적은 같은 해 페로니켈 수송실적의 30배 이하이다.
> ㉢ 2018년 시멘트 철도화물 수송실적은 모두 전년 대비 증가하였다.
> ㉣ 2018년 민수용무연탄 수송실적은 전년 대비 약 24.1% 감소하였다.

① ㉠, ㉡   ② ㉠, ㉢   ③ ㉡, ㉢   ④ ㉡, ㉣   ⑤ ㉢, ㉣

28 2017년 컨테이너 전체 수송실적의 합에서 일반 수송실적이 차지하는 비중은? (단, 소수점 첫째 자리에서 반올림하여 계산한다.)

① 82%   ② 86%   ③ 88%   ④ 92%   ⑤ 95%

29 ○○공사에서는 신입사원 채용을 위해 갑, 을, 병, 정 4명의 면접관을 초빙하였다. 면접장은 1~4면접장으로 총 4개이며, 면접장마다 오전과 오후로 나뉘어 면접이 진행되었다. 같은 면접장에 오전 면접관과 오후 면접관은 각각 다른 사람으로 1명씩 배치되었다. 제시된 조건을 모두 고려하였을 때, 면접장과 해당 면접장에 배치된 면접관이 바르게 연결된 것은?

- 4명의 면접관은 각각 오전에 한 번, 오후에 한 번 면접장에 배치되었다.
- 오전에 을이 배치된 면접장에 오후에 정이 배치되었다.
- 오후에 2면접장에 배치된 면접관은 병이다.
- 오전에 3면접장에 배치된 면접관은 정이다.
- 오전에 병이 배치된 면접장에 오후에 을이 배치되었다.
- 정은 오후에 4면접장에 배치되지 않았다.

	면접장	면접관
①	오전 1면접장	병
②	오전 2면접장	을
③	오전 4면접장	갑
④	오후 1면접장	정
⑤	오후 3면접장	병

30 ○○기획사에서는 A, B, C, D, E, F 6명으로 구성된 아이돌 그룹의 각 멤버가 무대에서 위치할 자리를 결정하였다. 제시된 조건을 모두 고려하였을 때, 항상 옳지 않은 것은? (단, 각 멤버의 위치는 관객석에서 무대를 바라보는 방향을 기준으로 한다.)

- 모든 멤버의 얼굴이 관객석에서 보이도록 일렬로 위치한다.
- 멤버들의 인기는 모두 다르며 6명 중 인기가 가장 많은 멤버 2명은 가운데 두 자리에 위치한다.
- C는 A보다 오른쪽에 위치한다.
- B는 인기가 가장 많은 멤버의 바로 옆에 위치한다.
- D의 바로 옆에는 1명의 멤버만 위치한다.
- A보다 인기가 적은 멤버는 4명이다.
- E와 F는 B보다 인기가 적다.

① D는 C보다 오른쪽에 위치한다.
② E는 D와 A 사이에 위치한다.
③ B는 C보다 왼쪽에 위치한다.
④ E는 F의 바로 옆에 위치한다.
⑤ F는 A보다 인기가 적다.

31 갑, 을, 병, 정은 연예인이 되기 위해 노래, 연기, 춤, 스피치 수업을 듣는다. 다음 조건을 모두 고려하였을 때, 항상 옳은 것은?

- 노래 수업은 1명, 연기 수업은 2명, 춤 수업은 2명, 스피치 수업은 3명이 듣는다.
- 병과 정은 같은 수업을 듣지 않는다.
- 갑이 듣는 모든 수업은 병도 같이 듣는다.
- 정은 노래 수업을, 갑은 연기 수업을 듣는다.
- 병이 듣는 수업 중 을은 듣지만, 갑은 듣지 않는 수업이 있다.

① 갑이 듣는 수업의 개수는 4명 중 가장 적다.
② 을과 정은 1개 이상 같은 수업을 듣는다.
③ 병이 듣는 수업은 갑이 듣는 수업보다 2개 더 많다.
④ 병은 연기, 춤, 스피치 수업을 듣는다.
⑤ 을이 듣는 수업은 총 3개이다.

32 같은 회사에서 근무 중인 소연, 지유, 경호 3명은 각각 부먹파, 찍먹파, 부찍파 중 하나에 해당한다. 부먹파는 항상 진실만을 말하고, 찍먹파는 항상 거짓만을 말하며, 부찍파는 진실을 말하기도 하고, 거짓을 말하기도 한다. 부찍파는 결혼하지 않았고, 부먹파와 찍먹파는 서로 결혼하였으며, 부먹파의 직급이 가장 높고, 찍먹파의 직급이 가장 낮다. 소연, 지유, 경호의 대화 내용을 모두 고려하였을 때, 부먹파, 찍먹파, 부찍파에 해당하는 사람을 바르게 연결한 것은?

소연: 나는 결혼했으며, 부먹파가 아니다.
지유: 내가 소연이보다 직급이 높다면, 경호는 소연이보다 직급이 낮다.
경호: 나는 결혼하지 않았다.

	소연	지유	경호
①	부찍파	부먹파	찍먹파
②	찍먹파	부먹파	부찍파
③	부찍파	부먹파	찍먹파
④	찍먹파	부찍파	부먹파
⑤	부찍파	찍먹파	부먹파

33 원룸으로 이사를 계획 중인 예인이는 방에 5개의 가구(책상, 옷장, 탁자, 화장대, 침대)를 배치하려고 한다. 다음 조건을 모두 고려하였을 때, 항상 옳은 것은?

- 이웃한 가구는 바로 옆에 배치된 것을 의미한다.
- 가구는 일렬로 배치하며, 서로 어울리는 가구는 이웃하여 배치하고 서로 어울리지 않는 가구는 떨어뜨려 배치한다.
- 왼쪽 벽을 기준으로 탁자는 공간 효율상 첫 번째에 배치할 수 없다.
- 화장대와 침대는 서로 어울린다.
- 옷장과 탁자는 서로 어울리지 않는다.
- 침대와 옷장은 서로 어울린다.
- 책상과 탁자는 서로 어울리지 않는다.

① 왼쪽 벽을 기준으로 두 번째에 화장대를 배치한다.
② 왼쪽 벽을 기준으로 세 번째에 침대를 배치한다.
③ 왼쪽 벽을 기준으로 침대를 탁자보다 오른쪽에 배치한다.
④ 왼쪽 벽을 기준으로 화장대를 옷장보다 왼쪽에 배치한다.
⑤ 왼쪽 벽을 기준으로 탁자를 책상보다 왼쪽에 배치한다.

34 다음 글을 근거로 판단할 때, ○○뮤지컬 공연이 진행된 공연장 최대 객석 수는?

○○뮤지컬 공연의 기획자인 甲은 9월 한 달간의 ○○뮤지컬 공연 티켓 판매 실적을 분석했다. 9월 한 달 중 공연이 없었던 날은 5일 미만이었고, 공연이 있었던 나머지 날에는 매일 같은 횟수로 2회차 이상씩 공연을 진행했다. 공연은 항상 같은 공연장에서 진행되었으며, 모든 회차의 티켓은 모두 매진되었다. 티켓값은 좌석 구분 없이 한 장당 20만 원이었고, 9월 티켓 매출액은 42억 원이었다.

① 125개   ② 250개   ③ 375개   ④ 500개   ⑤ 625개

35 A, B, C, D, E 5개국은 일부 상대국에 비자를 면제한다. 다음 조건을 모두 고려하였을 때, 옳은 것은?

- A~E 국 사이의 여행객 비자면제에 따라 상대국이 비자를 요구하면 A 국도 비자를 요구하고, 상대국이 비자를 면제하면 A 국도 비자를 면제한다.
- B 국은 3개 국가에 대해서만 비자를 면제했고, B 국에 대해 비자를 면제한 국가는 없다.
- C 국은 1개 국가에 대해서만 비자를 면제했는데, 해당 국가는 C 국을 비롯한 어떤 국가에 대해서도 비자를 면제하지 않았다.
- D 국에 대해 비자를 면제한 국가는 2개이다.
- E 국은 A 국에 대해서만 비자를 면제했다.

① A 국은 E 국에 대해서만 비자를 면제했다.
② B 국은 D 국에 대해 비자를 면제하지 않았다.
③ C 국에 대해 비자를 면제한 국가는 없다.
④ D 국이 비자를 면제한 국가는 1개이다.
⑤ E 국에 대해 비자를 면제한 국가는 1개이다.

36 다음은 신입사원 배치에 대한 자료이다. 자료와 [甲~戊 지사의 인원 현황]을 근거로 판단할 때, 甲 지사에 배치되는 신입사원 수는?

> X 기관은 이번에 선발한 신입사원들을 甲~戊 지사로 배치하고자 한다. X 기관은 다음과 같은 지침에 따라 신입사원을 배치한다.
> - 신입사원 배치 지침
>   - 배치 예정 신입사원: 총 32명
>   - 충원율이 100% 미만인 지사에만 신입사원을 배치함
>   ※ 충원율(%) = (현원 / 정원) × 100
>   - 배치 예정인 신입사원을 모두 배치함
>   - 신입사원 배치 전에 충원율이 100% 미만이었던 지사들의 충원율이 신입사원 배치 후에도 같아지도록 배치함

[甲~戊 지사의 인원 현황]

구분	현원	정원
甲 지사	177	200
乙 지사	90	100
丙 지사	282	300
丁 지사	250	250
戊 지사	179	200

① 9명　　② 11명　　③ 13명　　④ 15명　　⑤ 17명

37 다음은 △△영화제 대상 수상작에 대한 자료이다. 자료와 [상황]을 근거로 판단할 때, A~E 중 대상을 수상하는 영화는? (단, 소수점 둘째 자리에서 반올림하여 계산한다.)

　　△△영화제 심사위원들은 대상 후보작들을 평가하여 대상을 수상할 영화를 선정하려 한다.
- 평가 점수는 최대 60점인 관객 점수와 최대 40점인 심사위원 점수의 합으로 구성되어 있다.
- 관객 점수는 흥행지수를 바탕으로 산정한다.
- 심사위원 점수는 가, 나, 다 3명의 심사위원이 다음과 같은 방식을 순서대로 적용하여 산정한다.
  1) 각 심사위원이 부여한 점수를 평균하여 산정한다. 단, 각 심사위원별로 가장 높은 점수를 부여한 영화에는 2배, 두 번째로 높은 점수를 부여한 영화에는 1.5배 가중하여 평균하며, 가중하여 산정한 점수가 40점을 초과하면 40점으로 간주한다.
  2) 가중치를 적용하기 전의 점수를 기준으로, 각 심사위원이 부여한 점수의 평균이 심사위원 점수 만점의 70% 미만인 영화는 대상 수상작으로 선정하지 않는다.
- 평가 점수가 가장 높은 영화가 수상작으로 선정된다. 이때 동점이 발생할 경우, 심사위원 점수가 더 높은 영화를 선정한다.

[상황]

- △△영화제의 대상 후보작은 A~E이다.
- 각 영화의 관객 점수는 다음과 같다.

(단위: 점)

구분	A	B	C	D	E
관객 점수	52	53	58	55	50

- 각 영화에 심사위원 3명이 부여한 점수는 다음과 같다.

(단위: 점)

구분	A	B	C	D	E
가 심사위원	30	28	32	29	27
나 심사위원	29	27	25	31	34
다 심사위원	28	29	26	27	27

① A　　　　　② B　　　　　③ C　　　　　④ D　　　　　⑤ E

38 다음은 A 기관의 호봉제에 대한 자료이다. 자료를 근거로 판단할 때, 甲~戊 중 2023년 3월 31일을 기준으로 호봉이 가장 낮은 직원은?

○ A 기관에서는 직원들이 재직 중에 학위나 자격증을 취득하면 호봉을 가산한다.
 - A 기관 직원의 호봉은 근속 기간과 가산 요인(학위, 자격증)에 따른 기간을 합한 기간이 만 1년이 될 때마다 1단계 상승한다.
 - 학위에 따른 가산 기간은 학기당 6개월로 산정하여 전체 수학 기간을 가산 요인에 따른 기간으로 인정한다. 단, 석사학위는 24개월을 초과할 수 없고, 박사학위는 36개월을 초과할 수 없다.
 - 자격증에 따른 가산 기간은 직무 연관성이 있는 자격증에 한하며, A형은 1년, B형은 2년을 가산 요인에 따른 기간으로 인정한다. 단, 자격증에 따른 가산 기간은 3년을 초과할 수 없다.
○ A 기관 직원 甲~戊은 각자 본인의 입사일 기준 1호봉으로 시작하였으며, 다음에서 제시된 사항 외의 호봉 변동 요인은 없다.

구분	입사일	학위	자격증		
			순번	유형	직무 연관성
甲	2019년 3월 4일	–	1	B	있음
			2	B	있음
乙	2018년 7월 30일	3학기 동안 수학하여 석사학위 취득	1	A	없음
丙	2022년 1월2일	8학기 동안 수학하여 박사학위 취득	1	A	없음
			2	B	있음
丁	2021년 7월 1일	7학기 동안 수학하여 석사학위 취득	1	A	있음
戊	2016년 3월 3일	–	–	–	–

① 甲   ② 乙   ③ 丙   ④ 丁   ⑤ 戊

39 다음은 △△시 청년 창업포럼에 대한 자료이다. 자료와 [상황]을 근거로 판단할 때, 甲~戊 중 △△시 청년 창업포럼에 참가할 수 있는 사람만을 모두 고르면?

[△△시 청년 창업포럼 참가자 모집]

□ 사업 취지
- 청년 기업가 및 예비 청년 창업가에게 강연과 투자 네트워킹을 제공하여 △△시 청년 기업 활성화하기 위함

□ 참가 자격
- 신청 내역에 따라 아래의 자격요건에 부합하는 사람
  1) 예비 청년 창업가
     - 만 39세 이하에 해당하는 △△시 거주자 또는 △△시 소재 대학교 재학생
  2) 청년 기업가
     - 평균 매출액이 1,000억 원 이하인 법인의 대표자로, 만 39세 이하에 해당하는 사람
     ※ 단, 업종이 교육 서비스업인 경우에는 평균 매출액이 400억 원 이하여야 함

[상황]

다음은 △△시 청년 창업포럼에 참가를 신청한 甲~戊에 대한 정보이다.

구분	신청 내역	연령	소속(직위)	거주지	소속 법인 정보	
					업종	매출액(억 원)
甲	예비 청년 창업가	만 33세	A법인(근로자)	△△시	교육 서비스업	1,500
乙		만 26세	◇◇시 소재 B대학교 (재학생)	♡♡시	—	
丙	청년 기업가	만 37세	C법인(대표)	△△시	건설업	900
丁		만 41세	D법인(대표)	△△시	도매업	500
戊		만 38세	E법인(임원)	♧♧시	교육 서비스업	350

① 甲, 丙　　　② 甲, 戊　　　③ 乙, 丁　　　④ 甲, 丙, 戊　　　⑤ 乙, 丙, 丁

40 다음은 □□국의 전세자금 대출 제도에 대한 자료이다. 자료와 [상황]을 근거로 판단할 때, 갑이 선택할 주택과 월 부담액을 바르게 짝지은 것은?

□□국은 청년들의 주거 비용 부담을 완화하기 위해 전세자금 대출 제도를 운용하고 있다. 전세자금 대출 제도를 이용하고자 하는 갑은 △△시 내에 위치한 주택 A와 △△시 외에 위치한 주택 B를 비교하여 매월 지불해야 할 부담액(대출받은 전세자금에 대한 이자와 출퇴근에 소요되는 교통비의 합)이 더 적은 주택을 선택하고자 한다.

[□□국 전세자금 대출 제도]

- 대출 한도: △△시 내 주택 3억 원, △△시 외 주택 2억 원 내에서 전세금의 100%
  ※ 전세자금이 대출 한도를 초과하는 경우, 그 초과분에 대해서 시중은행의 일반 대출 제도의 이용이 가능함
- 이율: 연 2.4%

[상황]

갑이 주택 A를 선택하는 경우, 전세자금은 3억 5천만 원이고 출퇴근에 소요되는 월 교통비는 5만 원이다. 갑이 주택 B를 선택하는 경우, 전세자금은 1억 5천만 원이고 월 교통비는 50만 원이다. 한편, 갑은 시중은행에서 연이율 6.0%로 전세자금을 충당할 정도의 대출을 받을 수 있다.

	주택	월 부담액
①	A	800,000원
②	A	900,000원
③	B	700,000원
④	B	800,000원
⑤	B	900,000원

41 다음은 ○○사 주가에 대한 자료이다. 자료를 근거로 판단할 때, 〈보기〉에서 옳은 것만을 모두 고르면?

지난주 ○○사 주가의 요일별 시가와 종가는 다음과 같다.

(단위: 달러)

구분	월	화	수	목	금
시가(1주당)	170	150	170	180	190
종가(1주당)	160	180	160	170	230

투자가 甲, 乙, 丙은 각자의 전략에 따라 지난 한 주 동안 ○○사의 주식에 투자를 했다. 甲~丙 모두 월요일 개장 시에는 ○○사의 주식을 보유하지 않았으며, 세 사람의 투자 전략은 다음과 같다. 세 사람은 총매수액보다 총매도액이 더 클 때 수익을 냈다고 판단하며, 보유한 주식은 수익을 판단할 때 고려하지 않는다.

투자가 甲: 월~목요일 4일간 매일 종가로 100주씩 매수하였고, 금요일에 당일의 시가로 모두 매도하였다.

투자가 乙: 월~금요일 5일간 시가가 종가보다 높은 날에는 종가로 100주를 매수하였고, 시가보다 종가가 높은 날에는 종가로 100주를 매도하였다.

투자가 丙: 월요일에는 매도 및 매수하지 않았고, 화요일부터 금요일까지는 전날의 종가보다 당일의 시가가 높으면 보유한 모든 주식을 시가로 매도하였고, 전날의 종가보다 당일의 시가가 낮으면 시가로 200주를 매수하였다. 단, 전날의 종가보다 당일의 시가가 높은데 매도할 주식이 없는 날에는 매도하지 않았다.

〈보기〉

ㄱ. 세 사람 모두 주식을 매수한 날이 있었다.
ㄴ. 화요일 장 종료 후에 가장 많은 주식을 보유한 사람은 乙이었다.
ㄷ. 수요일 장 종료 후에 주식 투자로 수익을 낸 사람은 없었다.
ㄹ. 금요일 장 종료 후에 세 사람 모두 주식 투자로 수익을 냈다.

① ㄱ, ㄷ   ② ㄱ, ㄹ   ③ ㄴ, ㄷ   ④ ㄴ, ㄹ   ⑤ ㄱ, ㄷ, ㄹ

42 다음은 □□국의 전기요금에 대한 자료이다. 자료와 [상황]을 근거로 판단할 때, 옳지 않은 것은?

□□국에서는 매월 1일부터 말일까지 사용한 전기에 대해 다음의 기준에 따라 요금을 부과한다.
- 전기요금은 계절과 전압, 사용량 구간에 따라 다르게 부과되며, 요금 부과 기준은 다음과 같다.

구분	적용 시점	사용량 구간	기본요금(원/가구)	전력량 요금(원/kWh)
저압	2023년 5월분 이전	300kWh 이하	910	100
		301~450kWh	1,600	210
		450kWh 초과	7,300	300
	2023년 6월분 이후	200kWh 이하	910	130
		201~400kWh	1,600	215
		400kWh 초과	7,300	310
고압	2023년 5월분 이전	300kWh 이하	730	100
		301~450kWh	1,250	160
		450kWh 초과	6,000	230
	2023년 6월분 이후	200kWh 이하	730	110
		201~400kWh	1,250	180
		400kWh 초과	6,000	250

※ 가구별 전기요금 = 기본요금 + (전력량 요금 × 사용량)

- 사용량이 1,000kWh를 초과하면 기본요금은 최고 사용량 구간과 동일하게 적용되고, 전력량 요금은 저압 750원/kWh, 고압 600원/kWh이다.
- 기본요금과 전력량 요금은 모두 해당 월의 총 전력 사용량이 해당하는 사용량 구간에 따른다.

[상황]

다음은 가구 甲, 乙의 2023년 전력 사용량에 관한 정보이다.

(단위: kWh)

구분	가구 甲(저압)	가구 乙(고압)
4월	250	350
5월	350	450
6월	200	450
7월	850	750
8월	1,100	900

① 가구 乙에 부과된 5월과 6월 전기요금 차이는 45,250원이다.
② 5월 전기요금은 가구 甲이 가구 乙보다 더 많이 부과받았다.
③ 8월 전기요금은 가구 甲이 가구 乙보다 3배 이상 많이 부과받았다.
④ 4월~8월 동안 가구 甲과 가구 乙이 두 번째로 적은 전기요금을 부과받은 달은 다르다.
⑤ 4월~8월 동안 가구 甲과 가구 乙 모두 전력 사용량이 가장 적은 달에 가장 적은 전기요금을 부과받았다.

[43-45] 다음은 냉각 설비, 연료 설비, 흡기·배기 설비의 6월 점검 일지이다. 각 물음에 답하시오. (단, 6월 중 일지에 제시된 날짜 외에 설비를 점검한 날은 없다.)

[6월 점검 일지]

구분		6/4	6/8	6/12	6/16	6/20	6/24	6/28
냉각 설비	누수	V		V		V		V
	냉각 수량		V				V	
	냉각수	V	V	V	V	V	V	V
	라디에이터	V			V			V
연료 설비	연료 누유			V			V	
	연료 탱크	V	V	V	V	V	V	V
	분사 노즐		V		V		V	
	스트레이너		V		V		V	
	유수 분리기			V			V	
흡기·배기 설비	클램프	V				V		
	공기 여과기 엘레멘트		V				V	
	공기 냉각기 에어핀	V		V		V		V
	과급기 배기 라인		V		V		V	

※ 설비 점검을 진행한 날에 'V' 표시를 하며, 설비 항목별 점검 주기는 항상 동일함

43 위 자료를 근거로 판단한 내용으로 가장 적절하지 않은 것은?

① 냉각 설비의 냉각수와 연료 설비의 연료 탱크는 7월 2일에도 점검할 것이다.
② 5월 중 마지막으로 흡기·배기 설비의 공기 냉각기 에어핀을 점검한 날은 28일이다.
③ 냉각 설비의 누수 점검 주기와 연료 설비의 분사 노즐 점검 주기는 서로 동일하다.
④ 냉각 설비의 라디에이터 점검 주기는 연료 설비의 스트레이너 점검 주기보다 4일 더 길다.
⑤ 6월 중 연료 설비의 유수 분리기와 흡기·배기 설비의 과급기 배기 라인 점검일이 같은 날은 하루뿐이다.

44 연료 설비 중 7월 26일에 점검하는 항목으로 가장 올바르게 짝지어진 것은?

① 연료 누유, 연료 탱크, 분사 노즐
② 연료 누유, 연료 탱크, 스트레이너
③ 연료 탱크, 분사 노즐, 스트레이너
④ 연료 탱크, 분사 노즐, 유수 분리기
⑤ 분사 노즐, 스트레이너, 유수 분리기

1회

2회

3회

4회

5회

6회

45 귀하는 운영 비용을 절감하고자 설비 점검일 변경 조건에 따라 7월 한 달간 연료 설비는 점검하지 않고, 냉각 설비와 흡기·배기 설비의 점검 주기를 변경하려고 한다. 다음 중 가장 적절하지 않은 것은?

[설비 점검일 변경 조건]
• 냉각 설비는 7월 4일, 흡기·배기 설비는 7월 12일부터 점검을 시작한다.
• 점검 주기가 4일 이하인 항목은 8일로, 12일인 항목은 16일로 변경한다.

① 7월 12일에 점검하는 항목은 흡기·배기 설비의 항목이 냉각 설비의 항목보다 많다.
② 7월 20일에는 총 6개의 항목을 점검한다.
③ 냉각 설비 중 7월 28일에 점검하는 항목은 누수와 냉각수뿐이다.
④ 흡기·배기 설비의 클램프는 7월 중 두 번 점검한다.
⑤ 7월 중 냉각 설비의 라디에이터를 점검하는 날에 흡기·배기 설비 중 어떠한 항목도 점검하지 않는다.

해커스공기업 휴노형·PSAT형 NCS 기출동형모의고사

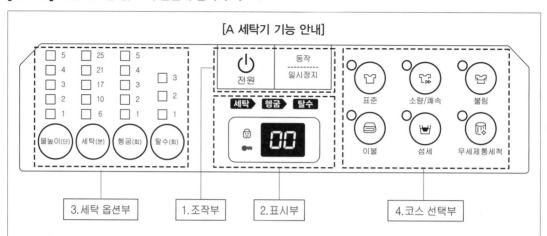

[A 세탁기 기능 안내]

1. 조작부

버튼	설명
 전원	– 전원이 켜진 상태에서 10분 동안 다른 버튼 조작이 없을 경우 자동으로 전원 종료됨 – 동작 완료 후 자동으로 전원 종료됨
동작 ---------- 일시정지	– 세탁 시작 또는 일시정지할 때 또는 세탁 코스 변경 시 사용 – 버튼을 누를 때마다 동작과 일시정지가 반복됨

2. 표시부

명칭	설명
세탁▶ **헹굼▶** **탈수** 진행 표시 기능	– 세탁 진행 과정 표시
어린이 보호 기능	– 어린이 보호 기능 설정 시 해제 전까지 전원 버튼 외에 활성화되는 버튼은 없으며, 전원을 껐다 켜더라도 상태 유지됨 ※ 전원 버튼 3초 이상 누를 경우 기능이 활성화됨
문 잠김 기능	– 동작 중 자동으로 세탁기 문이 잠기며, 램프가 꺼져있을 경우에만 세탁기 문 열 수 있음
00 남은 시간 표시 기능	– 세탁 종료 시까지 남은 시간 표시

3. 세탁 옵션부

버튼	설명
물높이(단)	– 세탁물의 양에 따른 물 높이 설정 가능 – 물 높이는 세탁물량에 따라 자동으로 결정되나 물 높이 조정을 원할 경우 사용 가능 – 물 높이에 따른 세제량은 하기의 내용 참고 물 높이 / 농축세제 / 일반세제 5단 / 70g / 100g 4단 / 50g / 80g 3단 / 35g / 50g 2단 / 20g / 50g 1단 / 20g / 35g ※ 농축세제는 1:1의 비율로 세제를 물에 풀어서 사용
세탁(분)	– 세탁만 할 때 또는 세탁 시간을 조절하고 싶을 때 사용 가능 ※ 최소 6분부터 최대 25분까지 선택 가능
헹굼(회)	– 헹굼만 할 때 또는 헹굼 횟수를 변경할 때 사용 가능 ※ 최대 5회까지 선택 가능하며, 회당 10분씩 소요
탈수(회)	– 탈수만 할 때 또는 탈수 시간을 조절하고 싶을 때 사용 가능 ※ 1회: 9분, 2회: 15분, 3회: 30분 소요

위 물높이 표를 정리하면:

물 높이	농축세제	일반세제
5단	70g	100g
4단	50g	80g
3단	35g	50g
2단	20g	50g
1단	20g	35g

4. 코스 선택부

버튼	설명
👕	– 일반적인 세탁을 해주는 코스 – 빨랫감 양에 따라 물 높이, 세탁, 헹굼, 탈수가 자동 설정됨 구분 / 물 높이 / 세탁 / 헹굼 / 탈수 5kg 이하 / 2단 / 10분 / 2회 / 1회 10kg 이하 / 3단 / 17분 / 3회 / 2회 15kg 이하 / 3단 / 21분 / 3회 / 2회
👕▷▷	– 4kg 이하의 빨랫감을 빠르게 세탁해주는 코스 – 물 높이 2단, 세탁 6분, 헹굼 1회, 탈수 1회로 자동 설정됨
👕	– 찌든 의류에 대해 불림 과정을 추가한 뒤 세탁을 해주는 코스 – 물 높이 3단으로 자동 설정되며, 20분 불림한 뒤 본 세탁 시행됨 ※ 세탁, 헹굼, 탈수는 빨랫감 양에 따라 표준 코스와 동일하게 설정됨
🛏	– 물세탁이 가능한 이불, 담요, 침대커버, 식탁보, 커튼 등을 위한 전용 코스 – 물 높이는 4단으로, 세탁, 헹굼, 탈수는 모두 최대 수치로 자동 설정됨

위 표준 코스 표를 정리하면:

구분	물 높이	세탁	헹굼	탈수
5kg 이하	2단	10분	2회	1회
10kg 이하	3단	17분	3회	2회
15kg 이하	3단	21분	3회	2회

(세탁 아이콘)	– 변형, 또는 손상되기 쉬운 섬세한 의류, 물세탁 표시가 있는 울 소재의 스웨터, 카디건 등을 세탁하는 코스(2kg 이하 권장) – 물 높이 3단, 세탁 10분, 헹굼 1회, 탈수 1회로 자동 설정됨
(세탁조 아이콘)	– 세탁조를 세척하고자 할 때 사용하는 코스(약 100분 소요) – 물 높이는 4단으로 자동 설정되며, 물 높이에 맞춰 물이 모두 받아지면 자동으로 세탁조 청소 시행 ※ 해당 기능 이용과 동시에 세탁, 헹굼, 탈수는 사용 불가함

46 위 자료를 근거로 판단한 내용으로 가장 적절하지 않은 것은?

① 세탁 중에 세탁 코스를 변경하고자 한다면 동작/일시정지 버튼을 누른 후 세탁 코스를 변경하면 된다.
② 빨랫감 양이 동일하다면 불림 코스를 통한 세탁 시간이 표준 코스를 통한 세탁 시간보다 20분 더 길다.
③ 전원을 켠 뒤 10분 이상 어떠한 버튼도 누르지 않으면 전원은 다시 종료된다.
④ 세탁기 동작 시 어린이 보호 기능이 자동으로 활성화되며, 세탁 종료와 동시에 해당 기능은 종료된다.
⑤ 무세제 통세척 코스를 이용하면서 세탁, 헹굼, 탈수 기능을 함께 사용하는 것은 불가능하다.

47 위 자료를 근거로 판단할 때, 5명 중 세탁에 가장 오랜 시간을 소요한 사람을 고르면? (단, 제시된 내용 이외의 상황은 고려하지 않는다.)

민아: 수건 10kg을 표준 코스로 세탁하였다.
정민: 빨랫감 3kg을 소량/쾌속 코스로 세탁하면서 헹굼 1회를 추가하였다.
규영: 찌든 빨랫감 5kg을 불림 코스로 세탁하였다.
오수: 손빨래를 한 수영복 한 벌에 대해 탈수만 3회를 사용하였다.
지란: 레이스 원피스 한 벌을 섬세 코스로 세탁하면서 헹굼과 탈수를 각 2회씩 추가하였다.

① 민아   ② 정민   ③ 규영   ④ 오수   ⑤ 지란

48 ○○기업의 서비스 센터에서 근무하고 있는 정 사원은 온라인으로 인입된 고객의 문의 사항에 답변을 남기는 업무를 하고 있다. A 세탁기와 관련하여 고객이 물세탁이 가능한 이불을 빨래하는 방법에 대해 문의했다고 할 때, ㉠~㉣에 들어갈 말을 순서대로 바르게 나열한 것은?

> 안녕하십니까 고객님.
> 문의하신 사항에 대한 답변 전달 드립니다.
> A 세탁기의 모든 코스 세탁은 무세제 통세척 코스를 제외하고 '세탁, 헹굼, 탈수' 순으로 진행됩니다. 물세탁이 가능한 이불을 빨래하고자 하신다면, 조작부의 전원 버튼을 누른 뒤 (㉠)의 이불 버튼을 누르셔야 합니다. 해당 버튼을 누르게 되면 물 높이는 4단으로, 세탁, 헹굼, 탈수는 모두 최대 수치로 자동 설정됩니다. 만약 자동으로 설정된 사항을 변경하고 싶으시다면 (㉡)의 버튼 중 원하는 옵션을 누르면 설정 사항이 변경됩니다. 이후 (㉢)의 동작/일시정지 버튼을 누름과 동시에 세탁이 시작되며, (㉣)에서 세탁 완료까지 남은 시간을 확인할 수 있습니다.

① 코스 선택부 – 세탁 옵션부 – 표시부 – 조작부
② 코스 선택부 – 세탁 옵션부 – 조작부 – 표시부
③ 코스 선택부 – 조작부 – 세탁 옵션부 – 표시부
④ 세탁 옵션부 – 조작부 – 코스 선택부 – 표시부
⑤ 세탁 옵션부 – 코스 선택부 – 표시부 – 조작부

49 귀하는 A 세탁기로 물세탁이 가능한 울 소재의 스웨터를 세탁하였다. 스웨터의 손상을 최소화할 수 있도록 코스 선택부 중 하나의 코스를 선택하면서 헹굼과 탈수는 1회씩 추가하였다고 할 때, 세탁기에 표시된 사항이 가장 적절한 것은? (단, 스웨터의 무게는 2kg을 넘지 않는다.)

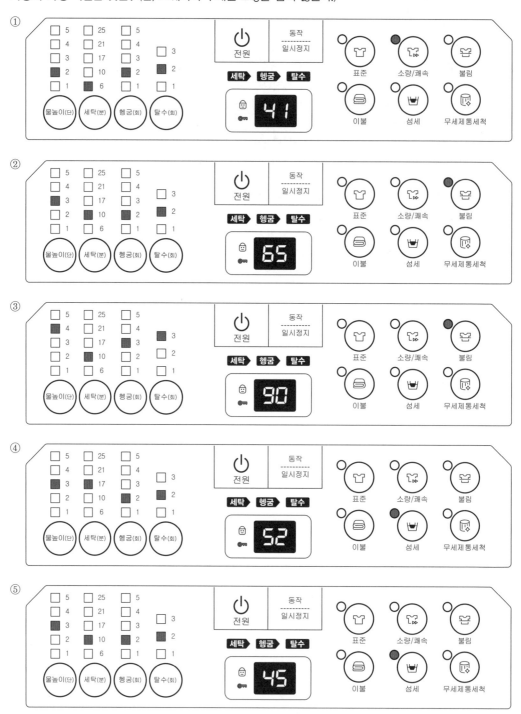

50 ○○기업의 서비스 센터에서 근무하고 있는 김 사원은 고객의 문의에 답변하는 업무를 담당하고 있다. 위 자료를 토대로 판단할 때, ㉠~㉤ 중 김 사원이 고객의 문의에 답변한 내용으로 가장 적절하지 않은 것은?

> 고　　객: 저희 집에 농축세제가 있는데요, 농축세제는 A 세탁기에 사용할 수 없나요?
>
> 김 사원: 네, 고객님. ㉠A 세탁기는 농축세제도 사용 가능한 모델입니다. 다만, 1:1의 비율로 농축세제를 물로 희석한 뒤 사용해야 하는 점 참고해주시기 바랍니다.
>
> 고　　객: 그렇군요. 저는 코스 선택부의 버튼으로만 세탁을 해왔는데요, 자동으로 설정되다 보니 물 높이가 다소 낮은 것 같아요. 물 높이 변경은 어떻게 하나요?
>
> 김 사원: ㉡물 높이 조정을 원하신다면 세탁 옵션부의 물 높이 버튼을 활용하시기 바랍니다. 1단부터 5단 중 원하시는 높이로 설정 가능합니다. 다만, 물 높이가 달라지면 세제량도 달라져야 하므로 이 점 유의하시기 바랍니다.
>
> 고　　객: 세탁을 한 뒤에도 빨랫감에 냄새가 그대로 남아 있는 경우가 있어 헹굼 횟수를 추가하려고 합니다. 헹굼 횟수를 추가하는 방법이 궁금합니다.
>
> 김 사원: ㉢네, 헹굼 횟수를 추가하고자 하신다면 세탁 옵션부의 헹굼 버튼을 이용하시면 됩니다. ㉣최대 3회까지 헹굼 설정 가능하며, 헹굼 회차당 10분씩 소요됩니다.
>
> 고　　객: 무세제 통세척 코스는 무슨 기능인가요? 그리고 이 코스 사용 시 시간은 얼마나 소요되나요?
>
> 김 사원: ㉤네, 무세제 통세척 코스는 세탁조를 세척할 때 사용하는 기능입니다. 물 높이는 4단으로 자동 설정된 뒤 물이 모두 받아지고 나면 세탁조를 청소하게 되며, 소요 시간은 약 100분입니다.

① ㉠　　　　　② ㉡　　　　　③ ㉢　　　　　④ ㉣　　　　　⑤ ㉤

약점 보완 해설집 p.44

무료 바로 채점 및 성적 분석 서비스 바로 가기
QR코드를 이용해 모바일로 간편하게 채점하고 나의 실력이 어느 정도인지, 취약 부분이 어디인지 바로 파악해 보세요!

6회 기출동형모의고사

문제 풀이 시작과 종료 시각을 정하고,
실전처럼 모의고사를 풀어보세요.

___시___분 ~ ___시___분 (총 60문항/60분)

[1] 본 모의고사는 의사소통능력 20문항, 수리능력 20문항, 문제해결능력 20문항, 총 60문항으로 구성되어 있는 모의고사로, 제한 시간은 60분입니다.

[2] 국민건강보험공단, 도로교통공단, 한국도로공사 등의 기업에서 필기시험을 60문항으로 출제하고 있으며, 평균적으로 1문항당 1분 이내에 풀이하셔야 합니다.

   * 단, 세부 출제 영역 및 제한 시간 등은 기업에 따라 차이가 있으므로 시험 응시 전 채용 공고를 확인해야 합니다.

[3] 본 교재 마지막 페이지에 있는 OMR 답안지와 해커스잡 애플리케이션의 모바일 타이머를 이용하면 더욱 실전처럼 모의고사를 풀어볼 수 있습니다.

[01 - 02] 다음 글을 읽고 각 물음에 답하시오.

아이 돌봄 서비스란 국가가 일정 시간 동안 아이를 돌볼 사람이 없는 가정에 아이 돌보미를 보내 아이의 건강·영양·위생 등을 돌봐주는 서비스를 의미한다. 서비스의 주목적은 육아 부담 감소와 양육 능력 강화로 가족 구성원 모두가 더 좋은 환경에서 지낼 수 있도록 지원하는 것이다. 이 제도는 맞벌이 부부 증가 및 핵가족화로 인해 육아가 점차 어려워지면서 도입되었고, 다양한 수요에 대응할 수 있도록 이용 구분에 따라 총 네 가지 서비스로 나뉘는 것이 특징이다. 가장 일반적으로 이용하는 제도는 보육 시설 등·하원 도움 등의 서비스를 제공하는 시간제 돌봄 서비스이며, 기저귀 갈기, 목욕 등 영아 돌봄과 관련된 전반적인 서비스를 제공하는 영아 종일제 돌봄 서비스도 있다. 또한, 사회복지시설 등에서 지내는 아동에게 돌봄 보조 역할을 지원하는 기관 파견 돌봄 서비스와 법정 감염성 질병에 감염된 시설을 이용하는 아동에게 가정 양육을 지원하는 질병 감염 아동 특별 지원 서비스도 있다. 이러한 서비스를 제공하는 아이 돌보미의 경우 그 종류에 따라 자격 사항이 다를 것으로 생각하기 쉽지만 아이 돌보미의 자격은 80시간의 교과 학습과 10시간의 실습으로 통일된 실정이다. 가장 큰 문제는 아이 돌보미 면허를 손쉽게 발급받을 수 있기 때문에 연령대별 아이에 대한 특징이나 육아에 대한 선행 지식이 없더라도 선발될 수 있다는 점이다. 실제로 아이를 방치하거나 폭행하는 등의 사건이 꾸준히 발생하고 있으나 6개월간의 자격 정지 후 바로 복귀할 수 있는 것이 현실이다. 이렇듯 제도의 허술함으로 인해 발생된 문제를 바로잡고자 현재는 아이 돌보미 채용 시 인·적성 검사 도입, 직무 정지 기간 증대와 같은 개선 방안이 마련되었다. 하지만 단순히 새로운 규정을 도입하는 것만으로는 문제가 해결되기 어렵다. 규정 개편을 넘어 아이 돌보미 육성 과정 및 업무 상황에서도 인성을 검증할 수 있는 제도가 마련되어야 한다. 나아가 아이 돌봄 서비스 이용자와 제공자가 서로를 이해하고 공감하는 분위기를 형성해 돌봄 환경이 지속해서 개선되어야 할 것이다.

01 윗글의 주제로 가장 적절한 것은?

① 아동 방치 및 학대가 증가하고 있어 아이 돌보미에 대한 처벌 수위 강화가 시급하다.
② 맞벌이 부부가 늘어나고 있어 육아 활동을 보조하는 아이 돌보미 채용 인원이 확대되어야 한다.
③ 부모가 안심하고 아이를 맡길 수 있도록 아이 돌보미 검증 제도가 점차 개신되어야 한다.
④ 돌봄 선생님을 체계적으로 채용할 수 있도록 아이 돌보미 자격시험 도입이 필요하다.

02 윗글을 읽고 이해한 내용으로 가장 적절한 것은?

① 아이 돌보미가 돌보던 아이를 방치한 사례가 발각되면 아이 돌보미 자격은 영구 박탈된다.
② 아이 돌봄 서비스의 제공 주체는 지방자치단체이다.
③ 아이 돌보미 자격은 종류에 관계없이 교과 학습 80시간과 실습 10시간을 완료하면 얻을 수 있다.
④ 자녀의 어린이집 하원 도움을 받고자 하는 부모는 기관 파견 돌봄 서비스를 이용하면 된다.

모든 인간은 노화를 겪는다. 노화의 대표적인 증상은 뇌 기능이 약해지는 것이며, 이는 인지 부조화 현상뿐 아니라 기억력 감퇴 등으로 이어진다. 특히 65세 이상 노인 중 약 33%는 질병의 영향으로 비정상적인 기억력 감퇴 현상을 겪는다. 경도인지능력장애라는 비교적 가벼운 질환을 얻기도 하는 반면, 이들 중 일부는 '치매'라는 질환과 마주한다. 치매란 뇌에 베타아밀로이드가 쌓이면서 대뇌 신경 세포가 손상되고, 이로 인해 지능, 의지, 기억이 지속해서 상실되는 병이다. 현재 빠른 속도로 진행되고 있는 고령화 추세와 더불어 치매 환자 또한 급격히 증가하고 있는 실정이다. 보건복지부 중앙치매센터에 따르면 2018년 기준 만 65세 이상 노인 인구 중 치매 환자는 약 75만 명으로 추산되었으며 2024년에는 100만 명, 2039년에는 200만 명에 육박할 것으로 예측된다고 한다. 이러한 수치를 바라볼 때, 치매는 조만간 우리 주변에서도 쉽게 찾을 수 있는 질병이 될 것이다. 그러나 최근 치매 관련 인식 조사에 따르면 40%에 달하는 성인남녀가 '가족 중 치매 환자가 발생할 수도 있다는 생각을 단 한 번도 해본 적이 없다'라고 응답했다고 한다. 아직까지 치매에 대한 지식이 부족하고 관심조차 없는 사람이 많은 것이다.

하지만 미래에 닥칠 상황을 고려했을 때, 치매 증상에 대해 정확히 알아둘 필요가 있다. 대다수의 치매 환자는 하루아침에 증상이 발현된다기보다는 시기에 따라 다르게 나타난다. 다량의 베타아밀로이드가 축적되었으나 증세가 없는 무증상 상태부터 시작해 기억력 저하가 나타나는 경도인지능력장애를 거쳐, 상태가 악화되면 중증 치매 증상까지 나타나게 된다. 예를 들어, 65세에 치매 증상이 나타난 사람의 경우 40대부터 뇌에 베타아밀로이드가 쌓여 대뇌가 손상된 다음 10~15년 정도의 긴 시간을 거쳐 치매 증상이 발현된 것으로 본다. 물론, 당뇨병, 고지혈증, 동맥경화증, 고혈압과 같이 뇌혈관에 부담이 되는 위험인자는 치료를 통해 바로잡을 수 있다. 그러나 애초에 뇌를 건강하게 유지하기 위해서는 평소에 베타아밀로이드가 축적되지 않도록 생활습관을 꾸준히 관리해야 한다. 베타아밀로이드는 혈관이 건강하면 배출되기 쉬운 물질이기 때문에 혈관 질환을 유발할 수 있는 서구식 식습관, 흡연, 과한 음주, 운동 부족 등 잘못된 생활습관을 고치는 것만으로도 치매 발병률을 낮출 수 있다. 또한, 스트레스는 뇌혈관을 수축시키는 주범이므로 긍정적인 마음을 갖는 것 역시 중요하다. 치매를 완치하는 치료법은 아직 개발되지 않았지만, 일상생활에서의 사소한 변화로도 미래에 큰 효과를 볼 수 있으니 생활습관 개선을 위한 꾸준한 노력이 필요하다.

03 윗글의 주제로 가장 적절한 것은?

① 당뇨, 고혈압과 같은 질병은 치매를 유발하는 요인이므로 주기적인 건강검진을 통해 조기에 발견될 수 있도록 해야 한다.

② 치매 인식 조사에 따르면 성인 10명 중 4명은 치매가 본인에게 다가오지 않을 일로 치부하는 경향이 있어 인식 개선이 이루어져야 한다.

③ 복지 사각지대에 놓여 있는 노인의 치매 발병률을 낮추기 위해 요양 시설 증설 등 지역사회가 관심을 가져야 한다.

④ 치매를 얻지 않으려면 혈관 건강에 유해한 음주, 편식 등 평상시의 생활습관을 교정하려는 개인의 노력이 필요하다.

04 윗글을 읽고 이해한 내용으로 가장 적절하지 않은 것은?

① 2039년 만 65세 이상 치매 환자는 2018년 만 65세 이상 치매 환자의 2배 이상이 될 것으로 추측된다.

② 뇌혈관 수축 현상은 생활습관에 따라 발생하는 것으로, 스트레스와는 관련이 없는 것으로 밝혀졌다.

③ 치매가 오랜 시간에 걸쳐서 나타난다는 점은 밝혀졌지만, 완치 방법은 알려지지 않은 상황이다.

④ 뇌에 쌓인 베타아밀로이드로 인해 대뇌 신경 세포가 손상될 경우 치매가 발생할 수 있다.

[05-06] 다음 글을 읽고 각 물음에 답하시오.

독일 문학의 거장으로 알려진 괴테는 자신의 실연을 바탕으로 1774년 〈젊은 베르테르의 슬픔〉이라는 소설을 써낸다. 이 소설은 주인공 베르테르가 약혼자가 있는 로테라는 여성을 사랑하게 되지만, 로테가 자신의 사랑을 받아들이지 않자 그녀와의 추억이 깃든 옷을 입고 권총 자살을 한다는 내용을 그리고 있다. 괴테의 소설은 출간 직후 베스트셀러가 되었는데, 유럽의 청년들은 단순히 책을 읽는 것에 그치지 않고 베르테르의 옷차림을 따라하기도 하고 그의 슬픔에 공감하며 자살을 기도하기도 했다고 한다.

여기에서 착안된 '베르테르 효과'는 미국의 자살 연구학자인 데이비드 필립스(David Philips)가 정립한 현상으로, 유명인의 자살이 언론에 보도되고 나면 일반인의 자살이 급격히 증가한다는 것이다. 일종의 모방 자살이라고도 불리는 이 현상은 단순히 유명인이 자살했기 때문에 발생하는 것이 아니라, 유명인의 자살이 언론 매체를 통해 일반인에게 얼마나 노출되느냐가 자살의 발생 정도에 영향을 미치는 것으로 알려졌다. 다시 말해, 언론 매체에서 자살을 반복적으로 보도하면서 일반인으로 하여금 자살을 친숙하고 일반적인 사건으로 여기도록 만들면서 촉발되는 것이다.

베르테르 효과는 일단 유명인의 자살이 있고 난 뒤에 유명인과 자신이 심리적으로 비슷한 처지에 있다고 여기다가 반복적인 언론 보도에 의해 자극을 받게 되면 모방 자살을 시도하는 순서로 이루어진다. 하지만 평소에 심리적 불안감을 갖고 있지 않거나 유명인에게 동화되었던 사람이 아니더라도 언론 보도에 자극을 받아 자살을 문제 해결 수단으로써 여기는 순간 모방 자살을 시도할 수도 있다.

연구자들에 따르면 유명인의 자살이 언론 매체에서 노출된 이후로부터 10일간 자살이 가장 자주 발생하여 베르테르 효과가 극대화된 기간이라고 한다. 특히 자살 사건을 미화하거나 슬픔을 과대 포장하는 등 어쩔 수 없는 선택이었다는 느낌을 전달하면 자살률이 더 높아진다고 한다. 또한, 자살에 대해 객관적으로 분석하기보다 단순하고 정형화된 원인을 실었을 경우에도 자살률 상승에 영향을 미칠 수 있다고 분석하였다. 자살과 관련된 보도는 최소화하는 것이 가장 좋지만, 보도되어야 할 때는 무분별하게 언론에 노출되지 않도록 노력해야 한다.

05 윗글에 나타난 필자의 의견으로 가장 적절한 것은?

① 베르테르 효과는 막을 수 없으므로 자살이 익숙하고 보편적인 사건으로 여겨지게 끊임없이 보도되어야 한다.
② 유명인의 자살은 베르테르 효과를 유발할 가능성이 높으므로 언론 보도를 금지해야 한다.
③ 자살에 대한 보도가 베르테르 효과 발생에 미치는 영향력이 크므로 보도 내용 및 표현에 특히 주의해야 한다.
④ 유명인의 자살 직후에는 베르테르 효과 발생 가능성이 높으므로 보도 시기를 최대한 늦춰야 한다.

06 윗글을 읽고 이해한 내용으로 가장 적절한 것은?

① 유명인의 자살이 언론에 보도된 뒤 약 열흘 간이 베르테르 효과가 가장 크게 나타나는 기간이다.
② 괴테의 〈젊은 베르테르의 슬픔〉은 출간 직후에는 유럽 청년들에게 그다지 주목받지 못하였다.
③ 괴테는 자신이 쓴 소설로 인해 나타난 현상을 보고 베르테르 효과를 정립하였다.
④ 베르테르 효과는 자살한 유명인에게 동화된 사람에게만 나타나므로 언론 보도와는 큰 관련이 없다.

(가) 반타 블랙이 세상에서 가장 어둡게 보일 수 있는 이유는 '탄소 나노 튜브'에 숨어 있다. 반타 블랙의 'VANTA'는 'Vertically Aligned Nano Tube Arrays'의 약자로, 매우 미세한 탄소 나노 튜브를 수직으로 배열했다는 뜻이다. 각각의 탄소 나노 튜브는 직경이 머리카락 한 가닥 굵기의 1만분의 1인 1~10nm에 달할 정도로 매우 가늘다. 수직으로 배열된 탄소 나노 튜브 사이에 빛이 들어가면, 빛은 그 사이에 갇혀서 반사를 반복하며 탄소 나노 튜브에 흡수된다.

(나) 반타 블랙은 과학계뿐만 아니라 순도 100%에 가까운 검은색을 얻게 된 예술계에도 큰 반향을 일으켰다. 그럼에도 전 세계 예술가 중 반타 블랙을 사용할 수 있는 사람은 영국의 미술가 애니시 커푸어 단 한 명이다. 커푸어가 서리 나노시스템스에 거금을 내고 예술적 목적으로 반타 블랙을 사용할 수 있는 독점권을 구매했기 때문이다. 커푸어의 반타 블랙 독점에 대해 표현의 자유를 침해하는 행위라는 비판이 거세지만, 정작 본인은 공정한 계약으로 얻은 권리이므로 문제가 될 것이 없다는 입장이다.

(다) 이러한 원리에 따라 반타 블랙이 대부분의 가시광선을 흡수하기에 물체에 반타 블랙을 칠하면 굴곡이 나타나지 않아 마치 평면처럼 보인다. 서리 나노시스템스의 CTO 벤 젠슨의 설명에 따르면 반타 블랙은 분광기로도 스펙트럼을 알 수 없으며, 가시광선 외의 적외선 영역까지 흡수하기 때문에 레이저 포인터의 빛도 흡수한다. 그리고 질감이 부드럽지만 물에 젖지 않고, 질량과 무게가 거의 없어서 만지면 쉽게 바스러지지만 오히려 충격과 진동이 있는 환경에서는 온전한 상태를 유지할 수 있다.

(라) 사람이 보는 색은 물체에 빛을 비추었을 때 반사된 가시광선의 파장으로, 흰색은 대부분의 빛을 반사해서 하얗게 보이는 반면 검은색은 대부분의 빛을 흡수하여 검게 보인다. 하지만 기존의 검은색은 최대 97~98%의 빛을 흡수하기 때문에 검은색 물체에서도 형태나 음영의 확인이 가능하여 완벽한 검은색이라고 볼 수는 없다. 그러나 2014년에 영국의 서리 나노시스템스가 빛을 99.96%까지 흡수하여 순수한 검은색에 가까운 반타 블랙을 개발하였고, 이로 인해 반타 블랙은 세상에서 가장 어두운 물질이라는 별칭을 얻었다.

(마) 반타 블랙은 고유의 특성 덕분에 다양한 분야에서 활용할 수 있는 소재로 주목받고 있다. 천체망원경은 난반사를 없앨수록 성능이 향상되는데, 반타 블랙을 사용하면 극도의 낮은 반사율로 난반사를 줄여 검출 효율과 감도를 높일 수 있다. 국내 천체망원경의 빛 반사율이 7%, 미국 NASA에서 사용하는 천체망원경의 빛 반사율이 1%인데 반해, 반타 블랙을 칠한 천체망원경은 빛 반사율이 0.04%에 달한다고 한다. 또한, 높은 빛 흡수율을 응용하여 태양열 발전에도 도입될 예정이며, 매우 가볍지만 튼튼하여 우주선과 스마트폰 등의 제작에서도 활용할 수 있다.

07 윗글을 논리적 순서대로 알맞게 배열한 것은?

① (가) – (다) – (라) – (마) – (나)
② (가) – (마) – (다) – (나) – (라)
③ (라) – (가) – (다) – (마) – (나)
④ (라) – (다) – (마) – (가) – (나)

1회

2회

3회

4회

5회

6회

08 윗글을 읽고 이해한 내용으로 가장 적절하지 않은 것은?

① 수직으로 배열된 탄소 나노 튜브 사이로 들어간 빛은 반복된 반사 끝에 그대로 밖으로 튕겨 나온다.
② 미술가 애니시 커푸어는 예술적 목적으로 반타 블랙을 독점적으로 사용할 수 있는 권리를 보유하고 있다.
③ 천체망원경에 반타 블랙을 사용할 경우 난반사가 감소되어 검출 및 감도 측면의 성능을 높일 수 있다.
④ 분광기로도 스펙트럼 분석이 불가능한 반타 블랙은 가시광선은 물론이고 적외선 영역도 흡수한다.

해커스공기업 휴노형·PSAT형 NCS 기출동형모의고사

[09-10] 다음 글을 읽고 각 물음에 답하시오.

저작권이란 저작물을 만든 사람이 자신의 저작물을 소유할 수 있는 법적 권리를 뜻한다. 저작자의 노력과 가치를 인정하고 그의 권리를 보호하기 위해 만들어졌으며, 저작권을 통해 저작자 또는 권리 승계인은 저작물에 대한 자신의 배타적·독점적 권리를 갖게 된다. 저작권은 크게 저작 인격권, 저작 재산권으로 나뉘는데, 우선 저작 인격권은 저작자만 보유하는 고유 권리로 공표권, 성명표시권, 동일성유지권이 포함되는 반면 저작 재산권은 저작물을 재산처럼 쓸 수 있는 권리로 복제권, 전시권, 배포권이 포함된다.

저작권 종류와 관계없이 저작자의 저작권을 보호하고자 만들어진 법이 바로 저작권법이다. 저작권법은 저작자의 권리와 이에 인접하는 권리를 보호하여 저작물의 공평하고 올바른 이용을 추진함으로써 문화·예술·학술 및 관련 산업 발전에 공헌하는 것을 목적으로 한다. 이 법에 따르면 저작자의 승인 없이 저작물을 이용할 경우 형사 처벌을 받을 수 있다. 그뿐만 아니라 원저작물을 영상 제작, 편집, 각색 등 새로운 방식으로 재창조한 창작물을 2차적 저작물이라고 하는데, 이 또한 독자적 저작물로서 원저작물과 동일하게 저작권법의 보호를 받는다.

그런데, 요즘엔 1인 방송이나 유튜브와 같은 새로운 플랫폼이 부상하며 저작권이 어느 범위까지 인정되고 보호받을 수 있는지 불분명해지고 있다. 실제로 인터넷상에서 발생한 저작권 침해 사례 중 약 90%가 유튜브 등의 콘텐츠 플랫폼에서 일어난 것으로 알려졌다. 방송통신위원회는 유튜브의 저작권 침해로 인해 방송 시장이 흔들리고 있다며 시정 방안을 촉구하기도 했다.

이를 해결하고자 최근 문화체육관광부와 한국저작권위원회에서는 1인 창작자가 콘텐츠를 생산하고 공유하는 과정에서 생길 수 있는 저작권 논쟁을 예방하기 위해 '1인 미디어 창작자를 위한 저작권 안내서'를 발간했다. 하지만 결과적으로는 지침서이기 때문에 타인의 저작권을 침해하지 않기 위해서는 1인 창작자 스스로가 저작권에 대한 인식을 높여주기를 바랄 수밖에 없는 실정이다.

일각에서는 4차 산업혁명 시대에 도달하며 수많은 디지털 자료가 생성되는 이 시점에서 모든 저작물에 엄격한 잣대를 들이대는 것이 오히려 창작을 위축시킬 수 있다고 지적한다. 심지어 저작물을 자유롭게 이용해야 한다고 주장하기도 하는 이도 있다. 하지만 저작권이 인정되지 않는다면 자신의 권리를 빼앗기는 것이나 다름없는 셈이다. 시대에 따른 유연한 변화가 필요하지만, 저작자의 정당한 권리를 수호할 수 있도록 개인과 제도적 변화 모두가 필요할 것이다.

09 윗글의 중심 내용으로 가장 적절한 것은?

① 1인 방송에 대한 관심이 커지고 있는 추세에 따라 창작 활동을 독려할 수 있는 정책이 마련되어야 한다.

② 시대적 변화에 발맞추어 저작권 관련 제도 개선 및 저작권에 대한 인식 제고가 이루어져야 한다.

③ 저작권료의 명확한 징수를 위해 영상 저작물 이용 시 지불해야 하는 비용에 관한 법안이 제정되어야 한다.

④ 문화 및 관련 산업 발전 향상을 도모하는 저작권법을 위반할 경우 형사 처벌될 수 있어 주의해야 한다.

10 윗글을 읽고 난 후의 반응으로 가장 적절하지 않은 것은?

① 기영: 인터넷상에서 발생한 저작권 침해 사례 열 건 중 아홉 건이나 유튜브와 같은 콘텐츠 플랫폼에서 발생하다 보니 방송통신위원회에서 대책을 마련해달라고 요구한 것이었네.

② 동욱: 기존 저작물을 변형한 창작물을 2차적 저작물이라고 부르는데, 이 역시 저작권법에 보호를 받는 저작물이기 때문에 허락 없이 사용하면 처벌받을 수 있으니 주의해야 해.

③ 다은: 저작 재산권과 저작 인격권 모두 자신이 만든 콘텐츠를 보호받을 수 있는 권리를 뜻하지만, 저작 인격권의 경우 저작자만 가지고 있는 고유 권리라는 점에서 차이가 있군.

④ 지원: '1인 미디어 창작자를 위한 저작권 안내서'가 발간되면서 혼자서 콘텐츠를 제작하던 사람들이 플랫폼상에서 일으키고 있는 저작권 문제가 해결되었구나.

결핵은 결핵균에 감염되어 나타나는 만성 전염병이다. 결핵은 기원전 7000년경의 화석에서 그 흔적이 발견될 정도로 인류 역사상 가장 많은 사망자를 유발한 질병이다. 최초의 발견은 1882년 세균학자인 로베르트 고흐(Robert Koch)에 의해 결핵의 병원체인 결핵균이 알려지게 되었다. 결핵을 과거에 유행했던 질병 정도로 생각하는 경우도 있지만, 아직까지 결핵은 젊은 연령층 사망의 흔한 원인일 뿐만 아니라 전 세계 인구의 30%가량이 넘는 20억 인구가 걸린 질병에 해당한다.

감염은 결핵 환자로부터 나온 미세한 침방울이나 비말핵 형태의 결핵균이 공기를 타고 인체 속으로 들어가면서 이루어진다. 그러나 결핵균이 침입했다고 증상이 바로 나타나는 것은 아니며, 접촉자의 약 30%가 감염되고 감염자 중 10% 정도만 결핵 환자가 되어 나머지 90%의 감염자는 평생 건강한 상태로 지내게 된다. 다만, 발병자의 50%는 감염된 직후 1~2년 내에 결핵 증상이 발현되고, 그 외에는 인체의 저항력이 약해진 순간 결핵 증상이 나타나게 된다.

결핵균의 증식과 성장에는 산소가 필요하기 때문에 산소가 많은 폐 조직에서 결핵이 잘 나타나며, 이에 따라 감염 환자의 대다수는 결핵균이 폐에 침입해 발생한 폐결핵인 경우가 많다. 하지만 단순히 폐 조직에서만 결핵이 나타나는 것은 아니며 폐 외에도 뼈, 신장, 신경과 같은 신체 대부분의 조직 모두에서 증상이 발현될 수 있다. 결핵의 종류는 결핵균이 감염된 조직에 따라 고관절 결핵, 비뇨생식계 결핵, 소화기계 결핵, 중추신경계 결핵 등으로 구분된다.

결핵균은 인체 속에서 영양분을 섭취하며 매우 천천히 증식하므로 결핵에 걸리게 되면 기운이 없고 발열이나 체중 감소 등의 증상이 확인된다. 이로 인해 감기나 다른 질병 등으로 오인하여 본인이 결핵에 감염되었는지 모르는 경우가 많으며 의사 또한 증상만으로는 결핵을 바로 진단하기 어렵다. 하지만 대개 기침이나 가래, 가슴 통증과 같은 증상이 2주 이상 지속된다면 결핵 검사를 받아보는 것이 좋다.

결핵은 X선 검사를 통해 쉽게 확인되며, 감염 환자는 항결핵제로 치료하는 것이 일반적이다. 항결핵제에는 5개의 군이 있는데, 효과가 빠르고 부작용이 적은 경구용 이소니아지드, 리팜핀 등이 1군, 카나마이신과 같은 주사제가 2군, 레보플록사신과 같은 퀴놀론계 제제가 3군에 해당한다. 그밖에 프론치온아미드, 시클로세린 등의 경구용 제제가 4군이며, 난치성 결핵 치료를 위한 리네졸리드, 클로파지민 등이 5군으로 지정되어 있다. 하지만 치료 시에는 항결핵제에 대한 내성이 생길 수 있어 주로 여러 제제를 동시에 쓰는 편이다.

11 윗글의 제목으로 가장 적절한 것은?

① 세균학자에 의해 밝혀진 질병균의 종류
② 결핵의 발생 원인과 치료제인 항결핵제의 종류
③ 항결핵제를 밝혀낸 학자와 그의 업적
④ 결핵의 발병에 따른 시대별 인류 피해 역사

1회

2회

3회

4회

5회

6회

12 윗글을 읽고 추론한 내용으로 가장 적절하지 않은 것은?

① 인체 내에 산소가 많이 존재하는 환경에 있지 않은 조직이더라도 결핵균에 의해 감염될 수 있다.
② 항결핵제는 내성 발생 가능성이 있어 특정 군의 제제만 처방되지 않고 다양한 제제가 함께 처방된다.
③ 결핵균이 몸속에 침입했다고 하더라도 면역력이 높은 사람은 평생 결핵에 걸리지 않을 수 있다.
④ 결핵 감염 증상은 기침, 가래, 가슴 통증과 같이 비교적 명확하여 감염 환자의 진단이 빠른 편이다.

해커스공기업 휴노형·PSAT형 NCS 기출동형모의고사

[13-14] 다음은 보건복지부에서 제공하는 아동보호서비스 업무 매뉴얼의 일부이다. 각 물음에 답하시오.

1. 아동의 이익을 최우선적으로 고려
   - 아동에 대한 상담, 보호 조치 결정 등 아동보호 전 과정에 걸쳐 아동의 이익을 최우선적으로 고려하여야 함(아동복지법 제2조 제3항)
   - 아동보호는 '시급성'과 '시의 적절성'이 무엇보다 중요함. 긴급한 보호가 필요한 아동이 있는 경우 '선 보호 후 행정 처리' 원칙에 따라 보호(불가피한 사유가 없는 한 즉시 보호 원칙)

2. 원가정 보호를 위해 최대한 노력
   - 아동의 경우 대부분 원가정 안에서 성장할 때 아동의 이익이 가장 잘 충족될 수 있으므로 원가정 보전을 위해 최대한 노력하여야 함
   - 원가정에서 아동이 보호될 수 있도록 지자체 등은 취약 아동(가구) 등 사각지대 발굴을 위해 노력하여야 하며, 발굴된 가구에 대해서는 상담, 복지 급여 및 서비스 연계·지원 등을 통해 가족 해체를 ㉠예방하여야 함
     ※ 보호자가 아동을 아동복지시설 입소나 입양을 희망하는 경우에도 일률적으로 시설 입소나 입양기관 의뢰 등 절차를 진행하기보다는 우선 원가정에서 보호 ㉡가능한 지 여부를 살펴보고, 가능한 경우 최대한 원가정에서 보호될 수 있도록 서비스 연계·지원 등 필요한 조치를 취해야 함

     > 부모 등 보호자 가운데 가족과 관계가 있는 특정 아동양육시설 또는 공동생활가정, 위탁가정 등으로 배치를 요구하는 사례의 경우 보호자의 요구는 아동 배치 시 최대한 고려하되, 반드시 따라야 하는 것은 아님에 유의
     > ☞ 아동의 보호는 최대한 아동의 입장에서 실시되어야 함. 보호자의 요구가 아동의 이익에 부합한다고 인정되는 경우 보호자의 배치 요구를 수용하되, 보호자의 요구가 아동보호에 현저히 부적절하다고 판단되는 경우 아동의 이익에 보다 부합하는 방향으로 보호 조치 결정

   - 아동을 가족의 보호로부터 분리할 때는 가능하다면 일시적이고 최소한의 기간에 한해야 하며, 분리 결정은 주기적으로 ㉢다시 재검토
     - 아동에 대한 분리 보호 시에도 해당 아동이 최대한 조속히 원가정에 복귀할 수 있도록 원가정에 대한 지원은 지속적으로 실시

3. 아동과 보호자의 참여 활성화
   - 아동을 보호 조치하는 경우 보호대상아동의 의사를 존중하여야 하며, 아동 및 보호자가 상담, 아동보호 계획 수립 및 보호 등 모든 과정에 참여할 수 있도록 지원하여야 함
     ※ 다만, 아동복지법 제15조 제4항에 따라 아동의 보호자가 아동학대범죄의 처벌 등에 관한 특례법에 따른 아동학대행위자인 경우 반드시 보호자의 의견을 듣지 않아도 됨
   - 아동에 대한 보호 조치 후 보호자와 연락이 단절되지 않도록 주의

4. 예방적 접근(통합적 서비스 제공)
   - 취약 아동(가구)의 경우 빈곤, 질병, 이혼 등 복합적 욕구가 있는 경우가 대부분임
   - 취약 아동(가구)에 대한 보호 조치 요청이 있는 경우, 단순 신청에 의한 급여 제공에 그치지 않고, 사례관리 등을 통해 아동 및 가구에 대한 위험도를 종합적으로 평가하여 필요한 복지 급여 및 서비스를 통합적으로 제공함
   - 또한, 복지 사각지대 취약계층(단전, 단수, 단가스, 사회보험료 체납 등), 아동학대 정보, 의무교육 미취학 및 장기결석 자료 등 공공 빅데이터를 활용하여 위기 아동을 사전 발굴·예방할 수 있도록 상시적 발굴·예방 체계 구축(e아동행복지원시스템)

5. 수요자의 편의를 최대한 고려
- 보호자 등의 신청 또는 사각지대 발굴 등을 통해 보호대상아동(가구)을 발견한 경우 담당자가 해당 가구를 직접 방문하거나, 통합 상담을 실시하는 등 보호자가 읍·면·동(또는 시·군·구)에 방문을 최소화하는 방안을 강구
- 아동보호를 위해 불가피하게 ㉣여러번 상담 등이 필요한 경우, 보호자 등에게 절차 등을 사전에 설명하여 양해를 구하고, 보호자가 희망하는 시간·장소 등을 최대한 반영
- 또한, 아동을 보호 조치 하는 경우 가족과의 접촉 및 재결합 가능성을 촉진하고 아동의 생활에 대한 훼손 최소화를 위해서 아동이 살아온 가정에서 최대한 가까운 환경에서 보호

※ 출처: 보건복지부, 아동보호서비스 업무 매뉴얼

1회 2회 3회 4회 5회 6회

13 위 자료의 제목으로 가장 적절한 것은?

① 분리 보호가 필요한 아동의 보호 절차
② 아동보호서비스 제공 시 준수해야 할 기본 원칙
③ 보호 조치 결정 시 보호자 요구의 중요성
④ 공공 빅데이터를 활용한 아동보호 체계의 특징

14 위 자료의 ㉠~㉣을 바르게 고쳐 쓴다고 할 때 가장 적절하지 않은 것은?

① 문장의 내용과 어울리지 않는 ㉠을 '촉진'으로 바꿔 쓴다.
② 맥락상 띄어쓰기가 옳지 않은 ㉡은 '가능한지'로 붙여 쓴다.
③ 의미가 중복되는 ㉢을 '다시 검토' 또는 '재검토'로 고쳐 쓴다.
④ 한글 맞춤법 규정에 따라 ㉣은 '여러 번'으로 띄어 쓴다.

[15-16] 다음 보도자료를 읽고 각 물음에 답하시오.

한국농어촌공사는 지진 발생 시 인명 및 재산 피해를 줄일 수 있는 '저수지 긴급 지진-안전성 평가 기술'을 개발하였다. 이 기술은 지진가속도계측기를 설치한 시설에서 지진이 감지될 경우 수 분 내 시설물의 안전성을 평가하여 추가 조치의 필요성을 판단할 수 있는 프로그램이다.

최근 국내 지진발생 횟수뿐만 아니라 규모가 크고 강도가 센 지진이 증가함에 따라 지진에 긴급 대처할 수 있는 과학적인 평가 기술의 개발 및 적용에 대한 필요성이 대두되었다. 과거 한국농어촌공사는 149개소의 저수지에 지진가속도계를 설치하여 지진으로 인한 저수지의 흔들림을 가속도로 나타내는 지진가속도를 수시로 감시하였으나, 지진가속도 감시만으로는 안전성을 즉각적으로 판단하기 어려워 신속하고 체계적인 대응이 어려웠다.

그러나 저수지 긴급 지진-안전성 평가 기술을 적용할 경우 지진 발생 시 계측된 지진가속도 정보를 활용하여 평가지표를 자동으로 분석함으로써 평가 기준에 따른 긴급 지진 안전성 평가를 할 수 있다. 이로 인해 중앙정부 및 시설물 관리자에게 대상 시설물의 긴급안전점검 필요 여부를 신속하고 정확하게 제공할 수 있다. 특히 기존에는 안전관리 기준에 저수지의 구조 및 재료적 특성이 전혀 반영되어 있지 않았으나, 이번 평가 기술 개발로 콘크리트댐과 필댐 각각의 특성이 반영되어 더욱 정확한 안정성 평가가 가능하게 되었다.

이뿐만 아니라 농림축산식품부와 농림식품기술기획평가원은 지진에 대비하여 IoT 기술에 기반한 저수지 붕괴 예·경보 시스템을 개발하였다. 2020년 기준 국내 농업용 저수지는 17,427개소에 달한다. 그러나 그중 약 71%(12,338개소)가 50년 이상 된 노후 저수지일 뿐만 아니라 붕괴 모니터링 시스템이 설치되어 있지 않거나 설치되어 있더라도 경보 발령까지 거쳐야 하는 보고 체계가 많아 오랜 시간이 소요되고, 관리자나 저수지 지역의 주민에게 붕괴 위험에 대한 예·경보를 전달하지 못하는 경우가 많았다.

하지만 저수지 붕괴 예·경보 시스템은 실시간으로 위험을 예측하여 미리 경보를 발령하는 것이 가능하다. 저수지 붕괴 위험을 예측하여 경보하는 시스템은 저수지 안쪽에 설치된 봉 모양의 스마트센서가 전기 신호를 수집 및 분석하고, 저수지 붕괴를 감지하여 계측한 현장 데이터가 알고리즘 설정에 따른 변위속도 기준치에 이를 경우 빠르고 정확하게 위험 정보를 저수지 관리자에게 전달하는 방식으로 진행된다.

개발된 시스템은 적은 비용으로 높은 효율을 낼 수 있어 저수지 붕괴 예·경보 시스템을 통해 저수지 시설물 안전관리 능력 제고에도 크게 기여할 것으로 예상된다. 기존 모니터링 시스템보다 설치 비용을 절반가량 줄일 수 있어 경제적이고, 지중 3m에 설치된 상태로 최소 0.1mm의 지반 변위도 감지할 수 있으며, IoT 통신 환경에서 실시간으로 정보를 수집하고 위험을 감지하여 경보까지 소요되는 시간을 2초 이내로 단축한다.

15 위 보도자료의 제목으로 가장 적절한 것은?

① 4차 산업혁명 기술과 접목한 고효율 지진 저수지 붕괴 모니터링 시스템의 상용화
② 자연재해에 대비한 저수지 긴급안전점검 시스템 및 붕괴 저수지 보수 기술 고안
③ 지진으로 인한 저수지 붕괴 피해 최소화를 목적으로 한 저수지 안전설계 및 저수지 구조 개선
④ 지진에 신속하게 대응하기 위한 저수지 지진 안전성 평가 기술 및 저수지 붕괴 예·경보 시스템 개발

16 위 보도자료를 읽고 이해한 내용으로 가장 적절하지 않은 것은?

① IoT 기술 기반 저수지 붕괴 예·경보 시스템의 개발 이전에는 국내 농업용 저수지의 붕괴를 감시하지 못하거나 빠르게 경보를 발령하는 데 어려움을 겪었다.
② 저수지 긴급 지진–안전성 평가 기술의 개발을 계기로 안전관리 기준이 보완되어 정확도 높은 안전성 평가가 가능해졌다.
③ 저수지에 설치된 지진가속도계를 통해 지진가속도를 항시 감시하는 방법으로 안전성을 즉시 판단할 수 있다.
④ 저수지 붕괴 예·경보 시스템에 따라 저수지 붕괴 위험 정보가 관리자에게 전달되려면 현장 데이터가 변위속도 기준값에 도달해야 한다.

조선은 관리 등용을 위해 유교에 기반을 둔 과거 시험 제도를 운영하였다. 제도 시행의 목적은 관리를 선출하는 데 있었으며, 응시자격은 천민을 제외한 모든 백성에게 주어졌다. 하지만 실질적으로는 교육의 기회를 양반이 거의 독점하였기 때문에 과거 시험은 양반이 관직에 나아가기 위한 통로로 활용되었다. 과거 시험에는 3년마다 정기적으로 치러지는 식년시와 수시로 치러지는 증광시, 별시, 알성시 등이 있었다.

과거 시험은 크게 문관을 뽑는 문과, 무관을 뽑는 무과, 기술관을 뽑는 잡과로 구성되었으며, 주요 관직은 문과를 거쳐야 했으므로 당시 양반 사회에서는 문과를 가장 중시하였다. 문과는 소과(小科)와 대과(大科)로 나뉘어 치러졌는데, 소과는 합격하게 되면 다시 생원이 될 수 있는 생원과와 진사가 될 수 있는 진사과로 구분되었다. 이때, 생원과는 유교 경전의 이해 정도를, 진사과는 시, 산문 등 문장력의 수준을 시험 합격의 척도로 삼았다. 소과의 합격자가 되기 위해서는 자신의 거주지에서 이뤄지는 초시에 합격한 후 한양에서 치르는 복시에 합격해야만 했다.

소과에 합격한 이들은 고등교육기관이자 국립 대학인 성균관에 입학하여 대과를 준비하거나 성균관을 통하지 않고 바로 대과에 응시할 수 있었다. 대과는 소과와 달리 총 세 번의 시험을 진행하는데, 초시에서 200명을 선발하고 복시를 통해 최종 합격자 33명을 가려내었다. 이후 임금 앞에서 세 번째 시험인 전시를 치러 합격자의 순위를 매겼다. 우리가 일반적으로 알고 있는 장원 급제란 말은 전시에서 1등을 차지한 이를 일컫는다.

무과도 문과를 치르는 방식과 크게 다르지 않았지만 소과가 존재하지 않았으며, 초시와 복시를 통해 28명의 최종 합격자를 선발하고 전시를 거쳐 순위를 매겼다. 잡과에는 역과, 의과, 음양과, 율과 네 가지 분야가 있었는데 주로 양반의 서자나 중인 계급에서 응시하는 경우가 많았다. 한편, 꼭 과거 시험에 합격해야만 관료가 되는 것은 아니었으며, 취재나 음서 등을 통해서도 관직을 얻을 수 있었으나 이 경우 요직에 나아가기는 어려웠다고 한다.

조선의 과거 시험은 국가 사회를 이끌어갈 관리 등용을 시험이라는 공정한 제도를 통해 선발한다는 점에 있어서 의의가 있다. 그러나 임진왜란 이후 국가의 기강이 흔들리면서 단속 또한 허술해지고, 여러 부정이 발생하게 되었다. 게다가 사회적 폐단과 함께 다양한 문제가 기승을 부리며 단속을 하거나 문제를 바로잡는 것 또한 어려워졌다. 이에 결국 조선 후기에 이르러 갑오개혁을 통해 근대적인 제도가 도입되면서 과거 시험도 폐지하게 되었다.

17 윗글의 주제로 가장 적절한 것은?

① 조선 시대 과거 시험의 문제점 및 폐지 과정
② 조선 시대 과거 시험이 오늘날 시험에 미친 영향
③ 조선 시대 관리 등용을 위한 제도의 변화 과정
④ 조선 시대 과거 시험의 진행 방법과 의의

1회

2회

3회

4회

5회

6회

18 윗글을 읽고 난 후의 반응으로 가장 적절하지 않은 것은?

① 민혁 : 생원이 되고 싶은 사람이라면 소과를 치를 때 유교 경전과 관련된 시험을 치렀겠네.
② 순미 : 과거 시험은 국가 기강이 무너진 임진왜란 발발 이후부터 시행되지 않았겠군.
③ 지순 : 일반적인 과거 시험을 치르지 않고도 취재나 음서를 통해 관직에 나아가기도 했대.
④ 혁진 : 조선 시대에는 정기적으로 치러지는 식년시 외에도 다양한 형태의 과거 시험이 있었겠어.

해커스공기업 휴노형·PSAT형 NCS 기출동형모의고사

[19-20] 다음 글을 읽고 각 물음에 답하시오.

㉠사회주의는 근대 자본주의 체계에서 발생한 임금 및 노동 착취 등의 사회적·경제적 불평등에 반발하여 대두된 것으로, 개인의 자유 대신 사회 전체의 이익을 중요하게 여기는 사상이다. 사회주의에서 인간은 공동체를 구성하여 사회의 일원으로서 살아가기 때문에 공동체의 이익을 우선시해야 하며, 개인의 자유는 공동체를 위해 통제될 수 있다고 여긴다. 또한, 생산 수단의 공유화, 계획적인 생산, 평등한 분배를 추구하여 누구나 평등한 사회 실현을 목표로 한다. 따라서 사회주의는 재화의 생산보다 생산된 재화를 균일하게 분배하는 데 많은 관심을 갖는다.

사회주의는 산업혁명 이후 자본주의 체계가 완성된 19세기 초부터 본격적으로 등장하는데, 이 사상을 바탕으로 활동한 사람들을 근대 사회주의자라고 지칭한다. 로버트 오웬, 샤를 푸리에, 생 시몽으로 대표되는 근대 사회주의자들은 산업화로 인해 나타나는 자원 낭비, 빈부격차, 대공황 등의 문제들이 자본주의의 기본 원리인 개인주의로 인해 발생한다고 보고 이윤을 목적으로 하는 생산 수단의 사유화와 자유 경쟁을 반대하며 개인주의를 폐지하고 사회주의로 대치할 것을 주장하였다. 이들은 산업사회의 현실을 받아들이고 계급성을 배제한 채 생산 수단의 공유화 및 사회적 관리를 통해 평등하고 자유로운 사회 정의를 실현하고자 하였다. 그러나 이는 구체적인 사회 개혁을 목표로 하는 운동으로 보기는 거리가 있어 독일의 정치학자 카를 마르크스로부터 실현 불가능한 꿈을 주장하는 공상적 사회주의라고 비판받았다.

공상적 사회주의자들의 주장과 차별을 두고자 한 마르크스는, 1848년 공산당 선언에서 사회 문제와 갈등을 해결하기 위해서는 새로운 사회가 필요하다고 강조하며 사회주의를 자본주의에 대항하는 사상으로 제시하였다. 마르크스는 자신이 제시한 사회주의는 자본주의가 유발한 문제점들을 해결할 수 있는 과학적인 체계를 갖추었다고 여겼고, 모순으로부터 대안을 찾은 스스로를 과학적 사회주의라고 지칭하였다. 그리고 자본주의 사회는 노동자 계급인 프롤레타리아를 주체로 하는 계급 투쟁과 혁명으로 인해 필연적으로 사라지고, 최종적으로 모든 사람이 평등한 공산주의 사회가 도래할 것이라고 예언하였다.

여기서 마르크스가 언급한 공산주의는 사회주의와 비슷한 개념으로 여겨져 혼용되는 경우가 많다. 하지만 사회주의가 개인주의를 바탕으로 하는 자본주의의 불합리함을 공동 생산으로 해결하려고 했다면, 공산주의는 공동 생산은 물론이거니와 공동 분배를 원칙으로 공유 재산 제도를 실행하여 개인의 재산을 인정하지 않고 빈부격차를 타파하는 것을 목적으로 한다는 점에서 차이가 있다. 즉, 마르크스는 사회주의 사회를 공산주의 사회의 최종 완성 과정에서 나타나는 과도기적 형태로 여겼으며, 사회주의 사회가 발전하면 결국 공산주의 사회가 된다고 보았다.

한편, 제1차 세계대전의 종전을 전후하여 사회주의와 자본주의가 결합한 민주사회주의가 등장한다. 이는 계급 투쟁과 폭력을 기반으로 하는 마르크스의 공산주의를 반대하고 자본주의로 인해 발생하는 문제점들을 혁명이 아닌 개혁을 통해 점진적이고 합법적으로 해결하는 것을 목표로 하는 사상이다. 공산주의는 자유민주주의를 배격하지만 민주사회주의는 사유 재산을 인정하되, 사회 공동체 전체의 이익과 생존을 위해 국가가 기초 산업과 공공사업 등을 관리하여 균형을 맞춰야 한다고 주장한다. 이는 종래의 사회주의와는 다른 양상을 띠며, 1991년 소련의 붕괴와 함께 몰락의 길을 걷고 있는 공산주의와 달리 현재 여러 나라에서 정당의 이념으로 작용하고 있다.

19 윗글의 중심 화제인 ㉠을 서술하는 방식으로 가장 적절한 것은?

① 예상되는 문제를 분석하고 그에 관한 대안을 제시하고 있다.
② 특정 관점에 입각하여 반대 입장의 주장을 논박하고 있다.
③ 추상적인 개념을 객관적인 대상에 비유하여 이해를 돕고 있다.
④ 대상이 시간의 흐름에 따라 변화하는 양상을 설명하고 있다.

20 윗글을 읽고 이해한 내용으로 가장 적절하지 않은 것은?

① 마르크스는 노동자 계급에 의해 자본주의 사회가 사라지고 공산주의 사회가 올 것이라고 주장하였다.
② 민주사회주의는 자본주의 하의 문제점을 해결하기 위해 공산주의를 전적으로 받아들여야 한다고 피력하였다.
③ 개인보다 사회 전체의 이익을 중요하게 여기는 사회주의에서는 공동체를 위해 개인의 자유가 제한될 수 있다고 여긴다.
④ 공상적 사회주의자들은 빈부격차, 대공황과 같은 산업화의 문제들이 개인주의로 인해 발생한다고 보았다.

[21-22] 다음은 물리보안 시스템 개발 산업별 매출액 및 수출액에 대한 자료이다. 각 물음에 답하시오.

[물리보안 시스템 개발 산업별 매출액]

(단위: 백만 원)

구분	2020년	2021년	2022년
전체	4,246,672	4,421,927	4,599,721
보안용 카메라	1,126,178	1,106,250	1,171,005
보안용 저장장치	907,730	907,487	923,263
CCTV 카메라 부품	411,637	484,766	506,379
물리보안 솔루션	369,542	378,902	419,198
물리보안 주변장비	118,057	161,576	164,153
출입통제 장비	491,656	499,455	505,019
생체인식 보안시스템	284,662	293,378	315,218
경보/감시 장비	213,597	220,715	221,179
기타 제품	323,613	369,398	374,307

[물리보안 시스템 개발 산업별 수출액]

(단위: 백만 원)

구분	2020년	2021년	2022년
전체	1,475,755	1,473,556	1,537,462
보안용 카메라	512,708	516,223	541,936
보안용 저장장치	463,066	441,229	457,908
CCTV 카메라 부품	248,999	174,426	182,749
물리보안 솔루션	126,960	106,278	110,988
물리보안 주변장비	13,880	23,281	22,424
출입통제 장비	28,969	89,732	96,808
생체인식 보안시스템	35,132	22,281	24,203
경보/감시 장비	3,517	469	582
기타 제품	42,524	99,637	99,864

21 다음 중 자료에 대한 설명으로 옳지 않은 것을 모두 고르면?

> ⊙ 제시된 기간 동안 보안용 카메라 매출액에 대한 보안용 카메라 수출액의 비중은 매년 50% 이하이다.
>
> ⓒ 2021년 CCTV 카메라 부품 매출액은 전년 대비 약 17.8% 증가하였고, 같은 해 CCTV 카메라 부품 수출액은 전년 대비 약 28.5% 감소하였다.
>
> ⓒ 제시된 기간 중 물리보안 솔루션 매출액이 처음으로 400,000백만 원을 초과한 해에 물리보안 솔루션 수출액은 전년 대비 4,510백만 원 증가하였다.
>
> ⓔ 2021년부터 2022년까지 출입통제 장비 수출액의 전년 대비 증가량 평균은 같은 기간 출입통제 장비 매출액의 전년 대비 증가량 평균의 5배 이상이다.

① ⊙, ⓔ   ② ⓒ, ⓒ   ③ ⓒ, ⓔ   ④ ⓒ, ⓒ, ⓔ

22 2021년 전체 수출액 대비 물리보안 주변장비 수출액 비중의 전년 대비 증가율은 약 얼마인가? (단, 소수점 둘째 자리에서 반올림하여 계산한다.)

① 77.2%   ② 77.5%   ③ 77.8%   ④ 78.1%

다음은 장래의 인구변동요인 및 인구 추계에 대한 자료이다. 각 물음에 답하시오.

[장래 인구변동요인 추계]

(단위: 천 명)

구분	2020년	2030년	2040년	2050년	2060년
출생아수	292	358	295	240	214
사망자수	323	422	549	709	764
국제 순이동자수	72	37	39	37	36

※ 전년 대비 해당 연도의 인구 변동수 = 출생아수 − 사망자수 + 국제 순이동자수

[성별 장래 인구 추계]

(단위: 천 명)

구분	2020년	2030년	2040년	2050년	2060년
남자	25,946	25,943	25,293	23,639	21,194
여자	25,835	25,984	25,562	24,105	21,644

[장래 인구 추계]

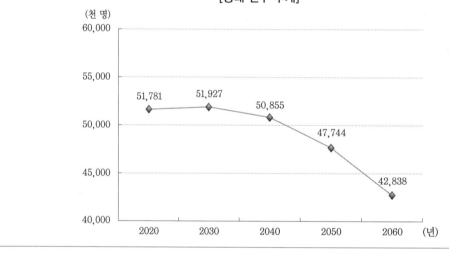

※ 출처: KOSIS(통계청, 장래 인구 추계)

23 다음 중 자료에 대한 설명으로 옳지 않은 것은?

① 2030년의 출생아수와 국제 순이동자수의 합은 사망자수보다 적을 것으로 예상된다.
② 2020년 대비 2060년에 여자의 감소 인구가 남자의 감소 인구보다 많을 것으로 예상된다.
③ 2030년부터 2050년까지 국제 순이동자수의 10년 전 대비 증감 추이는 일정하지 않을 것으로 예상된다.
④ 인구 천 명당 출생아수는 2050년보다 2040년에 더 많을 것으로 예상된다.

1회

2회

3회

4회

5회

6회

24 2021년부터 2029년까지의 전년 대비 인구 변동수가 매년 같다면 한 해에 변동되는 인구수는 약 얼마인가?
(단, 인구수는 소수점 첫째 자리에서 반올림하여 계산한다.)

① 3천 명　　　　② 19천 명　　　　③ 51천 명　　　　④ 105천 명

해커스공기업 휴노형·PSAT형 NCS 기출동형모의고사

[25-26] 다음은 20XX년 음식 및 음료 업종의 프랜차이즈 사업체 수에 대한 자료이다. 각 물음에 답하시오.

[음식 및 음료 업종별 프랜차이즈 사업체 수]

(단위: 개)

구분	사업체 수
한식 음식점업	29,209
외국식 음식점업	7,561
제과점업	7,354
피자, 햄버거, 샌드위치 및 유사 음식점업	11,576
치킨전문점	25,110
김밥, 기타 간이음식점 및 포장 판매점	13,077
생맥주 및 기타 주점업	11,676
커피 및 기타 비알코올 음료점업	17,615

[한식 음식점업, 외국식 음식점업, 제과점업의 좌석 규모별 프랜차이즈 사업체 수]

(단위: 개)

구분	10석 미만	10~19석	20~29석	30~49석	50~99석	100석 이상
한식 음식점업	1,921	3,036	3,547	7,201	10,664	2,840
외국식 음식점업	390	897	1,291	2,272	2,081	630
제과점업	2,923	2,494	1,182	551	173	31

25 다음 중 자료에 대한 설명으로 옳지 않은 것은?

① 제시된 업종 중 프랜차이즈 사업체 수가 11,000개 이상인 업종은 6개이다.

② 외국식 음식점업의 프랜차이즈 사업체 수에서 각 좌석 규모별 프랜차이즈 사업체 수가 차지하는 비중이 치킨전문점과 같다면 좌석 규모가 10~19석인 치킨전문점 프랜차이즈 사업체 수는 2,800개 미만이다.

③ 한식 음식점업, 외국식 음식점업, 제과점업의 좌석 규모별 프랜차이즈 사업체 수를 비교하면 10석 미만 사업체 수는 제과점업이 가장 많지만, 그 외 좌석 규모에서는 한식 음식점업의 사업체 수가 가장 많다.

④ 생맥주 및 기타 주점업과 커피 및 기타 비알코올 음료점업의 프랜차이즈 사업체 수를 합하면 한식 음식점업의 프랜차이즈 사업체 수보다 많다.

26 한식 음식점업의 좌석 규모별 프랜차이즈 사업체 수 중 가장 많은 좌석 규모의 사업체 수가 전체 한식 음식점업 사업체 수에서 차지하는 비중은 약 얼마인가? (단, 소수점 둘째 자리에서 반올림하여 계산한다.)

① 35.9%   ② 36.2%   ③ 36.5%   ④ 39.8%

[27-28] 다음은 장기요양기관의 운영형태에 대한 자료이다. 각 물음에 답하시오.

[장기요양기관 운영형태]

구분		기관 수(개)	단독(%)	병설(%)
전체		21,637	61.7	38.3
급여유형	방문요양	9,782	65.0	35.0
	방문목욕	2,943	36.9	63.1
	방문간호	345	45.5	54.5
	주야간보호	3,183	51.1	48.9
	단기보호	107	14.0	86.0
	노인요양공동생활가정	1,836	77.9	22.1
	노인요양시설(10~29명)	1,614	73.4	26.6
	노인요양시설(30~49명)	741	85.3	14.7
	노인요양시설(50명 이상)	1,086	80.1	19.9
운영 주체	개인	16,381	65.0	35.0
	영리법인	535	56.6	43.4
	비영리법인	4,710	51.0	49.0
	기타	11	0.0	100.0
지역	대도시	8,035	58.3	41.7
	중소도시	7,794	65.2	34.8
	농어촌	5,808	61.8	38.2

※ 출처: KOSIS(보건복지부, 장기요양실태조사)

27 다음 중 자료에 대한 설명으로 옳은 것은?

① 급여유형별 운영형태에서 병설 기관의 비율 대비 단독 기관의 비율이 가장 큰 장기요양기관 유형은 노인요양공동생활가정이다.
② 운영 주체가 개인인 장기요양기관 수는 전체 장기요양기관 수의 75% 미만이다.
③ 지역별 운영형태에서 장기요양기관 수가 가장 많은 지역과 단독 장기요양기관 수가 가장 많은 지역은 같다.
④ 영리법인 장기요양기관 수는 10~29명 규모의 병설 노인요양시설 수보다 많다.

28 급여유형별 운영형태 중 방문요양의 단독 장기요양기관 수와 병설 장기요양기관 수의 차이는 약 얼마인가? (단, 소수점 첫째 자리에서 반올림하여 계산한다.)

① 2,934개　　　② 2,937개　　　③ 2,939개　　　④ 2,941개

[29-30] 다음은 지역별 위험물 취급소 및 저장소에 대한 자료이다. 각 물음에 답하시오.

[지역별 위험물 취급소]

(단위: 개소)

구분	2018년	2019년	2020년	2021년	2022년
전국	25,022	24,976	24,927	24,732	24,644
A	1,021	1,157	1,176	1,159	1,137
B	161	155	162	160	174
C	4,729	4,739	4,769	4,724	4,781
D	1,375	1,368	1,359	1,337	1,334
충청북도	1,592	1,573	1,572	1,579	1,579
충청남도	2,151	2,144	2,157	2,159	2,177
전라북도	1,687	1,670	1,647	1,653	1,646
전라남도	2,446	2,450	2,438	2,425	2,406
경상북도	2,575	2,563	2,568	2,551	2,535
경상남도	1,692	1,671	1,642	1,635	1,628
제주특별자치도	430	424	433	434	423
기타	5,163	5,062	5,004	4,916	4,824

[지역별 위험물 저장소]

(단위: 개소)

구분	2018년	2019년	2020년	2021년	2022년
전국	87,893	87,236	85,970	85,218	84,246
A	2,053	1,974	1,856	1,774	1,672
B	640	604	612	610	598
C	17,914	17,708	17,544	17,398	17,249
D	5,007	5,006	4,962	4,914	4,827
충청북도	5,846	5,864	5,783	5,783	5,807
충청남도	7,328	7,383	7,323	7,320	7,280
전라북도	4,855	4,830	4,750	4,721	4,700
전라남도	8,381	8,309	8,292	8,393	8,372
경상북도	7,786	7,776	7,661	7,635	7,431
경상남도	6,913	6,856	6,579	6,524	6,554
제주특별자치도	1,397	1,386	1,354	1,338	1,319
기타	19,773	19,540	19,254	18,808	18,437

다음 중 자료에 대한 설명으로 옳은 것은?

① 기타를 제외한 지역 중 2019년부터 2022년까지 위험물 취급소 수에서 충청북도와 전년 대비 동일한 증감 추이를 보이는 지역은 총 2개이다.

② 2021년 위험물 저장소 수의 3년 전 대비 감소율은 경상북도가 전라북도보다 크다.

③ 2020년 전국에서 경상남도의 위험물 저장소 수가 차지하는 비중은 전년 대비 감소하였다.

④ 2022년 위험물 취급소 수의 전년 대비 감소량은 전라남도가 제주특별자치도의 2배 이상이다.

30 다음 조건을 모두 고려하였을 때, 제시된 자료의 A~D를 바르게 연결한 것은?

> ㉠ A, B, C, D는 각각 서울특별시, 경기도, 강원도, 세종특별자치시 중 한 가지에 해당한다.
>
> ㉡ 2022년 A~D 4개 지역 중 4년 전 대비 위험물 저장소 수의 감소율이 가장 큰 지역은 서울특별시이다.
>
> ㉢ 2019년부터 2022년까지 경기도 위험물 취급소 수의 전년 대비 증감 추이는 증가, 증가, 감소, 증가이다.
>
> ㉣ 2020년 위험물 저장소 수 대비 위험물 취급소 수는 강원도가 세종특별자치시보다 크다.

	A	B	C	D
①	서울특별시	세종특별자치시	경기도	강원도
②	경기도	서울특별시	강원도	세종특별자치시
③	서울특별시	강원도	경기도	세종특별자치시
④	경기도	강원도	세종특별자치시	서울특별시

[31-32] 다음은 2021년, 2022년 종사자 규모별 클라우드산업 경기 전망에 대해 조사한 자료이다. 각 물음에 답하시오.

[2021년 클라우드산업 경기 전망 조사]

구분	기업 수(개)	올해 경기 전망에 대한 응답					
	소계	매우 부정(%)	부정(%)	보통(%)	긍정(%)	매우 긍정(%)	평균(점)
소계	469	3.6	8.8	56.3	27.5	3.8	3.19
1~9인	98	6.1	12.3	60.2	20.4	1.0	2.98
10~29인	161	1.9	10.5	60.2	25.5	1.9	3.15
30~99인	128	4.7	6.3	58.6	23.4	7.0	3.22
100~299인	51	3.9	5.8	47.1	41.2	2.0	3.32
300인 이상	31	0.0	3.3	29.0	54.8	12.9	3.77

[2022년 클라우드산업 경기 전망 조사]

구분	기업 수(개)	올해 경기 전망에 대한 응답					
	소계	매우 부정(%)	부정(%)	보통(%)	긍정(%)	매우 긍정(%)	평균(점)
소계	580	0.5	6.9	61.2	28.8	2.6	3.26
1~9인	140	1.4	12.9	58.6	25.7	1.4	3.13
10~29인	215	0.0	4.7	67.9	25.1	2.3	3.25
30~99인	139	0.7	5.1	63.3	29.5	1.4	3.26
100~299인	55	0.0	5.5	50.9	40.0	3.6	3.42
300인 이상	31	0.0	6.4	35.5	45.2	12.9	3.65

※ 평균은 매우 부정=1점, 부정=2점, 보통=3점, 긍정=4점, 매우 긍정=5점을 부여한 뒤 응답 비율에 따라 가중평균하여 소수점 셋째 자리에서 반올림한 값임

31 다음 중 자료에 대한 설명으로 옳은 것은?

① 2022년 클라우드산업 경기 전망이 긍정적 또는 매우 긍정적이라고 응답한 기업은 전체 기업의 31.0% 미만이다.

② 2022년 1~9인 기업 중 클라우드산업 경기 전망이 보통이라고 응답한 기업이 모두 긍정적이라고 응답했다면 모든 규모의 기업 중 1~9인 기업의 평균이 가장 높았을 것이다.

③ 2022년 조사에서 클라우드산업 경기 전망이 매우 긍정적이라고 응답한 100~299인 기업이 2021년 조사에서 매우 부정적이라고 응답한 10~29인 기업보다 많다.

④ 2021년 클라우드산업 경기 전망 조사에 대한 평균이 높은 규모의 기업일수록 경기 전망이 매우 긍정적이라고 응답한 비율이 높다.

32 2021년과 2022년에 부정, 보통, 긍정 3가지 항목으로 클라우드산업 경기 전망 조사를 다시 진행하였다. 조사 결과 부정, 보통, 긍정에 응답한 기업은 이전 조사와 동일하였고 이전 조사에서 매우 부정, 매우 긍정으로 응답했던 기업은 각각 부정, 긍정으로 응답했을 때, 다시 진행한 조사에서의 2021년 전체 기업의 평균과 2022년 전체 기업의 평균의 차이는 약 몇 점인가? (단, 각 항목에 대한 가중치는 이전 조사와 동일하다.)

① 0.05점   ② 0.06점   ③ 0.07점   ④ 0.08점

[33-34] 다음은 신문산업별 매출액과 사업체 수에 대한 자료이다. 각 물음에 답하시오.

[신문산업별 매출액]

(단위: 백만 원)

구분	2013년	2014년	2015년	2016년	2017년	2018년
전체	3,588,918	3,497,888	3,663,218	3,651,388	3,769,459	3,807,663
종이신문	3,152,230	3,055,802	3,176,397	3,198,974	3,272,569	3,311,950
일간신문	2,772,917	2,701,173	2,793,819	2,799,329	2,940,826	2,962,982
주간신문	379,313	354,629	382,578	399,645	331,743	348,968
인터넷신문	436,688	442,086	486,821	452,414	496,890	495,713

[신문산업별 사업체 수]

(단위: 개)

구분	2013년	2014년	2015년	2016년	2017년	2018년
전체	3,089	3,646	4,109	4,027	4,225	4,384
종이신문	1,313	1,314	1,342	1,423	1,429	1,484
일간신문	177	171	177	191	197	192
주간신문	1,136	1,143	1,165	1,232	1,232	1,292
인터넷신문	1,776	2,332	2,767	2,604	2,796	2,900

※ 1) 종이신문 매출액 = 일간신문 매출액 + 주간신문 매출액
   2) 종이신문 사업체 수 = 일간신문 사업체 수 + 주간신문 사업체 수

※ 출처: KOSIS(한국언론진흥재단, 신문·잡지산업실태조사)

33 다음 중 자료에 대한 설명으로 옳은 것을 모두 고르면?

> ㉠ 일간신문 사업체 수의 전년 대비 증가량의 평균은 2014~2018년보다 2016~2018년이 더 크다.
> ㉡ 제시된 기간에 종이신문 매출액 중 주간신문의 비중은 매년 15.0% 미만이다.
> ㉢ 2015년부터 2018년까지 신문산업의 전체 사업체 수 대비 전체 매출액은 매년 감소한다.
> ㉣ 2019년 신문산업 전체 매출액이 4,000,000백만 원을 초과하고 신문산업 전체 매출액 중 인터넷신문의 비중이 2018년과 같다면 2019년 인터넷신문 매출액은 최소 530,000백만 원이다.

① ㉠, ㉡　　　　　② ㉢, ㉣　　　　　③ ㉠, ㉡, ㉢　　　　　④ ㉠, ㉡, ㉣

1회

2회

3회

4회

5회

6회

34 다음 중 제시된 자료를 바탕으로 만든 그래프로 옳지 않은 것은?

① 2014~2018년 종이신문 사업체 수

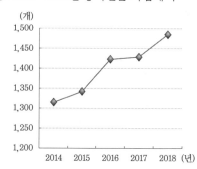

② 2016~2018년 주간 및 인터넷신문 누적 매출액

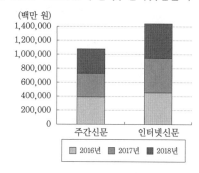

③ 2014~2018년 일간신문 매출액

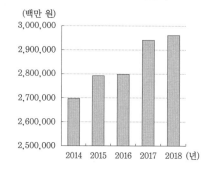

④ 2018년 신문산업 사업체 매출액 비중

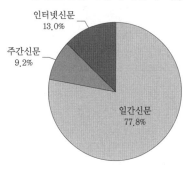

[35-36] 다음은 급성심장정지 발생에 대한 자료이다. 각 물음에 답하시오.

[나이별 급성심장정지 발생 건수]

(단위: 건)

구분	2014년	2015년	2016년	2017년	2018년
전체	30,309	30,771	29,832	29,262	30,539
10세 미만	451	408	418	402	359
10~19세	356	347	338	319	348
20~29세	778	767	738	761	773
30~39세	1,426	1,367	1,287	1,189	1,275
40~49세	2,840	2,778	2,613	2,503	2,524
50~59세	4,824	4,774	4,797	4,516	4,493
60~69세	4,678	4,903	4,862	4,869	5,044
70~79세	7,059	7,255	6,960	6,727	6,999
80세 이상	7,862	8,147	7,803	7,960	8,708
나이 미상	35	25	16	16	16

[연도별 인구 10만 명당 급성심장정지 발생률]

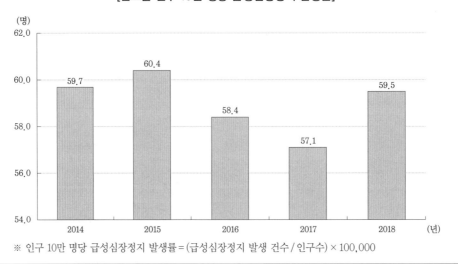

※ 인구 10만 명당 급성심장정지 발생률 = (급성심장정지 발생 건수 / 인구수) × 100,000

※ 출처: KOSIS(질병관리청, 급성심장정지조사)

35 다음 중 자료에 대한 설명으로 옳지 않은 것은?

① 2014년 대비 2018년 인구증가율은 0.7% 이상이다.

② 제시된 기간에 10세 미만 급성심장정지 발생 건수가 가장 적은 해와 80세 이상 급성심장정지 발생 건수가 가장 많은 해는 서로 같다.

③ 2015년부터 2018년까지 70~79세의 급성심장정지 발생 건수의 전년 대비 증감 추이는 인구 10만 명 당 급성심장정지 발생률의 전년 대비 증감 추이와 같다.

④ 2015년부터 2018년까지 전년 대비 전체 급성심장정지 발생 건수가 가장 많이 감소한 해의 감소율은 가장 많이 증가한 해의 증가율보다 크다.

1회 2회 3회 4회 5회 6회

36 전체 급성심장정지 발생 건수에서 80세 이상 급성심장정지 발생 건수가 차지하는 비중은 2018년이 2017년의 약 몇 배인가? (단, 소수점 셋째 자리에서 반올림하여 계산한다.)

① 1.01배   ② 1.03배   ③ 1.05배   ④ 1.07배

해커스공기업 휴노형·PSAT형 NCS 기출동형모의고사

[37 - 38] 다음은 경기도와 강원도의 고혈압 환자의 급여 현황에 대한 자료이다. 각 물음에 답하시오.

[경기도 고혈압 환자의 급여 현황]

구분	2014년	2015년	2016년	2017년	2018년
진료실 인원(천 명)	1,309	1,362	1,432	1,486	1,575
내원일수(천 일)	9,882	10,062	10,348	10,489	10,885
급여일수(천 일)	326,349	340,864	360,400	367,553	389,233
진료비(억 원)	6,156	6,504	7,015	7,325	7,935
급여비(억 원)	4,410	4,654	5,016	5,236	5,678

[강원도 고혈압 환자의 급여 현황]

구분	2014년	2015년	2016년	2017년	2018년
진료실 인원(천 명)	236	240	250	255	261
내원일수(천 일)	1,876	1,893	1,919	1,913	1,948
급여일수(천 일)	58,323	60,315	62,629	61,318	64,770
진료비(억 원)	1,148	1,205	1,284	1,301	1,399
급여비(억 원)	834	875	931	944	1,015

※ 출처: KOSIS(국민건강보험공단, 지역별의료통계)

37 다음 중 자료에 대한 설명으로 옳은 것은?

① 2018년 강원도 고혈압 환자의 급여일수는 3년 전 대비 약 7.4% 증가하였다.
② 2014년 경기도 고혈압 환자의 진료실 인원은 같은 해 강원도 고혈압 환자의 진료실 인원의 약 6.5배이다.
③ 2015년부터 2018년까지 강원도 고혈압 환자의 내원일수는 매년 전년 대비 증가하였다.
④ 경기도 고혈압 환자의 급여비가 처음으로 5천억 원을 넘은 해에 강원도 고혈압 환자의 급여비는 1천억 원을 넘었다.

38 다음 중 제시된 자료를 바탕으로 만든 그래프로 옳은 것은?

① 2016~2018년 고혈압 환자의 누적 급여일수

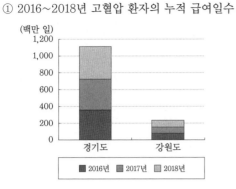

② 강원도 고혈압 환자의 진료실 인원

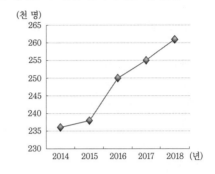

③ 경기도 고혈압 환자의 내원일수

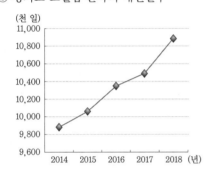

④ 강원도 고혈압 환자의 진료비 및 급여비

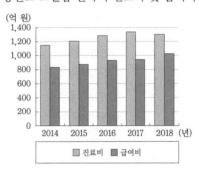

[39-40] 다음은 방송산업 종류별 매출액에 대한 자료이다. 각 물음에 답하시오.

[방송산업 종류별 매출액]

(단위: 백만 원)

구분		2019년	2020년	2021년	2022년
방송산업 총매출액	소계	52,570,694	52,289,089	65,342,138	55,132,489
	방송사업매출액	15,319,484	15,902,325	16,512,173	17,305,675
	기타사업매출액	37,251,210	36,386,764	48,829,965	37,826,814
지상파방송	방송사업매출액	4,100,679	3,998,744	3,683,746	3,796,479
	기타사업매출액	585,275	618,854	616,574	644,360
지상파DMB방송	방송사업매출액	10,773	10,328	11,410	10,393
	기타사업매출액	811	834	529	429
종합유선방송	방송사업매출액	2,259,023	2,169,185	2,130,726	2,089,809
	기타사업매출액	990,783	897,648	917,057	962,080
중계유선방송	방송사업매출액	2,667	2,477	1,992	1,786
	기타사업매출액	2,635	2,458	2,595	2,190
위성방송	방송사업매출액	549,612	565,631	575,388	555,125
	기타사업매출액	76,786	59,495	71,428	102,370
방송채널사용사업	방송사업매출액	6,222,446	6,380,071	6,639,622	6,840,197
	기타사업매출액	5,997,324	4,996,171	5,707,879	4,923,671
IPTV 사업자	방송사업매출액	1,908,798	2,427,660	2,925,123	3,435,828
	기타사업매출액	28,545,262	28,978,954	29,728,206	29,176,364
IPTV 콘텐츠 제공	방송사업매출액	265,486	348,229	544,166	576,058
	기타사업매출액	1,052,334	832,350	11,785,697	2,015,350

※ 방송산업 종류별 매출액 = 방송사업매출액 + 기타사업매출액

39 다음 중 자료에 대한 설명으로 옳지 않은 것은?

① 2020년부터 2022년까지 매년 기타사업매출액이 방송사업매출액보다 큰 방송산업은 2개이다.
② 2019년 매출액 대비 2021년 매출액의 경우 위성방송에서는 증가하고 지상파방송에서는 감소하였다.
③ 제시된 기간에 방송채널사용사업의 기타사업매출액이 방송산업 총 기타사업매출액에서 차지하는 비중은 매년 12.5% 이상이다.
④ 제시된 기간에 지상파DMB방송의 연평균 방송사업매출액은 동일한 기간 중계유선방송의 연평균 방송사업매출액의 4배 이상이다.

1회

2회

3회

4회

5회

6회

40 2019년 매출액 대비 2022년 매출액이 가장 많이 증가한 방송산업의 2022년 매출액은 2019년 매출액 대비 약 몇 % 증가하였는가? (단, 소수점 둘째 자리에서 반올림하여 계산한다.)

① 7.1%　　　　② 8.4%　　　　③ 96.6%　　　　④ 107.1%

해커스공기업 휴노형·PSAT형 NCS 기출동형모의고사

[41 - 42] 다음은 신혼부부 전세임대에 대한 안내문이다. 각 물음에 답하시오.

[신혼부부 전세임대 안내문]

1. 목적
- ○○공사가 해당 주택 소유주와 전세계약을 체결하고 이를 입주대상자에게 재임대함으로써 신혼부부의 거주 안정을 조력하기 위함

2. 신청 안내
- 접수기간 : 20XX. 07. 08.(수) 10:00~20XX. 12. 31.(목) 18:00
- 신청방법 : 청약 홈페이지(apply.lh.or.kr) 내에서 전자공인인증서를 통한 인터넷 청약시스템 이용만 가능하며, 신청 내용에 대한 수정은 신청일 24:00까지 가능함
  ※ 1세대 1주택을 기준으로 공급하며, 중복 신청 시 모든 신청을 무효 처리함

3. 신청자격 및 순위

신청 자격	• 공고일 기준 1~3순위에 해당하는 무주택세대 구성원으로서 월평균 소득액이 전년도 도시근로자 가구원수별 가구당 월평균 소득액의 100% 이하(배우자 소득이 있는 경우 120% 이하)이고, 신혼부부 자산 기준을 충족하는 신혼부부, 예비신혼부부, 한부모가족, 유자녀 혼인가구 ※ 1) 신혼부부 : 신청일 기준 혼인 10년 이내인 사람(혼인은 혼인 신고일 기준) 　 2) 예비신혼부부 : 신청일 기준 혼인 예정인 사람으로 입주일 전일까지 혼인 신고를 하는 사람 　 3) 한부모가족 : 여성가족부장관이 정하는 기준을 충족하는 보호대상 한부모 또는 일반 한부모가족 　　 (만 18세 이하 자녀를 둔 경우로 한정) 　 4) 유자녀 혼인가구 : 1순위에 해당하지 않고, 만 18세 이하 자녀(태아 포함)가 있는 혼인가구(혼인기간 무관)
1순위	• 공고일 기준 임신 중(임신진단서 등으로 확인)이거나 출산(자녀의 출생일 기준) 또는 입양(입양 신고일 기준)하여 미성년(만 18세 이하, 태아 포함) 자녀가 있는 신혼부부, 예비신혼부부, 한부모가족
2순위	• 자녀가 없는 신혼부부, 예비신혼부부
3순위	• 유자녀 혼인가구

4. 소득 및 자산 기준

소득 (월평균 소득액)	구분	2인 가구	3인 가구	4인 가구	5인 가구	6인 가구
	100%	4,739,809원	5,626,897원	6,226,342원	6,938,354원	7,594,083원
	120%	5,255,771원	6,752,276원	7,471,610원	8,326,025원	9,112,900원
자산	총자산가액	해당 가구가 보유하고 있는 총자산가액 합산 기준 28,800만 원 이하				
	자동차가액	해당 가구가 보유하고 있는 개별 자동차가액 2,468만 원 이하				

※ 1) 가구원수는 해당 세대(세대구성원) 전원(태아 포함)을 말함
　 2) 가구의 월평균 소득액은 세전금액으로서 해당 세대(세대구성원)의 월평균 소득액을 모두 합산한 금액임
　 3) 월평균 소득은 전년도 도시근로자 가구원수별 가구당 월평균 소득을 기준으로 함

5. 지원한도액 및 금리
- 지원한도액

구분	금액
지원한도액	수도권 12,000만 원, 광역시 9,500만 원, 기타 도 지역 8,500만 원
입주자부담금	지원한도액 범위 내 5% 보증금, 지원금액에 대한 연 1~2% 이자

※ 실제로 지원받는 대출 금액은 지원한도액 범위 내에서 입주자부담금 중 보증금을 제한 금액임

− 대출 금리 : 지원받는 대출 금액에 따라 연이율이 결정됨

구분	4천만 원 이하	4천만 원 초과 6천만 원 이하	6천만 원 초과
금리	1.0%	1.5%	2.0%

41 위의 안내문을 근거로 판단한 내용으로 옳지 않은 것은?

① 신혼부부가 수도권 전세임대 시 실제로 대출받을 수 있는 금액은 최대 1억 2천만 원이다.
② 신혼부부 전세임대 청약은 전자공인인증서를 이용한 인터넷 신청만 가능하다.
③ 입주 전에 혼인 신고를 할 예정인 부부라면 신청일 기준 부부가 아니더라도 신혼부부 전세임대 신청이 가능하다.
④ 입주자가 부담해야 하는 이자의 비율은 대출받는 금액에 따라 달라진다.

42 다음은 신혼부부 전세임대 자산요건 및 신청자격을 만족한 A~D 네 가구에 대한 정보이다. 위의 안내문을 근거로 판단할 때, 잘못 판단한 것을 모두 고르면? (단, 각 가구의 소득은 신청인과 배우자의 소득 외에는 고려하지 않는다.)

구분	신청인 소득	배우자 소득	임대희망지역	구성원 수	사용 가능 자산
A 가구	250만 원	450만 원	수도권	3명	12,000만 원
B 가구	없음	550만 원	기타 도 지역	6명	8,000만 원
C 가구	450만 원	없음	광역시	4명	10,000만 원
D 가구	220만 원	80만 원	기타 도 지역	2명	5,500만 원

ㄱ A 가구는 신혼부부 전세임대 입주가 불가능하다.
ㄴ B 가구가 사용 가능 자산을 모두 사용하고, 나머지 금액은 대출을 받아 보증금이 1억 4천만 원인 집을 임대한다면 대출 금액에 대한 연이율은 2.0%로 결정된다.
ㄷ C 가구가 보증금이 2억 5천만 원인 집을 전세로 임대하면서 대출 금액에 대한 연이율을 1.0%로 결정받고자 할 경우 추가로 필요한 최소 자금은 1억 원이다.
ㄹ D 가구는 사용 가능 자산을 모두 사용해도 임대희망지역의 보증금이 1억 5천만 원인 집을 임대할 수 없다.

① ㄱ, ㄷ   ② ㄴ, ㄷ   ③ ㄴ, ㄹ   ④ ㄷ, ㄹ

[43~44] 다음은 근로장려금 및 자녀장려금에 대한 안내문이다. 각 물음에 답하시오.

[근로장려금 및 자녀장려금 지원 안내]

1. 개요
   - 근로장려금을 통해 저소득가구의 근로 유인 및 소득을 지원하고 자녀장려금을 통해 저소득가구의 자녀 양육을 지원하기 위함

2. 가구 구분 기준
   - 단독가구 : 배우자와 부양자녀, 70세 이상 부양부모가 없는 가구
   - 홑벌이가구 : 배우자 또는 부양자녀 또는 70세 이상 부양부모가 있는 가구(맞벌이가구 제외)
     ※ 부양자녀 : 만 18세 미만인 자녀에 한함
   - 맞벌이가구 : 신청인의 총급여액과 배우자의 총급여액이 모두 3백만 원 이상인 가구
     ※ 신청인과 배우자 중 한 사람이라도 총급여액이 3백만 원 미만일 경우 홑벌이가구임

3. 지원 안내
   1) 근로장려금
      - 지원대상 : 부부합산 총소득금액이 기준금액 미만이면서 가구원 재산 합계액이 2억 원 미만인 가구
      - 가구 유형에 따른 근로장려금 최대 지급액

구분	기준금액	최대 지급액
단독가구	2,000만 원	150만 원
홑벌이가구	3,000만 원	260만 원
맞벌이가구	3,600만 원	300만 원

   2) 자녀장려금
      - 지원대상 : 부양자녀가 있는 가구 중 부부합산 총소득금액이 기준금액 미만이면서 가구원 재산 합계액이 2억 원 미만인 가구
      - 가구 유형에 따른 자녀장려금 지급액

구분	기준금액	지급액
홑벌이가구	4,000만 원	50~70만 원
맞벌이가구	4,000만 원	50~70만 원

      ※ 지급액은 자녀 1인당 금액임

43 위의 안내문을 근거로 판단한 내용으로 옳지 <u>않은</u> 것은?

① 자녀의 나이가 모두 만 20세 이상인 홀벌이가구의 총소득금액이 3,000만 원이면서 가구원 재산 합계액이 1억 원일 경우 자녀장려금 지원대상에 해당하지 않는다.

② 가구원 재산 합계액이 1억 3천만 원이고, 신청인의 총급여액이 300만 원, 배우자의 총급여액이 200만 원일 때, 부부합산 총소득금액이 3,300만 원이라면 근로장려금 지원대상에 해당하지 않는다.

③ 가구원 재산 합계액이 1억 2천만 원, 부부합산 총소득금액이 3,800만 원인 맞벌이가구의 만 18세 미만 자녀가 2명일 때, 최대로 지원받을 수 있는 자녀장려금은 140만 원이다.

④ 부부합산 총소득금액이 2,800만 원이고 만 20세 자녀만 있는 홀벌이가구의 가구원 재산 합계액이 1억 5천만 원이면 근로장려금 지원대상에 해당하지 않는다.

44 다음은 근로장려금과 자녀장려금을 신청한 A~D 4명의 정보이다. 각자 지원받을 수 있는 장려금의 종류와 그 금액에 대한 설명으로 옳은 것은? (단, A~D 4명의 가구는 모두 가구원 재산 합계액이 2억 원 미만이다.)

구분	총급여액	부부합산 총소득금액	가구원(만 나이)	가구원(총급여액)
신청인 A	1,900,000원	22,000,000원	어머니(68)	없음
신청인 B	3,000,000원	38,500,000원	배우자(45), 아들(18), 딸(17)	배우자(3,200,000원)
신청인 C	3,300,000원	35,000,000원	아버지(72), 어머니(71), 배우자(33)	배우자(1,800,000원)
신청인 D	2,100,000원	29,500,000원	배우자(28), 딸(3)	배우자(3,100,000원)

① 신청인 A의 경우 근로장려금으로 최대 260만 원까지 지원받을 수 있고 자녀장려금은 지원받을 수 없다.

② 신청인 B의 경우 근로장려금은 지원받을 수 없고 자녀장려금으로 최대 140만 원까지 지원받을 수 있다.

③ 신청인 C의 경우 근로장려금으로 최대 300만 원까지 지원받을 수 있고 자녀장려금은 지원받을 수 없다.

④ 신청인 D의 경우 근로장려금으로 최대 260만 원까지 지원받을 수 있고 자녀장려금으로 최대 70만 원까지 지원받을 수 있다.

[45~46] 다음은 ○○카드사의 신용카드 신청 안내문과 사회초년생인 이 사원의 3월 지출 내역이다. 각 물음에 답하시오.

[○○카드사 신용카드 신청 안내문]

1. **신청방법**
   1) 인터넷 발급 신청 : 카드 선택 → 카드 신청 → 발급 심사 → 카드 발급 완료
   2) 영업점 방문 카드 신청 : 영업점 방문 → 카드 선택/신청 → 발급 심사 → 카드 발급 완료

2. **제출 서류**
   1) 실명확인증표 : 주민등록증 또는 운전면허증 사본 제출 필수
   2) 자격확인서류 : 건강보험자격확인서, 근로소득원천징수영수증, 사업자등록증, 부동산 등기부등본 등
      ※ 심사 시 필요에 따라 소득 증빙을 위한 자료를 개별로 통보할 예정

3. **카드 안내**
   1) 카드별 할인 혜택

구분	쇼핑	외식	주유	통신	문화
갑 카드	5% 할인	5% 할인	20% 할인 (월 최대 8천 원)	10% 할인	없음
을 카드	5% 할인	2% 할인	10% 할인	15% 할인 (월 최대 3천 원)	5천 원 할인
병 카드	10% 할인	2% 할인	5천 원 할인	10% 할인	5천 원 할인
정 카드	15% 할인	5% 할인	10% 할인	없음	20% 할인

   2) 할인 혜택 대상 가맹점

구분	할인 혜택 대상 가맹점
쇼핑	A 마트, B 백화점, C 슈퍼 (단, 온라인 몰 제외)
외식	D 레스토랑, E 패스트푸드점, F 양식점, G 한식당
주유	H 주유소, I 에너지
통신	J 통신사, K 통신사, L 통신사
문화	M 영화관, N 영화관

4. **주의사항**
   1) 당사의 신용평점 시스템 및 회원자격 기준에 충족되지 않을 경우 카드 발급 불가
   2) 금융감독원의 '신용카드 발급 및 이용 한도 부여에 관한 모범 기준'에 따라 월가처분소득이 50만 원 미만일 경우 카드 발급 불가
   3) 신용카드 자동발급 제한고객의 경우 고객센터 상담 후에만 영업점 방문을 통해 재심사 신청 가능

[이 사원의 3월 지출 내역]

일자	내역	결제 장소	결제 금액
03. 02.(월)	가족 저녁 식사	F 양식점	130,000원
03. 05.(목)	모니터 집게 2개	P 슈퍼	5,000원
03. 11.(수)	통신 요금	J 통신사	22,000원
03. 12.(목)	영화 관람	N 영화관	20,000원
03. 17.(화)	부모님 선물	A 마트(온라인 몰)	110,000원
03. 19.(금)	자동차 주유	H 주유소	30,000원
03. 24.(화)	점심 식사	G 한식당	15,000원
03. 26.(목)	자동차 주유	I 에너지	50,000원

45 이 사원은 ○○카드사의 신용카드 신청 안내문과 3월 지출 내역을 비교하여 새로운 카드를 발급하고자 한다. 위의 자료를 근거로 판단할 때, 이 사원이 이해한 내용으로 옳지 않은 것은?

① 신용카드 자동발급이 제한된 사람은 고객센터와 상담한 뒤에만 재심사를 요청할 수 있다.
② 3월에 병 카드를 사용했다면 을 카드를 사용할 때보다 900원 더 많은 할인 혜택을 받았을 것이다.
③ 3월에 지출한 내역 중 ○○카드사의 카드로 결제하면 할인 혜택 대상이 되는 결제 장소는 총 6곳이다.
④ 개인 사업장을 운영하는 경우 소득 증빙을 할 수 있는 추가 자료 제출을 요구받을 수 있다.

46 이 사원은 ○○카드사의 신용카드가 할인율을 높여 새롭게 출시되었다는 정보를 받았다. 3월 지출 내역을 토대로 신규 카드를 신청하기로 했을 때, 이 사원이 가장 많은 혜택을 받을 수 있는 카드를 고르면? (단, 할인 혜택 대상 가맹점은 이전에 출시된 신용카드와 동일하다.)

구분	쇼핑	외식	주유	통신	문화
무 카드	10% 할인	10% 할인	25% 할인 (월 최대 1만 원)	없음	5% 할인
기 카드	10% 할인	10만 원 이상 시 1만 원 할인	20% 할인	15% 할인	없음
경 카드	10% 할인	15% 할인	없음	20% 할인	10% 할인
신 카드	20% 할인	10% 할인	10% 할인	15% 할인	10% 할인

① 무 카드   ② 기 카드   ③ 경 카드   ④ 신 카드

[47 - 48] 다음은 소상공인 점포철거비 지원에 대한 안내문이다. 각 물음에 답하시오.

[소상공인 점포철거비 지원 안내]

1. 목적
 - 폐업 시 소요되는 점포철거 및 원상복구 비용을 지원하여 소상공인의 폐업 부담을 완화하기 위함

2. 지원규모
 - 전국 4,500건으로 총 90억 원 상당 지원
   ※ 사업시행연도와 무관하게 점포철거비 지원은 신청인당 1회에 한함
 - 폐업 시 점포철거 및 원상복구 등에 대해 최대 2백만 원 지원
   ※ 사업장 전용면적(평)당 8만 원을 지원하며, 특별재난지역으로 선포된 지역은 전용면적당 지원금 제한을 두지 않음

3. 지원대상: 신청일 기준 아래 자격을 모두 만족하는 소상공인
 - 폐업 예정 또는 기폐업(점포철거비 신청일로부터 6개월 이내에 폐업) 소상공인
 - 임대차계약으로 사업장을 운영하여 임대차계약서 제출이 가능한 소상공인
 - 사업운영기간이 60일 이상인 소상공인
 - 자가건물 사용 등 지원 제외 대상 및 비영리사업자 법인은 제외
   ※ 지원 제외 대상 : 유흥업, 도박업 등 소상공인 정책자금 융자제외 대상 업종
 - 사업장 이전 또는 철거 및 원상복구가 완료된 사업장은 제외

4. 신청방법
 - 공고일로부터 예산 소진 시까지 홈페이지(http://xxxx.or.kr)를 통해 온라인 신청 접수
   ※ 자세한 사항은 홈페이지 내 공고문을 참고 바람

---

47 위의 안내문을 근거로 판단한 내용으로 옳은 것은?

① 점포를 폐업할 때 사용되는 원상복구 비용에 대해서는 소상공인 점포철거비를 지원받을 수 없다.

② 자가건물에서 20평 규모의 매장을 운영하고 있다면 소상공인 점포철거비로 지원받을 수 있는 금액은 160만 원이다.

③ 점포철거비 신청 후 200일 뒤 폐업을 진행한다면 이외의 지원 자격을 모두 만족하는 소상공인이더라도 지원금을 받을 수 없다.

④ 소상공인 정책자금 융자제외 대상인 보건업 관련 업체를 운영하고 있다면 폐업 시 매장 철거비용으로 최대 200만 원을 지원받을 수 있다.

48 다음은 지원 제외 대상이 아닌 업종에 대해 임대차계약으로 사업장을 운영하고 있지만 폐업을 고민 중인 소상공인 갑, 을, 병, 정의 대화이다. 위의 안내문을 근거로 판단할 때, 안내문 내용을 가장 잘 이해하고 있는 사람은? (단, 갑~정 4인의 사업장은 모두 이전 또는 철거 및 원상복구가 완료된 사업장에 해당하지 않는다.)

> 갑: 나는 5년 동안 해온 사업이라 최소 9개월은 더 운영해보고 힘들면 폐업하려고 해. 28평 규모의 사업이니 오늘 지원하면 폐업할 때쯤 점포철거비로 최대 지원 금액인 200만 원을 받게 될 거야.
>
> 을: 18평 규모의 사업을 시작한 지 석 달밖에 되지 않았는데 폐업을 해야 하다니 아쉽네. 오늘 소상공인 점포철거비를 신청하고 넉 달 뒤에 폐업한다면 점포철거비로 144만 원을 지원받겠군.
>
> 병: 나는 지원금을 받아서 한 달 안에 폐업을 진행하고 새로운 사업을 시작하고 싶어. 새로운 사업은 이번 사업과는 다르게 한 달 이상은 유지했으면 좋겠어.
>
> 정: 예산이 소진되면 점포철거비를 지원받을 수 없으니 직접 방문해서 빨리 신청해야겠어.

① 갑　　　　　　② 을　　　　　　③ 병　　　　　　④ 정

[49~50] 다음 글을 읽고 각 물음에 답하시오.

　　과거 우리 선조들은 중국으로부터 제지술을 들여와 종이를 만들었다. 하지만 마와 죽순을 종이의 재료로 사용했던 중국과 달리, 우리나라는 닥나무를 사용하여 종이를 제작하였기 때문에 중국의 당지(唐紙), 일본의 화지(和紙), 서양의 양지(洋紙)와 구분해 한지(韓紙)라 불렀다. 제지술이 언제 우리나라에 들어왔는지 그 시기는 정확히 알 수 없지만, 중국과 일본의 문헌을 통해 삼국 시대에 도입된 것으로 추정되며, 고구려의 담징이 일본에 제지술을 전파했다는 문헌도 남아 있어 당시의 기술 수준은 상당히 높았을 것으로 추측된다. 전통 한지는 재질이 우수하여 국내외에서 그 품질을 매우 높게 평가하였는데, 송나라 손목의 〈계림지(鷄林志)〉에서 '고려의 종이는 윤택이 나고 흰 빛이 아름다워 백추지(白硾紙)라고 불렸다'는 기록을 찾을 수 있고, 〈고반여사(考槃余事)〉에서는 '고려 종이는 누에고치 솜으로 만들어져 종이 색이 비단 같이 희고 질긴데, 글자를 쓰면 먹물을 잘 빨아들여 종이에 대한 애착심이 솟구친다'며 종이의 원료가 비단과 같다고 착각했을 만큼 중국에서도 전통 한지의 명성이 자자하였다. 이와 같이 우리 전통 한지가 세계적인 인정을 받은 이유는 바로 닥나무를 활용한 제지 과정에서 드러나는 선조들의 슬기에 있다.

　　선조들은 가을철에 수확한 닥나무로 만든 한지가 가장 뛰어나다고 생각했다. 가을철의 닥나무에는 리그닌, 펜토신, 홀로 셀룰로오스 성분이 가장 이상적으로 함유되어 있어 이를 알칼리성을 띠는 전통 잿물로 삶아 표백하고, 황촉규(黃蜀葵)라고도 불리는 닥풀을 접착제로 이용하면 천 년이 지나도 열화(劣化)되지 않는 중성지를 제작할 수 있었기 때문이었다. 닥나무의 껍질을 삶는 단계는 선조들이 가장 중요하게 여긴 과정인데, 그 이유는 껍질을 너무 오래 삶거나 조금 덜 삶아도 좋은 종이를 만들 수 없었을 뿐만 아니라, 잘못 삶아진 닥나무 껍질을 다시 삶아서 사용할 수 없다는 것에 있었다. 일단 닥나무의 껍질을 잘 삶고 나면 그 껍질을 모아 흐르는 물에 담가두고 말리는 단계를 거쳤다. 이 단계는 흐르는 물과 햇빛으로 인하여 발생한 과산화수소와 오존으로 닥나무의 껍질을 산화 표백하기 위해서 필요한 과정이었다. 물론, 껍질의 산화 표백처리를 위해서는 날씨도 하나의 중요한 요소로 작용하고 작업에 소요되는 시간도 길었으나, 이를 통해 닥나무의 섬유가 손상되지 않도록 주의를 기울인 것이라 볼 수 있다. 이후 표백된 닥나무의 껍질은 다시 넓적한 돌판 위에 올려져서 떡메로 두드리는 고해(叩解) 단계를 거치며 종이의 원료로 거듭나게 된다. 그리고 나서 원료를 지통(紙筒)에 넣고 닥풀을 함께 넣으면 종이를 뜰 수 있다. 이때 닥풀은 pH 지수가 약 7.0으로 중성일 뿐만 아니라 주성분이 당류로 구성되어 있어 종이를 뜰 때 섬유의 점착을 좋게 하여 강도를 높이는 효과가 있다.

　　이렇게 완성된 종이를 뜬 뒤 가장 마지막으로 도침질을 하면 비로소 전통 방식의 한지가 완성된다. 도침질은 다듬이질을 일컫는데, 건조된 종이를 다듬잇돌에 올려놓고 다듬으면 종이의 조직이 좀 더 치밀해지고 윤기가 나며 표면이 매끄럽고 부드러운 한지를 얻을 수 있다. 특히 도침질은 종이의 강도에 큰 영향을 미쳐서 도침질을 한 종이와 그렇지 않은 종이를 비교해보면 도침질을 한 후 종이의 파열(破裂) 강도가 이전보다 20% 정도 높아지며, 인열(引裂) 강도 역시 이전보다 30% 정도 상승하는 것으로 나타났다. 이렇듯 한지가 지닌 가장 큰 특징이자 장점인 높은 강도를 바탕으로 하는 보존력에 대해 여러 연구자가 주목하고 있다. 우리가 현재 일반적으로 사용하는 펄프 기반의 종이는 강한 산성을 띤다. 종이의 산성도가 높을 경우 오랜 세월이 지나면서 서서히 가수분해로 종이가 부식될 수 있으며, 전통 방식을 따르지 않고 펄프를 섞어 만든 한지 역시 동일한 현상이 나타날 수 있다. 연구자들이 한지에 관심을 갖는 이유는 한지 제작 기술의 우수한 점을 바탕으로 다양한 분야와 접목하여 새로운 기술을 개발할 수 있다는 점에 있다. 제지공업과 접목하여 장판지, 도배지 등 보존력이 우수한 상품을 만들 수 있으며, 의류 분야와 접목하여 아토피 질환을 억제하는 섬유 개발 등에 응용할 수 있다. 게다가 단순히 상품 제작을 넘어서 첨단기술과 결합하여 전통 방식으로 한지를 대량생산할 수 있게 된다면 한지는 한국을 대표하는 하나의 브랜드로서 세계 문화 상품으로 자리 잡을 수 있을 것이다.

49 윗글을 근거로 판단한 한지 제조 과정에 대한 설명으로 옳지 않은 것은?

① 과산화수소와 오존에 의해 표백된 원료를 만들기 위해서 삶은 닥나무의 껍질을 흐르는 물에 씻고 말린다.

② 닥나무 껍질은 삶아진 정도가 매우 중요하기 때문에 껍질이 조금 덜 삶아졌을 경우에는 이를 다시 삶는다.

③ 가장 질이 좋은 중성지 제작을 위해 리그닌, 펜토신, 홀로 셀룰로오스가 균형 있게 함유된 가을철의 닥나무를 이용한다.

④ 닥나무 껍질을 종이의 원료로 활용하기 위해 껍질을 돌판 위에 올리고 떡메로 두드리는 고해 단계를 진행한다.

50 윗글을 근거로 판단한 내용으로 옳지 않은 것은?

① 고구려의 담징이 일본에 제지술을 알려줬다는 문헌을 통해 삼국 시대의 제지술이 뛰어났을 것이라 예측할 수 있다.

② 한지의 전통 제조 방식을 제지공업에서 응용하면 장기간 보존 가능하고 쉽게 상하지 않는 장판지와 도배지를 만들 수 있을 것이다.

③ 우리나라의 제지술은 중국으로부터 들여온 것이라 알려져 있으나 사용한 원료가 중국의 당지와는 달라 한지라고 불린다.

④ 종이의 산성도가 높으면 세월의 흐름에 따라 부식되는 반면 한지는 어떠한 방식으로 제조되어도 가수분해되지 않는다.

[51-52] 다음 글을 읽고 각 물음에 답하시오.

두드러기란 피부병의 일종으로, 약이나 음식을 잘못 먹거나 환경 변화로 인해 일시적으로 혈액의 혈장 성분이 조직 내에 축적되면서 나타나는 피부 팽창과 발적을 말한다. 대개 피부의 상부 진피에서 발생하여 부풀어 오르거나 가려움증을 동반하는데, 간혹 피부의 하부 진피에서 혈관 부종이 발생하기도 하며 그 경우 가려움보다 통증이 두드러질 때가 많고, 심한 경우 호흡기계, 위장관계, 심혈관계의 증상도 함께 나타날 수 있다. 두드러기는 아주 흔한 피부 질환이기 때문에 전체 인구의 20%가량은 일생을 살면서 한 번 이상은 두드러기를 겪게 된다.

두드러기는 얼굴, 손, 발 등 신체 어느 부위에서나 나타날 수 있는데, 유병(有病) 기간에 따라 급성 두드러기와 만성 두드러기로 구분된다. 6주 미만으로 짧은 시간 갑자기 증상이 나타나는 급성 두드러기는 소아에게서 흔히 관찰되는 질환으로, 음식물 또는 약물에 의한 감염 등이 주원인으로 파악된다. 6주 이상 두드러기 증상이 나타난다면 만성 두드러기로 보는 것이 일반적이다. 주로 성인에게서 관찰되는데, 원인은 명확하지 않으나 특발성이거나 자가면역항체로 인해서도 발생한다. 다만 종류와 관계없이 대부분의 두드러기는 그 원인을 정확히 알 수 없는 경우가 많다. 일부 발생 원인이 파악되는 경우는 압박, 진동, 태양광선 등의 물리적 자극으로 인한 두드러기, 아스피린, 비타민, 인슐린 등 약제로 인한 두드러기, 이스트, 살리실산, 구연산 등의 식품·식품 첨가제로 인한 두드러기, 알코올, 초콜릿, 땅콩 등 음식으로 인한 두드러기 등이며, 이외에도 수면 패턴의 변화, 스트레스, 새집 증후군 등으로 인해 기존에 갖고 있던 두드러기가 악화되거나 새롭게 두드러기가 발생하기도 한다.

두드러기에 대한 진단은 임상 증상으로 판별하는 것이 일반적이다. 급격하게 피부가 부어오름과 동시에 가려움증이 나타나고, 피부의 병리적 변화가 3~4시간이 지난 뒤 사라졌다가 다시 다른 부위에 나타나는지를 확인하게 된다. 특히 증상이 6주가 넘는 기간 동안 악화와 호전을 반복하며 지속된다면 만성 두드러기로 여겨진다. 정확한 진단을 위해서는 병력과 진찰 소견에 근거하여 시행되는 것이 바람직하며, 이로 인해 두드러기의 원인을 파악하고자 다양한 검사가 시행되기도 한다. 알레르기 원인 물질을 찾는 검사의 경우 만성 두드러기 질환을 겪고 있는 성인에게는 큰 도움이 되지 않으나 2세 미만의 소아 환자나 환자 중 음식으로 인한 증상 악화를 경험한 사람이라면 알레르기 피부 반응 등의 검사가 도움이 된다. 음식물 외에 약물과 식품 첨가제도 일부 만성 두드러기 환자의 주요 원인으로 작용할 수 있으므로 병력상 두드러기의 원인으로 의심된다면 이에 대한 피부 시험 및 유발 시험을 시행하게 된다.

한편, 특수 형태의 알레르기를 진단할 때는 판별하고자 하는 알레르기에 따라 다른 검사가 행해져야 한다. 예컨대 피부묘기증은 설압자나 손톱을 이용하여 피부를 긁은 후 10분간 긁힌 선을 관찰하여 피부의 부풀어 오름을 통해 진찰하게 되며, 한랭 두드러기는 얼음 조각을 피부 위에 4분 동안 올려놓았다가 10분 뒤 팽진과 홍반이 나타나는지 여부를 확인하여 진단하게 된다. 또한 콜린성 두드러기는 더운 방에서 땀이 날 때까지 운동을 시키거나 더운물에 반신욕을 하도록 했을 때 15분 이내로 2~3mm가량의 작은 팽진이 나타나는지를 확인하고, 운동 유발성 두드러기 및 아나필락시스(Anaphylaxis)는 일반적인 운동을 시킨 후 수분에서 20분 이내에 두드러기 증상이 나타나는지 여부를 확인하게 된다. 특히 이 두드러기는 팽진이나 홍반이 나타나지 않고 혈압이 떨어져 실신하거나 어지러움을 호소하는 경우도 있다.

두드러기의 치료는 발생 원인이 규명된 경우 해당 원인을 피하고, 만성 두드러기의 경우 악화 원인이 특정되지 않은 환자가 더 많아 증상 조절을 위한 약제 치료가 행해지게 된다. 일차 치료로는 항히스타민제가 주로 활용되며 증상이 완전히 조절되는 최소 용량의 항히스타민제를 적절히 선택하여 규칙적으로 복용해야 한다. 항히스타민제의 증량으로 조절되지 않는 증상은 류코트리엔 억제제, 사이클로스포린 등의 면역억제제, lgE에 대한 단클론항체 등이 고려되며, 급성 두드러기로 인해 빠른 증상 완화가 필요할 때는 일주일 내로 단기간 부신피질 호르몬제가 처방될 때도 있다.

51 윗글을 근거로 판단한 내용으로 옳지 않은 것은?

① 급격한 스트레스 또는 수면 패턴의 변화로 인해 이전엔 없던 두드러기가 갑자기 생겨나기도 한다.

② 두드러기 발생 이후 6주가 넘도록 증상 악화와 호전이 반복된다면 만성 두드러기로 보아야 한다.

③ 피부 하부 진피에서 혈관 부종이 발생한 경우 호흡기계나 심혈관계 증상도 동시에 발현될 수 있다.

④ 급성 두드러기는 성인보다 소아에게서 더 잘 발생하며, 주원인은 자가면역항체로 알려져 있다.

52 윗글을 근거로 판단할 때, 다음 중 두드러기 진단 및 치료 방법을 잘못 이해한 사람은?

> 서준: 급성 두드러기 환자의 빠른 증세 완화를 위해 부신피질 호르몬제를 통한 치료가 이루어질 수 도 있겠군.
>
> 지안: 아나필락시스 검사 후에 팽진이나 홍반 없이 어지러움만 호소한다면 두드러기가 있다고 볼 수 없지.
>
> 하은: 2살 미만의 소아 환자라면 알레르기 피부 반응 검사를 통해 알레르기 원인 물질을 찾을 수 있 겠어.
>
> 도윤: 손톱으로 팔을 긁고 나서 10분 내로 긁힌 자국이 부풀어 오른다면 피부묘기증으로 진단될 수 있어.

① 서준   ② 지안   ③ 하은   ④ 도윤

[53-54] 다음은 건강한 대한민국 1분 영상 공모전에 대한 안내문이다. 각 물음에 답하시오.

[건강한 대한민국 1분 영상 공모전 안내]

1. 공모 주제 : 새로운 정책으로 모든 국민이 평생 건강을 누리는 대한민국의 미래 모습

2. 참가방법
   1) 신청자격 : 대한민국 국민 누구나 신청 가능
   2) 응모기간 및 방법
     – 응모기간 : 20XX. 07. 28.(화)~20XX. 08. 28.(금)
     – 응모방법 : 1분 이내의 영상을 제작하여 개인 계정의 SNS에 등록한 후 온라인 참가신청서를 작성
       하여 전자우편(korea2030@gmail.com)으로 접수

3. 일정 안내
   – 공모 접수(07. 28.~08. 28.) → 서류 심사(08. 31.~09. 04.) → 국민 심사(09. 07.~09. 11.) → 전문
    가 심사(09. 14.~09. 18.) → 최종결과 발표 및 시상(09. 25.)

4. 심사방법
   – 서류 심사 : 제출서류 및 영상 필수 요건 적격/부적격 평가
   – 국민 심사 : 홍보성(SNS 좋아요 수, 조회 수) 심사
   – 전문가 심사 : 작품성, 창의성, 실현성, 활용성 심사
   ※ 1) 이전 심사 점수는 다음 심사 점수에 영향을 미치지 않음
     2) 서류 심사에서 적격 평가를 받은 팀에 한하여 국민 심사가 진행됨
     3) 전문가 심사에서 각 심사 항목에 가중치를 적용하여 합산 점수가 높은 순서대로 수상작을 선정함

5. 시상내역

구분	팀	상금
대상	1팀	200만 원
최우수상	1팀	100만 원
우수상	2팀	각 50만 원

6. 유의사항
   – 본인이 직접 창작한 순수 창작물이어야 함
   – 영상 내에 공모 신청자의 성명, 소속 등의 인적사항은 기재할 수 없는 블라인드 심사로 진행됨
   – 수상작의 경우 출품작 원본을 제출하여야 함
   – 출품작에 사용된 영상 및 배경음악 등은 타인의 저작권을 침해하지 않아야 함
   – 출품 수는 1팀당 1개의 작품으로 제한함
   – 위 유의사항을 하나라도 어겼을 경우 심사대상에서 제외됨

53 A~D 4개 팀의 출품작이 수상작으로 선정되었다. 4개 팀의 심사 항목에 가중치를 적용하기 전 심사 점수가 아래와 같을 때, 옳지 않은 것은? (단, 각 심사 항목의 심사 점수 가중치는 서로 다르다.)

[심사 점수]

구분	홍보성	작품성	창의성	실현성	활용성
A 팀	80점	80점	90점	80점	90점
B 팀	90점	90점	80점	90점	80점
C 팀	90점	90점	90점	80점	80점
D 팀	80점	80점	80점	90점	90점

① A 팀이 대상을 수상하였다면, 활용성이 작품성보다 심사 점수 가중치가 크다.
② B 팀이 대상을 수상하였다면, 실현성이 창의성보다 심사 점수 가중치가 크다.
③ C 팀이 대상을 수상하였다면, 작품성이 활용성보다 심사 점수 가중치가 크다.
④ D 팀이 대상을 수상하였다면, 창의성이 실현성보다 심사 점수 가중치가 크다.

54 위 안내문을 근거로 판단한 내용으로 옳은 것은?

① 공모전에서 시상하는 총상금은 350만 원으로 4개의 작품이 수상작으로 선정된다.
② 영상 내에 공모 신청자의 성명과 소속 등의 인적사항을 필수로 기입하여 영상을 제작하여야 한다.
③ 제출서류 및 영상 필수 요건을 평가한 결과 적합하다고 판정받은 팀은 국민 심사를 받을 수 있다.
④ 60초 이내의 영상으로 제작하여 개인 계정의 SNS에 영상을 업로드하면 공모전에 자동으로 접수된다.

[55~57] 다음 자료를 읽고 각 물음에 답하시오.

　　△△쇼핑몰에서는 개업 1주년을 맞이하여 할인 쿠폰을 제공하는 행사를 계획하였다. △△쇼핑몰의 회원 등급은 VVIP, VIP, Gold, Silver, Bronze로 구분되어 있으나, 쿠폰은 쇼핑몰 회원 중 무작위로 80명을 선정하여 온라인 전용 쿠폰을 발급할 예정이다. 각각의 회원에게 발급되는 쿠폰 번호는 일정한 생성 방식에 따라 만들어지며 당첨된 회원 중 회원 등급이 VVIP 또는 VIP인 회원에게는 온라인 전용 쿠폰과 함께 쿠폰이 발급되었음을 알리는 문자 메시지도 전송할 예정이다.

[쿠폰 번호 생성 규칙]

　　△△쇼핑몰에서 사용할 수 있는 온라인 전용 쿠폰은 ID코드 3자리, 생일코드 4자리, 등급코드 1자리, 순서코드 2자리를 포함하여 총 10자리로 이루어져 있다.

339	ABJH	2	57
ID코드(3자리)	생일코드(4자리)	등급코드(1자리)	순서코드(2자리)

- 각 코드는 일정한 규칙을 통해 구해지며, 계산 방법은 다음과 같다.
  - ID코드: ID 맨 앞 3자리가 숫자일 경우 해당 숫자를 그대로 반영하고, 영문자일 경우 숫자로 변환하여 반영한다.
  - 생일코드: 회원의 생일에 해당하는 월 2자리 일 2자리 총 4자리 숫자를 영문자 A~J 중 하나로 변환하여 반영한다.
  - 등급코드: 회원 등급의 맨 앞 2자리 알파벳을 숫자로 변환하여 합한 값을 반영한다.
    ※ 단, 결괏값이 10 이상일 경우 일의 자리 숫자만 반영한다.
  - 순서코드: 쿠폰 발급 순서에 따라 0부터 1씩 순차적으로 증가된 값을 반영한다.
- 이때, 알파벳과 숫자는 다음과 같은 규칙에 따라 변환된다.

A	B	C	D	E	F	G	H	I	J
K	L	M	N	O	P	Q	R	S	T
U	V	W	X	Y	Z				
1	2	3	4	5	6	7	8	9	0

55　위 자료를 근거로 판단한 내용으로 옳지 않은 것은?

① 쿠폰 번호 순서코드 2자리는 80 이하의 숫자로 구성된다.
② 쿠폰의 등급코드로 나올 수 있는 숫자는 5가지이다.
③ 쿠폰의 4번째 자리에는 A 또는 J만 나올 수 있다.
④ ID가 XQ2VIS인 회원과 4GVE392W인 회원의 ID코드는 같다.

56 △△쇼핑몰에서 선정한 온라인 쿠폰 발급 회원 중 한 명의 회원 정보가 다음과 같을 때, 이 회원이 받은 쿠폰 번호는?

[회원 정보]

ID	생년월일	회원 등급	쿠폰 발급 순서
M3Q1992	1992년 11월 03일	Gold	30번째 발급

① 435JUTM830　　　②437AAIB229　　　③ 337AAJC830　　　④ 337AAJC229

57 △△쇼핑몰에서 온라인 쿠폰을 발급한 회원 중 4인의 쿠폰 번호가 다음과 같을 때, 온라인 전용 쿠폰과 쿠폰이 발급되었음을 알리는 문자를 동시에 받은 회원은 총 몇 명인가?

[4인의 쿠폰 번호]

구분	동현	승혁	성배	호성
쿠폰 번호	148ABBE400	898JDCJ901	192JGAE102	089JBAE203

① 0명　　　② 1명　　　③ 2명　　　④ 3명

[58-60] 다음은 금연치료 건강보험 지원사업에 대한 안내문이다. 각 물음에 답하시오.

[금연치료 건강보험 지원사업]

1. 사업 개요
- 흡연자의 금연 노력을 신속하게 지원하기 위해 '금연치료 건강보험 지원사업'을 실시함
- 한 번 지원 신청 시 8~12주 기간 동안 의료진이 적정한 주기로 니코틴중독 평가 등 금연유지를 위한 상담을 제공하며, 금연치료의약품 또는 금연보조제의 구입비용 지원을 기본으로 함

2. 제공 기관 및 지원대상·기간
1) 제공 기관: 건강보험공단(이하 공단)에 금연치료 지원사업 참여를 신청한 병·의원, 보건소, 보건지소 등의 모든 의료기관
2) 지원대상: 제공 기관에 방문 및 등록한 사람 중 금연치료를 희망하는 모든 흡연자
3) 지원기간
   - 1년에 최대 3번 지원 신청 가능하며, 한 번 지원 신청 시 6회의 진료·상담 제공(흡연자 1인당 1년에 최대 18회 진료·상담 가능)
   - 한 번 지원 신청 시 제공되는 6회의 진료·상담 중 금연을 위해 진행하는 병·의원의 3회차 진료·상담부터 본인부담금 모두 면제(약국 포함)
   - 단, 예정된 다음 진료일로부터 1주 이상 의료기관에서 진료받지 않은 경우 지원 회차 1회 차감

3. 지원내용
1) 금연진료·상담료
   - 의료진이 흡연자의 상태에 따라 적정한 주기로 니코틴중독 평가 등 금연유지를 위한 상담 제공
   - 진료 및 상담 회차에 따라 '최초상담료'와 '금연유지상담료'로 구분하고, 진료형태에 따라 금연진료만 해당하는 '금연단독진료'와 금연진료와 타상병을 한 번에 진료하는 '금연동시진료'로 구분하여 공단에서 80% 지원(본인 부담 20%)

구분	금연단독진료			금연동시진료		
	계	공단	본인	계	공단	본인
최초상담(1회차)	22,830원	18,330원	4,500원	22,830원	19,830원	3,000원
유지상담(2회차)	14,290원	11,590원	2,700원	14,290원	12,490원	1,800원

   ※ 의료급여수급자 및 저소득층(건강보험료 하위 20% 이하)의 경우, 1, 2회차 전액 지원

2) 약국 금연관리료
   - 약국에서 금연치료의약품, 금연보조제 등의 사용 안내 및 복약 지도
   - 금연치료의약품과 금연보조제에 따라 지원 비용이 다르며, 공단에서 80% 지원(본인 부담 20%)

구분	금연치료의약품			금연보조제		
	계	공단	본인	계	공단	본인
약국 금연관리료	8,100원	6,500원	1,600원	2,000원	1,600원	400원

   ※ 의료급여수급자 및 저소득층(건강보험료 하위 20% 이하)의 경우, 1, 2회차 전액 지원

3) 금연치료의약품·금연보조제
   – 제공 기관에서 처방받은 금연치료의약품 및 금연보조제(니코틴패치, 껌, 사탕) 구입 시 비용 지원
   ① 금연치료의약품: 공단에서 약가 상한액의 80%를 지원(본인 부담 20%)

구분		부프로피온	바레니클린
약가 상한액		1정당 530원	1정당 1,100원
본인부담금	건강보험	1정당 100원	1정당 220원
	의료급여/저소득층	–	–

   ※ 의료급여수급자 및 저소득층(건강보험료 하위 20% 이하)의 경우, 금연치료의약품 두 종류 모두 1, 2회차 전액 지원

   ② 금연보조제: 지원액을 초과하는 비용은 본인이 부담

구분		니코틴패치, 껌, 사탕
지원액	건강보험	1일당 1,500원
	의료급여/저소득층	1일당 2,940원

4. 이수 인센티브
   – 이수 조건을 만족한 사람에 한하여 1~2회차 진료·상담에 본인이 부담한 비용의 100% 지급
   – 이수 조건: 6회 금연치료 완료 또는 치료제별 투약일수 만족
   • 부프로피온: 56일 이상 투약 완료
   • 바레니클린: 84일 투약 완료
   • 금연보조제(니코틴패치, 금연껌, 금연사탕): 84일 투약 완료

58 A~D 4명은 금연치료 건강보험 지원사업 안내문을 읽고 금연치료 건강보험 지원사업에 신청하였다. 위의 안내문을 근거로 판단할 때, 4명이 공단으로부터 지원받은 내역으로 옳은 것은?

① 저소득층에 해당하는 A가 4회차 금연진료 시 바레니클린을 처방받았다면 약국에서 몇 개를 구입하더라도 금연치료의약품에 대한 본인부담금이 없다.

② 10주 만에 6회의 금연치료를 모두 받은 B는 처방받은 금연치료의약품을 한 달밖에 투약하지 않아 이수 인센티브를 추가로 제공받지 못했다.

③ 5회차 금연상담을 위해 병원에 방문한 C는 기관지가 좋지 않아 관련 진료와 함께 금연상담도 진행하였고, 금연진료비로는 1,800원을 지불하였다.

④ 2회차 금연상담을 받은 D는 3회차 금연상담을 받기로 한 날에 일이 생겨 방문하지 못하였고, 그로부터 10일 동안 의료기관을 방문하지 않아 1년 동안 금연치료 지원이 중단되었다.

해커스공기업 휴노형·PSAT형 NCS 기출동형모의고사

59 박 씨와 최 씨는 모두 올해 처음으로 금연치료 건강보험 지원사업에 신청하였고, 박 씨는 다른 질병이 없어 금연을 위한 진료만 5회 받았으나 최 씨는 천식치료와 동시에 금연진료를 3회 받았다. 두 명이 금연 진료를 위해 지불해야 하는 금연진료·상담료의 합은? (단, 두 명 모두 의료급여수급자 또는 저소득층이 아니다.)

① 8,000원　　　② 10,000원　　　③ 12,000원　　　④ 14,000원

60 다음은 금연치료 건강보험 지원사업에 참여하고 있는 ◇◇병원에서 같은 날 방문한 4명의 금연진료 내역을 기록한 표이다. 4명 모두 병원 진료 후 바로 약국에서 처방받은 의약품 또는 보조제를 1일 치만 구입한다고 할 때, 진료일에 4명의 환자 개인이 지불해야 할 본인부담금이 바르게 연결된 것은?

[4명의 금연진료 내역]

구분	진료 회차	처방	단독/동시진료	비고
김○○	2회	하루 니코틴패치 1개	단독	2번째 신청, 의료급여수급자
이○○	5회	하루 두 번 바레니클린 1정씩	동시	1번째 신청
송○○	1회	하루 금연사탕 3개	동시	1번째 신청
정○○	3회	하루 두 번 부프로피온 1정씩	단독	1번째 신청, 저소득층

※ 진료 회차는 1년 안에 3번 새로 신청할 때마다 1~6회차로 기록함

[약품 가격]

부프로피온	바레니클린	니코틴패치	금연사탕	금연껌
1정당 400원	1정당 500원	1개당 3,000원	1개당 500원	1개당 300원

① 김○○ - 3,160원
② 이○○ - 3,960원
③ 송○○ - 3,400원
④ 정○○ - 3,300원

약점 보완 해설집 p.56

무료 바로 채점 및 성적 분석 서비스 바로 가기
QR코드를 이용해 모바일로 간편하게 채점하고 나의 실력이
어느 정도인지, 취약 부분이 어디인지 바로 파악해 보세요!

1회 기출동형모의고사

	①	②	③	④	⑤
1	①	②	③	④	⑤
2	①	②	③	④	⑤
3	①	②	③	④	⑤
4	①	②	③	④	⑤
5	①	②	③	④	⑤
6	①	②	③	④	⑤
7	①	②	③	④	⑤
8	①	②	③	④	⑤
9	①	②	③	④	⑤
10	①	②	③	④	⑤

	①	②	③	④	⑤
11	①	②	③	④	⑤
12	①	②	③	④	⑤
13	①	②	③	④	⑤
14	①	②	③	④	⑤
15	①	②	③	④	⑤
16	①	②	③	④	⑤
17	①	②	③	④	⑤
18	①	②	③	④	⑤
19	①	②	③	④	⑤
20	①	②	③	④	⑤

	①	②	③	④	⑤
21	①	②	③	④	⑤
22	①	②	③	④	⑤
23	①	②	③	④	⑤
24	①	②	③	④	⑤
25	①	②	③	④	⑤

1		①	②	③	④	⑤		16	①	②	③	④	⑤
2		①	②	③	④	⑤		17	①	②	③	④	⑤
3		①	②	③	④	⑤		18	①	②	③	④	⑤
4		①	②	③	④	⑤		19	①	②	③	④	⑤
5		①	②	③	④	⑤		20	①	②	③	④	⑤
6		①	②	③	④	⑤		21	①	②	③	④	⑤
7		①	②	③	④	⑤		22	①	②	③	④	⑤
8		①	②	③	④	⑤		23	①	②	③	④	⑤
9		①	②	③	④	⑤		24	①	②	③	④	⑤
10		①	②	③	④	⑤		25	①	②	③	④	⑤
11		①	②	③	④	⑤		26	①	②	③	④	⑤
12		①	②	③	④	⑤		27	①	②	③	④	⑤
13		①	②	③	④	⑤		28	①	②	③	④	⑤
14		①	②	③	④	⑤		29	①	②	③	④	⑤
15		①	②	③	④	⑤		30	①	②	③	④	⑤

31	①	②	③	④	⑤
32	①	②	③	④	⑤
33	①	②	③	④	⑤
34	①	②	③	④	⑤
35	①	②	③	④	⑤
36	①	②	③	④	⑤
37	①	②	③	④	⑤
38	①	②	③	④	⑤
39	①	②	③	④	⑤
40	①	②	③	④	⑤

자르는 선

번호	①	②	③	④	⑤	번호	①	②	③	④	⑤	번호	①	②	③	④	⑤	번호	①	②	③	④	⑤
1	①	②	③	④	⑤	16	①	②	③	④	⑤	31	①	②	③	④	⑤	46	①	②	③	④	⑤
2	①	②	③	④	⑤	17	①	②	③	④	⑤	32	①	②	③	④	⑤	47	①	②	③	④	⑤
3	①	②	③	④	⑤	18	①	②	③	④	⑤	33	①	②	③	④	⑤	48	①	②	③	④	⑤
4	①	②	③	④	⑤	19	①	②	③	④	⑤	34	①	②	③	④	⑤	49	①	②	③	④	⑤
5	①	②	③	④	⑤	20	①	②	③	④	⑤	35	①	②	③	④	⑤	50	①	②	③	④	⑤
6	①	②	③	④	⑤	21	①	②	③	④	⑤	36	①	②	③	④	⑤						
7	①	②	③	④	⑤	22	①	②	③	④	⑤	37	①	②	③	④	⑤						
8	①	②	③	④	⑤	23	①	②	③	④	⑤	38	①	②	③	④	⑤						
9	①	②	③	④	⑤	24	①	②	③	④	⑤	39	①	②	③	④	⑤						
10	①	②	③	④	⑤	25	①	②	③	④	⑤	40	①	②	③	④	⑤						
11	①	②	③	④	⑤	26	①	②	③	④	⑤	41	①	②	③	④	⑤						
12	①	②	③	④	⑤	27	①	②	③	④	⑤	42	①	②	③	④	⑤						
13	①	②	③	④	⑤	28	①	②	③	④	⑤	43	①	②	③	④	⑤						
14	①	②	③	④	⑤	29	①	②	③	④	⑤	44	①	②	③	④	⑤						
15	①	②	③	④	⑤	30	①	②	③	④	⑤	45	①	②	③	④	⑤						

자르는 선

4회 기출동형모의고사

	①	②	③	④	⑤
1	①	②	③	④	⑤
2	①	②	③	④	⑤
3	①	②	③	④	⑤
4	①	②	③	④	⑤
5	①	②	③	④	⑤
6	①	②	③	④	⑤
7	①	②	③	④	⑤
8	①	②	③	④	⑤
9	①	②	③	④	⑤
10	①	②	③	④	⑤
11	①	②	③	④	⑤
12	①	②	③	④	⑤
13	①	②	③	④	⑤
14	①	②	③	④	⑤
15	①	②	③	④	⑤

	①	②	③	④	⑤
16	①	②	③	④	⑤
17	①	②	③	④	⑤
18	①	②	③	④	⑤
19	①	②	③	④	⑤
20	①	②	③	④	⑤
21	①	②	③	④	⑤
22	①	②	③	④	⑤
23	①	②	③	④	⑤
24	①	②	③	④	⑤
25	①	②	③	④	⑤
26	①	②	③	④	⑤
27	①	②	③	④	⑤
28	①	②	③	④	⑤
29	①	②	③	④	⑤
30	①	②	③	④	⑤

	①	②	③	④	⑤
31	①	②	③	④	⑤
32	①	②	③	④	⑤
33	①	②	③	④	⑤
34	①	②	③	④	⑤
35	①	②	③	④	⑤
36	①	②	③	④	⑤
37	①	②	③	④	⑤
38	①	②	③	④	⑤
39	①	②	③	④	⑤
40	①	②	③	④	⑤
41	①	②	③	④	⑤
42	①	②	③	④	⑤
43	①	②	③	④	⑤
44	①	②	③	④	⑤
45	①	②	③	④	⑤

	①	②	③	④	⑤
46	①	②	③	④	⑤
47	①	②	③	④	⑤
48	①	②	③	④	⑤
49	①	②	③	④	⑤
50	①	②	③	④	⑤

자르는 선

해커스잡

5회 기출동형모의고사

성명

1	①	②	③	④	⑤
2	①	②	③	④	⑤
3	①	②	③	④	⑤
4	①	②	③	④	⑤
5	①	②	③	④	⑤
6	①	②	③	④	⑤
7	①	②	③	④	⑤
8	①	②	③	④	⑤
9	①	②	③	④	⑤
10	①	②	③	④	⑤
11	①	②	③	④	⑤
12	①	②	③	④	⑤
13	①	②	③	④	⑤
14	①	②	③	④	⑤
15	①	②	③	④	⑤

16	①	②	③	④	⑤
17	①	②	③	④	⑤
18	①	②	③	④	⑤
19	①	②	③	④	⑤
20	①	②	③	④	⑤
21	①	②	③	④	⑤
22	①	②	③	④	⑤
23	①	②	③	④	⑤
24	①	②	③	④	⑤
25	①	②	③	④	⑤
26	①	②	③	④	⑤
27	①	②	③	④	⑤
28	①	②	③	④	⑤
29	①	②	③	④	⑤
30	①	②	③	④	⑤

31	①	②	③	④	⑤
32	①	②	③	④	⑤
33	①	②	③	④	⑤
34	①	②	③	④	⑤
35	①	②	③	④	⑤
36	①	②	③	④	⑤
37	①	②	③	④	⑤
38	①	②	③	④	⑤
39	①	②	③	④	⑤
40	①	②	③	④	⑤
41	①	②	③	④	⑤
42	①	②	③	④	⑤
43	①	②	③	④	⑤
44	①	②	③	④	⑤
45	①	②	③	④	⑤

46	①	②	③	④	⑤
47	①	②	③	④	⑤
48	①	②	③	④	⑤
49	①	②	③	④	⑤
50	①	②	③	④	⑤

1	①	②	③	④
2	①	②	③	④
3	①	②	③	④
4	①	②	③	④
5	①	②	③	④
6	①	②	③	④
7	①	②	③	④
8	①	②	③	④
9	①	②	③	④
10	①	②	③	④
11	①	②	③	④
12	①	②	③	④
13	①	②	③	④
14	①	②	③	④
15	①	②	③	④

16	①	②	③	④
17	①	②	③	④
18	①	②	③	④
19	①	②	③	④
20	①	②	③	④
21	①	②	③	④
22	①	②	③	④
23	①	②	③	④
24	①	②	③	④
25	①	②	③	④
26	①	②	③	④
27	①	②	③	④
28	①	②	③	④
29	①	②	③	④
30	①	②	③	④

31	①	②	③	④
32	①	②	③	④
33	①	②	③	④
34	①	②	③	④
35	①	②	③	④
36	①	②	③	④
37	①	②	③	④
38	①	②	③	④
39	①	②	③	④
40	①	②	③	④
41	①	②	③	④
42	①	②	③	④
43	①	②	③	④
44	①	②	③	④
45	①	②	③	④

46	①	②	③	④
47	①	②	③	④
48	①	②	③	④
49	①	②	③	④
50	①	②	③	④
51	①	②	③	④
52	①	②	③	④
53	①	②	③	④
54	①	②	③	④
55	①	②	③	④
56	①	②	③	④
57	①	②	③	④
58	①	②	③	④
59	①	②	③	④
60	①	②	③	④

자르는 선

해커스공기업

휴노형·PSAT형

NCS 기출동형 모의고사

초판 2쇄 발행 2024년 11월 4일
초판 1쇄 발행 2024년 1월 2일

지은이	해커스 NCS 취업교육연구소
펴낸곳	㈜챔프스터디
펴낸이	챔프스터디 출판팀

주소	서울특별시 서초구 강남대로61길 23 ㈜챔프스터디
고객센터	02-537-5000
교재 관련 문의	publishing@hackers.com
	해커스잡 사이트(ejob.Hackers.com) 교재 Q&A 게시판
학원 강의 및 동영상강의	ejob.Hackers.com

ISBN	978-89-6965-412-0 (13320)
Serial Number	01-02-01

취업강의 1위,
해커스잡 ejob.Hackers.com

해커스잡

- 공기업 전문 교수님의 **본 교재 인강** (교재 내 할인쿠폰 수록)
- 전공시험 대비를 위한 **전공필기 강의** (교재 내 할인쿠폰 수록)
- 고득점을 위한 **NCS PSAT형 온라인 모의고사** (교재 내 응시권 수록)
- 내 점수와 석차를 확인하는 **무료 바로 채점 및 성적 분석 서비스**

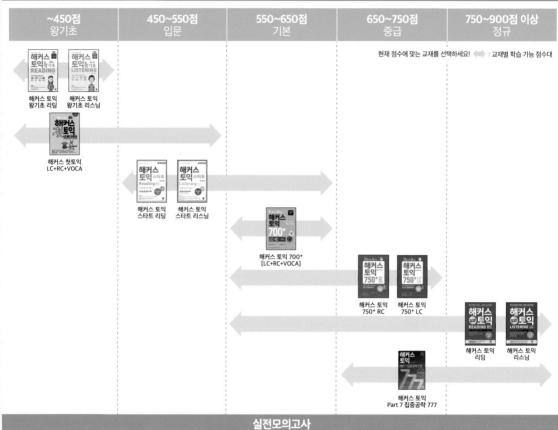

해커스공기업

휴노형·PSAT형

NCS 기출동형 모의고사

약점 보완 해설집

ㅠ 해커스잡

해커스공기업

휴노형·PSAT형

NCS 기출동형 모의고사

약점 보완 해설집

해커스

정답

p.20

01	④	의사소통능력	08	④	의사소통능력	15	④	수리능력	22	①	문제해결능력
02	③	의사소통능력	09	③	의사소통능력	16	②	수리능력	23	⑤	문제해결능력
03	②	의사소통능력	10	③	수리능력	17	④	수리능력	24	①	문제해결능력
04	③	의사소통능력	11	③	수리능력	18	⑤	문제해결능력	25	③	문제해결능력
05	②	의사소통능력	12	④	수리능력	19	④	문제해결능력			
06	⑤	의사소통능력	13	③	수리능력	20	④	문제해결능력			
07	③	의사소통능력	14	④	수리능력	21	⑤	문제해결능력			

취약 영역 분석표

영역별로 맞힌 개수와 정답률을 적고 나서 취약한 영역이 무엇인지 파악해 보세요.
정답률이 60% 미만인 취약한 영역은 틀린 문제를 다시 풀어보면서 확실히 극복하세요.

영역	의사소통능력	수리능력	문제해결능력	TOTAL
맞힌 개수	/9	/8	/8	/25
정답률	%	%	%	%

※ 정답률(%) = (맞힌 개수/전체 개수) × 100

해설

01 의사소통능력
정답 ④

3문단에서 식약처가 도입한 서류심사 자동화인 전자심사24는 수입식품의 안전관리를 위해 신고 접수부터 수리 과정에 이르기까지 전 과정의 자동화가 가능한 시스템이라고 하였으므로 전자심사24가 신고 접수를 제외한 나머지 과정을 모두 자동으로 수행하는 시스템이라는 것은 아님을 알 수 있다.

오답 체크

① 3문단에서 식약처는 전세계 식의약 규제기관 중 처음으로 디지털을 활용한 서류심사 자동화를 도입했다고 하였으므로 적절한 내용이다.
② 1문단에서 제24회 혁신릴레이에서는 식의약 기업의 글로벌 진출 지원, 마약 없는 건강한 사회 구현과 같은 식품의약품안전처의 혁신 우수사례를 공유하는 자리가 마련됐다고 하였으므로 적절한 내용이다.
③ 5문단에서 식약처는 중앙행정기관 중 처음으로 업무와 여가를 함께하는 힐링일터를 도입 및 운영해 참여 직원들의 높은 만족도를 얻었다고 하였으므로 적절한 내용이다.
⑤ 3문단에서 식약처가 도입한 전자심사24는 수입식품의 안전관리를 위해 24시간 내내 운영된다고 하였으므로 적절한 내용이다.

02 의사소통능력
정답 ③

이 보도자료는 공직 내 혁신문화가 자리 잡도록 하고 각 기관의 혁신 우수사례를 소개하기 위한 제24회 혁신릴레이가 개최됐다는 내용이므로 보도자료의 제목으로 가장 적절한 것은 ③이다.

오답 체크

① 3문단에서 식약처가 수입식품을 안전하게 관리하기 위해 디지털을 활용한 서류심사 자동화를 도입함으로써 평균 1일 정도 소요되던 서류심사 시간을 5분으로 단축시켰다는 내용에 대해 서술하고 있지만 수입식품 전자심사를 도입한 배경에 대해서는 다루고 있지 않으므로 적절하지 않은 내용이다.
② 5문단에서 중앙행정기관 중에서는 최초로 힐링일터를 도입해 운영하고 있으며, 힐링일터에 참여한 직원의 평균 만족도는 5점 만점에 4.76점으로 긍정적인 효과를 얻었다는 내용에 대해서는 다루고 있지만, 글 전체를 포괄할 수 없으므로 적절하지 않은 내용이다.
④ 6문단에서 식약처는 식의약 안전관리 분야에서 디지털 전환, 수출 활성화와 같은 방식을 적용해 식의약 안전관리를 계속해서 강화할 계획이라는 내용에 대해서는 다루고 있지만, 글 전체를 포괄할 수 없으므로 적절하지 않은 내용이다.
⑤ 글 전체에서 디지털기술을 활용한 민원처리방식의 장단점에 대해서는 다루고 있지 않으므로 적절하지 않은 내용이다.

03 의사소통능력
정답 ②

2문단에서 9월에 개최된 이번 제24회 혁신릴레이는 2019년부터 진행된 기관 간 릴레이 방식의 혁신 우수사례 공유 자리라고 하였고, 7문단에서 오는 10월 제25회 혁신릴레이가 개최될 예정이라고 하였으므로 혁신릴레이가 기관 간 혁신 우수사례를 매년 한 번씩 공유하는 자리라는 것은 아님을 알 수 있다.
따라서 가장 적절하지 않은 발언을 한 사원은 'B 사원'이다.

오답 체크

① 2문단에서 이번 제24회 혁신릴레이는 행정안전부와 식품의약품안전처가 공동으로 개최했다고 하였으므로 적절한 내용이다.
③ 7문단에서 이번 제24회 혁신릴레이에 이어 제25회 혁신릴레이는 행정안전부와 서울시가 공동으로 개최할 예정이라고 하였으므로 적절한 내용이다.
④ 7문단에서 행정안전부는 각 기관이 공유한 혁신 우수사례를 범정부적으로 확산함으로써 국민이 이를 체감할 수 있도록 노력하겠다고 하였으므로 적절한 내용이다.
⑤ 5문단에서 제24회 혁신릴레이에서는 민간기업인 유한양행의 조직문화를 공유함으로써 중앙행정기관이 민간기업의 조직문화를 벤치마킹할 수 있는 시간을 가졌다고 하였으므로 적절한 내용이다.

04 의사소통능력
정답 ③

6문단에서 여객전무의 직급을 3급에서 4~5급으로 낮춤으로써 3급에 해당하는 경험 많은 중간관리자가 현장 책임을 맡을 수 있도록 할 예정이라고 하였으므로 경험이 많은 중간관리자가 현장 책임 직무에 투입될 경우 여객전무의 직급이 3급으로 높아질 확률이 높은 것은 아님을 알 수 있다.

오답 체크

① 3문단에서 국토부는 기본 안전수칙 등이 제대로 지켜지지 않은 것이 대형 사고로 이어졌다고 판단하였으며, 해당 기관에서 발표한 '철도안전 강화대책'에 따르면 기본 안전수칙을 준수하는 안전 문화가 정착할 때까지 민간철도안전 전문위원과 청년 제보단을 통해 안전취약요인을 상시 점검할 계획이라고 하였으므로 적절한 내용이다.
② 4문단에서 철도안전관리 작업 중에서도 선로 분기기 레일의 미세균열을 확인해야 하는 작업처럼 높은 정확성이 필요한 점검의 경우에는 낮 시간대에 진행될 수 있도록 할 예정이라고 하였으므로 적절한 내용이다.
④ 2문단에서 2012년 222건에 달하던 철도 사고가 2021년 48건으로 지난 10년간 지속적으로 줄어들었지만, 지난해인 2022년 66건의 철도 사고가 발생함에 따라 다시 증가세로 전환되었다고 하였으므로 적절한 내용이다.
⑤ 7문단에서 레일 연마를 통해 선로의 사용기간을 현재 사용기간의 33%까지 연장할 수 있는 레일 연마차와 연마기 등과 같은 첨단장비를 도입할 예정이라고 하였으므로 적절한 내용이다.

05 의사소통능력　　　정답 ②

ⓒ이 있는 문장 앞에서 조직을 관리함에 있어 안전우선의 원칙이 제대로 지켜지지 않고 있는 것으로 확인됐다고 하였으며, ⓒ이 있는 문장에서 관제의 경우에도 구로관제, 철도역, 본사 등에 분산된 기능으로 인해 사고나 운행장애가 발생했을 때 열차운행의 컨트롤 타워 역할을 자립적으로 수행하기 어렵다는 점이 확인됐다고 하였으므로 앞의 내용과 관련 있는 내용을 추가할 때 사용하는 접속어 '게다가'가 들어가야 한다.

오답 체크

① ㉠이 있는 문장 앞에서 대형 철도 사고는 기본 안전수칙 등을 준수하지 않아 발생했다고 판단한다고 하였으며, ㉠이 있는 문장에서 근무체계 변경 전 충분한 사전준비가 없었거나 경험이 부족한 신입직원이 위험성 높은 업무를 담당하는 등 안전우선 원칙이 업무에 제대로 적용되지 않은 것으로 확인됐다고 하였으므로 적절하다.
③ ⓒ이 있는 문장 앞에서 차량정비나 시설 유지보수 작업 품질을 감독 및 검수할 수 있도록 코레일 자체적으로도 현장 견제 기능을 보완하기로 했다고 하였으며, ⓒ이 있는 문장에서 국토부 지방국토관리청에 철도안전관리를 도맡아 하는 조직을 강화할 방침이라고 하였으므로 적절하다.
④ ㉣이 있는 문장 앞에서 4조 2교대 도입이 필요한 때에는 국토부의 승인을 받을 것을 요구했다고 하였으며, ㉣이 있는 문장에서 업무량이 비교적 많은 역사에는 중견직원과 신입직원이 골고루 배치될 수 있도록 보완하기로 했다고 하였으므로 적절하다.
⑤ ㉤이 있는 문장 앞에서 광역기관사가 신입직원일 경우에는 업무 현장에 익숙해진 다음 차량을 운전할 수 있도록 보직 경로를 개선했다고 하였으며, ㉤이 있는 문장에서 인력 위주의 유지보수 업무를 전반적으로 자동화 및 첨단화하는 스마트 유지보수 마스터 플랜을 수립하기로 했다고 하였으므로 적절하다.

[06 - 07]
06 의사소통능력　　　정답 ⑤

2문단에서 정부 24의 UI와 UX의 개선사항은 올해 고도화 사업을 통해 반영할 예정이라고 하였으므로 행정안전부의 시범 사업으로 선정된 코레일 톡과 정부24가 UI와 UX 개선사항이 반영되어 함께 개편된 것은 아님을 알 수 있다.

오답 체크

① 4문단에서 국민평가단을 모집·구성하여 국민평가단이 직접 공공 웹·앱의 사용성을 평가하고 표준 등에 환류하는 체계도 마련하여 국민의 의견이 지속적으로 반영될 수 있도록 할 예정이라고 하였으므로 적절한 내용이다.
② 2문단에서 행정안전부는 일반인을 대상으로 UI와 UX의 개선 전후에 대한 국민 선호도를 조사하고 2030 청년자문단 및 관계 전문가의 의견을 듣는 등 일반인과 전문가의 의견을 폭넓게 청취했다고 하였으므로 적절한 내용이다.
③ 4문단에서 국민이 많이 사용하는 공공 웹·앱에 대해서는 우선적으로 적용·확산하기 위해 디자인팀을 운영하여 기술을 집중적으로 지원할 계획이라고 하였으므로 적절한 내용이다.
④ 1문단에서 사용자 환경(UI)은 사용자가 공공 웹·앱 서비스를 접하는 화면 배치, 구성요소 등을 의미한다고 하였으므로 적절한 내용이다.

07 의사소통능력　　　정답 ③

4문단에서 다양한 공공 웹·앱에 공통적으로 개발이 필요한 회원가입, 로그인 등의 요소에 대해 누구나 쉽게 사용할 수 있는 표준을 개발할 예정이라고 하였으므로 빈칸에 들어갈 내용으로 가장 적절하지 않은 것은 ③이다.

오답 체크

① 3문단에서 메뉴 표시줄인 아이콘을 선택했을 때 구별선을 넣어 현재 어떤 메뉴를 사용하고 있는지 국민이 보다 명확하게 알 수 있도록 개선하였다고 하였으므로 적절한 내용이다.
② 3문단에서 앱 상단과 하단도 디자인적 일관성이 확보되도록 개선하였다고 하였으므로 적절한 내용이다.
④ 3문단에서 앱을 실행할 때 처음 접하게 되는 대기화면이나 알림창을 국민이 쉽게 이해할 수 있도록 간결하게 바꾸어 시인성을 높이고, 알림창의 내용은 체계적으로 변경하였다고 하였으므로 적절한 내용이다.
⑤ 3문단에서 승차권 예매 화면과 할인 정기권 및 관광상품 화면에 이미지를 추가했다고 하였으므로 적절한 내용이다.

[08 - 09]
08 의사소통능력　　　정답 ④

(나) 문단에서 자유석을 이용할 때는 열차당 1회 이용할 수 있다고 하였으므로 셀프 체크 서비스를 이용하고자 하는 사람이 하루에 한 번만 KTX 자유석에 해당 서비스를 이용할 수 있는 것은 아님을 알 수 있다.

오답 체크

① 1문단에서 웹 승차권 발송 서비스를 10월 말부터 시범 운영할 계획이라고 하였으며, (가) 문단에서 현금으로 구매한 승차권은 당분간 매표창구에서 취소해야 하지만 12월부터는 현금으로 구매한 승차권도 휴대폰에서 계좌정보를 입력하면 직접 반환이 가능해진다고 하였으므로 적절한 내용이다.
② 3문단에서 승무원이 자유석 칸을 이용하는 승객 모두를 대상으로 한 사람씩 승차권을 확인하는 기존의 검표 작업으로 인해 불편함을 느끼는 승객이 많았으나, 셀프 체크 서비스를 통해 승객들은 승무원의 검표 없이도 자유석을 이용할 수 있어 불편을 해소할 수 있었다고 하였으므로 적절한 내용이다.
③ 1문단에서 웹 승차권 발송 서비스는 전국 주요 역에서 한 달간 테스트를 거친 후 본격적인 서비스를 시작한다고 하였으므로 적절한 내용이다.
⑤ (가) 문단에서 웹 승차권 발송 비용은 종이 승차권 인쇄 비용보다 최대 30%가량 저렴해 비용 절감과 환경 보전을 모두 챙기는 효과를 거둘 것으로 보인다고 하였으므로 적절한 내용이다.

09 의사소통능력   정답 ③

(가) 문단에서는 매표창구에서 종이 승차권만을 구매할 수 있는 기존의 방식과 매표창구에서 구매한 열차승차권을 모바일로 바로 받아볼 수 있는 웹 승차권 발송 서비스 방식을 비교하고 있으며, (나) 문단에서는 셀프 체크 서비스를 이용하는 과정을 설명하고 있다.

따라서 (가) 문단과 (나) 문단의 서술상 특징으로 가장 적절한 것은 ③이다.

[10 - 12]

10 수리능력   정답 ③

제시된 기간 동안 A 지역 내 구리로 인한 연평균 토양 오염도가 가장 높은 연도는 20X3년이며, 20X3년의 B 지역 내 등유로 인한 연평균 수질 오염도는 A 지역 내 등유로 인한 연평균 수질 오염도와 480mg/kg으로 동일하므로 옳지 않은 설명이다.

오답 체크

① 제시된 기간 동안 지역 내 연평균 토양 오염도는 A 지역과 B 지역에서 모두 매년 등유가 불소보다 높으므로 옳은 설명이다.
② 제시된 기간 동안 B 지역 내 경유로 인한 연평균 토양 오염도의 평균은 (452+490+540)/3=494mg/kg이므로 옳은 설명이다.
④ 제시된 기간 동안 A 지역 내 제트유로 인한 연평균 수질 오염도는 20X1년에 410mg/kg, 20X2년에 380mg/kg, 20X3년에 358mg/kg로 기준치인 800mg/kg을 초과한 해는 없으므로 옳은 설명이다.
⑤ 20X2년부터 20X3년까지 B 지역 내 경유로 인한 연평균 수질 오염도는 20X1년에 310mg/kg, 20X2년에 360mg/kg, 20X3년에 380mg/kg으로 20X2년부터 20X3년까지 매년 전년 대비 증가하였으므로 옳은 설명이다.

11 수리능력   정답 ③

㉠~㉤의 등급을 각각 기준치에 따라 구하면, ㉠은 기준치의 (380/500)×100=76%, ㉡은 기준치의 (452/800)×100=56.5%, ㉢은 기준치의 (150/400)×100=37.5%, ㉣은 기준치의 (200/400)×100=50%, ㉤은 기준치의 (410/800)×100=51.25%로 50% 이상 100% 미만에 해당하는 ㉠, ㉡, ㉣, ㉤의 등급은 경고이고, 25% 이상 50% 미만에 해당하는 ㉢의 등급은 안전이다.

따라서 ㉠~㉤ 중 등급이 나머지와 다른 하나는 '㉢'이다.

12 수리능력   정답 ④

그래프 (나)가 20X1년 원인별 B 지역 내 연평균 토양 오염도라면, ㅁ은 20X1년 B 지역 내 연평균 토양 오염도가 390mg/kg으로 두 번째로 낮은 구리이므로 옳지 않은 설명이다.

오답 체크

① 그래프 (가)가 20X2년 원인별 A 지역 내 연평균 수질 오염도라면, a는 20X2년 A 지역 내 연평균 수질 오염도가 380mg/kg으로 두 번째로 낮은 제트유이므로 옳은 설명이다.
② 그래프 (나)가 20X2년 원인별 B 지역 내 연평균 토양 오염도라면, ㄷ은 20X2년 B 지역 내 연평균 토양 오염도가 630mg/kg으로 가장 높은 등유이므로 옳은 설명이다.
③ 그래프 (가)가 20X1년 원인별 A 지역 내 연평균 토양 오염도라면, b는 20X1년 A 지역 내 연평균 토양 오염도가 210mg/kg으로 가장 낮은 불소이므로 옳은 설명이다.
⑤ 그래프 (가)가 20X1년 원인별 A 지역과 B 지역 내 연평균 토양 오염도의 평균이라면, A 지역과 B 지역 내 연평균 토양 오염도의 평균은 구리가 (380+390)/2=385mg/kg, 불소가 (210+180)/2=195mg/kg, 등유가 (530+620)/2=575mg/kg, 경유가 (440+452)/2=446mg/kg, 제트유가 (400+470)/2=435mg/kg으로 c는 A 지역과 B 지역 내 연평균 토양 오염도 평균이 446mg/kg으로 두 번째로 높은 경유이므로 옳은 설명이다.

[13 - 14]

13 수리능력   정답 ③

철도사고 사망자 수는 1분기에 (581+210)=791명, 2분기에 (651+219)=870명, 3분기에 (597+184)=781명, 4분기에 (710+189)=899명으로 철도사고 사망자 수가 가장 많은 분기는 4분기이므로 옳지 않은 설명이다.

오답 체크

① 12~18시 철도사고 건수가 가장 많은 4분기의 철도사고 건수는 12~18시 철도사고 건수가 가장 적은 1분기의 교통사고 건수의 21,307/16,440≒1.3배이므로 옳은 설명이다.
② 3분기 오후 철도사고 건수의 평균은 (20,659+17,338)/2≒18,999건, 3분기 오전 철도사고 건수의 평균은 (5,509+15,051)/2=10,280건으로 3분기 오후 철도사고 건수의 평균은 3분기 오전 철도사고 건수 평균의 18,999/10,280≒1.8배이므로 옳은 설명이다.
④ 철도사고 건수가 가장 많은 시간대는 1분기~4분기 모두 12~18시로 매 분기마다 동일하므로 옳은 설명이다.
⑤ 2분기 오후 철도사고 사망자 수는 같은 분기 오전 철도사고 사망자 수보다 (244+226)-(173+227)=70명 더 많으므로 옳은 설명이다.

14 수리능력   정답 ④

그래프 (나)가 20X2년 분기별 18~24시 철도사고 사망자 수라면, 철도사고 사망자 수가 243명으로 가장 많은 ㄱ은 4분기, 226명으로 두 번째로 많은 ㄷ은 2분기이므로 옳지 않은 설명이다.

오답 체크

① 그래프 (가)가 20X2년 주말 철도사고 사망자 수라면, 사망자 수가 219명으로 가장 많은 d는 2분기 주말 철도사고 사망자 수이므로 옳은 설명이다.
② 그래프 (나)가 20X2년 분기별 06~12시 철도사고 사망자 수라면, 사망자 수가 205명으로 가장 적은 ㄴ은 1분기 철도사고 사망자 수이므로 옳은 설명이다.
③ 그래프 (가)가 20X2년 1분기 시간대별 철도사고 사망자 수라면, 사망자 수가 182명으로 가장 적은 c는 1분기 12~18시 철도사고 사망자 수이므로 옳은 설명이다.
⑤ 그래프 (가)가 20X2년 분기별 12~18시 철도사고 사망자 수라면, 사망자 수가 198명으로 세 번째로 많은 b는 3분기 철도사고 사망자 수이므로 옳은 설명이다.

[15 - 16]

15 수리능력   정답 ④

지식재산 생산물의 명목 생산 자본스톡이 전년 대비 증가한 해는 2019년부터 2022년이며, 2019년에 65,998 − 60,648 = 5,350백억 원, 2020년에 72,194 − 65,998 = 6,196백억 원, 2021년에 79,526 − 72,194 = 7,332백억 원, 2022년에 87,332 − 79,526 = 7,806백억 원이므로 지식재산 생산물의 명목 생산 자본스톡이 전년 대비 가장 많이 증가한 2022년에 설비자산의 실질 생산 자본스톡 전년 대비 증가율은 {(125,484 − 121,332) / 121,332} × 100 ≒ 3.4%로 4% 미만이므로 옳지 않은 설명이다.

오답 체크

① 2019년부터 2022년의 기간 동안 실질 생산 자본스톡의 소계는 매년 전년 대비 증가하였으므로 옳은 설명이다.
② 2019년 설비자산 명목 생산 자본스톡의 전년 대비 증가량은 118,502 − 112,948 = 5,554백억 원이고, 같은 해 설비자산 실질 생산 자본스톡의 전년 대비 증가량은 112,735 − 109,579 = 3,156백억 원으로 5,554 − 3,156 = 2,398백억 원 더 많으므로 옳은 설명이다.
③ 2019년부터 2022년까지 설비자산 명목 생산 자본스톡의 평균은 (118,502 + 123,108 + 132,924 + 143,804) / 4 = 129,584.5백억 원이므로 옳은 설명이다.
⑤ 전체 실질 생산 자본스톡에서 건설자산 실질 생산 자본스톡이 차지하는 비중은 2018년이 (548,293 / 715,055) × 100 ≒ 76.7%, 2019년이 (565,055 / 738,577) × 100 ≒ 76.5%, 2020년이 (581,871 / 762,718) × 100 ≒ 76.3%, 2021년이 (597,894 / 787,634) × 100 ≒ 75.9%, 2022년이 (612,802 / 810,830) × 100 ≒ 75.6%로 2018년이 가장 높으므로 옳은 설명이다.

16 수리능력   정답 ②

© 그래프 A가 2020년 자산별 명목 및 실질 생산 자본스톡의 일부일 경우 70십조 원 = 70,000백억 원 이상 80십조 원 = 80,000백억 원 미만에 해당하는 2020년 명목 및 실질 생산 자본스톡은 지식재산 명목 생산 자본스톡이므로 옳지 않은 설명이다.

오답 체크

⊙ 그래프 B의 a는 780십조 원 = 780,000백억 원 이상 800십조 원 = 800,000백억 원 미만으로 2021년 실질 생산 자본스톡의 소계를 나타내므로 옳은 설명이다.
ⓒ 그래프 A의 ㄱ은 110십조 원 = 110,000백억 원 이상 120십조 원 = 120,000백억 원 미만이며, 자료에서 110,000백억 원 이상 120,000백억 원 미만에 해당하는 자산은 2019년 설비자산의 명목 생산 자본스톡이므로 옳은 설명이다.
ⓔ 그래프 C가 2018년 및 2019년 건설자산의 명목 및 실질 생산 자본 스톡인 경우, (라)는 520십조 원 = 520,000백억 원 이상 570십조 원 = 570,000백억 원 미만으로 (가)~(라) 중 세 번째로 큰 수치임에 따라 2019년 건설자산의 실질 생산 자본스톡이며, (가)는 570십조 원 = 570,000백억 원 이상 620십조 원 = 620,000백억 원 미만으로 (가)~(라) 중 두 번째로 큰 수치임에 따라 2018년 건설자산의 명목 생산 자본스톡이므로 옳은 내용이다.

17 수리능력   정답 ④

작년 여자 근로자 수를 x라고 하면 작년 전체 근로자 수가 2,500명이므로 작년 남자 근로자 수는 $2,500 - x$이다. 이때 올해 여자 근로자 수는 작년 대비 20% 늘었으므로 $1.2x$, 남자 근로자 수는 작년 대비 30% 줄었으므로 $(2,500 - x) × 0.7 = 1,750 - 0.7x$이고, 올해 전체 근로자 수는 2,320명이므로

$1.2x + 1,750 - 0.7x = 2,320 → 0.5x = 570 → x = 1,140$

따라서 작년 여자 근로자 수는 1,140명이다.

[18 - 20]

18 문제해결능력   정답 ⑤

'1. 멤버십 등급 산정 기준'에 따르면 신규 가입 고객은 신규 가입한 달을 포함하여 16개월 째 되는 달에 멤버십 등급을 부여받으며, '4. 유의사항'에 따르면 신규 가입자의 경우 WELCOME 등급이 부여되며, 다음 등급 부여까지 해당 등급이 유지되므로 2X23년 1월을 포함하여 16개월 째 되는 달인 2X24년 4월에 멤버십 등급을 부여받음에 따라 옳지 않은 내용이다.

① '2. 멤버십 등급 구분'에 따르면 가입 기간이 2년 미만이고, 연간 사용 금액이 25만 원 이상 35만 원 미만인 경우 FAMILY 등급을 부여받으므로 옳은 내용이다.

② '1. 멤버십 등급 산정 기준'에 따르면 신규 가입 고객은 신규 가입한 달을 포함하여 16개월 째 되는 달에 멤버십 등급이 부여되고, 연간 사용 금액은 신규 가입한 달의 다음 달 1일부터 12개월 동안의 사용 금액을 기준으로 산정되며, '2. 멤버십 등급 구분'에 따르면 가입 기간이 2년 미만일 때 연간 사용 금액이 18만 원 이상이라면 SILVER 등급 이상을 부여받으므로 옳은 내용이다.

③ '3. 멤버십 등급별 혜택 안내'에 따르면 편의점 할인 쿠폰과 온라인 도서 쇼핑 할인 쿠폰의 할인율은 5%로 동일하지만, 혜택을 받는 등급의 개수는 편의점 할인 쿠폰이 VVIP, VIP, FAMILY, SILVER로 총 4개, 온라인 도서 쇼핑 할인 쿠폰이 VVIP, VIP, FAMILY, SILVER, WELCOME으로 총 5개이므로 옳은 내용이다.

④ '1. 멤버십 등급 산정 기준'에 따르면 일반 고객은 매년 1월에 등급이 부여되고, 등급 산정 기준 중 가입 기간은 본인의 멤버십 가입 날짜부터 등급 부여 전년도 12. 31까지의 기간, 연간 사용 금액은 등급 부여 전년도를 기준으로 1. 1~12. 31의 금액이며, '2. 멤버십 등급 구분'에 따르면 가입 기간이 2년 이상 5년 미만이고, 연간 사용 금액이 35만 원 이상인 경우에는 VIP 등급을 부여받으므로 옳은 내용이다.

19 문제해결능력   정답 ④

'1. 멤버십 등급 산정 기준'에 따르면 일반 고객의 등급 산정 기준 중 가입 기간은 본인의 멤버십 가입 날짜부터 등급 부여 전년도 12. 31까지의 기간이므로 K의 가입 기간은 2X20년 7월 1일부터 2X23년 12월 31일까지인 3년 6개월이므로 '2. 멤버십 등급 구분'에 따라 2년 이상 5년 미만에 해당한다. 또한, 일반 고객의 등급 산정 기준 중 연간 사용 금액은 등급 부여 전년도를 기준으로 1. 1~12. 31의 금액이므로 K의 2X23년 연간 사용 금액은 다음과 같다.

구분	월별 사용 금액
1월	$(5,000 \times 4) + (20,000 \times 2) = 60,000$원
5월	$25,000 \times 3 = 75,000$원
8월	$8,500 \times 10 = 85,000$원
11월	$30,000 \times 3 = 90,000$원
2X23년 총 사용 금액	$60,000 + 75,000 + 85,000 + 90,000$ $= 310,000$원

따라서 K가 2X23년에 사용한 금액의 총합은 310,000원이므로 25만 원 이상 35만 원 미만에 해당함에 따라 K가 A사로부터 2X24년 1월에 부여받게 될 멤버십 등급은 'VIP'이다.

20 문제해결능력   정답 ④

'1. 멤버십 등급 산정 기준'에 따르면 일반 고객은 매년 1월 15일에 등급을 부여받으며, 등급 산정 기간 중 가입 기간은 본인의 멤버십 가입 날짜부터 등급 부여 전년도 12. 31까지의 기간이므로 Z가 멤버십에 가입한 날짜는 2X19. 1. 1~2X22. 12. 31까지의 기간인 4년이 된다. 또한, 등급 산정 기간 중 연간 사용 금액은 등급 부여 전년도를 기준으로 1. 1~12. 31의 금액이므로 2X22년 1월부터 12월까지 사용한 금액인 170,000+180,000=350,000원이 된다. '2. 멤버십 등급 구분'에 따르면 Z의 가입 기간은 2년 이상 5년 미만에 해당하고, 연간 사용 금액은 35만 원 이상에 해당하므로 Z는 VIP 등급을 부여받게 된다. '3. 멤버십 등급별 혜택 안내'에 따르면 VIP 등급은 영화 무료 관람 쿠폰을 3매 받게 되지만, '4. 유의사항'에 따르면 영화 무료 관람 쿠폰은 성인 영화 관람권에만 적용되며, 멤버십 등급별 혜택 중 동일한 혜택은 1일 1회로 사용이 제한되므로 Z는 멤버십 혜택으로 받은 영화 무료 관람 쿠폰을 성인 영화 관람권 1장에만 사용할 수 있다. 또한, 영화 관람권의 경우 성인은 주말에 15,000원이고 청소년은 성인 영화 관람권 주말 요금보다 20% 더 저렴한 15,000×0.8=12,000원이므로 Z와 아버지, 어머니, 청소년인 동생 총 4명의 영화 관람권 요금으로 (15,000×2)+12,000=42,000원을 지불해야 한다.

따라서 Z가 지불해야 하는 영화 관람권 요금은 42,000원이다.

[21-23]

21 문제해결능력   정답 ⑤

[반려동물 운송 무게 및 용기 기준]에 따르면 기내에 반입할 수 있는 운송 용기 기준은 운송 용기의 가로가 40cm 이하, 높이가 26cm 이하이며, 가로, 세로, 높이의 총합은 115cm 이하이므로 옳지 않은 내용이다.

① [운송 가능 및 불가능한 반려동물]에 따르면 개, 고양이, 애완용 새를 제외한 토끼, 햄스터, 거북이 등의 모든 동물은 동반 불가능하므로 옳은 내용이다.

② [반려동물 운송 예약 절차]에 따르면 탑승객 1인당 기내 반입으로 1마리, 화물칸 위탁으로 2마리까지 운송이 가능하므로 옳은 내용이다.

③ [운송 가능 및 불가능한 반려동물]에 따르면 안정제나 수면제를 투여한 경우 체온과 혈압이 떨어져 위험할 수 있어 약물을 사용한 동물은 동반 불가능하므로 옳은 내용이다.

④ [반려동물 운송 예약 절차]에 따르면 반려동물 운송 시에는 수하물 소지 여부와 관계없이 별도의 요금이 부가되므로 옳은 내용이다.

22 문제해결능력   정답 ①

병은 갑의 집에 2X23년 9월 19일 15시에 도착할 예정이며, 이로부터 7시간 뒤에 제주도로 출발하는 항공기를 예약하였으므로 병은 2X23년 9월 19일 22시 항공기를 예약하였음을 알 수 있다. 이때 [반려동물 운송 예약 절차]에 따르면 국내선의 경우 항공기 출발 기준 24시간 전에 예약을 완료해야 한다고 하였으므로 병이 제주도로 데려갈 B의 경우 국내선을 탑승함에 따라 2X23년 9월 18일 22시 이전까지 예약을 완료해야 한다.

따라서 B의 운송 예약이 가능한 날짜로 가장 적절한 것은 2X23년 9월 18일 오후 9시이다.

23 문제해결능력   정답 ⑤

[운송 가능 및 불가능한 반려동물]에 따르면 동반 가능한 반려동물은 생후 8주 이상의 개, 고양이, 애완용 새이지만 수하물로 위탁할 경우에는 생후 16주 이상이어야 하므로 위탁 수하물로 운송되는 K의 반려동물인 개는 생후 16주 이상 즉 4개월 이상이 되어야 한다. [반려동물 운송 무게 및 용기 기준]에 따르면 반려동물을 화물칸에 위탁하여 운송할 시 운송 무게는 반려동물과 운송 용기 총무게를 합한 무게가 45kg 이하여야 하므로 3.5kg인 K의 반려동물을 화물칸에 위탁하여 운송하기 위해서는 운송 용기 총무게가 45−3.5=41.5kg 이하여야 한다.

따라서 각 빈칸에 들어갈 숫자로 가장 적절한 것은 ⑤이다.

[24 - 25]

24 문제해결능력   정답 ①

'3. 특별 점수 계산 방법'에 따라 계산한 갑의 특별 점수는 다음과 같다.

만 25세 미만 자녀 2명 이상 유무	1점
모범 납세자 기준 해당 유무	3점
구입 관련 제재 이력 유무	0점
자차 2대 이상 보유 유무	1점

갑의 특별 점수 총점은 1+3+0+1=5점이다. 합계 점수가 5점 이하인 사람은 특별 레일 승차권 구입이 불가능하지만, 장애의 정도가 심한 중증 장애인은 3점이 추가된다고 하였으므로 중증 장애인인 갑의 특별 점수 총점은 5+3=8점이 되어 특별 레일 승차권을 구매할 수 있다. '2. 승차권별 편도 가격'에 따르면 여수 − 제주 특별 레일 편도 승차권은 26,000원이며, '4. 할인 내용'에 따르면 중증 장애인의 경우 50%를 할인받을 수 있으므로 26,000 × 0.5=13,000원이 된다.

따라서 갑이 지불해야 할 승차권 가격은 13,000원이다.

25 문제해결능력   정답 ③

'3. 특별 점수 계산 방법'에 따라 계산한 을의 특별 점수는 다음과 같다.

만 25세 미만 자녀 2명 이상 유무	3점
모범 납세자 기준 해당 유무	1점
구입 관련 제재 이력 유무	0점
자차 2대 이상 보유 유무	3점

을의 특별 점수 총점은 3+1+0+3=7점으로 특별 레일 승차권을 구매할 수 있다. '2. 승차권별 편도 가격'에 따르면 목포 − 제주 특별 레일 편도 승차권의 가격은 82,800원이며, '4. 할인 내용'에 따르면 중증 이외의 장애인의 경우 할인율은 중증 장애인이 받을 수 있는 할인율의 30%만 적용된다고 하였으므로 50 × 0.3=15%가 적용된다. 또한, 을은 만 30세로 청년에 해당하므로 청년 할인율 20%도 적용받을 수 있다. 다만, 할인은 중복 적용이 되지 않으며, 두 가지 이상의 할인율 중 더 높은 할인율 한 가지만을 적용하므로 을은 20%의 할인율만 적용됨에 따라 82,800 × 0.8=66,240원이 된다.

따라서 을이 지불해야 할 승차권 가격은 66,240원이다.

2회 기출동형모의고사

바로 채점 및
성적 분석 서비스

정답

p.42

01	③	의사소통능력	11	④	수리능력	21	④	문제해결능력	31	⑤	자원관리능력
02	⑤	의사소통능력	12	④	수리능력	22	④	문제해결능력	32	⑤	자원관리능력
03	②	의사소통능력	13	①	수리능력	23	⑤	문제해결능력	33	①	정보능력
04	④	의사소통능력	14	②	수리능력	24	③	문제해결능력	34	③	정보능력
05	③	의사소통능력	15	②	수리능력	25	②	자원관리능력	35	②	정보능력
06	④	의사소통능력	16	③	수리능력	26	⑤	자원관리능력	36	⑤	정보능력
07	④	의사소통능력	17	⑤	문제해결능력	27	②	자원관리능력	37	①	정보능력
08	④	의사소통능력	18	①	문제해결능력	28	⑤	자원관리능력	38	④	정보능력
09	③	수리능력	19	④	문제해결능력	29	④	자원관리능력	39	①	정보능력
10	⑤	수리능력	20	③	문제해결능력	30	②	자원관리능력	40	③	정보능력

취약 영역 분석표

영역별로 맞힌 개수와 정답률을 적고 나서 취약한 영역이 무엇인지 파악해 보세요.
정답률이 60% 미만인 취약한 영역은 틀린 문제를 다시 풀어보면서 확실히 극복하세요.

영역	의사소통능력	수리능력	문제해결능력	자원관리능력	정보능력	TOTAL
맞힌 개수	/8	/8	/8	/8	/8	/40
정답률	%	%	%	%	%	%

※ 정답률(%) = (맞힌 개수/전체 개수) × 100

해설

[01 - 02]

01 의사소통능력　　　　　　　정답 ③

이 글은 과학기술정보통신부에서 제30차 신기술·서비스 심의위원회를 개최해 국민 실생활의 편의성을 높이는 'AI 수거로봇 기반 재활용 자원 수집·처리 서비스'와 '도심형 스마트 보관 편의 서비스'와 같은 과제 총 11건에 대해 규제 특례를 지정했다는 내용이므로 이 글의 주제로 가장 적절한 것은 ③이다.

오답 체크

① 1문단에서 신기술·서비스가 시장에 출시된 결과 6,498명의 고용 창출 등의 경제적 성과를 냈다는 내용에 대해서는 다루고 있지만, 글 전체를 포괄할 수 없으므로 적절하지 않은 내용이다.
② 4문단에서 제29차 심의위원회는 서면으로 진행되었다고 하였으므로 적절하지 않은 내용이다.
④ 2문단에서 AI 수거로봇 기반 재활용 자원 수집·처리 서비스'가 즉시 시장에 출시되도록 한다는 내용에 대해서는 다루고 있지만, 글 전체를 포괄할 수 없으므로 적절하지 않은 내용이다.
⑤ 5문단에서 '모바일 운전면허 확인서비스'는 2020년 9월에 출시했다고 하였으므로 적절하지 않은 내용이다.

02 의사소통능력　　　　　　　정답 ⑤

5문단에서 모바일 운전면허 확인 서비스는 그간 주민등록번호 표출 기능이 없어 활용이 일부 제한됐던 문제가 있었으나 이번 심의위원회를 통해 주민등록번호 표출·활용도 가능하도록 사업계획을 변경하였다고 하였으므로 모바일 운전면허 확인 서비스가 사업계획 변경에 따라 개인정보보호를 위해 주민등록번호 표출 기능이 제한될 예정은 아님을 알 수 있다.

오답 체크

① 2문단에서 AI 수거로봇 기반 재활용 자원 수집·처리 서비스는 페트병, 세제 통, 라면 봉지류 등의 생활쓰레기를 신청기업의 수거로봇에 투입하면 자동으로 분류 처리한 뒤 페플라스틱 열분해유의 원료 등으로 활용하는 것이라고 하였으므로 적절한 내용이다.
② 5문단에서 모바일 운전면허 확인 서비스는 ICT 규제 샌드박스 임시허가를 통해 운전자격 및 개인신분 확인 측면에서 실물 운전면허증과 동일한 법적 효력을 인정받은 서비스라고 하였으므로 적절한 내용이다.
③ 4문단에서 '농산물 온라인 도매시장 개설 및 운영'의 실증 특례가 지정되었으며, 이는 농림축산식품부와 과학기술정보통신부가 기획한 전략기획형 과제의 첫 번째 사례라고 하였으므로 적절한 내용이다.
④ 1문단에서 2019년 1월 ICT 규제 샌드박스 제도 시행 이후 임시허가의 경우 68건, 실증 특례의 경우 121건이 처리되어 총 189건이 처리되었다고 하였으므로 적절한 내용이다.

03 의사소통능력　　　　　　　정답 ②

이 글은 지나친 다이어트로 인해 신체적·정신적으로 문제가 나타나는 신경성 식욕 부진증의 증상과 발생 원인, 경과, 치료법 등을 설명하고, 자신을 진정으로 위하는 올바른 다이어트 방법을 조언하는 글이다.
따라서 예상 독자는 '체중 감량을 위해 다이어트를 하는 사람들'이 가장 적절하다.

04 의사소통능력　　　　　　　정답 ④

3문단에서 신문과 같은 인쇄매체는 정보 전달 속도가 느리다고 하였으므로 지역 신문에 급하게 긴급 피난 방법을 안내하는 기사를 싣는 것은 대중매체 활용 방법으로 가장 적절하지 않은 내용이다.

오답 체크

① 4문단에서 라디오와 같은 음성매체는 휴대성이 높고 정보 전달 속도가 빠르다고 하였으므로 적절한 내용이다.
② 3문단에서 책과 같은 인쇄매체는 많은 사람들에게 자세한 정보 전달이 가능하며, 시공간의 제약이 크지 않다고 하였으므로 적절한 내용이다.
③ 6문단에서 인터넷과 같은 뉴 미디어는 생산자와 수용자 간 정보의 상호 작용과 쌍방향 소통이 이루어지는 쌍방향 매체라고 하였으므로 적절한 내용이다.
⑤ 5문단에서 텔레비전과 같은 영상매체는 다양한 시청각 이미지를 통해 현장감 있는 정보를 전달하여 글을 모르는 문맹자도 이해할 수 있다고 하였으므로 적절한 내용이다.

[05 - 06]

05 의사소통능력　　　　　　　정답 ③

〈보기〉는 항공산업 혁신 성장의 목표와 추진 방향을 설명하고 이에 따라 산업 부문과 정책 부문의 항공산업 혁신 전략을 각각 4가지씩 소개하는 글이다.
따라서 〈보기〉가 속하는 항목으로 가장 적절한 것은 ③이다.

06 의사소통능력　　　　　　　정답 ④

(가) 연구에 참고한 시간적·공간적·내용적 범위를 특정하고 있으므로 '제3절 연구의 범위'에 해당한다.
(나) 항공산업의 경쟁력 강화를 위해 어떻게 혁신 성장을 이루어야 하는지를 고찰하고자 한다는 연구 목적을 소개하고 있으므로 '제2절 연구의 목적'에 해당한다.
(다) 항공산업의 경쟁력 강화를 위한 적절한 정책 추진 방안 마련의 필요성을 제시하고 있으므로 '제1절 연구의 필요성'에 해당한다.
(라) 현황 분석 및 문헌 검토, 설문조사 및 데이터 분석, 전문가의 자문 및 토론 등의 방법을 통해 연구를 진행하였음을 설명하고 있으므로 '제4절 연구의 방법'에 해당한다.
따라서 '(다) → (나) → (가) → (라)' 순으로 연결되어야 한다.

07 의사소통능력   정답 ④

2문단에서 소유가 중요시되는 세계는 현실 세계이며, 공유가 중요시되는 가상 세계에서는 롱테일 법칙이 적용된다고 하였으므로 가상 세계에서 공유보다 소유를 더 중요한 가치관으로 여겨 파레토 법칙이 적용되는 것은 아님을 알 수 있다.

[오답 체크]

① 3문단에서 O2O 시대에는 사람이 경험하는 모든 것을 개인화 서비스로 최적화할 수 있다고 하였으므로 적절한 내용이다.
② 5문단에서 프로슈머 경제가 확산되면서 기업의 경쟁력에 관한 기준이 소비자가 원하는 제품과 서비스를 빠르고 정확하게 전달하는 것으로 변화했다고 하였으며, 변화하는 패러다임을 기업 운영에 반영하여 성공한 대표적인 기업으로 차량 공유 서비스 업체 우버와 숙박 공유 서비스 업체 에어비앤비를 들 수 있다고 하였으므로 적절한 내용이다.
③ 1문단에서 제4차 산업혁명으로 온라인의 가상 세계와 오프라인의 현실 세계 간의 경계가 점차 모호해지면서 O2O 시장이 확대되고 있다고 하였으며, 현실 세계는 한계효용이 감소하는 사회인 반면 가상 세계는 한계효용이 증가하는 사회라고 하였으므로 적절한 내용이다.
⑤ 4문단에서 기업과 개인을 포함하는 생산자들이 다양한 방식으로 소비자의 취향에 맞는 제품과 서비스를 판매하고 있다고 하였으므로 적절한 내용이다.

08 의사소통능력   정답 ④

글 전체에서 특정 관점에 입각하여 반대 입장의 주장을 논박하는 방식은 확인할 수 없으므로 가장 적절하지 않다.

[오답 체크]

① 4문단에서 국내 체류 외국인의 증가로 발생하는 문제점을 사례를 통해 뒷받침하고 있으므로 적절하다.
② 1, 3문단에서 2018년 말 국내 체류 외국인의 비중과 수, 이민자가 국내 생산 가능 인구에서 특정 비율을 차지할 때 예상되는 잠재 성장률 등 객관적 수치를 구체적으로 제시하고 있으므로 적절하다.
③ 2, 3문단에서 한국경제연구원의 설명을 인용하여 신뢰도를 높이고 있으므로 적절하다.
⑤ 5문단에서 계절근로자 제도, 전문 인력 전자 고용 추천제, 구직비자 점수제 등 법무부의 노동 시장의 수요를 고려한 외국인 유입 정책을 긍정적으로 평가하고 있으므로 적절하다.

09 수리능력   정답 ③

거리=속력×시간임을 적용하여 구한다.
갑의 달리기 속력이 을의 달리기 속력보다 빠르므로 갑과 을이 같은 방향으로 달려 만난 경우는 갑이 을보다 호수를 1바퀴 더 달린 경우이고, 반대 방향으로 달려 만난 경우는 갑과 을이 달린 거리의 합이 호수의 둘레와 같은 경우이다.
갑의 달리기 속력을 x, 을의 달리기 속력을 y라고 하면
갑과 을이 호수를 같은 방향으로 달릴 때 갑과 을이 달린 거리는 $2x-2y=8$ … ⓐ

갑과 을이 호수를 반대 방향으로 달릴 때 갑과 을이 달린 거리는 $x+y=8$ … ⓑ
ⓐ+(ⓑ×2)를 하면, $4x=24 \rightarrow x=6$
따라서 갑의 달리기 속력은 6km/h이다.

10 수리능력   정답 ⑤

유미가 가지고 있는 상의는 후드 티 3장, 셔츠 4장으로 총 7장이고, 하의는 바지 2벌, 치마 6벌로 총 8벌이다. 이에 따라 유미가 상의와 하의를 입을 수 있는 경우의 수는 $7 \times 8 = 56$가지이다.
이때, 유미는 모자를 쓰거나 쓰지 않을 수도 있으므로 모자를 쓰는 경우의 수는 $3+1=4$가지이고, 가방은 꼭 가지고 외출한다고 하였으므로 가방을 가지고 가는 경우의 수는 3가지이다.
따라서 유미가 스타일링할 수 있는 경우의 수는 $56 \times 4 \times 3 = 672$가지이다.

11 수리능력   정답 ④

사건 A가 일어날 확률=$\frac{\text{사건 A가 일어날 경우의 수}}{\text{모든 경우의 수}}$임을 적용하여 구한다.
주사위 3개를 차례로 던져 나오는 순서대로 세 자리 비밀번호를 만드는 모든 경우의 수는 $6 \times 6 \times 6 = 216$가지이다. 이때, 비밀번호가 4의 배수가 되려면 마지막 두 자리수가 4의 배수여야 하므로 마지막 두 숫자로 가능한 경우는 (1, 2), (1, 6), (2, 4), (3, 2), (3, 6), (4, 4), (5, 2), (5, 6), (6, 4)로 9가지이다. 첫 번째 숫자는 1부터 6까지 모두 가능하므로 비밀번호가 4의 배수가 되는 경우의 수는 $6 \times 9 = 54$가지이다.
따라서 비밀번호가 4의 배수일 확률은 $\frac{54}{216}=\frac{1}{4}$이다.

12 수리능력   정답 ④

B와 C의 나이 차이를 x라고 하면 현재 A의 나이는 $3x$이다. 현재 C의 나이는 A의 나이의 4배이므로 $4 \times 3x = 12x$이고, 4년 뒤에 C의 나이는 $12x+4$, A의 나이는 $3x+4$이다. 이때, 4년 뒤에 B의 나이는 A의 나이의 3배임에 따라 $3(3x+4)=9x+12$이며, B와 C의 나이 차이는 현재와 4년 뒤에 모두 동일하므로
B의 나이가 C의 나이보다 많을 경우, B와 C의 나이 차이는 $x=(9x+12)-(12x+4) \rightarrow x=2$
B의 나이가 C의 나이보다 적을 경우, B와 C의 나이 차이는 $x=(12x+4)-(9x+12) \rightarrow x=4$
현재 A의 나이는 $x=2$일 경우, $3x=6$, $x=4$일 경우, $3x=12$이고 현재 A의 나이가 10대임에 따라 6살은 될 수 없으므로 B와 C의 나이 차이는 4살이며, 현재 A의 나이는 12살, C의 나이는 48살이고, B의 나이가 C의 나이보다 적다.
따라서 현재 B의 나이는 $48-4=44$살이다.

13 수리능력 정답 ①

주택용 저압 전기를 사용하는 A 씨는 6월 한 달간 200kWh를 사용했으므로 기본요금은 200kWh 이하 구간에 해당하는 910원이며 전력량 요금은 처음 200kWh까지 93.3원/kWh로 계산하므로 6월 한 달간 전기 요금은 910 + (200 × 93.3) = 19,570원이다. 또한, 7월 한 달간 500kWh를 사용했으므로 기본요금은 450kWh 초과 구간에 해당하는 7,300원이며 전력량 요금은 처음 300kWh까지 93.3원/kWh, 다음 150kWh까지 187.9원/kWh, 450kWh 초과 부분은 280.6원/kWh로 계산하므로 7월 한 달간 전기 요금은 7,300 + (300 × 93.3) + (150 × 187.9) + (50 × 280.6) = 7,300 + 27,990 + 28,185 + 14,030 = 77,505원이다. 이때 납입 금액은 6월과 7월의 총 전기 요금에 추가로 부가세 10%가 가산되므로 6월 전기 요금과 7월 전기 요금의 합에 1.1을 곱해야 한다.

따라서 A씨가 6월과 7월 전기 사용량에 대해 납입해야 하는 금액은 (19,570 + 77,505) × 1.1 ≒ 106,780원이다.

14 수리능력 정답 ②

조사 기간 동안의 태양광 발전량 합계는 영흥#1이 81.6 + 95.8 + 93.6 + 106.0 + 80.7 + 79.4 = 537.1MWh, 삼천포#2가 100.5 + 115.8 + 107.2 + 95.4 + 100.8 + 85.5 = 605.2MWh, 영동이 113.1 + 102.6 + 139.4 + 89.0 + 103.6 + 103.4 = 651.1MWh, 구미정수장이 98.8 + 108.5 + 102.7 + 73.7 + 103.9 + 102.3 = 589.9MWh, 경상대가 91.2 + 105.5 + 96.9 + 86.6 + 89.6 + 87.3 = 557.1MWh로 영동이 가장 크다.

영동 태양광 발전량은 8월, 10월, 12월에 전월 대비 감소했으므로 고려하지 않으며, 영동 태양광 발전량의 전월 대비 증가율은 9월에 {(139.4 − 102.6) / 102.6} × 100 ≒ 35.9%, 11월에 {(103.6 − 89.0) / 89.0} × 100 ≒ 16.4%이므로 태양광 발전량의 전월 대비 증가율이 가장 큰 달은 9월이다.

15 수리능력 정답 ②

[가]: 전체 고용률이 60.7%로 가장 낮으므로 '2018년 4/4분기'이다.

[라]: 전체 15세 이상 인구가 44,629천 명으로 가장 많으므로 '2019년 4/4분기'이다.

[다]: 전체 취업자는 26,995명으로 2019년 2/4분기와 2019년 3/4분기의 전체 취업자는 각각 27,000천 명을 초과하므로 '2019년 1/4분기'이다.

[나], [마]: [마]의 전체 비경제활동인구는 44,550 − 28,137 = 16,413천 명으로 [나]의 전체 비경제활동인구인 44,466 − 28,152 = 16,314천 명보다 많으므로 [마]는 '2019년 3/4분기'이고, [나]는 '2019년 2/4분기'이다.

따라서 시기가 빠른 순서대로 자료를 바르게 나열하면 '[가] − [다] − [나] − [마] − [라]'가 된다.

16 수리능력 정답 ③

2021년 전자부품업의 전체 상용 종사자 수는 110,924 + 76,058 + 50,001 + 70,694 = 307,677명으로 2018년 전자부품업의 전체 상용 종사자 수인 110,758 + 93,414 + 55,298 + 61,399 = 320,869명보다 감소하였으므로 옳지 않은 설명이다.

오답 체크

① 2022년 인쇄회로기판 및 전자부품실장기판 사업체 수는 전년 대비 감소하였으나, 2022년 기타 사업체 수는 전년 대비 증가하였으므로 옳은 설명이다.

② 2018년에 사업체 수가 273개로 가장 적은 디스플레이의 2020년 상용 종사자 수는 79,064명이므로 옳은 설명이다.

④ 2022년 반도체 상용 종사자 수의 전년 대비 증가율은 {(116,791 − 110,924) / 110,924} × 100 ≒ 5.3%, 2020년 반도체 상용 종사자 수의 전년 대비 증가율은 {(119,430 − 110,997) / 110,997} × 100 ≒ 7.6%이므로 옳은 설명이다.

⑤ 2022년 사업체 1개당 상용 종사자 수는 반도체가 116,791 / 362 ≒ 323명, 디스플레이가 74,503 / 223 ≒ 334명, 인쇄회로기판 및 전자부품실장기판이 50,610 / 1,035 ≒ 49명이므로 옳은 설명이다.

17 문제해결능력 정답 ⑤

제시된 조건에 따르면 노란색을 좋아하는 사람은 3명이고, 네모와 세모를 좋아하는 사람은 각각 2명씩이며, 각각의 색과 모양은 적어도 1명 이상 좋아하므로 빨간색과 주황색을 좋아하는 사람은 각각 1명이고, 별을 좋아하는 사람은 1명이다. 이때, 갑과 병은 같은 색을 좋아하고 을과 병도 같은 색을 좋아하므로 갑, 을, 병은 노란색을 좋아함을 알 수 있다. 또한, 을과 같은 모양을 좋아하는 사람은 없다고 하였으므로 을은 별을 좋아한다. 이에 따라 갑이 좋아하는 모양을 토대로 각자 좋아하는 색과 모양을 나타내면 다음과 같다.

경우 1. 갑이 네모를 좋아하는 경우

구분	갑	을	병	정	무
색깔	노란색	노란색	노란색	빨간색 또는 주황색	빨간색 또는 주황색
모양	네모	별	세모	네모 또는 세모	네모 또는 세모

경우 2. 갑이 세모를 좋아하는 경우

구분	갑	을	병	정	무
색깔	노란색	노란색	노란색	빨간색 또는 주황색	빨간색 또는 주황색
모양	세모	별	네모	네모 또는 세모	네모 또는 세모

따라서 갑과 정이 네모를 좋아할 때, 세모를 좋아하는 사람은 병과 무로 서로 다른 색을 좋아하므로 항상 옳지 않은 설명이다.

18 문제해결능력   정답 ①

제시된 조건에 따르면 한 칸에는 1개의 인형만 두어야 하고 2층 2열에는 돼지 인형을 두고 모든 인형은 같은 색 인형이 1개 이상 이웃하도록 두어야 하며, 같은 색 인형은 한 층에 최대 2개까지 둘 수 있다.

먼저 분홍색 인형을 1층 2열 또는 3층 2열에 둔 경우 한 열에는 인형을 2개씩만 둘 수 있으므로 나머지 분홍색 인형과 흰색 인형 1개를 같은 1열 또는 3열에 두고 나머지 흰색 인형 2개를 남은 열에 두어야 하지만 이는 모든 인형은 같은 색 인형이 1개 이상 이웃하도록 두어야 한다는 조건에 모순된다.

2층 1열에 분홍색 인형을 둔 경우 같은 색 인형은 이웃하여 두고 각 층에는 1개 이상의 인형을 두어야 하므로 나머지 분홍색 인형은 1층 1열 또는 3층 1열에 둘 수 있다. 이에 따라 수납장에 인형을 두는 방법을 나타내면 다음과 같다.

경우 1. 1층 1열에 분홍색 인형을 둔 경우

구분	1열	2열	3열
3층		흰색	흰색
2층	분홍색	분홍색(돼지)	흰색
1층	분홍색		

경우 2. 3층 1열에 분홍색 인형을 둔 경우

구분	1열	2열	3열
3층	분홍색		
2층	분홍색	분홍색(돼지)	흰색
1층		흰색	흰색

또한 2층 3열에 분홍색 인형을 둔 경우 같은 색 인형은 이웃하여 두고 각 층에는 1개 이상의 인형을 두어야 하므로 나머지 분홍색 인형은 1층 3열 또는 3층 1열에 둘 수 있다. 이에 따라 수납장에 인형을 두는 방법을 나타내면 다음과 같다.

경우 3. 1층 3열에 분홍색 인형을 둔 경우

구분	1열	2열	3열
3층	흰색	흰색	
2층	흰색	분홍색(돼지)	분홍색
1층			분홍색

경우 4. 3층 3열에 분홍색 인형을 둔 경우

구분	1열	2열	3열
3층			분홍색
2층	흰색	분홍색(돼지)	분홍색
1층	흰색	흰색	

따라서 돼지 인형은 항상 흰색 인형 2개와 이웃하여 두므로 항상 옳지 않은 설명이다.

② 토끼 인형과 강아지 인형을 각각 2층 1열, 2층 3열에 두었을 수도 있으므로 항상 옳지 않은 설명은 아니다.
③ 각 층에 둔 인형 수는 항상 다르므로 항상 옳은 설명이다.
④ 곰 인형을 2층에, 토끼 인형을 1층에 두었을 수도 있으므로 항상 옳지 않은 설명은 아니다.
⑤ 1열에 둔 인형의 색과 3열에 둔 인형의 색은 항상 서로 다르므로 항상 옳은 설명이다.

19 문제해결능력   정답 ④

제시된 조건에 따르면 갑, 을, 병, 정, 무 5명은 모두 다른 직무 분야에 지원하였고 채용 전형 결과 3명은 합격, 2명은 불합격이었다. 또한, 을과 정의 채용 전형 결과가 서로 다르므로 둘 중 한 명의 채용 전형 결과 불합격이고 무의 채용 전형 결과도 불합격이므로 갑과 병의 채용 전형 결과는 합격임을 알 수 있다. 이때, 사무와 기계 분야에 지원한 지원자의 채용 전형 결과는 모두 합격이었고 을은 토목 분야에 지원하였으며 갑은 사무와 기계 분야에 지원하지 않았으므로 토목 분야에 지원한 을의 채용 전형 결과는 불합격이다. 이에 따라 갑, 을, 병, 정, 무가 지원한 직무 분야와 채용 전형 결과는 다음과 같다.

구분	갑	을	병	정	무
지원 직무 분야	건축 또는 전기	토목	사무 또는 기계	사무 또는 기계	건축 또는 전기
채용 전형 결과	합격	불합격	합격	합격	불합격

따라서 을의 채용 전형 결과는 불합격이므로 항상 옳지 않은 설명이다.

① 병과 정의 채용 전형 결과는 모두 합격이므로 항상 옳은 설명이다.
② 갑이 건축 분야에 지원하여 채용 전형 결과 합격할 수도 있으므로 항상 옳지 않은 설명은 아니다.
③ 정은 사무 또는 기계 분야에 지원하였으므로 항상 옳지 않은 설명은 아니다.
⑤ 갑의 채용 전형 결과는 합격, 무의 채용 전형 결과는 불합격이므로 항상 옳은 설명이다.

20 문제해결능력   정답 ③

제시된 조건에 따르면 갑이 거짓을 말하고 있다는 병의 진술에 따라 갑 또는 병 중 한 명의 진술은 반드시 거짓임을 알 수 있다. 먼저 갑의 진술이 진실인 경우 병의 진술은 거짓이고, 갑의 진술에 따라 병과 무는 서로 다른 마을에 살고 있으며, 병의 진술은 거짓이므로 병은 B 마을에, 무는 A 마을에 살고 있음을 알 수 있다. 이에 따라 무의 진술은 진실이며, 무의 진술에 따라 을과 정은 같은 마을에 살고 있다. 이때, 을과 정이 A 마을에 살아 두 사람의 진술이 진실일 경우 4명이 진실을 말하게 되어 을의 진술이 모순되며, 을과 정이 B 마을에 살아 두 사람의 진술이 거짓인 경우 병과 정은 모두 거짓을 말하여 B 마을에 살아야 하지만, 이는 거짓인 정의 진술에 모순된다.

이에 따라 갑의 진술은 거짓이며 병의 진술은 진실이고, 거짓인 갑의 진술에 따라 무는 병과 같은 A 마을에 살아야 하므로 무의 진술은 진실이며, 무의 진술에 따라 을과 정은 같은 마을에 살고, 을과 정이 A 마을에 살아 두 사람의 진술이 진실일 경우 4명이 진실을 말하게 되어 을의 진술이 모순되지만, 을과 정이 B 마을에 살아 두 사람의 진술이 거짓인 경우 모든 조건에 모순이 발생하지 않는다.

따라서 A 마을에 살고 있는 사람은 항상 진실을 말하는 '병, 무'이다.

구분	숙박 요금	조식 요금	총 이용요금
A 호텔	(300×2)+(300×1.5 ×2)=1,500달러	0	1,500달러
B 호텔	450×4= 1,800달러	10×3 =30달러	1,800+30 =1,830달러
D 호텔	400×0.9×4 =1,440달러	15×3 =45달러	1,440+45 =1,485달러

따라서 갑이 투숙할 호텔은 호텔 총 이용요금이 가장 저렴한 'D 호텔'이다.

21 문제해결능력   정답 ④

첫 번째 조건에서 甲이 태어난 월과 일을 4자리 숫자로 표현하였을 때, 각 자리의 숫자를 '모두 더한 값'과 '모두 곱한 값'이 같다고 했으므로 태어난 월과 일에 '0'이 포함될 경우 '모두 더한 값'과 '모두 곱한 값'이 같을 수 없음에 따라 甲이 태어난 월은 11월 또는 12월이고, 일은 11~19일, 21~29일이며, 12월은 31일도 가능함을 알 수 있다. 태어난 월이 11월일 경우, '모두 더한 값'에는 항상 1+1=2가 더해지고, '모두 곱한 값'에는 항상 1×1=1이 곱해져야 하므로 태어난 일이 각 자릿수 합과 곱이 같은 수를 찾아야 한다. 태어난 월이 12월일 경우 '모두 더한 값'에는 항상 1+2=3이 더해지고, '모두 곱한 값'에는 항상 1×2=2가 곱해져야 하므로 태어난 일의 각 자릿수의 합+3의 값과 태어난 일의 각 자릿수의 합×3의 값이 같은 수를 찾아야 한다.

태어난 월이 11월인 경우에는 태어난 일이 24일 때, 1+1+2 +4=1×1×2×4=8로 같으므로 11월 24일이 되고, 태어난 월이 12월인 경우에는 태어난 일이 14일일 때, 1+2+1+4 =1×2×1×4=8로 같으므로 12월 14일이 됨에 따라 甲은 11월 24일 또는 12월 14일에 태어났음을 알 수 있다.

이때, 두 번째 조건에서 甲이 태어난 월과 일의 차이는 10 이상이라고 했으므로 甲은 11월 24일에 태어났음을 알 수 있으며, 태어난 월과 일의 합은 11+24=35이다.

따라서 甲이 태어난 월과 일을 더한 값은 35이다.

22 문제해결능력   정답 ④

하나의 호텔에서만 투숙할 예정인 갑의 일정은 9월 1일 금요일부터 5일 화요일까지이므로 9월 4일과 9월 5일에 영업하지 않는 E 호텔에서 투숙하지 않고, 호텔에서 회의장까지 이동하는 데 걸리는 시간이 30분 이상인 호텔에서 투숙하지 않으므로 호텔에서 회의장까지의 이동 시간이 40분인 C 호텔에서 투숙하지 않는다. 이때, 갑이 투숙할 수 있는 호텔은 A 호텔, B 호텔, D 호텔이며, 갑은 첫 날과 마지막 날을 제외한 3일간 조식을 먹을 예정이고, 할인 혜택이 있는 호텔에서는 적용 가능한 모든 할인 혜택을 받을 예정이므로 세 가지 호텔의 총 이용요금을 각각 계산하면 다음과 같다.

23 문제해결능력   정답 ⑤

저신용·저소득자는 신청일 현재 신용평점이 500점 미만이고, 연소득이 4,500만 원 이하인 사람을 의미하지만, 연소득이 3,500만 원 이하인 사람은 신용평점에 상관 없이 저신용·저소득자로 간주하므로 연소득이 4,800만 원인 C를 제외한 A, B, D, E가 저신용·저소득자에 해당한다. 이때, 저신용·저소득자보증제도는 신청일 기준으로 1년 전에 비해 대출잔액이 감소하였거나 신용평점이 상승한 저신용·저소득자가 이용할 수 있으므로 신청일 기준으로 1년 전에 비해 대출잔액이 동일하고, 신용평점이 하락한 B는 저신용·저소득자보증을 받을 수 없다. 또한, 기존에 서민금융상품을 6개월 이상 이용하지 않거나 서민금융상품을 연체 중인 사람은 저신용·저소득자 보증 대상에서 제외되므로 기존에 서민금융상품을 5개월 이용한 A와 서민금융상품을 연체 중인 D는 저신용·저소득자보증을 받을 수 없다.

따라서 A, B, C, D, E 5명 중 저신용·저소득자보증을 받을 수 있는 사람은 'E'이다.

24 문제해결능력   정답 ③

모든 팀원이 화상 회의 시스템에 접속하면 곧바로 화상 회의를 시작하므로 화상 회의 시스템에 접속해 있던 시간이 가장 짧은 팀원이 화상 회의 시스템에 접속한 시간에 화상 회의를 시작한다. 화상 회의 시스템에 접속해 있던 시간이 가장 짧은 팀원은 D이고, D가 화상 회의 시스템에 접속한 시간은 10시 24분이다.

따라서 A, B, C, D, E가 화상 회의를 시작한 시간은 10시 24분이다.

25 자원관리능력   정답 ②

K 부서 직원 5명의 20X3년 급수별 지급기준액 및 성과상여금 지급 등급에 따른 성과상여금은 다음과 같다.

구분	급수(지급기준액)	지급 등급	성과상여금
갑	9급(230만 원)	A 등급	2,300,000 × 1.25 =2,875,000원
을	7급(320만 원)	B 등급	3,200,000 × 0.85 =2,720,000원
병	9급(230만 원)	S 등급	2,300,000 × 1.7 =3,910,000원
정	7급(320만 원)	C 등급	지급하지 않음
무	8급(260만 원)	A 등급	2,600,000 × 1.25 =3,250,000원

따라서 20X3년에 K 부서 직원 5명이 받게 되는 성과상여금의 총액은 2,875,000+2,720,000+3,910,000+0+3,250,000=12,755,000원이다.

26 자원관리능력   정답 ⑤

K 부서 직원 5명의 변경된 인원비율별 지급 등급 기준을 적용한 성과상여금은 다음과 같다.

구분	급수(지급기준액)	지급 등급	성과상여금
갑	9급(230만 원)	A 등급	2,300,000 × 1.25 =2,875,000원
을	7급(320만 원)	B 등급	3,200,000 × 0.85 =2,720,000원
병	9급(230만 원)	A 등급	2,300,000 × 1.25 =2,875,000원
정	7급(320만 원)	C 등급	지급하지 않음
무	8급(260만 원)	A 등급	2,600,000 × 1.25 =3,250,000원

따라서 변경된 규정을 적용하였을 때, 5명 중 가장 많은 성과상여금을 받는 직원은 '무'이다.

27 자원관리능력   정답 ②

A 팀 4명의 1주 차 근무 시간은 다음과 같다.

구분	월	화	수	목	금	총시간
가	10시간	11시간	3시간	5시간	11시간	40시간
나	8시간	9시간	10시간	–	13시간	40시간
다	8시간	9시간	–	11시간	12시간	40시간
라	11시간	12시간	4시간	6시간	9시간	42시간

이때, 1일 최대 근로 시간은 12시간, 최소 근로 시간은 4시간이므로 금요일에 13시간을 근무하는 '나'와 수요일에 3시간을 근무하는 '가'는 근무 계획을 올바르게 설정하였다고 볼 수 없다.

또한, 주 40시간을 5일 이하로 근무하여야 하므로 주 42시간을 근무하는 '라'도 근무 계획을 올바르게 설정하였다고 볼 수 없다.

따라서 근무 계획을 올바르게 설정한 사람은 '다'이다.

28 자원관리능력   정답 ⑤

한 씨의 퇴직일 이전 3개월은 2023년 6월 16일부터 9월 15일까지이므로 퇴직일 이전 3개월간 임금총액은 다음과 같다.

기간	기간별 일수	기본급	기타수당
2023년 6월 16일 ~2023년 6월 30일	15일	1,000,000원	180,000원
2023년 7월 1일 ~2023년 7월 31일	31일	2,000,000원	360,000원
2023년 8월 1일 ~2023년 8월 31일	31일	2,000,000원	360,000원
2023년 9월 1일 ~2023년 9월 15일	15일	1,000,000원	180,000원
합계	92일	6,000,000원	1,080,000원

이에 따라 한 씨의 퇴직일 이전 3개월간 임금총액은 6,000,000+1,080,000=7,080,000원이다. 이때 상여금 가산액은 3,000,000/4=750,000원이고, 연차수당 가산액은 0원이므로 한 씨의 1일 평균임금은 7,080,000+750,000=7,830,000원을 퇴직일 이전 3개월간의 총일수인 92일로 나눈 7,830,000/92≒85,108원이다.

따라서 한 씨의 예상 퇴직금은 85,108 × 30 × (1,445/365)=10,212,960원이다.

29 자원관리능력   정답 ④

각 평가 항목 점수 및 배점 비율에 따른 체험부스별 총점은 다음과 같다.

구분	총 부스 임대료 점수	총재료비 점수	총 예상 방문자 수 점수	총점
목걸이 만들기	95 × 0.4 =38점	85 × 0.4 =34점	80 × 0.2 =16점	38+34+16 =88점
팔찌 만들기	90 × 0.4 =36점	88 × 0.4 =35.2점	90 × 0.2 =18점	36+35.2+18 =89.2점
귀걸이 만들기	80 × 0.4 =32점	92 × 0.4 =36.8점	90 × 0.2 =18점	32+36.8+18 =86.8점
반지 만들기	100 × 0.4 =40점	85 × 0.4 =34점	80 × 0.2 =16점	40+34+16 =90점
발찌 만들기	85 × 0.4 =34점	96 × 0.4 =38.4점	50 × 0.2 =10점	34+38.4+10 =82.4점

따라서 총무팀이 설치하게 될 체험 부스는 총점이 90점으로 가장 높은 '반지 만들기'이다.

부스별 총재료비가 기존보다 100만 원씩 추가될 경우 총재료비 점수는 목걸이 만들기 체험 부스가 610만 원, 팔찌 만들기 체험 부스가 500만 원, 귀걸이 만들기 체험 부스가 480만 원, 반지 만들기 체험 부스가 600만 원, 발찌 만들기 체험 부스가 320만 원이다.

이때 각 평가 항목 점수 및 배점 비율에 따른 체험부스별 총점은 다음과 같다.

구분	총 부스 임대료 점수	총재료비 점수	총 예상 방문자 수 점수	총점
목걸이 만들기	38점	78×0.4 =31.2점	16점	38+31.2+16 =85.2점
팔찌 만들기	36점	85×0.4 =34점	18점	36+34+18 =88점
귀걸이 만들기	32점	88×0.4 =35.2점	18점	32+35.2+18 =85.2점
반지 만들기	40점	78×0.4 =31.2점	16점	40+31.2+16 =87.2점
발찌 만들기	34점	92×0.4 =36.8점	10점	34+36.8+10 =80.8점

따라서 전달받은 내용을 토대로 김 사원이 점수를 다시 산정하였을 때, 총점이 가장 높은 체험 부스는 총점이 88점인 '팔찌 만들기'이다.

---

31 자원관리능력　　　　　정답 ⑤

○○기업의 신입사원 채용 면접 전형 항목별 가중치에 따른 지원자 다섯 명의 면접 점수는 다음과 같다.

구분	면접 점수					
	직무 적합성	전문성	성실성	혁신성	윤리성	총점
갑	80×0.3 =24점	65×0.3 =19.5점	75×0.15 =11.25점	90×0.15 =13.5점	80×0.1 =8점	76.25점
을	70×0.3 =21점	90×0.3 =27점	85×0.15 =12.75점	80×0.15 =12점	75×0.1 =7.5점	80.25점
병	65×0.3 =19.5점	80×0.3 =24점	80×0.15 =12점	100×0.15 =15점	70×0.1 =7점	77.5점
정	75×0.3 =22.5점	90×0.3 =27점	85×0.15 =12.75점	90×0.15 =13.5점	70×0.1 =7점	82.75점
무	90×0.3 =27점	70×0.3 =21점	75×0.15 =11.25점	100×0.15 =15점	85×0.1 =8.5점	82.75점

지원자 다섯 명 중 가중치를 부여한 최종 면접 점수가 가장 높은 지원자는 82.75점의 정과 무이다. 이때 최종 면접 점수가 가장 높은 지원자 1명이 최종 합격자가 되며 동점자가 발생할 경우 서류 점수가 더 높은 지원자가 최종 합격자가 되므로 서류 점수가 90점으로 더 높은 무가 최종 합격자가 된다.

따라서 다섯 명의 지원자 중 최종 합격자는 '무'이다.

세 가지 기기를 1개 생산하는 데 필요한 부품의 금액은 다음과 같다.

구분	부품 1	부품 2	부품 3	부품 4
A 기기	20,000×1 =20,000원	15,000×2 =30,000원	30,000×2 =60,000원	18,000×3 =54,000원
B 기기	20,000×2 =40,000원	15,000×1 =15,000원	30,000×2 =60,000원	18,000×2 =36,000원
C 기기	20,000×2 =40,000원	15,000×3 =45,000원	30,000×1 =30,000원	18,000×2 =36,000원

이때 A 기기를 1개 생산하는 데 필요한 부품의 총금액은 20,000+30,000+60,000+54,000=164,000원, B 기기를 1개 생산하는 데 필요한 부품의 총금액은 40,000+15,000 +60,000+36,000=151,000원, C 기기를 1개 생산하는 데 필요한 부품의 총금액은 40,000+45,000+30,000+36,000 =151,000원이다. ○○사에서 3가지 기기를 각각 20개씩 생산하고자 하므로 (164,000×20)+(151,000×20)+(151,000 ×20)=9,320,000원이다.

따라서 생산을 위해 필요한 부품의 총금액은 932만 원이다.

[33-36]

33 정보능력　　　　　정답 ①

제시된 Code 종류에 따른 절차를 통해 Result Value를 산출하면

System Type이 CV이고, Malware Code가 발생했으므로 P(2), B(4) 중 가장 큰 값을 위험수치에서 안전수치를 뺀 값에 곱한다.

S-level이 4, D-level이 8이므로

Result Value=(8-4)×4=16이다.

따라서 Result Value 16은 10 초과의 값에 해당하므로 비활성화 조치를 위해 입력할 Input Value는 'InactiveA'이다.

---

34 정보능력　　　　　정답 ③

제시된 Code 종류에 따른 절차를 통해 Result Value를 산출하면

System Type이 OCV이고, Ransomeware Code와 Malware Code가 동시에 발생했으므로 G(3), H(3)의 합을 위험수치에서 안전수치를 뺀 값에 더한다.

S-level이 13, D-level이 15이므로

Result Value=(15-13)+(3+3)=8이다.

따라서 Result Value 8은 5 초과~8 이하의 값에 해당하므로 기본 점검 조치를 위해 입력할 Input Value는 'BasicC'이다.

35 정보능력

정답 ②

제시된 Code 종류에 따른 절차를 통해 Result Value를 산출하면

System Type이 OCV이고, Malware Code와 Ransomeware Code가 동시에 발생했으므로 D(3.5), M(1)의 합을 위험수치에서 안전수치를 뺀 값에 더한다.

S-level이 17, D-level이 21이므로

Result Value = (21-17)+(3.5+1)=8.5이다.

따라서 Result Value 8.5는 8 초과~10 이하의 값에 해당하므로 세부 점검 조치를 위해 입력할 Input Value는 'DetailB'이다.

36 정보능력

정답 ⑤

제시된 Code 종류에 따른 절차를 통해 Result Value를 산출하면

System Type이 CV이고, Ransomeware Code와 Malware Code가 동시에 발생했으므로 C(2), T(1) 중 가장 큰 값을 위험수치에서 안전수치를 뺀 값에 더한다.

S-level이 10, D-level이 11이므로

Result Value = (11-10)+2=3이다.

따라서 Result Value 3은 3 이하의 값에 해당하므로 현재 상태 유지를 위해 입력할 Input Value는 'Well-Condition'이다.

37 정보능력

정답 ①

갑이 관리하는 의류 제품 중 경상도 2공장에서 생산한 제품은 없으므로 옳지 않은 내용이다.

오답 체크

② 제품 색상 코드 빈도가 가장 많은 색상은 K임에 따라 가장 많은 색상은 검정이므로 옳은 내용이다.

③ 바지 또는 치마는 하의에 해당함에 따라 4번, 6번, 7번으로 총 3개이므로 옳은 내용이다.

④ 3공장에서 생산한 제품은 1번, 4번, 7번으로 총 3개이므로 옳은 내용이다.

⑤ 20년 10월 이후 제품은 2번, 4번, 5번, 6번, 7번, 8번으로 총 6개이므로 옳은 내용이다.

38 정보능력

정답 ④

INDEX 함수는 지정한 범위 내에서 행과 열이 교차하는 지점의 값을 찾을 때 사용하는 함수로, INDEX 함수식은 '=INDEX(지정한 범위, 행 번호, 열 번호)'이다.

구분	내용	적용
지정한 범위	조건에 맞는 자료를 찾는 범위	B4:D10
행 번호	지정한 범위에서 찾고자 하는 과일 품목의 행 번호	MATCH(F6, B4:B10, 0)
열 번호	지정한 범위에서 찾고자 하는 단가의 열 번호	MATCH(G3, B3:D3, 0)

다음 엑셀 시트에서 'MATCH(F6, B4:B10, 0)'를 적용하면 사과, 바나나, 망고, 자몽, 멜론, 수박, 파인애플 중 찾는 값인 수박과 정확히 일치하는 셀값 '수박'이 나오고, 'MATCH(G3, B3:D3, 0)'를 적용하면 과일 품목, 입고 수량, 단가 중 찾는 값인 단가와 정확히 일치하는 셀값 '단가'가 나온다.

따라서 '=INDEX(B4:D10, MATCH(F6, B4:B10, 0), MATCH(G3, B3:D3, 0))'의 출력값으로 가장 적절한 것은 지정한 범위에서 수박의 단가 셀값인 13,000이다.

더 알아보기

INDEX 함수	• 지정한 범위 내에서 행과 열이 교차하는 값을 찾는 함수 식 =INDEX(지정한 범위, 행 번호, 열 번호)
MATCH 함수	• 조건에 맞는 행 번호와 열 번호를 찾는 함수 • 옵션: -1 → 이상 값 중 최근접 값, 0 → 정확히 일치하는 값, 1 → 이하 값 중 최근접 값 식 =MATCH(찾을 값, 지정한 범위, 옵션)

39 정보능력

제시된 표를 참고하여 T를 16진수로 나타내면 0054$_{(16)}$이고, 16진수 0054$_{(16)}$를 10진수로 변환하면 $(0 \times 16^3) + (0 \times 16^2) + (5 \times 16^1) + (4 \times 16^0) = 84_{(10)}$이다. 10진수 84$_{(10)}$를 다시 2진수로 변환하면

```
2) 84
2) 42 … 0
2) 21 … 0
2) 10 … 1
2) 5 … 0
2) 2 … 1
   1 … 0
```

이므로 84$_{(10)}$=1010100$_{(2)}$이다.
따라서 유니코드 T의 값을 2진수로 변환한 값은 1010100$_{(2)}$이다.

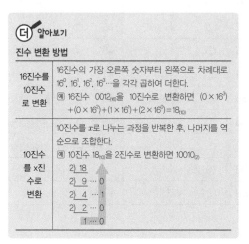

더 알아보기

진수 변환 방법

16진수를 10진수로 변환	16진수의 가장 오른쪽 숫자부터 왼쪽으로 차례대로 16^0, 16^1, 16^2, 16^3…을 각각 곱하여 더한다. 예 16진수 0012$_{(16)}$을 10진수로 변환하면 $(0 \times 16^3) + (0 \times 16^2) + (1 \times 16^1) + (2 \times 16^0) = 18_{(10)}$

10진수를 x진수로 변환	10진수를 x로 나누는 과정을 반복한 후, 나머지를 역순으로 조합한다.
	예 10진수 18$_{(10)}$을 2진수로 변환하면 10010$_{(2)}$
	```2) 18```
	```2) 9 … 1```
	```2) 4 … 1```
	```2) 2 … 0```
	``` 1 … 0```

40 정보능력

정답 ③

김지연 전무의 근무 월수를 계산하려면 입사 날짜부터 현재 날짜까지 경과한 시간을 계산하는 월 단위의 데이터 값을 구해야 한다.
따라서 날짜를 계산할 때 사용하는 함수인 DATEDIF를 사용하는 것이 적절하며, DATEDIF 함수식인 '=DATEDIF(시작 날짜, 종료 날짜, "반환 값")'을 적용하면 '=DATEDIF(D4, E4, "M")'이 된다.

구분	설명	적용
시작 날짜	지정된 기간의 시작 날짜인 입사 날짜	D4
종료 날짜	지정된 기간의 종료 날짜인 현재 날짜	E4
반환 값	반환하려는 정보의 단위	"M"

더 알아보기

DATEDIF 함수	시작 날짜와 종료 날짜 사이의 연도, 개월, 날짜 수의 차이를 구할 때 사용하는 함수 식 =DATEDIF(시작 날짜, 종료 날짜, 반환 값)	
	반환 값의 단위	**설명**
	"Y"	해당 기간에 포함된 전체 연도 수
	"M"	해당 기간에 포함된 전체 개월 수
	"D"	해당 기간에 포함된 전체 날짜 수
EDATE 함수	시작 날짜에서 지정한 값만큼 지난(양수) 또는 이전(음수) 날짜를 구할 때 사용하는 함수 식 =EDATE(시작 날짜, 개월 수)	
EOMONTH 함수	시작 날짜에서 지정한 값만큼 지난(양수) 또는 이전(음수) 달의 마지막 날의 날짜를 구할 때 사용하는 함수 식 =EOMONTH(시작 날짜, 개월 수)	

해커스공기업 휴노형·PSAT형 NCS 기출동형모의고사

3회 기출동형모의고사

정답

p.76

01	⑤	의사소통능력	14	②	의사소통능력	27	⑤	수리능력	40	②	문제해결능력
02	②	의사소통능력	15	⑤	의사소통능력	28	②	수리능력	41	②	문제해결능력
03	②	의사소통능력	16	⑤	의사소통능력	29	②	수리능력	42	④	문제해결능력
04	⑤	의사소통능력	17	④	의사소통능력	30	②	수리능력	43	②	문제해결능력
05	②	의사소통능력	18	④	수리능력	31	④	수리능력	44	④	문제해결능력
06	⑤	의사소통능력	19	③	수리능력	32	②	수리능력	45	②	문제해결능력
07	①	의사소통능력	20	③	수리능력	33	③	수리능력	46	①	문제해결능력
08	③	의사소통능력	21	②	수리능력	34	②	수리능력	47	①	문제해결능력
09	②	의사소통능력	22	②	수리능력	35	④	문제해결능력	48	⑤	문제해결능력
10	⑤	의사소통능력	23	②	수리능력	36	①	문제해결능력	49	②	문제해결능력
11	③	의사소통능력	24	④	수리능력	37	③	문제해결능력	50	④	문제해결능력
12	⑤	의사소통능력	25	②	수리능력	38	④	문제해결능력			
13	④	의사소통능력	26	①	수리능력	39	②	문제해결능력			

취약 영역 분석표

영역별로 맞힌 개수와 정답률을 적고 나서 취약한 영역이 무엇인지 파악해 보세요.
정답률이 60% 미만인 취약한 영역은 틀린 문제를 다시 풀어보면서 확실히 극복하세요.

영역	의사소통능력	수리능력	문제해결능력	TOTAL
맞힌 개수	/17	/17	/16	/50
정답률	%	%	%	%

※ 정답률(%) = (맞힌 개수/전체 개수) × 100

해설

[01 - 02]

01 의사소통능력   정답 ⑤

이 글은 주택 후분양제의 도입 배경 및 필요성에 대해 설명하는 글이다.

따라서 '(라) 주택 후분양제의 정의 및 도입 배경 → (나) 주택 후분양제에 대한 오해(1): 주택 공급의 감소 → (마) 주택 후분양제에 대한 오해(2): 분양가의 상승 → (가) 주택 후분양제 도입의 긍정적 효과 → (다) 주택 후분양제 도입의 우려사항과 신중한 접근의 필요성' 순으로 연결되어야 한다.

02 의사소통능력   정답 ②

(가) 문단에서 주택 선분양제하에서 조감도를 통해 집을 선택했던 것과 달리 주택 후분양제하에서는 주택의 건설 진행 상황을 확인하며 분양받을 수 있고, 오랜 대기 없이도 입주할 수 있다고 하였으므로 주택 후분양제하에서 주택을 구매하는 소비자가 조감도로만 집을 확인하고 구매한 뒤 완공될 때까지 오래 기다려야만 입주할 수 있는 것은 아님을 알 수 있다.

오답 체크
① (다) 문단에서 주택 후분양제 시행 시 건설업체에서 주택 공급 일정을 제멋대로 조정하면 주택 수급 불균형이 발생할 수 있다고 하였으므로 적절한 내용이다.
③ (라) 문단에서 현재 우리나라의 표준 주택 공급 방식은 선분양제이며, 1970년대 주택 보급률이 낮던 당시 상황과 도시화가 맞물리며 주택의 대량 공급이 필요해지자 도입되었다고 하였으므로 적절한 내용이다.
④ (마) 문단에서 주택 선분양제하에서는 공사 비용을 정확히 산정하기 어려워 폭리를 취하는 사람들이 생길 수 있다고 하였으므로 적절한 내용이다.
⑤ (나) 문단에서 주택도시기금과 보증제도 등을 활용하면 건설업체의 자금 조달 비용을 최소화할 수 있다고 하였으므로 적절한 내용이다.

03 의사소통능력   정답 ②

빈칸 앞에서는 하천의 유량이 많은 시기에 댐에 물을 저장해 두었다가 하천의 유량이 적은 시기에 저장된 물을 사용함으로써 하천의 유량을 조절한다는 내용을 말하고 있다.

따라서 빈칸에 들어갈 내용으로 가장 적절한 것은 ②이다.

04 의사소통능력   정답 ⑤

2문단에서 비버가 강의 중앙에 나무, 진흙, 돌 등을 쌓아서 바닥을 깔고 그 위에 나뭇가지를 쌓아 올려 섬처럼 집을 짓는다고 하였으며, 큰 하천이나 늪에 사는 경우에는 강둑에 굴을 파서 집을 만들기도 한다고 하였으므로 큰 하천이나 늪에 서식하는 비버가 강의 중앙이 아닌 강둑에 굴을 파서 집을 만드는 경우도 있음을 알 수 있다.

오답 체크
① 2문단에서 비버가 집의 천장에 환기 구멍을 내고 나무 사이의 틈은 물이 새지 않도록 진흙, 돌, 수초 등으로 메운다고 하였으며, 보통 2개 이상의 출입구를 만들고 물 아래로도 출입구를 내서 다른 동물이 들어오는 것을 차단한다고 하였으므로 적절하지 않은 내용이다.
② 1문단에서 비버가 물속에서는 물갈퀴가 발달되어 있는 뒷발을 이용하여 헤엄친다고 하였으므로 적절하지 않은 내용이다.
③ 3문단에서 비버의 댐은 하천의 물 높이를 조절할 수 있어서 홍수가 나면 물을 저장하고 가뭄이 나면 물을 흐르게 하여 자연재해를 예방하는 데 도움이 된다고 하였으므로 적절하지 않은 내용이다.
④ 1문단에서 비버의 특징적인 크고 튼튼한 앞니는 평생 계속해서 자란다고 하였으므로 적절하지 않은 내용이다.

[05 - 06]

05 의사소통능력   정답 ②

이 글은 나이에 따라 나타날 수 있는 눈 증상 및 눈 관리의 중요성에 대해 설명하는 글이다.

따라서 '(다) 눈의 중요성 → (마) 영유아 시기 눈 관리의 중요성 → (나) 청소년기와 성인기 눈에 나타날 수 있는 안구건조증 → (라) 안구건조증 완화 방법 → (가) 40대 이후에 눈에 나타날 수 있는 문제 및 눈 관리의 필요성' 순으로 연결되어야 한다.

06 의사소통능력   정답 ⑤

(라) 문단에서 장기적으로 볼 때 오메가3, 지방산, 비타민 A, B, C 등이 많이 든 음식을 섭취하면 안구건조증이 완화에 도움이 된다고 하였으므로 오메가3, 비타민 등이 많이 함유된 음식을 먹는 것이 안구건조증 완화에 도움이 됨을 알 수 있다.

오답 체크
① (다) 문단에서 태어나자마자 시력이 좋지 않은 사람도 있으나 후천적인 영향으로 시력이 안 좋아지는 사람도 크게 늘고 있다고 하였으므로 적절하지 않은 내용이다.
② (가) 문단에서 노화 진행 정도에 따라 안과 질환 발병률이 급격히 증가하며, 실명을 겪게 될 위험도 커져 40대 이후부터는 1년에 최소 1회 이상 안과 검진을 받는 것이 좋다고 하였으므로 적절하지 않은 내용이다.
③ (마) 문단에서 사람의 시각은 7~8세에 모두 발달하기 때문에 근시 또는 사시 증상이 확인되면 즉시 치료하는 것이 좋으며, 그렇지 않을 경우 정상적인 시각 발달이 이루어지지 않을 수도 있다고 하였으므로 적절하지 않은 내용이다.
④ (나) 문단에서 안구건조증을 겪게 되면 눈이 자주 충혈되거나 시리며, 심할 경우 두통이 함께 나타나기도 한다고 하였으므로 적절하지 않은 내용이다.

07 의사소통능력　　　　　　정답 ①

ⓐ 정상적인 수면은 생체 에너지를 쓰지 않고 에너지 소모를 방지하는 역할을 한다고 하였으므로 질병이나 재해 따위가 일어나기 전에 미리 대처하여 막는다는 의미의 '예방(豫防)'이 적절하다.

ⓑ 수면이 더 깊어짐에 따라 방추파는 감소하고 진폭이 큰 서파가 유지되어 뇌파가 느려진다고 하였으므로 어떤 상태가 오래 계속된다는 의미의 '지속(持續)'이 적절하다.

ⓒ 렘수면은 잠이 깊게 든 상태이지만, 빠른 안구 운동과 활발한 뇌파 활동이 나타나는 단계라고 하였으므로 어떤 주장이나 이론이 겉보기에는 모순되는 것 같으나 그 속에 중요한 진리가 함축되어 있는 것이라는 의미의 '역설적(逆說的)'이 적절하다.

ⓓ 렘수면 상태에서는 하룻밤 동안 수차례의 꿈을 꾸지만 실제로는 일어나기 전에 꾼 꿈만 기억한다고 하였으므로 어떤 일이 일어나기 바로 전이라는 의미의 '직전(直前)'이 적절하다.

[오답 체크]
• 예측(豫測): 미리 헤아려 짐작함
• 소멸(消滅): 사라져 없어짐
• 이상적(理想的): 생각할 수 있는 범위 안에서 가장 완전하다고 여겨지는 것
• 직후(直後): 어떤 일이 있고 난 바로 다음

08 의사소통능력　　　　　　정답 ③

글의 후반부에서 코스닥 시장의 서킷 브레이커는 현물 서킷 브레이커와 선물 서킷 브레이커로 구분되며, 현물 서킷 브레이커는 현물 주가가 폭락하는 상황에서 발동되지만 선물 서킷 브레이커는 선물 가격이 급격하게 상승하거나 하락하는 모든 상황에서 발동될 수 있다고 하였으므로 코스닥 시장에서 현물 서킷 브레이커가 현물 가격이 급등하거나 급락하는 등 어떠한 상황에서도 발효될 수 있는 것은 아님을 알 수 있다.

[오답 체크]
① 글의 중·후반부에서 우리나라의 서킷 브레이커는 2015년부터 3단계로 세분화되어 발동되며, 그중 3단계는 발동 시점을 기준으로 모든 주식 거래가 종료된다고 하였으므로 적절한 내용이다.
② 글의 전반부에서 증권 시장에서 서킷 브레이커는 일종의 주식 거래 중단 제도로 여겨지고, 증권 시장에서 가격이 급격하게 변화하는 과정에서 발생할 수 있는 문제를 방지하는 역할을 한다고 하였으므로 적절한 내용이다.
④ 글의 중반부에서 우리나라 증권 시장에서 1단계 서킷 브레이커가 발동하려면 종합주가지수가 전일 대비 8% 이상 하락해야 한다고 하였으므로 적절한 내용이다.
⑤ 글의 전반부에서 서킷 브레이커는 1987년 10월 뉴욕증권거래소에서 다우존스 산업지수가 22% 급락하는 블랙 먼데이 사건이 발생하자 증권 시장의 붕괴를 막기 위해 도입되었다고 하였으므로 적절한 내용이다.

09 의사소통능력　　　　　　정답 ②

신문기사는 세계보건기구의 전염병 경보 단계 중 6단계인 팬데믹은 전염병이 2개 이상의 대륙까지 퍼질 경우에 선포되며, 전염병은 많은 사람들의 목숨을 앗아가기도 하지만 역설적으로 방역과 의학 발전 등 인류 문명 발달에 영향을 미친다는 내용을 설명하고 있다.

따라서 빈칸에 들어갈 내용으로 가장 적절한 것은 ②이다.

10 의사소통능력　　　　　　정답 ⑤

ⓐ 프로파일러는 증거를 기반으로 하여 용의자의 신체조건, 심리 상태, 행동 따위를 짐작한다고 하였으므로 같은 종류의 것 또는 비슷한 것에 기초하여 다른 사물을 미루어 추측한다는 의미의 '유추(類推)'가 적절하다.

ⓑ 프로파일러는 용의자의 범위를 한정할 뿐만 아니라 범인의 도주 경로와 은신처를 예측하는 등 용의자 검거에 도움이 될 만한 정보를 제공한다고 하였으므로 들인 노력과 얻은 결과의 비율이라는 의미의 '효율(效率)'이 적절하다.

ⓒ 프로파일링 결과를 용의자의 유죄를 바로 증명하는 근거로 활용할 수 없다고 하였으므로 중간에 제삼자나 매개물이 없이 바로 연결되는 관계라는 의미의 '직접(直接)'이 적절하다.

ⓓ 프로파일러의 분석 결과가 법정에서 범인의 유죄를 밝히는 증거로 채택되었다고 하였으므로 어떤 증거 따위를 내세워 증명한다는 의미의 '입증(立證)'이 적절하다.

[오답 체크]
• 유인(誘引): 주의나 흥미를 일으켜 꾀어냄
• 효험(效驗): 일의 좋은 보람 또는 어떤 작용의 결과
• 간접(間接): 중간에 매개가 되는 사람이나 사물 따위를 통하여 맺어지는 관계
• 반증(反證): 어떤 사실이나 주장이 옳지 아니함을 그에 반대되는 근거를 들어 증명함

[11 - 12]

11 의사소통능력　　　　　　정답 ③

글 전체에서 고전파 경제학자들의 생산 분배 이론에 대해 문제를 제기하면서 등장하여 국민 경제가 항상 완전 고용 상태일 수 없다고 이야기하였으며, 유효 수요 원리를 토대로 자신의 이론을 펼친 케인스의 견해를 서술하고 있다.

12 의사소통능력　　　　　　정답 ⑤

4문단에서 케인스는 자신의 이론 기반을 자본주의 경제를 옹호하는 것에 두었으며, 사회주의에서 주장하는 공동 분배나 공동 생산을 주장한 것은 아니라고 하였으므로 케인스가 시장에 대한 정부의 강력한 통제를 통해 공동 분배 및 공동 생산이 이루어져야 한다고 주장한 것은 아님을 알 수 있다.

13 의사소통능력　　　　　　　정답 ④

부산 사직 야구장의 천장을 상황에 따라 유동적으로 이용할
수 있는 돔구장으로 재건축할 계획이 있었다고 하였으므로
열고 닫는다는 의미의 '개폐(開閉)'가 적절하다.

• 개선(改善): 잘못된 것이나 부족한 것, 나쁜 것 따위를 고
쳐 더 좋게 만듦

14 의사소통능력　　　　　　　정답 ②

이 글은 색과 글자를 조합하여 진행한 실험 결과를 바탕으
로 증명된 스트룹 효과가 익숙한 정보와 주의를 기울이는 정
보의 충돌로 발생하기 때문에 다양한 상황에서 나타날 수
있으며 선택적 주의, 인지적 유연성 등의 측정에 활용된다
는 내용이고, 〈보기〉는 길리아드 교수의 실험에서 참가자들
이 본인의 의견과 일치하는 글을 읽을 때 일치하지 않는 글
을 읽을 때보다 문법적 오류가 있는 문장을 더 잘 찾아냈다
는 내용이다.

따라서 스트룹 효과는 특정한 과제에 대해 반응하는 시간이
주의에 따라 달라지는 현상이라는 점에서 길리아드 교수의
실험 중 참가자가 본인의 의견과 일치하지 않는 글을 볼 때
글의 의미는 무시하고 문법적 오류가 있는 문장을 찾는 데 주
의를 기울여야 해서 추가적인 정보 처리 시간이 요구되는 스
트룹 효과가 일어났음을 알 수 있다.

15 의사소통능력　　　　　　　정답 ⑤

이 글은 우리가 평상시에 빈번하게 사용하는 수·우·미·양·
가 평가 방식이 일본에서 사무라이의 등급을 나누던 것에서
유래하였으며 우리나라에서는 일제강점기부터 사용된 것이
라는 점을 들어 수·우·미·양·가를 평가 등급의 기준으로 사
용하는 것을 지양하자는 내용이므로 이 글의 중심 내용으로
가장 적절한 것은 ⑤이다.

[16 - 17]

16 의사소통능력　　　　　　　정답 ⑤

이 글은 암모나이트의 어원을 통해 흥미를 유발하며 암모나
이트의 껍데기와 생태에 대해 설명하고, 지층 연대 측정의 표
준 화석으로 활용되는 암모나이트 화석이 우리나라에서는 발
견되지 않는 이유를 소개하는 글이다.

따라서 '(마) 독특한 외형에서 유래한 암모나이트의 어원 →
(다) 암모나이트 껍데기의 특징 → (라) 암모나이트의 생태 →
(나) 생물 진화의 증거이자 지층 연대를 측정하는 표준 화석
으로 활용되는 암모나이트 → (가) 우리나라에서는 발견되지
않는 암모나이트 화석' 순으로 연결되어야 한다.

17 의사소통능력　　　　　　　정답 ④

(다) 문단에서 암모나이트의 껍데기는 매일 자라는 것이 아
니라 필요에 따라 키우며 체방 뒤에 나선 방향으로 기방을
하나씩 추가로 붙여서 성장한다고 하였으며, 추가되는 방과
방 사이에 생기는 특유의 줄무늬 경계선을 봉합선이라고 한
다고 하였으므로 필요할 때 기방을 추가해서 성장하는 암모
나이트의 껍데기에는 방과 방을 이어 주는 봉합선이 있음
을 알 수 있다.

② (마) 문단에서 대체로 암모나이트의 껍데기는 원뿔 나선형으로 말려 있는 달팽이, 고둥 등의 껍데기와 달리 평면 사선형으로 말려 있다고 하였으므로 적절하지 않은 내용이다.

③ (가) 문단에서 우리나라의 중생대 지층은 대부분이 육상분지에 쌓인 퇴적층이어서 암모나이트 화석이 발굴된 적은 없다고 하였으므로 적절하지 않은 내용이다.

⑤ (나) 문단에서 암모나이트는 중생대 쥐라기에 가장 번성하여 전 지구에 살았으며 짧은 기간에 빠르게 진화하고 수백만 년 사이에 멸종하여 지층의 연대를 측정하는 표준 화석으로 사용되고 있다고 하였으므로 적절하지 않은 내용이다.

18 수리능력 정답 ④

a길이의 일직선상 도로에 b간격으로 심을 수 있는 최대 나무의 수=(a÷b)+1임을 적용하여 구한다.
벚나무 사이의 간격을 x라고 하면
3km의 도로는 3,000m이고, x간격으로 도로의 양쪽 라인에 심을 수 있는 최대 벚나무의 수는
$\{(3,000/x)+1\} \times 2=122 \rightarrow 3,000/x=60 \rightarrow x=3,000/60 \rightarrow x=50$
따라서 3km 길이의 도로에 일정한 간격으로 벚나무 122그루를 심었을 때 벚나무 사이의 간격은 50m이다.

19 수리능력 정답 ③

처음으로 두 열차 A와 B가 동시에 도착하는 시간은 A 열차와 B 열차의 운행 간격의 최소공배수임을 적용하여 구한다.
A 열차의 운행 간격은 48분이고, B 열차의 운행 간격은 A 열차보다 132분 더 긴 48+132=180분이므로 A 열차와 B 열차가 동시에 도착하는 간격은 $48=2^4 \times 3$과 $180=2^2 \times 3^2 \times 5$의 최소공배수인 $2^4 \times 3^2 \times 5=720$분=12시간이다.
따라서 8일 오전 9시에 A 열차와 B 열차가 동시에 도착한 뒤, 처음으로 두 열차가 동시에 도착하는 시각은 8일 오후 9시이다.

20 수리능력 정답 ③

A4용지 1박스의 무게를 x라고 하면
맨 처음 몸무게가 80kg인 직원 4명이 A4용지 6박스를 엘리베이터에 실었을 때의 적재 하중은 $(4 \times 80)+6x$이고, 그다음 몸무게가 50kg인 직원 6명이 A4용지 11박스를 엘리베이터에 실었을 때의 적재 하중은 $(6 \times 50)+11x$이다.
두 차례 모두 엘리베이터의 적재 하중을 실어 옮겼고, 적재 하중은 같으므로
$320+6x=300+11x \rightarrow 5x=20 \rightarrow x=4$
이에 따라 엘리베이터에 실을 수 있는 적재 하중은 $320+(6 \times 4)=344$kg이다.
따라서 엘리베이터에 실을 수 있는 A4용지 박스의 최대 수는 344/4=86박스이다.

21 수리능력 정답 ②

서로 다른 n개에서 중복을 허락하지 않고 r개를 택하여 한 줄로 배열하는 경우의 수는 $_nP_r=n \times (n-1) \times \cdots \times (n-r+1)$임을 적용하여 구한다.
일렬로 나열된 5개의 좌석에 사원 3명과 대리 2명이 앉으며, 사원끼리는 붙어 앉아도 되지만 대리끼리는 붙어 앉을 수 없으므로 사원 3명이 좌석에 앉는 경우의 수를 먼저 구한 후 나머지 대리 2명을 앉히는 경우의 수와 곱한다. 사원 3명이 좌석에 앉는 경우의 수는 3!=3×2×1=6가지이고, 대리 2명이 사원이 앉은 좌석 사이에 앉거나 양쪽 끝에 앉으면 대리끼리는 붙어 앉지 않으므로 대리 2명이 앉는 경우의 수는 $_4P_2=4 \times 3=12$가지이다.
따라서 사원과 대리가 좌석에 앉는 경우의 수는 6×12=72가지이다.

22 수리능력 정답 ②

a≤x≤b 범위에서 $f(x)$ 그래프와 x축 사이의 넓이는 $\int_a^b |f(x)|\,dx$, $g(x)$ 그래프와 x축 사이의 넓이는 $\int_a^b |g(x)|\,dx$임을 적용하여 구한다.
이차함수 $f(x)$를 인수분해 하면 $f(x)=-x^2+4x=-x(x-4)$이므로 $f(x)$ 그래프는 (0, 0), (4, 0)을 지나고, $g(x)$를 인수분해 하면 $g(x)=x^2-6x+8=(x-2)(x-4)$이므로 $g(x)$ 그래프는 (2, 0), (4, 0)을 지나며, $f(x)$ 그래프와 $g(x)$ 그래프의 교점은
$-x^2+4x=x^2-6x+8 \rightarrow -2x^2+10x-8=0$
$\rightarrow -2(x-1)(x-4)=0 \rightarrow x=1$ 또는 $x=4$
(1, 3), (4, 0)이므로 $f(x)$ 그래프와 $g(x)$ 그래프는 다음과 같다.

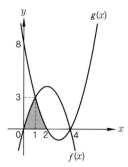

이때, 0≤x≤2 범위에서 이차함수 $f(x)$ 그래프와 $g(x)$ 그래프, x축으로 둘러싸인 부분의 넓이는 0≤x≤1 범위에서 $f(x)$ 그래프와 x축 사이의 넓이, 1≤x≤2 범위에서 $g(x)$ 그래프와 x축 사이 넓이의 합과 같다. 이에 따라 0≤x≤1 범위에서 $f(x)$와 x축 사이의 넓이는
$\int_0^1 |-x^2+4x|\,dx = |[-\frac{1}{3}x^3+2x^2+C]_0^1| = |(-\frac{1}{3}+2+C)-C| = \frac{5}{3}$이고,
1≤x≤2 범위에서 $g(x)$와 x축 사이의 넓이는
$\int_1^2 |x^2-6x+8|\,dx = |[\frac{1}{3}x^3-3x^2+8x+C]_1^2| = |(\frac{8}{3}-12+16+C)-(\frac{1}{3}-3+8+C)| = \frac{4}{3}$
따라서 0≤x≤2 범위에서 이차함수 $f(x)$ 그래프와 $g(x)$ 그래프, x축으로 둘러싸인 부분의 넓이는 $\frac{5}{3}+\frac{4}{3}=3$이다.

23 수리능력   정답 ②

거리=속력×시간임을 적용하여 구한다.

버스 이동 거리는 40km로 동일하고, 어제의 버스 속력은 60km/h임에 따라 어제의 버스 이동 시간은 $\frac{40}{60}$시간으로 40분이며, 오늘의 버스 이동 시간은 어제보다 10분 더 길어진 $10+40=50$분으로 $\frac{50}{60}$시간이다.

오늘의 버스 속력을 x라고 하면

$$40=x\times\frac{50}{60} \rightarrow x=48$$

따라서 어제 출근 시 탑승한 버스 속력과 오늘 출근 시 탑승한 버스 속력 차이는 $60-48=12$km/h이다.

24 수리능력   정답 ④

사건 A가 일어날 확률=$\frac{사건\ A가\ 일어날\ 경우의\ 수}{모든\ 경우의\ 수}$임을 적용하여 구한다.

신입사원 13명 중에서 B 조에 6명을 뽑는 경우의 수는 $_{13}C_6=$ $\frac{13\times12\times11\times10\times9\times8}{6\times5\times4\times3\times2\times1}=1,716$가지이다. 이때, B 조에서 교육을 듣는 신입사원 중 토목공학을 전공한 신입사원이 건축공학을 전공한 신입사원보다 더 적은 경우는 6명 모두 건축공학을 전공한 신입사원인 경우, 건축공학을 전공한 신입사원이 5명이고 토목공학을 전공한 신입사원이 1명인 경우, 건축공학을 전공한 신입사원이 4명이고 토목공학을 전공한 신입사원이 2명인 경우이므로

6명 모두 건축공학을 전공한 신입사원인 경우의 수는 $_8C_6=$ $\frac{8\times7\times6\times5\times4\times3}{6\times5\times4\times3\times2\times1}=28$가지,

건축공학을 전공한 신입사원이 5명이고 토목공학을 전공한 신입사원이 1명인 경우의 수는 $_8C_5\times{_5C_1}=\frac{8\times7\times6\times5\times4}{5\times4\times3\times2\times1}$ $\times5=56\times5=280$가지,

건축공학을 전공한 신입사원이 4명이고 토목공학을 전공한 신입사원이 2명인 경우의 수는 $_8C_4\times{_5C_2}=\frac{8\times7\times6\times5}{4\times3\times2\times1}\times$ $\frac{5\times4}{2\times1}=70\times10=700$가지이다. 이에 따라 B 조에서 교육을 듣는 신입사원 중 토목공학을 전공한 신입사원이 건축공학을 전공한 신입사원보다 더 적은 경우의 수는 $28+280$ $+700=1,008$가지이다.

따라서 B 조에서 교육을 듣는 신입사원 중 토목공학을 전공한 신입사원이 건축공학을 전공한 신입사원보다 더 적을 확률은 $\frac{1,008}{1,716}=\frac{84}{143}$이다.

25 수리능력   정답 ②

정삼각형 둘레=(한 변의 길이)×3, 정삼각형의 넓이=$\frac{\sqrt{3}}{4}$ ×(한 변의 길이)^{2}임을 적용하여 구한다.

한 변의 길이가 60cm씩 차이 나는 3개의 정삼각형 중 가장 작은 정삼각형의 한 변의 길이를 $x$cm라고 하면 둘레는 $3x$cm이므로 정삼각형 3개의 둘레 합은

$3x+3(x+60)+3(x+120)=2,160 \rightarrow 9x+540=2,160 \rightarrow x=$ 180

이에 따라 정삼각형 3개의 한 변의 길이는 각각 180cm, 240cm, 300cm이며, $\sqrt{3}$은 1.7로 계산하므로

가장 작은 정삼각형의 넓이는 $\frac{\sqrt{3}}{4}\times180^2=\frac{1.7}{4}\times32,400=$ 13,770cm^{2}이고,

가장 큰 정삼각형의 넓이는 $\frac{\sqrt{3}}{4}\times300^2=\frac{1.7}{4}\times90,000=$ 38,250cm^{2}이다.

따라서 가장 작은 정삼각형과 가장 큰 정삼각형 넓이의 합은 $13,770+38,250=52,020$cm$^2=5,202$m^{2}이다.

26 수리능력   정답 ①

하루 동안 만드는 복숭아 주스의 개수를 x, 복숭아 스무디의 개수를 y라고 하면

복숭아 주스와 복숭아 스무디를 만드는 데 하루 동안 사용하는 복숭아의 양은 48kg이므로

$$0.48x+0.3y\leq48 \rightarrow y\leq-\frac{8}{5}x+160 \quad \cdots \text{ⓐ}$$

복숭아 주스와 복숭아 스무디를 만드는 데 하루 동안 사용하는 우유의 양은 22L이므로

$$0.1x+0.25y\leq22 \rightarrow y\leq-\frac{2}{5}x+88 \quad \cdots \text{ⓑ}$$

하루 동안 만든 복숭아 주스와 복숭아 스무디 개수의 합은 y $=-\frac{8}{5}x+160$, $y=-\frac{2}{5}x+88$ 그래프 교점의 최대가 되므로

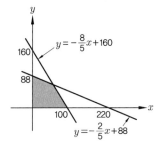

$$y=-\frac{8}{5}x+160 \quad \cdots \text{ⓐ'}$$
$$y=-\frac{2}{5}x+88 \quad \cdots \text{ⓑ'}$$

ⓐ'-ⓑ'에서 $\frac{6}{5}x=72 \rightarrow x=60$, $y=64$이다.

따라서 하루 동안 만든 음료를 모두 판매하여 얻는 총이익은 $(3,200\times60)+(2,400\times64)=345,600$원이다.

27 수리능력 　　　　　　　　　　　정답 ⑤

미국의 조강 생산량이 가장 많은 해는 88,695천 M/T인 2017년이고, 한국의 조강 생산량이 가장 많은 해는 71,543천 M/T인 2019년이므로 옳지 않은 설명이다.

오답 체크

① 2018년 일본의 조강 생산량은 전년 대비 110,595 − 107,232 = 3,363천 M/T 증가하였으므로 옳은 설명이다.
② 제시된 모든 국가는 2020년에 조강 생산량이 전년 대비 감소하였으므로 옳은 설명이다.
③ 2022년 캐나다의 조강 생산량은 13,614천 M/T로 같은 해 뉴질랜드의 조강 생산량인 657천 M/T의 13,614 / 657 ≒ 20.7배이므로 옳은 설명이다.
④ 2021년 중국의 조강 생산량은 2017년 대비 {(807,609 − 731,040) / 731,040} × 100 ≒ 10.5% 증가하였으므로 옳은 설명이다.

⏱ 빠른 문제 풀이 **Tip**

④ 2017년 중국의 조강 생산량에 10%를 더한 값을 2021년 중국의 조강 생산량과 비교하여 구한다.
2017년 중국의 조강 생산량은 731,040천 M/T이고 10%는 73,104천 M/T이므로 이를 더한 731,040 + 73,104 = 804,144천 M/T는 2021년 중국의 조강 생산량보다 적어 4년 전 대비 중국의 조강 생산량은 10% 이상 증가했음을 알 수 있다.

28 수리능력 　　　　　　　　　　　정답 ②

2018년 종사자 규모가 5인 이상 100인 미만인 업체 중 출산 휴가 제도를 활용한 업체 수는 23,721 + 23,654 + 11,758 = 59,133개이므로 옳지 않은 설명이다.

오답 체크

① 2017년 모든 지역에서 출산 휴가 제도를 활용한 업체 수는 출산 휴가 제도를 미활용한 업체 수보다 적으므로 옳은 설명이다.
③ 2018년 경기도의 출산 휴가 제도를 미활용한 업체 수는 같은 해 제주특별자치도의 출산 휴가 제도를 미활용한 업체 수의 116,195 / 3,547 ≒ 33배이므로 옳은 설명이다.
④ 2018년 충청남도의 출산 휴가 제도를 미활용한 업체 수는 전년 대비 21,374 − 19,141 = 2,233개 증가하였으므로 옳은 설명이다.
⑤ 종사자 규모가 300인 이상인 업체 중 2017년과 2018년 출산 휴가 제도를 활용한 업체 수의 평균은 (2,353 + 5,120) / 2 = 3,736.5개이므로 옳은 설명이다.

29 수리능력 　　　　　　　　　　　정답 ②

ⓒ 제시된 기간 중 3월 배합사료 생산실적이 2017년에 536천 톤, 2018년에 550천 톤, 2019년에 544천 톤으로 가장 많은 축종은 매년 양돈용이므로 옳은 설명이다.

오답 체크

⊙ 젖소용 배합사료 생산실적은 2019년 6월에 92천 톤, 2018년 6월에 95천 톤이므로 옳지 않은 설명이다.
ⓒ 2017년 6월 양계용 배합사료 생산실적은 같은 해 1월 대비 {(499 − 404) / 404} × 100 ≒ 23.5% 증가하였으므로 옳지 않은 설명이다.

ⓔ 2018년 4월 고기소 배합사료 생산실적은 2018년 같은 월 젖소용 배합사료 생산실적의 369 / 97 ≒ 3.8배이므로 옳지 않은 설명이다.

⏱ 빠른 문제 풀이 **Tip**

ⓒ 증가율이 25%가 되기 위해서는 증가한 값이 증가되기 전 값의 1/4만큼 더 많아야 함을 이용하여 계산한다.
2017년 1월 양계용 배합사료 생산실적은 404천 톤이었으므로 같은 해 6월에 25%가 증가했다면 404 / 4 = 101천 톤을 더한 505천 톤이어야 하나 2017년 6월의 양계용 배합사료 생산실적은 499천 톤으로 505천 톤보다 적으므로 증가율이 25% 미만임을 알 수 있다.

30 수리능력 　　　　　　　　　　　정답 ②

2021년 멕시코 옥수수 생산량의 전년 대비 증가량은 28,250,783 − 24,694,046 = 3,556,737톤으로 같은 해 독일의 옥수수 생산량인 4,017,800톤보다 적으므로 옳지 않은 설명이다.

오답 체크

① 그리스의 옥수수 생산량은 2019년에 1,864,065톤, 2020년에 1,716,520톤, 2021년에 1,511,620톤, 2022년에 1,362,400톤으로 매년 전년 대비 감소하였으므로 옳은 설명이다.
③ 제시된 국가 중 2019~2022년 옥수수 생산량이 가장 많은 국가는 매년 미국이고, 가장 적은 국가는 매년 덴마크로 같으므로 옳은 설명이다.
④ 2022년 헝가리의 옥수수 생산량은 같은 해 한국의 옥수수 생산량의 6,811,337 / 72,587 ≒ 94배이므로 옳은 설명이다.
⑤ 2022년 이스라엘의 옥수수 생산량은 2019년 대비 {(163,601 − 87,583) / 163,601} × 100 ≒ 46.5% 감소하였으므로 옳은 설명이다.

⏱ 빠른 문제 풀이 **Tip**

② 십만 자리 이하 값을 절삭하여 계산한 결괏값을 비교한다.
2020년 멕시코 옥수수 생산량 대비 2021년 멕시코 옥수수 생산량의 증가량을 십만 자리 이하 값을 절삭하여 계산하면 28,000,000 − 24,000,000 = 4,000,000톤으로 2021년 독일 옥수수 생산량인 4,017,800톤보다 적으므로 옳지 않은 설명임을 알 수 있다.

31 수리능력 　　　　　　　　　　　정답 ④

2021년 폴란드의 식물성 폐기물 생산량은 2018년 대비 63,286 − 50,806 = 12,480TJ 감소하였으므로 옳은 설명이다.

오답 체크

① 2019년부터 2022년까지 중국과 이탈리아의 식물성 폐기물 생산량은 모두 전년 대비 매년 증가하였으므로 옳지 않은 설명이다.
② 포르투갈의 식물성 폐기물 생산량은 2021년에 3,196TJ, 2022년에 5,888TJ로 제시된 국가 중 가장 적으므로 옳지 않은 설명이다.

③ 2020년 스페인의 식물성 폐기물 생산량은 전년 대비 {(43,829 −26,234)/26,234} × 100 ≒ 67% 증가하였으므로 옳지 않은 설명이다.
⑤ 2022년 영국 식물성 폐기물 생산량은 전년 대비 증가하였고, 터키의 식물성 폐기물 생산량도 전년 대비 증가하였으므로 옳지 않은 설명이다.

⏱ 빠른 문제 풀이 Tip

③ 증가율이 25%, 50% 등 간단한 숫자로 제시되면 증가 전 수치에 증가율 수치를 곱한 값을 증가 후 수치와 비교한다.
2020년 스페인 식물성 폐기물 생산량의 전년 대비 증가율이 50% 미만이라는 것은 2020년 식물성 폐기물 생산량이 2019년의 1.5배 미만이라는 의미이다. 2020년 스페인의 식물성 폐기물 생산량은 43,829TJ이고, 2019년의 1.5배는 26,234 × 1.5=39,351TJ이므로 2020년이 2019년의 1.5배 이상임을 알 수 있다.

32 수리능력   정답 ②

2018년 G 지역 연료전지 발전량은 2016년 대비 18,721 − 16,691 =2,030MWh 감소하였으므로 옳지 않은 설명이다.

오답 체크
① 2016년 B 지역 연료전지 누적보급용량에서 신규보급용량이 차지하는 비중은 (15,431 / 22,277) × 100 ≒ 69%이므로 옳은 설명이다.
③ 2017년 F 지역 연료전지 에너지생산량은 2016년 대비 증가하였고, C 지역 연료전지 에너지생산량은 2016년 대비 감소하였으므로 옳은 설명이다.
④ 2016년 에너지생산량이 38,137toe로 가장 많은 지역과 발전량이 180,321MWh로 가장 많은 지역은 모두 A 지역이므로 옳은 설명이다.
⑤ 2018년 D 지역 연료전지 누적보급용량은 18,744+38,072 = 56,816kW이므로 옳은 설명이다.

33 수리능력   정답 ③

ⓒ 2018년 남자가 신발을 구매한 비율은 2년 전 대비 79.3 − 77.3=2%p 감소하였으므로 옳지 않은 설명이다.
ⓔ 2018년 10대, 20대, 40대는 신발을 구매한 사람의 비율이 가장 높고, 30대, 50대, 60대는 의류를 구매한 사람의 비율이 가장 높으므로 옳지 않은 설명이다.

오답 체크
ⓐ 60대가 구매한 운동용품 종류 중 가장 적은 비중을 차지하는 용품은 2016년에 구기, 2017년에 라켓으로 다르므로 옳은 설명이다.
ⓒ 운동용품을 구매한 사람의 비율은 2016년에 남자가 59.0%, 여자가 47.4%이고, 2017년에 남자가 53.0%, 여자가 45.1%이고, 2018년에 남자가 49.4%, 여자가 42.7%이므로 옳은 설명이다.

34 수리능력   정답 ②

ⓒ 경상북도 체인화 편의점업의 사업체 수는 제과점업 사업체 수의 1,926 / 323 ≒ 6배이므로 옳지 않은 설명이다.

오답 체크
ⓐ 강원도 체인화 편의점업의 사업체 1개당 평균 종사자 수는 6,422 / 1,704 ≒ 3.8명이므로 옳은 설명이다.
ⓛ 제과점업의 종사자 수는 전라북도가 987명, 전라남도가 943명으로 전라북도가 더 많고, 인건비는 전라북도가 9,088백만 원, 전라남도가 10,146백만 원으로 전라북도가 더 적으므로 옳은 설명이다.
ⓔ 체인화 편의점업과 제과점업 모두 영업비용이 세 번째로 높은 지역은 충청남도이므로 옳은 설명이다.

⏱ 빠른 문제 풀이 Tip

ⓒ 배수를 이용하여 빠르게 문제를 풀이한다. 경상북도 제과점업 사업체 수의 6.5배는 323 × 6.5=2099.5로 경상북도 체인화 편의점 사업체 수인 1,926보다 많으므로 경상북도 체인화 편의점 사업체 수는 제과점업 사업체 수의 6.5배 이하이다.

35 문제해결능력   정답 ④

제시된 조건에 따르면 과장은 공휴일 또는 주말에 야간 당직을 서고, 이번 주 수요일은 공휴일이므로 과장인 F는 수요일 또는 토요일에 야간 당직을 선다. 대리는 평일에 야간 당직을 서고, A는 금요일에 야간 당직을 서므로 A의 직급은 대리이다. 이때, 대리인 D는 B가 야간 당직을 서는 바로 다음 날에 야간 당직을 서므로 D는 월요일, 화요일, 목요일 중 화요일에 야간 당직을 서고, B는 월요일에 야간 당직을 선다. 또한, C가 야간 당직을 서는 날이 A가 야간 당직을 서는 바로 전날이거나 바로 다음 날이므로 목요일 또는 토요일이다. C가 야간 당직을 서는 날에 따라 가능한 경우는 다음과 같다.

경우 1. C가 A 바로 전날 야간 당직을 서는 경우

구분	월요일	화요일	수요일	목요일	금요일	토요일
직원	B	D	E 또는 F	C	A	E 또는 F
직급	대리	대리	과장	대리	대리	과장

경우 2. C가 A 바로 다음 날 야간 당직을 서는 경우

구분	월요일	화요일	수요일	목요일	금요일	토요일
직원	B	D	F	E	A	C
직급	대리	대리	과장	대리	대리	과장

따라서 B의 직급은 대리이므로 항상 옳은 설명이다.

오답 체크
① C는 목요일 또는 토요일에 야간 당직을 서므로 항상 옳은 설명은 아니다.
② E의 직급은 대리 또는 과장이므로 항상 옳은 설명은 아니다.
③ F는 토요일, D는 화요일에 야간 당직을 설 수도 있으므로 항상 옳은 설명은 아니다.
⑤ A는 금요일, C는 토요일에 야간 당직을 서 A가 C보다 먼저 야간 당직 근무를 설 수도 있으므로 항상 옳은 설명은 아니다.

36 문제해결능력 정답 ①

제시된 조건에 따르면 B와 E는 같은 종류의 간식을 먹지 않았고, B와 E 두 사람이 먹은 간식은 총 세 종류이므로 B와 E 중 한 명은 두 종류의 간식을 먹었다. 이때, A는 두 종류의 간식을 먹었으므로 두 종류의 간식을 먹은 사람이 2명이라는 조건에 의해 C와 D는 한 종류의 간식을 먹었음을 알 수 있다. 두 종류의 간식을 먹은 2명은 초콜릿과 젤리를 먹었으므로 두 종류의 간식을 먹은 A는 초콜릿과 젤리를 먹었고 C와 D는 사탕을 먹지 않았으므로 사탕을 먹은 사람은 B 또는 E이다. 이에 따라 사탕을 먹은 사람을 기준으로 A~E가 먹은 간식을 나타내면 다음과 같다.

경우 1. 사탕을 먹은 사람이 B인 경우

구분	초콜릿	사탕	젤리	과자	아이스크림
사람	A, E	B	A, E	C 또는 D	C 또는 D
가격	1,000원	2,000원	1,000원	1,000원	2,000원

경우 2. 사탕을 먹은 사람이 E인 경우

구분	초콜릿	사탕	젤리	과자	아이스크림
사람	A, B	E	A, B	C 또는 D	C 또는 D
가격	1,000원	2,000원	1,000원	1,000원	2,000원

따라서 B가 먹은 간식은 사탕으로 2,000원이거나 초콜릿, 젤리로 1,000+1,000=2,000원이므로 항상 옳은 설명이다.

오답 체크

② A가 초콜릿과 젤리를 먹었을 때 E가 사탕을 먹었을 수도 있으므로 항상 옳은 설명은 아니다.
③ C가 과자를 먹었을 경우 B는 초콜릿과 젤리를 먹었을 수도 있으므로 항상 옳은 설명은 아니다.
④ A가 먹은 간식은 초콜릿, 젤리로 1,000+1,000=2,000원이고 D가 먹은 간식이 과자일 경우 1,000원일 수도 있으므로 항상 옳은 설명은 아니다.
⑤ D와 E가 먹은 간식이 사탕과 아이스크림일 경우 2,000+2,000=4,000원일 수도 있으므로 항상 옳은 설명은 아니다.

37 문제해결능력 정답 ③

A와 D는 B에 대해 상반된 진술을 하고 있으므로 A와 D 중 1명은 거짓을 말하고 있음을 알 수 있다.
먼저 A의 진술이 진실이라고 가정하면 A가 진실을 말한다는 C의 진술은 진실이 되고, A의 진술에 따라 B는 거짓을 말하고 있으므로 E의 진술은 거짓이 아닌 진실이 된다.

이때, A, C, E 3명이 진실을 말하게 되므로 용의자 중 2명은 진실을 말한다는 조건에 모순된다. 이에 따라 A의 진술은 진실이 아닌 거짓임을 알 수 있으며, D의 진술이 진실이 된다. D의 진술이 진실임에 따라 B의 진술도 진실이 되고, B의 진술에 따라 E의 진술은 거짓이 된다. 또한, A의 진술은 거짓이므로 A가 진실을 말하고 있다는 C의 진술도 거짓이 되어 B, D의 진술은 진실이, A, C, E의 진술은 거짓이 되므로 용의자 중 2명이 진실을 말하고 3명이 거짓을 말한다는 조건에 부합한다.
진실을 말하는 B와 D의 진술에 따라 A는 빨간색 모자를 썼고, D는 파란색 모자를 썼다. 또한, 거짓을 말하는 A의 진술에 따라 B는 초록색 모자를 썼고, 거짓을 말하는 C의 진술에 따라 E는 분홍색 모자를 쓰지 않았으므로 C가 분홍색 모자를 쓴 사람이 된다.
따라서 편의점 강도 사건의 범인은 'C'이다.

38 문제해결능력 정답 ④

제시된 조건에 따르면 F와 이웃하게 앉은 사람은 3명이므로 F는 탁자 중앙 자리에 앉았음을 알 수 있다. 또한, A와 C는 이웃하게 앉았고 A의 바로 앞자리에는 D가 앉았으므로 A는 F의 대각선 자리에 앉았고 F의 앞자리에는 C가 앉았다. 이때, C의 바로 오른쪽 옆자리에는 E가 앉았으므로 F가 앉은 자리에 따라 가능한 경우는 다음과 같다.

경우 1. F가 창가쪽 자리에 앉은 경우

창가		
D	F	B
탁자		
A	C	E

경우 2. F가 창가 맞은편 자리에 앉은 경우

창가		
E	C	A
탁자		
B	F	D

따라서 F는 항상 B 기준 바로 오른쪽 자리에 앉아있으므로 항상 옳은 설명이다.

오답 체크

① D는 F 기준 바로 오른쪽 자리에 앉아있으므로 항상 옳지 않은 설명이다.
② C는 B 기준 오른쪽 대각선 자리에 앉아있으므로 항상 옳지 않은 설명이다.
③ A는 E와 이웃하여 앉아있지 않으므로 항상 옳지 않은 설명이다.
⑤ C는 D와 이웃하여 앉아있지 않으므로 항상 옳지 않은 설명이다.

39 문제해결능력   정답 ②

제시된 조건에 따르면 안전기획실은 202호에 위치하고 홍보실과 미래혁신실 사이에 2개 층이 위치하여 각각 1층 또는 4층에 위치한다. 또한, 감사실과 비서실은 같은 층에 위치하므로 감사실과 비서실은 3층에 위치한다. 이때, 법무실 바로 위층은 공실이므로 법무실은 101호에 위치하고 1호와 2호에 각각 하나의 공실이 있으므로 402호는 공실이다. 이에 따라 가능한 경우는 다음과 같다.

구분	1호	2호
4층	홍보실 또는 미래혁신실	
3층	감사실 또는 비서실	감사실 또는 비서실
2층		안전기획실
1층	법무실	홍보실 또는 미래혁신실

따라서 201호와 402호는 각각 공실이므로 항상 옳은 설명이다.

[오답 체크]
① 법무실은 101호에 위치하고 미래혁신실은 102호 또는 401호에 위치하므로 항상 옳은 설명은 아니다.
③ 비서실은 301호 또는 302호에 위치하므로 항상 옳은 설명은 아니다.
④ 감사실은 법무실보다 두 층 더 높은 층에 위치하므로 항상 옳지 않은 설명이다.
⑤ 안전기획실은 202호에 위치하고 홍보실은 102호 또는 401호에 위치하므로 항상 옳은 설명은 아니다.

40 문제해결능력   정답 ②

제시된 조건에 따르면 B의 차종은 트럭이고 C의 자동차 색상은 노란색이다. 또한, 자동차 색상은 빨간색 1대, 파란색 2대, 노란색 2대이므로 B와 E의 자동차 색상은 파란색이 되고 D의 자동차 색상은 빨간색이 아니므로 D의 자동차 색상은 노란색, A의 자동차 색상은 빨간색이 된다. 이때, SUV의 색상은 빨간색이므로 A의 차종은 SUV이며 E의 차종은 세단이 아니므로 왜건 또는 쿠페가 된다. 이에 따라 가능한 경우는 다음과 같다.

경우 1. E의 차종이 왜건인 경우

구분	A	B	C	D	E
차종	SUV	트럭	세단 또는 쿠페	세단 또는 쿠페	왜건
색상	빨간색	파란색	노란색	노란색	파란색

경우 2. E의 차종이 쿠페인 경우

구분	A	B	C	D	E
차종	SUV	트럭	세단 또는 왜건	세단 또는 왜건	쿠페
색상	빨간색	파란색	노란색	노란색	파란색

따라서 A의 자동차 색상은 빨간색이고, D의 자동차 색상은 노란색이므로 항상 옳지 않은 설명이다.

[오답 체크]
① E의 차종은 왜건 또는 쿠페이므로 항상 옳지 않은 설명은 아니다.
③ C의 차종은 세단 또는 왜건 또는 쿠페이므로 항상 옳지 않은 설명은 아니다.
④ B의 자동차 색상은 파란색이므로 항상 옳은 설명이다.
⑤ D의 차종은 세단 또는 왜건 또는 쿠페이므로 항상 옳지 않은 설명은 아니다.

[41-42]

41 문제해결능력   정답 ②

제시된 '○○프로젝트 업무별 소요시간'에 따르면 선행 업무가 있는 업무는 모든 선행 업무를 마친 즉시 다음 업무를 시작해야 한다. 2개 이상의 선행 업무가 있을 때, 소요시간이 짧은 업무가 완료되더라도 소요시간이 긴 업무가 완료될 때까지 다음 작업을 시작할 수 없으므로 선행 업무 중 소요시간이 긴 업무를 고려하면 다음과 같다.

A 업무(12시간) ↗ B 업무(6시간) → C 업무(7시간) ↘
                 ↘ D 업무(16시간)   E 업무(7시간) → F 업무(16시간)

따라서 유 대리와 팀원들이 ○○프로젝트를 완료하는 데 소요되는 최소 시간은 12+16+7+16=51시간이다.

42 문제해결능력   정답 ④

제시된 '○○프로젝트 업무별 소요시간'에 따르면 F 업무를 진행하는 데 걸리는 시간은 16시간이다. '일자별 백 대리가 ○○프로젝트를 수행할 수 있는 시간'에 따라 백 대리는 13일부터 F 업무를 16시간 동안 진행해야 하므로 백 대리가 F 업무를 진행할 수 있는 시간을 누적하면 13일까지 3시간, 14일까지 5시간, 15일까지 9시간, 18일까지 12시간, 19일까지 13시간, 20일까지 14시간, 21일까지 16시간이다.
따라서 백 대리가 13일부터 F 업무를 시작하여 ○○프로젝트를 완료하게 될 날짜는 21일이다.

43 문제해결능력   정답 ②

ⓒ '4. 평가 절차' 및 '5. 평가방법'에 따르면 의학적 평가는 의료기관에서 발급한 진단서 등을 토대로 의료기관의 의료 전문가로 구성된 평가단이 아닌 국민연금공단에서 자문 의사와 국민연금공단 직원이 전문가 자문 심사 회의를 거쳐 1단계(경증)~4단계(중증)로 평가하므로 옳지 않은 내용이다.

오답 체크

ㄱ, ㄴ '4. 평가 절차'에 따르면 기초생활수급자 근로능력 평가 신청 담당 기관은 주민센터로 방문 신청, 온라인 신청 모두 가능하므로 옳은 내용이다.

ㄹ '5. 평가방법 – 2)'에 따르면 의학적 평가 결과 3단계, 4단계로 평가된 신청자는 활동능력 평가를 거치지 않고 근로능력이 없는 것으로 판정되므로 옳은 내용이다.

44 문제해결능력   정답 ④

'5. 평가방법 – 2'에 따르면 의학적 평가 결과 1단계에 해당할 경우 활동능력 평가 점수가 55점 이하일 때만 근로능력이 없는 것으로 판정되며, 의학적 평가 결과 1단계를 받은 호철이가 활동능력 평가 점수로 57점을 받았다면 근로능력이 있는 것으로 판정되므로 옳은 내용이다.

오답 체크

① '5. 평가방법 – 2)'에 따르면 의학적 평가 결과가 4단계인 남수는 활동능력 평가 점수에 상관없이 근로능력이 없는 것으로 판정되므로 옳지 않은 내용이다.

② '5. 평가방법 – 2)'에 따르면 의학적 평가 결과가 2단계인 민주는 활동능력 평가 점수가 63점 이하일 경우 근로능력이 없는 것으로 판정되므로 옳지 않은 내용이다.

③ '5. 평가방법 – 2)'에 따르면 의학적 평가 결과가 3단계인 희민이는 활동능력 평가 점수에 상관없이 근로능력이 없는 것으로 판정되므로 옳지 않은 내용이다.

⑤ '5. 평가방법 – 2)'에 따르면 의학적 평가 결과가 2단계인 준혁이는 활동능력 평가 점수가 63점 이하일 경우 근로능력이 없는 것으로 판정되므로 옳지 않은 내용이다.

45 문제해결능력   정답 ②

김○○은 화요일부터 토요일까지 4박 5일간 B 호텔에서 숙박한다. 이때, 월요일~목요일 및 일요일 숙박 요금은 200,000원이나 금요일과 토요일은 1일 숙박 요금의 50%가 추가로 적용되므로 금요일의 숙박 요금은 200,000 × 1.5 = 300,000원이다. 이에 따라 김○○이 화요일부터 4박 5일간 이용한 숙박 요금은 화요일, 수요일, 목요일에 각각 200,000원, 금요일에 300,000원으로 총 (200,000 × 3) + (300,000 × 1) = 900,000원이다. 이때 3박 이상 숙박 시 전체 숙박 요금의 20%가 할인되므로 900,000 × 0.2 = 180,000원을 할인받을 수 있다.

따라서 김○○이 B 호텔에서 화요일부터 토요일까지 4박 5일간 숙박 시 지불해야 하는 호텔 이용 요금은 900,000 – 180,000 = 720,000원이다.

46 문제해결능력   정답 ①

상사의 지시에 따라 이 사원이 외국 바이어를 위해 예약할 호텔은 체크인 시간이 숙박 당일 14시 30분 전이면서, 강동구가 아닌 지역의 부대시설에 온천이 포함되는 호텔이다. 이에 따라 체크인 시간이 15시 이후인 B 호텔을 제외한다. 또한, 지역이 강동구인 C 호텔을 제외하고 부대시설에 온천이 포함되지 않는 E 호텔도 제외되므로 바이어의 요청사항을 만족하는 호텔은 A 호텔과 D 호텔이다.

따라서 이 사원이 예약할 호텔은 호텔 등급이 4성급으로 더 높은 'A 호텔'이다.

47 문제해결능력   정답 ①

피타고리안 기대승률 = 득점^2 ÷ (득점^2 + 실점^2)을 적용하여 A~E팀의 기대승률을 구하면 다음과 같다.

구분	기대승률
A팀	$150^2 / (150^2 + 90^2)$ ≒ 0.74
B팀	$120^2 / (120^2 + 100^2)$ ≒ 0.59
C팀	$140^2 / (140^2 + 130^2)$ ≒ 0.54
D팀	$110^2 / (110^2 + 120^2)$ ≒ 0.46

따라서 A~D팀 중 피타고리안 기대승률이 4할 5푼 이하인 팀은 없으므로 총 0개이다.

48 문제해결능력   정답 ⑤

3문단에 따르면 WAR은 한 선수가 기록한 모든 부문의 성적을 토대로 하면서 경기가 진행된 해의 리그 및 구장에 의한 요소도 함께 고려되므로 옳지 않은 내용이다.

| 오답 체크 |

① 3문단에 따르면 WAR을 통해 선수 중 연봉이 고평가되었거나 저평가된 사람을 파악할 수 있어 구단에서 적정 연봉을 판단하는 데 도움이 되므로 옳은 내용이다.
② 2문단에 따르면 WAR은 대체 선수 대비 승리에 기여한 정도를 나타내는 수치이므로 옳은 내용이다.
③ 3문단에 따르면 WAR에서 포수는 수비 측면에서 모두 '평균'이라는 평가를 받게 되므로 옳은 내용이다.
④ 2문단에 따르면 WAR이 4~5인 경우 올스타 선수로 여겨지므로 옳은 내용이다.

[49 – 50]

49 문제해결능력   정답 ②

'5. 공모 규정 – 1)'에 따르면 사진전은 입선작을 제외한 입상 작품으로만 개최되며, 총 85명의 시상내역 중 입선 50개를 제외한 80 – 50 = 35개의 작품만이 사진전에 전시될 예정이므로 옳지 않은 내용이다.

| 오답 체크 |

① '5. 공모 규정 – 1)'에 따르면 출품작은 반환되지 않으므로 옳은 내용이다.
③ '2. 출품방법 – 1)'에 따르면 1인당 2작품씩 제출해야 하며, '5. 공모 규정 – 2)'에 따라 명시된 촬영기간에 촬영한 작품이 아닐 경우 심사에서 제외되므로 옳은 내용이다.
④ '3. 심사 안내 – 1)'에 따르면 심사 기준은 주제 적합성, 표현력, 창의력이므로 옳은 내용이다.
⑤ '5. 공모 규정 – 3)'에 따르면 표절, 모방, 대리 출품, 타 사진대회 입상작 등은 심사대상에서 제외되므로 옳은 내용이다.

50 문제해결능력   정답 ④

'4. 결과 안내 – 3)'에 따르면 공모전 결과 입선한 50명을 제외하고 대상 1명, 금상 8명, 은상 9명, 동상 17명이 상금을 받을 수 있으며, 상금은 1인 기준으로 대상 50만 원, 금상 30만 원, 은상 20만 원, 동상 10만 원이 제공된다.
따라서 국민참여형 사진 공모전에서 수상자들에게 수여하는 상금의 총액은 (1 × 50) + (8 × 30) + (9 × 20) + (17 × 10) = 640만 원이다.

정답

p.118

01	⑤	문제해결능력	14	④	의사소통능력	27	④	자원관리능력	40	⑤	수리능력
02	③	자원관리능력	15	①	의사소통능력	28	③	문제해결능력	41	④	수리능력
03	②	의사소통능력	16	②	문제해결능력	29	①	자원관리능력	42	③	의사소통능력
04	②	수리능력	17	③	조직이해능력	30	③	조직이해능력	43	①	문제해결능력
05	②	조직이해능력	18	④	조직이해능력	31	⑤	조직이해능력	44	②	문제해결능력
06	⑤	조직이해능력	19	①	문제해결능력	32	④	조직이해능력	45	②	자원관리능력
07	②	조직이해능력	20	②	문제해결능력	33	④	조직이해능력	46	④	자원관리능력
08	①	조직이해능력	21	④	자원관리능력	34	③	의사소통능력	47	③	수리능력
09	⑤	수리능력	22	④	자원관리능력	35	②	의사소통능력	48	③	문제해결능력
10	③	의사소통능력	23	②	의사소통능력	36	①	수리능력	49	⑤	문제해결능력
11	②	의사소통능력	24	①	의사소통능력	37	②	수리능력	50	③	수리능력
12	③	자원관리능력	25	③	수리능력	38	④	문제해결능력			
13	⑤	자원관리능력	26	③	수리능력	39	③	자원관리능력			

취약 영역 분석표

영역별로 맞힌 개수와 정답률을 적고 나서 취약한 영역이 무엇인지 파악해 보세요.
정답률이 60% 미만인 취약한 영역은 틀린 문제를 다시 풀어보면서 확실히 극복하세요.

영역	의사소통능력	수리능력	문제해결능력	자원관리능력	조직이해능력	TOTAL
맞힌 개수	/10	/10	/10	/10	/10	/50
정답률	%	%	%	%	%	%

※ 정답률(%) = (맞힌 개수/전체 개수) × 100

해설

01 문제해결능력 정답 ⑤

제시된 조건에 따르면 같은 성별의 직원은 인접한 층에 입주하지 않고, 6층에 여자 직원이 입주하므로 짝수 층에 여자 직원이, 홀수 층에 남자 직원이 입주함을 알 수 있다. 또한, 남자 직원 A와 여자 직원 F가 입주하는 층 사이에는 두 개의 층이 있으므로 A와 F는 각각 1층과 4층 또는 3층과 6층 또는 5층과 2층에 입주한다. 이때, A와 F가 각각 3층과 6층 또는 5층과 2층에 입주할 경우, B와 D가 인접한 층에 입주한다면 E는 A와 B가 입주하는 층 사이에 있는 층 중 하나에 입주하지 못하므로 A와 F는 각각 1층과 4층에 입주한다. 이에 따라 B와 D는 각각 5층과 6층에 입주하며 C는 3층, E는 2층에 입주한다.

구분	성별	직원
6층	여자	D
5층	남자	B
4층	여자	F
3층	남자	C
2층	여자	E
1층	남자	A

따라서 3층과 4층에 입주하는 직원을 바르게 연결한 것은 ⑤이다.

02 자원관리능력 정답 ③

[수행기관 선정 기준]에 따른 가~마 5개 기관별 평가점수는 다음과 같다.

구분	가 기관	나 기관	다 기관	라 기관	마 기관
캠페인 수행 실적	10점	13점	18점	15점	20점
캠페인 수행 계획	15점	30점	10점	20점	20점
캠페인 수행 인력	25점	15점	30점	25점	10점
비용 집행 효율성	20점	18점	20점	13점	13점
합계	70점	76점	78점	73점	63점

평가점수 합계가 가장 높은 기관 한 곳을 교통안전 캠페인 사업 수행기관으로 선정하므로 수행기관으로 선정되는 기관은 평가점수 합계가 78점으로 가장 높은 '다' 기관이다.

03 의사소통능력 정답 ②

3문단에서 전문가들의 놀이터에서 구성원은 직무를 뛰어넘어 스스로 해야 할 역할을 창의적으로 고안하고 수행하는 어른으로 여겨진다고 하였으며, 경영자는 전략을 세우는 어른이고 구성원은 경영자가 지시하는 일을 얼마나 제대로 수행하는지에 따라 보상을 받는 아이로 여기는 것은 경영적 전략 관리라고 하였으므로 전문가들의 놀이터에서 경영자는 어른이고 구성원은 태아로 생각하는 것은 아님을 알 수 있다.

오답 체크

① 2문단에서 구성원의 역할은 초기 태아와 같은 프로토타입으로 나타나며 프로토타입은 구성원에게 분배된 과제를 기반으로 더 큰 역할로 성장한다고 하였으므로 적절한 내용이다.
③ 5문단에서 전문가들의 놀이터를 채택하여 활용하고 있는 기업들은 미래에 실현될 목적을 현재로 가져와서 자신의 제품과 서비스에 녹여냄으로써 혁신을 일으킨다는 공통점이 있다고 하였으므로 적절한 내용이다.
④ 1문단에서 구성원은 업무를 하면서 자유롭게 실험과 실수를 반복하다가 결국 일을 통해 결실을 보는 법을 찾아낸다고 하였으며, 실패 또한 조직의 목적을 이루는 과정에서 나타나는 것이라면 학습으로 규정하고 권장한다고 하였으므로 적절한 내용이다.
⑤ 4문단에서 일을 통해 얻은 높은 전문성은 구성원에게 성장체험을 제공하며 성장체험은 공정한 보상과 더불어 전문가의 놀이터를 움직이는 원동력이라고 하였으므로 적절한 내용이다.

04 수리능력 정답 ②

㉠ 2020년과 2021년에 유류 발전량은 전년 대비 감소하였으나, 유류 사용량은 전년 대비 증가하였으므로 옳지 않은 설명이다.

따라서 자료에 대한 설명 중 옳지 않은 것의 개수는 1개이다.

오답 체크

㉡ 제시된 기간 중 원자력 발전량이 218,692GWh로 가장 많은 2022년에 우라늄 생산량은 카자흐스탄이 23,391톤으로 가장 많으므로 옳은 설명이다.
㉢ LNG 사용량이 처음으로 10,000천 톤 미만인 2020년에 LNG 발전량은 전년 대비 107,805−89,891=17,914GWh 감소하였으므로 옳은 설명이다.
㉣ 제시된 기간에 인도의 우라늄 생산량 평균은 (400+385+385+385+421)/5=395.2톤이므로 옳은 설명이다.

[05 - 08]

05 조직이해능력 정답 ②

김 과장의 올해 목표 실적은 3,500×1.2=4,200만 원이고 올해 실적은 4,410만 원이므로 목표 실적 대비 올해 실적 달성률은 (4,410/4,200)×100=105%로 성과 등급은 B이고, 이 사원의 올해 목표 실적은 2,000×1.1=2,200만 원이고 올해 실적은 2,090만 원이므로 목표 실적 대비 올해 실적 달성률은 (2,090/2,200)×100=95%로 성과 등급은 C이므로 가장 적절하지 않다.

오답 체크

① 윤 부장의 올해 실적은 전년 실적 대비 {(5,670−4,500)/4,500}×100=26% 증가하였으므로 적절하다.
③ 올해 목표 실적은 최 대리가 백 과장보다 3,000×(0.3−0.1)=600만 원 더 많으므로 적절하다.

④ 7명 중 올해 목표 실적이 올해 실적보다 높은 직원은 올해 목표 실적이 2,000 × 1.1=2,200만 원, 올해 실적이 2,090만 원인 이 사원 1명이므로 적절하다.
⑤ 전년 실적 대비 올해 실적의 비율은 박 대리가 3,150/2,500 ≒ 1.3, 조 사원이 2,550/1,700 = 1.5이므로 적절하다.

06 조직이해능력   정답 ⑤

영업부 7명의 목표 실적 대비 올해 실적 달성률에 따른 성과 등급은 다음과 같다.

구분	목표 실적 대비 올해 실적 달성률	성과 등급
윤 부장	{5,670 / (4,500 × 1.20)} × 100 = 105%	B
김 과장	{4,410 / (3,500 × 1.20)} × 100 = 105%	B
백 과장	{3,630 / (3,000 × 1.10)} × 100 = 110%	A
최 대리	{4,290 / (3,000 × 1.30)} × 100 = 110%	A
박 대리	{3,150 / (2,500 × 1.20)} × 100 = 105%	B
조 사원	{2,550 / (1,700 × 1.25)} × 100 = 120%	S
이 사원	{2,090 / (2,000 × 1.10)} × 100 = 95%	C

따라서 영업부 7명 중 올해 성과 등급이 가장 높은 직원은 '조 사원'이다.

07 조직이해능력   정답 ②

박 대리의 올해 실적은 3,150만 원이고 올해 실적 대비 내년 목표 증가 실적은 20%이므로 내년 목표 실적은 3,150 × 1.2 = 3,780만 원이다.
따라서 박 대리가 내년에 성과 등급 S를 받기 위해 달성해야 하는 최소 실적은 3,780 × 1.2 = 4,536만 원이다.

08 조직이해능력   정답 ①

영업부 7명의 올해 성과 등급 및 성과급 지급 기준표에 따른 성과급은 다음과 같다.

구분	성과 등급 (성과급 비율)	성과급
윤 부장	B(10%)	5,670 × 0.1 = 567만 원
김 과장	B(10%)	4,410 × 0.1 = 441만 원
백 과장	A(20%)	3,630 × 0.2 = 726만 원
최 대리	A(20%)	4,290 × 0.2 = 858만 원
박 대리	B(10%)	3,150 × 0.1 = 315만 원
조 사원	S(30%)	2,550 × 0.3 = 765만 원
이 사원	C(없음)	0원

따라서 올해 A 회사의 영업부 7명이 지급받을 성과급의 총합은 567 + 441 + 726 + 858 + 315 + 765 = 3,672만 원이다.

09 수리능력   정답 ⑤

제시된 조건에 따르면 2017년 재생에너지원별 전력거래량의 비중은 태양에너지가 12.2%, 폐기물에너지가 49.4%, 풍력에너지가 10.7%, 수력에너지가 13.7%, 해양에너지가 2.4%, 바이오에너지가 11.6%이므로 옳은 그래프는 ⑤이다.

오답 체크

① 2013년 수력에너지의 전력거래량은 4,216GWh이지만 이 그래프에서는 4,000GWh보다 낮게 나타나므로 옳지 않은 그래프이다.
② 2015년 폐기물에너지 전력거래량의 비중은 60.7%이지만 이 그래프에서는 60%보다 낮게 나타나므로 옳지 않은 그래프이다.
③ 2016년 태양에너지 전력거래량의 전년 대비 증가량은 1,807 - 1,533 = 274GWh이지만 이 그래프에서는 300GWh보다 높게 나타나므로 옳지 않은 그래프이다.
④ 2015년 바이오에너지 전력거래량의 비중은 6.3%이지만 이 그래프에서는 7.0%보다 높게 나타나므로 옳지 않은 그래프이다.

[10 - 11]

10 의사소통능력   정답 ③

(다) 문단에서 애초에 국가별로 고유한 NIS가 있어서 완벽한 국가혁신체계를 갖출수록 기술 혁신이 잘 일어난다는 판단 하에 NIS의 개념과 활용 방안에 관한 연구가 진행되어 NIS의 효과성에 대한 국가별 차이가 정부의 거버넌스에서 비롯하였다고 전제하며, 이를 통해 NIS는 기술 혁신을 위해서 투입 요소뿐만 아니라 시스템, 경제·사회적 제도의 정비를 필요로 한다고 하였으므로 (다) 문단의 중심 내용은 '국가별 NIS 효과성 차이의 원인과 기술 혁신에 대한 NIS의 관점'이 된다.

11 의사소통능력   정답 ②

(라) 문단에서 NIS는 산업 수준과 국가 수준에서 구분하여 접근하여야 하며, 국가 수준에서는 개별 산업혁신시스템을 포괄하는 혁신 정책의 보편적인 원칙을 정하여 세워야 한다고 하였으므로 국가 수준에서 NIS가 개별 산업혁신시스템의 전문화를 기반으로 자율성 및 독립성을 확보해야 하는 것은 아님을 알 수 있다.

오답 체크

① (마) 문단에서 효과적인 기술 지식을 활용함으로써 국가 경쟁력과 생산성을 높일 수 있는 NIS를 설계해야 하며, 이를 위해 기술 혁신의 실질적인 주체인 민간기업을 중심으로 하는 체계가 형성되어야 한다고 하였으므로 적절한 내용이다.
③ (다) 문단에서 NIS는 기술 개발에 노동력과 자본을 투입할 경우 기술 혁신이 촉진된다는 투입 중심적 사고와 본질 자체가 다르다고 하였으므로 적절한 내용이다.
④ (나) 문단에서 NIS는 다양한 요소의 결합으로 구성되며, 정부나 특정 정책만으로는 바람직한 NIS를 새로 구축하는 것이 불가능하다고 하였으므로 적절한 내용이다.
⑤ (가) 문단에서 우리나라는 기술 경쟁에서 선진국의 경쟁을 받고, 가격 경쟁에서 개발 도상국에 뒤처지는 '넛크래커' 상태라고 하였으므로 적절한 내용이다.

12 자원관리능력 정답 ③

박 팀장의 요구사항은 1, 2, 3 순서대로 우선순위를 가지므로 요구사항 1에 따라 모니터의 화면 사이즈가 80cm 이상인 A 또는 C 또는 D 모니터를 구매해야 하며, 그다음으로 요구사항 2에 따라 블루투스 연결이 가능한 모니터를 구매해야 하지만 A, C, D 모니터 모두 블루투스 연결이 가능하여 박 팀장의 요구사항에 세 가지 모니터 모두 적절한 모니터임을 알 수 있다. 마지막으로 요구사항 3에 따라 가격이 가장 저렴한 모니터를 구매해야 하므로 세 가지 모니터 중 가격이 가장 저렴한 C 모니터를 구입해야 한다.

따라서 김 사원이 구입해야 할 모니터는 'C 모니터'이다.

13 자원관리능력 정답 ⑤

모니터 제품별 사양에 따른 모니터별 점수는 다음과 같다.

구분	A	B	C	D	E
화면 사이즈	4점	3점	4점	4점	3점
밝기	4점	5점	5점	4점	5점
무게	1점	4점	1점	2점	3점
케이블 길이	5점	4점	4점	5점	5점
가격	2점	3점	2점	2점	2점
블루투스 연결	5점	0점	5점	5점	5점
총점	21점	19점	21점	22점	23점

따라서 김 사원이 구입할 모니터는 총점이 23점으로 가장 높은 'E 모니터'이다.

14 의사소통능력 정답 ④

이 글은 아인슈타인이 제5차 솔베이 회의에서 보어의 코펜하겐 해석을 비판하며 죽을 때까지 양자역학을 인정하지 않았으나, 광전효과와 고체의 비열에 대한 그의 설명이 결론적으로 양자역학의 기반을 다지는 데 크게 기여했다는 내용이므로 이 글의 제목으로 가장 적절한 것은 ④이다.

15 의사소통능력 정답 ①

제시된 글을 읽고 이해한 내용과 일치하는 것은 없다.

[오답 체크]

ⓐ 3문단에서 어떤 물질 1g의 온도를 1℃만큼 높이기 위해 필요한 열량인 비열이 클수록 온도를 높이기 위해 더 많은 열량이 요구되는데, 물의 비열이 모래의 비열보다 더 크다고 하였으므로 적절하지 않은 내용이다.

ⓑ 1문단에서 1911년부터 3년에 한 번씩 열리는 솔베이 회의는 당대 위대한 물리학자들 중 초청된 사람만이 참석할 수 있다고 하였으므로 적절하지 않은 내용이다.

ⓒ 4문단에서 고체의 편면을 두드리면 그 소리가 반대쪽 면으로 전달되는 까닭은 고체 내부에서 진동하는 고체 원자들의 사이를 잇는 양자화된 입자인 포논이 소리를 전달하기 때문이라고 하였으므로 적절하지 않은 내용이다.

ⓓ 2문단에서 빛이 입자이기 때문에 광전효과가 나타나며, 아인슈타인은 빛이 파동성과 입자성을 모두 갖는다는 빛의 이중성을 주장하여 결과적으로 빛의 양자론을 뒷받침했다고 하였으므로 적절하지 않은 내용이다.

16 문제해결능력 정답 ②

A의 국외 여행 계약서 내용 중 특약(위약금/취소료 규정)에 따르면 특가 상품으로 국외 여행 표준약관이 아닌 여행사의 특별약관이 적용된다고 하였으므로 [미소 여행사 여행약관]의 '2 특별약관'을 적용하여 환불 금액을 확인한다. 2 특별약관 제7조 제2항에 따르면 여행 출발 10일 전 취소할 경우 여행 총경비의 30% 위약금을 제외하고 환불된다고 하였으며, 제7조 제4항에 따르면 항공기 운임비, 호텔 숙박비, 선택 패키지 내역의 경우 미소 여행사가 규정한 특별약관을 적용하여 여행 출발 10일 전 취소할 경우 10%의 취소 위약금을 추가 징수한 뒤 환불된다고 하였으므로 A가 환불받은 금액은 $(2,325,000 \times 0.7) - \{(115,000 \times 6 \times 0.1) + (49,000 \times 6 \times 0.1) + (128,500 \times 6 \times 0.1)\} = 1,452,000$원이다.

17 조직이해능력 정답 ③

개정 후, 제2종 전기차량 운전면허 교육과정에서 철도장비 운전면허 소지자의 총 이론교육시간은 $30 + 30 + 70 + 30 + 10 = 170$시간이므로 가장 적절하지 않다.

[오답 체크]

① 제14조 제3항에 따르면 개정 후의 수업시간 및 휴식시간은 각각 50분, 10분으로 개정 전과 동일하므로 적절하다.

② 개정 후, 제2종 전기차량 운전면허 교육과정에서 모든 교육대상자가 공통적으로 수강하는 이론교육 과목은 도시철도시스템 일반, 전기동차의 구조 및 기능, 비상시 조치 등 총 3개이므로 적절하다.

④ 개정 후, 제2종 전기차량 운전면허 교육과정에서 전기동차의 구조 및 기능 과목 교육시간이 가장 적은 교육대상자는 30시간을 수강하는 제1종 전기차량 또는 디젤차량 운전면허 소지자이므로 적절하다.

⑤ 제19조 제1항에 따르면 퇴교조치는 개정 전·후 모두 인재개발원장이 명하므로 적절하다.

18 조직이해능력 정답 ④

A 씨의 총 기능교육시간은 100시간이며, 이론교육을 모두 수강하였으므로 총 교육시간=총 이론교육시간+총 기능교육시간임을 적용하면 총 교육시간은 일반응시자가 50+50+110+30+30+100=370시간, 제1종 전기차량 또는 디젤차량 운전면허 소지자가 10+30+10+100=150시간, 철도장비 운전면허 소지자가 30+30+70+30+10+100=270시간, 보조경력 1년 이상 또는 전동차 차장경력 2년 이상인 철도차량 운전관련 업무경력자가 30+30+90+30+10+100=290시간, 철도관련 업무종사 경력 3년 이상인 업무경력자가 30+30+100+20+20+100=300시간이다. 이때 교육담당부서장의 승인 시, 개정 전 기준으로는 총 교육시간의 10% 이상을 수강하지 아니한 때, 개정 후 기준으로는 이론교육 과목별 교육시간의 20% 이상을 수강하지 아니한 때 퇴교처리 된다. A 씨는 이론교육 과목 중 철도관련법을 29시간만큼 수강하지 않을 경우 개정 전 기준으로는 퇴교조치 되므로 A 씨의 총 교육시간은 29/0.1=290시간 이하이고, 전기동차의 구조 및 기능 과목을 15시간만큼 수강하지 않을 경우 개정 후 기준으로는 퇴교조치 되지 않으므로 A 씨의 전기동차의 구조 및 기능 과목 교육시간은 15/0.2=75시간 초과임을 알 수 있다. 따라서 A 씨는 '보조경력 1년 이상 또는 전동차 차장경력 2년 이상인 철도차량 운전관련 업무경력자'이다.

[19 - 20]

19 문제해결능력 정답 ①

'4. 금리안내'에 따르면 기본금리는 0.7%이고, A 코스 둘레길 탐방과 B 코스 둘레길 탐방, E 코스 마라톤 대회 참가와 F 코스 마라톤 대회 참가는 각각 같은 건강 활동에 해당하여 A 코스 둘레길 탐방, E 코스 마라톤 대회 참가, 금주, 헬스 등록, B 코스 둘레길 탐방, F 코스 마라톤 대회 참가를 모바일 앱으로 인증했다면 4개의 건강 활동만 인정됨에 따라 0.3%p의 우대금리가 적용되어 0.7+0.3=1.0%의 약정금리가 적용되므로 옳은 내용이다.

오답 체크

② '2. 가입기간'에 따르면 2021년 1월 31일 이전이어도 판매 한도 소진 시 판매 조기 종료되므로 옳지 않은 내용이다.
③ '4. 금리안내'에 따르면 1일 1개 건강 활동만 인증이 가능함에 따라 적금 가입 첫날에 서로 다른 건강 활동인 헌혈과 걷기 운동, 둘째 날에 D 코스 마라톤 대회에 참여한 후 앱으로 인증을 시도하더라도 총 2개의 건강 활동만 인정되므로 옳지 않은 내용이다.
④ '4. 금리안내'에 따르면 K 은행 모바일 앱을 통해 건강 활동을 인증해야만 우대금리 적용 조건을 만족하므로 옳지 않은 내용이다.
⑤ '3. 가입금액'에 따르면 최대로 적립할 수 있는 금액은 월 300,000원이고, '4. 금리안내'에 따르면 우대금리가 적용되어 최대 약정금리는 0.7+2.5=3.2%이며, '5. 이자지급방법'에 따르면 입금일부터 만기일 전일까지의 적립금에 대해 약정금리로 단리 이자를 계산하여 지급함에 따라 세전 적금 단리 이자={월 적립금×약정금리×가입기간(월)×(가입기간(월)+1)/2}/가입기간(월)임을 적용하면 해당 적금으로 지급받을 수 있는 최대 이자는 {300,000×0.032×12×13/2}/12=62,400원이므로 옳지 않은 내용이다.

20 문제해결능력 정답 ②

세전 적금 단리 이자={월 적립금×약정금리×가입기간(월)×(가입기간(월)+1)/2}/가입기간(월)임을 적용하여 구한다.

건강 활동 일정 동안 갑순이가 시행한 활동은 D 코스 마라톤 대회 참가, 헌혈, 금연, 필라테스 등록, H 산 등산, 건강 교육 수강, 요가 등록, E 코스 마라톤 대회 참가, 걷기 운동, B 코스 둘레길 탐방, C 코스 둘레길 탐방, 헬스 등록, 수영 등록, G 산 등산, 금주이므로 '4. 금리안내'에 따라 이를 건강 활동별로 분류하면 둘레길 탐방, 금연, 금주, 헬스 라이프, 봉사, 마라톤 대회 참가, 등산, 건강 교육 수강, 걷기 운동으로 총 9개 건강 활동이다.

이때 하루에 한 개의 건강 활동만 인증이 가능하고, 2020년 11월 12일에 H 산 등산과 건강 교육 수강을 같은 날 시행하였고 H 산 등산을 먼저 시행하였으므로 건강 교육 수강은 우대 금리 적용 건강 활동에 포함되지 않는다. 또한 헌혈은 적금 가입일인 2020년 10월 1일 이전에 시행하였고, 금주는 적금 만기일인 2021년 9월 30일 이후에 시행하였으므로 우대금리 적용 건강 활동에 포함되지 않는다. 이에 따라 우대금리가 적용되는 건강 활동은 총 6개 건강 활동이므로 1.0%p의 우대금리가 적용되어 약정금리는 0.7+1.0=1.7%이고, 갑순이는 매월 250,000원을 적립하므로 적금 만기 시 지급받을 수 있는 이자는 {250,000×0.017×12×13/2}/12=27,625원이다.
따라서 적금 만기 시 갑순이가 받게 될 금액은 (250,000×12)+27,625≒3,027,630원이다.

[21 - 22]

21 자원관리능력 정답 ④

총무팀 필요 물품 수량별 구매 금액은 다음과 같다.

구분		개수	가격
A3 용지(1박스)		2박스	50,000×2=100,000원
A4 용지(1박스)		5박스	32,000×5=160,000원
잉크(1개)	검은색	7개	12,000×7=84,000원
	파란색	2개	9,000×2=18,000원
	노란색	2개	10,000×2=20,000원
	빨간색	3개	9,500×3=28,500원

이때 종류 구분 없이 잉크를 10개 이상 구매 시 잉크 총 구매 금액에서 10% 할인되므로 총 잉크 구매 금액은(84,000+18,000+20,000+28,500)×0.9=135,450원이며, 종류 구분 없이 용지를 5박스 이상 구매 시 총구매 금액에서 10% 할인되므로 물품 총구매 금액은 {(100,000+160,000)+135,450}×0.9=355,905원이다.
따라서 총무팀에서 필요한 물품을 구매하기 위해 지불해야 하는 총비용은 355,905원이다.

22 자원관리능력 정답 ④

총무팀에서 필요한 물품의 수량에서 재고 수량만큼을 제외하고 구입해야 하는 물품의 개수 및 구매 금액은 다음과 같다.

구분		개수	가격
A3 용지(1박스)		2박스	50,000 × 2 = 100,000원
A4 용지(1박스)		3박스	32,000 × 3 = 96,000원
잉크(1개)	검은색	4개	12,000 × 4 = 48,000원
	파란색	1개	9,000 × 1 = 9,000원
	노란색	2개	10,000 × 2 = 20,000원
	빨간색	1개	9,500 × 1 = 9,500원

이때 종류 구분 없이 잉크를 10개 이상 구매 시 잉크 총구매 금액에서 10% 할인되지만, 총무팀에서 구입해야 하는 잉크의 개수는 4+1+2+1=8개로 잉크에 대한 할인을 받을 수 없다. 또한, 종류 구분 없이 용지를 5박스 이상 구매 시 총구매 금액에서 10% 할인되므로 총구매 금액은 (100,000+96,000+48,000+9,000+20,000+9,500)×0.9=254,250원이다.
따라서 김 사원이 총무팀 필요 물품을 구매하기 위해 지불해야 하는 총비용은 254,250원이다.

[23 - 24]
23 의사소통능력 정답 ②

ⓔ 3문단에서 스승 설리번과 어른 갈매기 치앙을 만나 궁극의 비행술을 훈련하기 시작하였으나, 조나단 스스로 동료의 배척과 자신의 한계에도 포기하지 않고 비행술을 연마하여 꿈을 실현하였다고 하였으므로 조나단이 목표를 이룰 수 있게 된 이유는 스승과 어른 갈매기를 만났기 때문인 것은 아님을 알 수 있다.

[오답 체크]

ⓐ 2문단에서 더 높은 세계로 오르기 위해 비행 연습을 하는 조나단의 행동이 비행을 식량을 얻기 위한 수단으로만 보는 갈매기 사회의 관습에 반항하는 것으로 간주되어 동료들의 미움을 사 갈매기 사회로부터 추방당했다고 하였으므로 적절한 내용이다.

ⓑ 4문단에서 작가는 비행에 대한 자신의 꿈과 신념을 갈매기 조나단의 일생에 투영했다고 하였으므로 적절한 내용이다.

ⓒ 1문단에서 소설 〈갈매기의 꿈〉은 현실에 급급하며 살아가는 대부분의 사람을 구속하는 것이 타인이 아니라 오히려 자기 자신인 것은 아니었는지 생각해보게 한다고 하였으므로 적절한 내용이다.

24 의사소통능력 정답 ①

빈칸 앞에서는 작가가 비행에 대한 자신의 꿈과 신념을 조나단의 일생에 투영하였다는 내용을 말하고 있고, 빈칸 뒤에서는 갈매기의 모습에서 자기완성의 소중함과 삶의 진리뿐 아니라 미래를 바라보며 마음에 품고 있는 꿈과 이상을 간직한 채 살아가기를 이야기한다는 내용을 말하고 있다.
따라서 빈칸에 들어갈 내용으로 가장 적절한 것은 ①이다.

[25 - 26]
25 수리능력 정답 ③

ⓒ 저압 전기를 사용하는 B 가구의 8월 전기 사용량은 295kWh로 전기 요금은 하계할인이 적용되어 910+(93.3×295)=28,433.5원이며 원 단위로 절사하면 28,430원이므로 옳지 않은 설명이다.

ⓔ A 가구와 C 가구는 모두 고압 전기를 사용하고, 7월과 8월의 전기 요금은 하계할인이 적용된다. A 가구의 7월과 8월 전기 사용량은 900kWh로 같아 전기 요금도 같으므로 7월과 8월 전기 요금의 합은 [6,060+{(78.3×300)+(147.3×200)+(215.6×400)}]×2=290,500원이다. C 가구의 7월 전기 사용량은 1,100kWh로 1,000kWh를 초과한 전력량에 대해 슈퍼유저 요금이 적용되어 7월 전기 요금은 6,060+{(78.3×300)+(147.3×200)+(215.6×500)}+(574.6×100)=224,270원이고, 8월 전기 사용량은 700kWh로 8월 전기 요금은 6,060+{(78.3×300)+(147.3×200)+(215.6×200)}=102,130원으로 C 가구의 7월과 8월 전기 요금의 합은 224,270+102,130=326,400원이므로 옳지 않은 설명이다.

[오답 체크]

ⓐ 10월부터 12월까지 A, B, C 가구 전기 사용량의 전월 대비 증감 추이는 모두 감소, 증가, 증가로 서로 같으므로 옳은 설명이다.

ⓑ 20XX년 월별 전기 사용량이 네 번째로 적은 달은 A 가구가 10월, B 가구가 6월, C 가구가 1월로 모두 서로 다르므로 옳은 설명이다.

> ⏱ **빠른 문제 풀이 Tip**
>
> ⓒ A 가구와 C 가구의 700kWh 초과분 전력량 요금을 비교한다.
> A 가구와 C 가구는 모두 고압 전기를 사용하고, 7월과 8월의 전기 요금은 하계할인이 적용된다. 이때, 7월과 8월의 전력량은 두 가구 모두 700kWh 이상이므로 기본 요금과 700kWh 이하의 전력량 요금은 모두 같다. 이에 따라 700kWh 초과분 전력량 요금만을 비교하면, A 가구는 7월과 8월에 모두 200kWh씩 초과하여 (215.6×200)×2=86,240원이고, C 가구는 7월에만 슈퍼유저 구간 100kWh를 포함하여 총 400kWh 초과하여 {(215.6×300)+(574.6×100)}+0=122,140원이므로 A 가구와 C 가구의 7월과 8월 전기 요금의 합은 같지 않음을 알 수 있다.

26 수리능력 정답 ③

저압 전기를 사용하는 B 가구의 7월 전기 사용량은 515kWh로 전기 요금은 하계할인을 적용한 7,300+{(93.3×300)+(187.9×200)+(280.6×15)}≒77,070원을 납부해야 하였으나, 하계할인이 누락되어 7,300+{(93.3×200)+(187.9×200)+(280.6×115)}≒95,800원을 납부하였다.
따라서 B 가구가 돌려받은 금액은 95,800−77,070=18,730원이다.

🕐 빠른 문제 풀이 Tip

하계할인이 누락되었을 때와 하계할인이 적용되었을 때의 사용 전력량 구간별 전력량을 비교한다.
하계할인이 누락되었을 때는 하계할인이 적용되었을 때보다 구간별 전력량 요금이 93.3원/kWh인 전력량이 100kWh 감소하고, 구간별 전력량 요금이 280.6원/kWh인 전력량이 100kWh 증가하므로 B 가구가 돌려받아야 할 금액은 $(280.6 \times 100) - (93.3 \times 100) = 18,730$원임을 알 수 있다.

27 자원관리능력   정답 ④

제시된 자료에 따르면 A는 서울 지사에, B는 하노이 지사에, C는 샌프란시스코 지사에 근무하며, A가 원격 회의에 참석한 일시를 묻고 있으므로 [A~C의 원격 회의 참석 가능 시간]에 따라 A~C의 원격 회의 참석 가능 시간을 서울 지사 기준으로 나타내면 다음과 같다.

구분	9/25(월)	9/26(화)	9/27(수)	9/28(목)	9/29(금)
A	10:00 ~16:00	14:00 ~18:00	09:00 ~15:00	11:00 ~17:00	없음
B	13:00 ~19:00	17:00 ~22:00	11:00 ~23:00	10:00 ~17:00	없음
C	23:00 ~24:00	00:00 ~04:00	01:00 ~06:00	01:00 ~12:00 21:00 ~24:00	00:00 ~03:00

이에 따라 A~C가 모두 참석할 수 있는 원격 회의 일시는 서울 지사 기준으로 9/28(목) 11:00~12:00이다.
따라서 A가 원격 회의에 참석한 일시는 9/28(목) 11:00~12:00 이다.

28 문제해결능력   정답 ③

제시된 조건에 따르면 지원자 A~J의 서류 전형 평가 점수는 다음과 같다.

지원자	가산점	최종 학력	관련 연구 경력	논문 수상 실적	평가 점수
A	10점	35점	20점	10점	75점
B	10점	28점	26점	16점	80점
C	10점	20점	32점	10점	72점
D	0점	20점	35점	5점	60점
E	0점	28점	35점	20점	83점
F	0점	35점	26점	20점	81점
G	10점	20점	35점	10점	75점
H	0점	28점	20점	20점	68점
I	0점	20점	32점	5점	57점
J	10점	35점	26점	16점	87점

따라서 서류 전형에 합격한 지원자 A, B, C, E, F, G, J 중의 최고점은 87점, 최저점은 72점이다.

29 자원관리능력   정답 ①

1순위 조건을 고려했을 때 구입 가능한 텀블러의 종류는 텀블러 A, 텀블러 B, 텀블러 D, 텀블러 E이며 2순위 조건까지 고려했을 때 구입 가능한 텀블러는 텀블러 A, 텀블러 D, 텀블러 E이고, 3순위 조건에 따라 구입할 텀블러의 무게는 120g 미만이어야 하므로 ○○기업이 구입할 수 있는 텀블러의 종류는 텀블러 A 또는 텀블러 D이다. 이때, 4순위 조건에서 500만 원의 예산 내에서 최대한 많은 수량을 구매할 수 있어야 한다고 하였으며, 텀블러 A는 500만 원의 예산 내에서 5,000,000 / 4,800 ≒ 1,042개 구입할 수 있고, 텀블러 D는 500만 원의 예산 내에서 5,000,000 / 4,850 ≒ 1,031개 구입할 수 있으므로 500만 원의 예산 내에서 더 많은 수량을 구입할 수 있는 텀블러는 텀블러 A이다.
따라서 ○○기업이 구입할 텀블러의 종류와 구매 가능 개수를 연결한 것으로 가장 적절한 것은 ①이다.

[30 - 33]

○○회사의 근태 조건에 따른 갑~무 5명의 5일간 기록된 근무시간 및 벌점은 다음과 같다.

구분		월	화	수	목	금	합계
갑	근무시간	8시간	8시간	9시간	8시간	7시간	40시간
	벌점 (사유)	–	–	–	–	1점 (지각/ 누락)	1점
을	근무시간	8시간	9시간	8시간	10시간	7시간	42시간
	벌점 (사유)	–	–	–	–	0.5점 (조퇴)	0.5점
병	근무시간	8시간	8시간	7시간	8시간	11시간	42시간
	벌점 (사유)	0.5점 (지각)	–	1점 (누락/ 조퇴)	–	–	1.5점
정	근무시간	8시간	6시간	12시간	8시간	8시간	42시간
	벌점 (사유)	–	1점 (지각/ 조퇴)	–	0.5점 (누락)	0.5점 (지각)	2점
무	근무시간	9시간	8시간	8시간	10시간	8시간	43시간
	벌점 (사유)	0.5점 (지각)	0.5점 (조퇴)	0.5점 (누락)	0.5점 (지각)	–	2점

30 조직이해능력 정답 ③

5일간 벌점을 1점 받은 사람은 갑 1명이므로 가장 적절하다.

오답 체크

① 을은 10분 이상 지각한 날이 없으므로 적절하지 않다.
② 갑~무 모두 9시간 이상 근무한 날이 존재하여 추가 근무 수당을 지급받을 수 있는 사람은 5명이므로 적절하지 않다.
④ 월요일에 기록된 근무시간이 가장 많은 사람은 무이므로 적절하지 않다.
⑤ 근태 입력 누락으로만 벌점을 받은 사람은 없으므로 적절하지 않다.

31 조직이해능력 정답 ⑤

직원별 추가 근무시간은 갑이 수요일에 1시간, 을이 화요일과 목요일에 총 3시간, 병이 금요일에 3시간, 정이 수요일에 4시간, 무가 월요일과 목요일에 총 3시간이므로 5일간 갑~무가 추가 근무한 시간은 총 1+3+3+4+3=14시간이다.
따라서 갑~무 5명이 지급받을 추가 근무 수당의 합은 14×12,000=168,000원이다.

32 조직이해능력 정답 ④

병의 근무시간이 가장 많은 날은 근무시간이 11시간인 금요일이고, 가장 적은 날은 근무시간이 7시간인 수요일이다.
따라서 병의 근무시간이 가장 많은 날인 금요일과 가장 적은 날인 수요일에 기록된 근무시간의 차이는 11-7=4시간이다.

33 조직이해능력 정답 ④

갑~무 중 5일간 총 근무시간이 가장 많은 직원은 근무시간이 43시간인 무이다.
따라서 무의 5일간 누적 벌점은 2점이다.

34 의사소통능력 정답 ③

ⓒ 5문단에서 직류 시스템을 이용하면 전력을 변환하는 과정에서 잃는 에너지를 최소화할 수 있어서 에너지 효율을 극대화할 수 있을뿐더러 위상, 주파수, 회전 방향을 고려하지 않아도 돼서 전압을 고르게 공급할 수 있다고 하였으므로 적절한 내용이다.
ⓔ 2문단에서 에디슨의 직류 시스템은 거리가 멀리 떨어져 있는 경우에 생기는 송전 손실 문제를 해결할 수 없다는 결점이 있었다고 하였으므로 적절한 내용이다.

오답 체크

⊙ 3문단에서 직류 시스템과 달리 교류 시스템에는 전압을 유연하게 바꿀 수 있는 변압 기술이 도입되어 있었기 때문에 테슬라의 교류 시스템이 전류 전쟁에서 승리했다고 하였으므로 적절하지 않은 내용이다.
ⓒ 1문단에서 에디슨과 테슬라가 19세기 후반에 본인들이 주장하는 방식으로 송배전 시스템의 표준을 정하고자 전류 전쟁을 일으켰다고 하였으므로 적절하지 않은 내용이다.

ⓓ 4문단에서 20세기에 들어 미래 에너지 시스템인 신재생에너지와 분산전원 시스템 등이 발전하면서 직류 시스템을 다시 도입해야 한다는 의견이 주목을 받고 있다고 하였으므로 적절하지 않은 내용이다.

35 의사소통능력 정답 ②

이 글은 투레트 증후군의 개념과 증상을 소개하고 해당 증후군이 발생하는 생물학적 원인과 치료법에 대해 설명하는 글이다.
따라서 '(나) 투레트 증후군의 개념과 어원 → (가) 투레트 증후군으로 인해 나타나는 증상 → (라) 투레트 증후군의 발병 원인에 대한 가설(1): 심리학적 요인과 생물학적 요인 → (마) 투레트 증후군의 발병 원인에 대한 가설(2): 환경적 요인, 전조 충동에 대한 반응 등 → (다) 투레트 증후군의 치료법' 순으로 연결되어야 한다.

36 수리능력 정답 ①

부산 지역의 상호저축은행 및 기타 저축기관의 사업체 수는 인천 지역의 상호저축은행 및 기타 저축기관의 사업체 수보다 2016년에 34/14≒2.4배, 2017년에 34/16=2.125배, 2018년에 32/15≒2.1배 많아 매년 2배 이상 많으므로 옳은 설명이다.

오답 체크

② 2016년 인천 지역의 신용조합 사업체 수는 405개이고, 일반은행 사업체 수는 306개로 405-306=99개 많으므로 옳지 않은 설명이다.
③ 2017년 대전 지역의 일반은행 사업체 수는 전년 대비 {(199-192)/199}×100≒3.5% 감소하였으므로 옳지 않은 설명이다.
④ 2018년 대구, 대전 지역의 은행 및 저축기관 사업체 수의 합계는 전년 대비 감소하였으므로 옳지 않은 설명이다.
⑤ 2016년 광주 지역의 은행 및 저축기관 사업체 수의 합계는 524개로 울산 지역의 은행 및 저축기관 사업체 수의 합계인 390개의 524/390≒1.3배이므로 옳지 않은 설명이다.

37 수리능력 정답 ②

수입산 양파 이용 비율은 국산 양파 이용 비율이 가장 낮은 2020년에 가장 높고, 2020년 수입산과 국산 양파 총 이용량은 8,640/(1-0.875)=8,640/0.125=69,120t이므로 2020년 국산 양파 이용량은 69,120×0.875=60,480t이다.
따라서 2020년 국산 양파 재배면적은 19,896ha이므로 2020년 국산 양파 재배면적 1ha당 국산 양파 이용량은 60,480/19,896≒3.04t이다.

> ⏱ **빠른 문제 풀이 Tip**
> 이용 비율을 활용하여 계산 과정을 최소화한다.
> 2020년 국산 양파 이용 비율은 87.5%이므로 수입산 양파 이용 비율은 100.0-87.5=12.5%이고, 수입산 양파 이용량은 8,640t이므로 2020년 국산 양파 이용량은 8,640×(87.5/12.5)=8,640×7=60,480t이다.

38 문제해결능력 정답 ④

행사를 시작하여 오후 행사가 끝날 때까지 필요한 물품 내역은 캠핑장 입소 및 행사 안내, 중식, 오후 행사 항목에 필요한 물품이다. 이때, 캠핑장 입소 및 행사 안내 항목에서 필요한 캠핑장 임대 비용은 고객용 A급 100구역과 직원용 B급 20구역을 임대하였고 총 임대 가격의 10%를 할인받았으며, 캠핑 장비 비용은 텐트와 그늘막, 간이 식탁 세트를 합쳐 120세트가 필요하므로 $[\{(50 \times 100) + (35 \times 20)\} \times 0.9] + \{(40 + 25 + 15) \times 120\} = 14,730$천 원이다. 중식 항목에서 필요한 비용은 한식 불고기 도시락을 예상 참가 대상 및 행사 진행 요원 1인에게 1개씩 제공하며 10% 여유분을 준비해 총 $(400 + 60) \times 1.1 = 506$개가 필요하므로 $10 \times 506 = 5,060$천 원이다. 오후 행사 항목에 필요한 비용은 어린이 수영장의 어른 이용권 150매, 어린이 이용권 150매와 나이테 목걸이 만들기 재료 키트 100개, 와인 힐링존에 필요한 레드와인 40병, 화이트와인 30병이므로 $\{(35 \times 150) + (40 \times 150)\} + (9 \times 100) + (48 \times 40) + (45 \times 30)\} = 15,420$천 원이다. 석식에 필요한 비용은 바비큐 세트를 예상 참가 대상 및 행사 진행 요원 1인에게 1인분씩 제공하며 10% 여유분을 준비해 총 506인분이 필요하므로 $25 \times 506 = 12,650$천 원이다. 저녁 행사에 필요한 비용은 A 사 냉장고 1대, B 사 휴대폰 2대, C 사 제습기 5대를 추첨 후 제공하므로 $1,800 + (1,000 \times 2) + (350 \times 5) = 5,550$천 원이다. 또한, 자율 취침 및 퇴소에 필요한 비용은 푸른 숲 스노우 볼을 한 가구당 1개씩 증정하므로 $20 \times 100 = 2,000$천 원이다. 따라서 행사 진행에 필요한 물품 및 비용 내역의 총액은 $14,730 + 5,060 + 15,420 + 12,650 + 5,550 + 2,000 = 55,410$천 원이다.

39 자원관리능력 정답 ③

[국외 여비 지급 기준표]에 따르면 3직급 이하의 직원이 국외로 출장을 갈 경우 1일당 일비로 26달러를 지급받는다. 이때 30일을 초과하여 동일 등급의 국가에 출장을 갈 때의 일비는 30일을 초과한 기간에 대해 기준 금액의 50%만을 지급하므로 동일하게 가 등급에 해당하는 도쿄와 샌프란시스코로 총 50일간의 출장을 마치고 귀국한 3직급의 직원은 30일을 초과한 20일의 기간에 대해서는 기준 금액의 50%만을 지급받는다.
따라서 3직급의 직원은 업무출장에 대한 일비로 $(30 \times 26) + (20 \times 13) = 1,040$달러를 지급받을 수 있으므로 옳지 않은 내용이다.

오답 체크

① 제21조 제1호에 따르면 철도운임, 선박운임, 항공운임 또는 자동차운임을 포함한 교통비는 실비로 정산하며, 제21조 제4호에 따르면 예방 주사료, 여행자보험료, 여권교부수수료, 사증(査證)수수료를 포함하는 여행잡비도 실비로 정산한다고 하였으므로 옳은 내용이다.
② 제21조 제3호에 따르면 국제회의 참석 시 주최 측에서 숙소를 지정한 경우 숙박비는 기준 금액의 5할의 범위를 넘어서더라도 실비로 지급하며 이 경우 귀국일로부터 2주일 이내에 정산 신청을 해야 하므로 옳은 내용이다.

④ [국외 여비 지급 기준표]에 따르면 2직급의 직원이 다 등급의 국가로 업무출장 시 지급받을 수 있는 1일당 식비는 1인당 44달러로 다 등급에 해당하는 프라하에서 15일, 산티아고에서 15일로 총 30일간 업무출장을 마친 2직급의 직원이 지급받을 수 있는 식비는 $44 \times 30 = 1,320$달러이므로 옳은 내용이다.
⑤ [국외 여비 지급 기준표]에 따르면 3직급의 직원이 가 등급의 도시로 업무출장 시 지급받을 수 있는 1일당 숙박비는 1인당 최대 155달러로 가 등급에 해당하는 뉴욕으로 3등급의 직원이 20일간의 업무출장 시 지급받을 수 있는 숙박비는 최대 $155 \times 20 = 3,100$달러이므로 옳은 내용이다.

[40 - 41]

40 수리능력 정답 ⑤

8월 한 달 동안 고압 전기를 1,200kWh 사용한 가구의 전기 요금은 1,000kWh 초과분 전력량에 대해 슈퍼유저 요금을 적용하여 $6,060 + \{(78.3 \times 200) + (147.3 \times 200) + (215.6 \times 600) + (574.6 \times 200)\} = 295,460$원이므로 옳은 설명이다.

오답 체크

① 고압B의 선택 I 요금제는 여름철 전력량 요금이 겨울철 전력량 요금보다 비싸 가격 측면에서 여름철이 겨울철보다 불리하므로 옳지 않은 설명이다.
② 9월 한 달 동안 주택용 저압 전기를 150kWh 사용한 가구의 전기 요금은 필수사용량 보장공제를 적용하여 $\{910 + (93.3 \times 150)\} - 4,000 = 10,905$원이므로 옳지 않은 설명이다.
③ 12월에는 1,000kWh 초과분 전력량에 대해 슈퍼유저 요금이 적용되므로 옳지 않은 설명이다.
④ 전기사용 시간이 월 200시간 이하인 고객은 선택 I 요금제를 이용하는 것이 유리하므로 옳지 않은 설명이다.

41 수리능력 정답 ④

산업용 전기 요금 = (기본요금 × 계약 전력) + 전력량 요금임을 적용하여 구한다.
표준전압이 154,000V인 전기를 사용하는 K 산업체는 고압B 요금제를 이용해야 하고, 전기를 매달 300시간 사용하므로 선택 II 요금제를 이용하는 것이 유리하다.
따라서 고압B의 선택 II 요금제를 적용한 K 산업체의 11월 전기 요금은 $(6,900 \times 20) + 81.9 \times (20 \times 300) = 629,400$원이다.

42 의사소통능력 정답 ③

4문단에서 본인과 관련이 없거나 그다지 중요하게 생각하지 않는 분야에 속한 사람에게는 그가 얼마나 성공했든지 시기심을 느끼거나 불행에 기뻐하는 생체 반응이 나타나지 않았다고 하였으므로 나와 관련이 없거나 관심 없는 분야에 소속된 사람에게는 샤덴프로이데를 느낄 확률이 낮음을 알 수 있다.

① 3문단에서 연구진이 fMRI로 촬영한 영상을 분석한 결과에 따르면 동창 A에게 시기심을 느낄 때는 뇌의 전측대상피질이, 동창 A에게 생긴 불행으로 샤덴프로이데를 느낄 때는 뇌의 복측 선조체가 활성화되었다고 하였으므로 적절하지 않은 내용이다.
② 1문단에서 시카라 교수에 따르면 샤덴프로이데는 성격에 큰 문제가 있는지 등의 여부와 상관없이 누구라도 느낄 수 있는 일반적인 감정이라고 하였으므로 적절하지 않은 내용이다.
④ 5문단에서 샤덴프로이데라는 감정을 느낄 때는 스스로의 가치를 외부가 아니라 내부에서 찾기 위해 노력하여 자존감을 회복해야 한다고 하였으므로 적절하지 않은 내용이다.
⑤ 2문단에서 히데히코 교수의 연구팀은 샤덴프로이데라는 감정이 생기는 원인을 파악하기 위해 실험을 진행했다고 하였으며, 연구 결과 시기심을 느끼는 대상이 불행을 당하면 사람의 뇌가 기쁨을 느낀다는 사실을 밝혀냈다고 하였으므로 적절하지 않은 내용이다.

[43- 44]

43 문제해결능력   정답 ①

[농작물 재해 과실손해 보험 상품 설명서]에 따르면 특정위험 5종에 따른 보장 품목은 가입품목 전체인 사과, 배, 단감, 떫은감이며 태풍, 우박, 지진, 화재, 집중호우로 발생한 피해에 대하여 과실손해보험금을 지급받을 수 있다. 또한, 보상하는 손해로 인해 발생한 감수량이 자기부담감수량을 초과하는 경우에 보험금이 지급되며, 보장기간은 적과 종료 이후부터 Y년 11월 30일 이내의 Y년 수확기 종료 시점이므로 조건별로 만족하는 사항은 다음과 같다.

구분	품목	감수량	비교	자기부담감수량	재해 원인	보장 기간
갑	○	300kg	>	550 × 0.2=110kg	○	○
을	○	150kg	>	300 × 0.3=90kg	X	○
병	○	70kg	<	750 × 0.1=75kg	○	○
정	○	200kg	>	400 × 0.1=40kg	○	X

따라서 ○○은행 특정위험 과실손해보험금을 받을 수 있는 사람은 '갑'이다.

44 문제해결능력   정답 ②

[A의 보험 가입 내역 및 감수량]에 따르면 A는 떫은감 450kg을 자기부담비율 15%형으로 가입하였고, 기준수확량은 500kg이므로 자기부담감수량은 500 × 0.15=75kg이다. 또한, 적과 종료 이후 누적감수량은 350kg, 미보상감수량은 80kg이다. 이때, A는 특정위험 5종에 속하는 태풍으로 과실 피해를 입어 특정위험 과실손해보험금을 지급받았으며, '3. 보험금 지급 – 3)'에 따르면 특정위험 과실손해보험금=(적과 종료 이후 누적감수량−미보상감수량−자기부담감수량) × 가입가격이다.
따라서 A가 받은 보험금은 (350−80−75) × 7,000=1,365,000원이다.

[45- 46]

파티룸별 지불해야 하는 비용은 다음과 같다.

구분	비용
A 파티룸	(90,000+30,000)+(13 × 2,000)=146,000원
B 파티룸	(105,000+15,000)+(10 × 2,000)=140,000원
C 파티룸	(90,000+30,000)+(15 × 2,000)=150,000원
D 파티룸	(85,000+45,000)+(12 × 2,000)=154,000원
E 파티룸	(120,000+0)+(18 × 2,000)=156,000원

45 자원관리능력   정답 ②

동욱이는 총비용이 가장 저렴한 파티룸을 선택한다고 하였으므로 동욱이가 선택할 파티룸은 140,000원으로 총비용이 가장 저렴한 'B 파티룸'이다.

46 자원관리능력   정답 ④

동욱이는 다섯 개의 파티룸 중 총비용이 가장 저렴한 파티룸인 B 파티룸을 선택하려고 하였으나, 해당 파티룸의 예약이 모두 마감되었다는 연락을 받았으며, 동욱이는 처음 선택했던 파티룸을 제외한 파티룸 중 총비용이 가장 저렴한 파티룸을 선택한다고 하였으므로 B 파티룸 다음으로 적은 비용을 지불하는 A 파티룸을 선택할 것이다.
따라서 동욱이가 지불해야 하는 총비용은 146,000원이다.

47 수리능력   정답 ③

제시된 자료에 따르면 2017년 10월 가중평균 SMP는 전년 동월 대비 감소했지만, 꺾은선그래프에서는 전년 동월 대비 증가했으므로 옳지 않은 그래프는 ③이다.

48 문제해결능력   정답 ③

제시된 조건에 따르면 5명은 모두 전자공학과 학생으로 한 학기 등록금은 500만 원이다. C는 소득 구간이 10구간으로 다자녀 가구 국가장학금을 받지 못하므로 3회차에 등록금 전액의 25%를 납부해야 한다.
따라서 C의 3회차 납부 금액은 5,000,000 × 0.25=1,250,000원이므로 경고 메일을 받는 학생은 C이다.

① A는 직전 학기 성적이 3등이며 장학금은 중복 지원이 불가능하므로 성적 우수 장학금만 받을 수 있다. 이에 따라 A의 실 납부 금액은 500 × 0.7=350만 원이므로 A의 3회차 납부 금액은 3,500,000 × 0.25=875,000원이다.
② B는 소득 구간이 3구간으로 다자녀 가구 국가장학금 250만 원을 받는다. 이에 따라 B의 실 납부 금액은 500−250=250만 원이며, B는 3회차에 4회차 납부 금액도 납부하여 실 납부 금액의 50%를 납부하므로 B의 3회차 납부 금액은 2,500,000 × 0.5=1,250,000원이다.

④ D는 소득 구간이 8구간으로 다자녀 가구 국가장학금 150만 원을 받는다. 이에 따라 D의 실 납부 금액은 500 − 150 = 350만 원이므로 D의 3회차 납부 금액은 3,500,000 × 0.25 = 875,000원이다.

⑤ E는 소득 구간이 9구간으로 다자녀 가구 국가장학금을 받지 못한다. 이에 따라 E의 실 납부 금액은 500만 원이며, E는 3회차에 4회차 납부 금액도 납부하여 실 납부 금액의 50%를 납부하므로 E의 3회차 납부 금액은 5,000,000 × 0.5 = 2,500,000원이다.

49 문제해결능력 정답 ⑤

제시된 조건에 따르면 병원이 입주한 장소는 가장 서쪽에 있고 헬스장이 입주한 장소와 마주 보며 입주한 업소는 병원뿐이므로 헬스장도 가장 서쪽에 있다. 또한, 카페와 헬스장이 입주한 장소와 이웃하여 입주한 업소는 없으며 유치원이 입주한 장소와 박물관이 입주한 장소는 서로 마주 보고 있으므로 유치원이 입주한 장소와 박물관이 입주한 장소 중 하나는 병원이 입주한 장소와 이웃해 있음을 알 수 있다. 병원이 입주한 장소에 따라 나머지 업소가 입주한 장소는 다음과 같다.

경우 1. 병원이 E에 입주한 경우
병원이 E에 입주하였으므로 헬스장은 A에 입주했고, 유치원과 박물관은 각각 F 또는 G에 입주했다. 이때, 카페가 입주한 장소는 가장 동쪽에 있지 않으므로 카페는 C에 입주해 있고, 영화관은 북쪽에 있어 D에 입주해 있어야 하지만 이는 카페가 입주한 장소와 이웃하여 입주한 업소가 없다는 조건에 모순된다.

경우 2. 병원이 A에 입주한 경우
병원이 A에 입주하였으므로 헬스장은 E에 입주했고, 유치원과 박물관은 각각 B 또는 C에 입주했다. 이때, 영화관은 북쪽에 있으므로 D에 입주해 있고, 카페는 가장 동쪽에 있지 않으므로 G에 입주해 있다.

따라서 카페가 입주한 장소는 'G'이다.

50 수리능력 정답 ③

ⓒ 2022년에 이탈리아의 1인당 생활 폐기물 발생량은 전년 대비 감소했으나, 그리스의 1인당 생활 폐기물 발생량은 전년 대비 증가했으므로 옳지 않은 설명이다.

ⓒ 일본의 1인당 생활 폐기물 발생량이 처음으로 350kg 미만이 된 해는 2019년이고, 오스트리아의 1인당 생활 폐기물 발생량은 제시된 기간 중 2020년에 가장 적으므로 옳지 않은 설명이다.

오답 체크

ⓒ 2019년 폴란드의 1인당 생활 폐기물 발생량의 2016년 대비 감소량은 317 − 270 = 47kg이고, 2019년 핀란드의 1인당 생활 폐기물 발생량의 2016년 대비 감소량은 505 − 482 = 23kg으로 47 / 23 ≒ 2.04배이므로 옳은 설명이다.

ⓔ 2020년 미국의 총인구수가 같은 해 한국의 총인구수의 6배이고, 2020년 미국의 1인당 생활 폐기물 발생량은 한국의 1인당 생활 폐기물 발생량의 744 / 367 ≒ 2배로, 2020년 미국의 생활 폐기물 발생량은 한국의 약 12배이므로 옳은 설명이다.

5회 기출동형모의고사

정답

p.166

01	⑤	의사소통능력	14	②	의사소통능력	27	④	수리능력	40	④	문제해결능력
02	③	의사소통능력	15	②	수리능력	28	④	수리능력	41	①	문제해결능력
03	①	의사소통능력	16	②	수리능력	29	④	문제해결능력	42	⑤	문제해결능력
04	③	의사소통능력	17	①	수리능력	30	③	문제해결능력	43	②	기술능력
05	④	의사소통능력	18	⑤	수리능력	31	④	문제해결능력	44	③	기술능력
06	⑤	의사소통능력	19	②	수리능력	32	①	문제해결능력	45	⑤	기술능력
07	②	의사소통능력	20	⑤	수리능력	33	②	문제해결능력	46	④	기술능력
08	③	의사소통능력	21	②	수리능력	34	③	문제해결능력	47	⑤	기술능력
09	②	의사소통능력	22	①	수리능력	35	①	문제해결능력	48	②	기술능력
10	⑤	의사소통능력	23	③	수리능력	36	③	문제해결능력	49	⑤	기술능력
11	①	의사소통능력	24	③	수리능력	37	①	문제해결능력	50	④	기술능력
12	④	의사소통능력	25	③	수리능력	38	④	문제해결능력			
13	③	의사소통능력	26	⑤	수리능력	39	①	문제해결능력			

취약 영역 분석표

영역별로 맞힌 개수와 정답률을 적고 나서 취약한 영역이 무엇인지 파악해 보세요.
정답률이 60% 미만인 취약한 영역은 틀린 문제를 다시 풀어보면서 확실히 극복하세요.

영역	의사소통능력	수리능력	문제해결능력	기술능력	TOTAL
맞힌 개수	/14	/14	/14	/8	/50
정답률	%	%	%	%	%

※ 정답률(%) = (맞힌 개수/전체 개수) × 100

[01 - 02]

01 의사소통능력   정답 ⑤

이 글은 국내 철도 사고의 현황을 설명한 뒤 철도 안전사고의 문제점을 크게 철도안전관리체계, 관제사의 업무 수행, 인적 요인 관리 측면에서 분석하고 각각의 개선 방안을 서술하고 있으므로 이 글의 제목으로 가장 적절한 것은 ⑤이다.

오답 체크

① 철도 안전사고 저감을 위한 안전한 철로 설계에 대해서는 다루고 있지 않으므로 적절하지 않은 내용이다.
② 3문단에서 철도 관제 기능의 공정성 저하 문제를 해결하기 위한 방안에 대해 서술하고 있지만, 글 전체를 포괄할 수 없으므로 적절하지 않은 내용이다.
③ 국내 철도 안전사고에 대한 문제점과 해결 방안에 대해 서술하고 있지만, 해외 철도 안전사고에 대한 문제점 및 해결 방안에 대해서는 다루고 있지 않으므로 적절하지 않은 내용이다.
④ 1, 4문단에서 인적 요인에 의한 철도 안전사고 발생 현황에 대해 서술하고 있지만, 글 전체를 포괄할 수 없으므로 적절하지 않은 내용이다.

02 의사소통능력   정답 ③

국내 철도안전관리체계 정기 검사 항목에 대해서는 확인할 수 없다.

오답 체크

①은 2문단, ②는 4문단, ④는 1문단, ⑤는 3문단에서 확인할 수 있는 내용이다.

03 의사소통능력   정답 ①

이 글은 사람들이 자신에 관한 사회적 평가를 자신의 소비를 통해 조작할 수 있다고 여겨 특정 제품을 소비함으로써 이와 동일한 상품의 소비자로 예상되는 계층 및 집단과 자신을 동일시하는 현상인 파노플리 효과에 대해 설명하는 글이다. 따라서 작문 목적은 '마케팅 전략의 일종으로 활용되는 파노플리 효과를 소개하기 위함'이 적절하다.

04 의사소통능력   정답 ③

4문단에서 생득주의 이론은 언어 발달이 선천적인 언어 능력에 의해 일어난다는 것만 설명할 뿐, 구체적으로 어떤 과정을 거쳐 일어나는지 객관적으로 밝히기 어렵다는 점에서 비판을 받는다고 하였으므로 ⓒ이 인간의 타고난 언어 능력에 따른 언어 발달 과정을 객관적으로 밝힐 수 있다고 주장한 것은 아님을 알 수 있다.

오답 체크

① 2문단에서 행동주의 이론에 따르면 언어는 반복, 모방, 연상, 조작적 조건화, 강화 등을 통해 학습되며, 아동이 주위 어른의

말을 모방하였을 때 이에 대한 정적 강화 또는 소거가 일어난다고 하였으므로 적절한 내용이다.
② 3문단에서 블룸필드는 아동이 새로운 단어를 창조하지 못한다고 주장했다고 하였으므로 적절한 내용이다.
④ 4문단에서 생득주의 이론에 따르면 인간은 체계적인 가르침을 받지 않아도 선천적으로 타고난 언어 능력에 대한 지식을 바탕으로 언어 규칙을 내면화하여 언어를 습득한다고 하였으므로 적절한 내용이다.
⑤ 5문단에서 상호작용주의 이론에 따르면 아동이 자기중심적인 사고에서 벗어났을 때 비로소 자기중심적 언어에서 벗어나 진정한 의미의 사회화된 언어를 사용할 수 있다고 하였으므로 적절한 내용이다.

05 의사소통능력   정답 ④

3문단에서 지식은 주체와 대상이 명확히 분리된 상태에서 주체가 대상을 수동적으로 분석할 때 형성되는 것이 아니라 주체가 대상을 신체 내부로 통합하거나 신체를 확장하여 대상을 포함하는 능동적인 과정을 통해 형성된다고 하였으므로 과학자가 어떤 과학적 진리를 발견하기 위해 가장 먼저 분석하고자 하는 대상을 자신과 명확하게 분리하는 행동을 해야 하는 것은 아님을 알 수 있다.

오답 체크

① 5문단에서 어떤 암묵지는 해당 분야의 과학이 발달하며 인식 및 표현할 수 있게 되기도 하지만, 새로운 실험이 실행될 때 관련 기술의 일부는 항상 암묵지로 남는다고 하였으므로 적절한 내용이다.
② 4문단에서 설계도를 이용하여 TEA 레이저 복제를 시도한 여러 연구팀 중 공식 문서로 문자화된 정보 외에도 실험실 방문과 통화 등을 통해 기존 연구팀의 실험 기술과 같은 암묵지를 전수받은 연구팀들만이 복제 실험에 성공했다고 하였으므로 적절한 내용이다.
③ 1문단에서 암묵지는 문자나 언어를 통해 나타나지 않고 개인의 머릿속에만 있는 주관적이고 개인적인 지식이며, 문서를 통해 습득할 수 없다고 하였으므로 적절한 내용이다.
⑤ 2문단에서 대부분의 사람이 겉으로 드러내는 것보다 더 많은 양의 암묵지를 가지고 있다고 하였으므로 적절한 내용이다.

06 의사소통능력   정답 ⑤

ⓜ의 앞에서는 RNA 바이러스가 역전사 과정에서 오류가 잦게 발생하여 변이가 빠르고 높은 빈도로 발생한다는 내용을 말하고 있고, ⓜ의 뒤에서는 RNA 바이러스에 감염되면 같은 백신을 투약해도 사람에 따라 치료 반응이 다르게 나타난다는 내용을 말하고 있으므로 역전사 과정을 중단시키지 않으면 바이러스에 감염되는 사람의 수가 기하급수적으로 증가하는 것은 아님을 알 수 있다.
따라서 ⓜ에는 치료제가 개발되어도 바이러스가 개발된 치료제에 내성을 갖는 형태로 변하는 경우가 흔하다는 문장이 들어가야 한다.

① ㉠의 앞에서는 바이러스가 세포질이 없어 홀로 증식이나 대사를 하지 못하며 세포 소기관이 없고 생물체 외부에서는 결정체로 존재하여 생물체로 분류되지 않는다는 내용을 말하고 있고, ㉠의 뒤에서는 바이러스가 동물 또는 식물을 숙주로 삼는다는 내용을 말하고 있으므로 적절하다.
② ㉡의 앞에서는 사망자 수를 근거로 집계한 세계 10대 전염병 중 8개가 RNA 바이러스, 2개가 DNA 바이러스에 해당한다는 내용을 말하고 있고, ㉡의 뒤에서는 RNA 바이러스가 단일가닥 RNA 혹은 이중가닥 RNA를 유전 물질로 갖는 바이러스라는 내용을 말하고 있으므로 적절하다.
③ ㉢의 앞에서 RNA 바이러스가 RNA로 된 유전 물질과 단백질 외피 캡시드가 유전 물질을 둘러싼 구조를 갖는다는 내용을 말하고 있으므로 적절하다.
④ ㉣의 뒤에서 RNA는 복제 과정에서 오류가 생겨도 별도로 교정하는 과정이 없다는 내용을 말하고 있으므로 적절하다.

[07 - 08]

07 의사소통능력 　　　　　　　　　　정답 ②

4문단에서 황색 외의 다른 색을 사용하는 경우에는 바닥재와 명도가 70% 이상 차이 나는 색으로 골라서 저시력인이 잔존 시력으로도 점자블록을 손쉽게 지각할 수 있도록 제작해야 한다고 하였으므로 저시력인이 바닥재와 명도가 70% 이상 차이 나는 색의 점자블록을 잔존 시력으로 쉽게 인지할 수 있음을 알 수 있다.

① 3문단에서 선형블록은 복잡하거나 기준선이 불명확한 도로에서는 보도의 중앙에 설치하여 제3의 보행 기준선으로 사용한다고 하였으므로 적절하지 않은 내용이다.
③ 2문단에서 장애물과 위험 지역을 둘러막아서 위험을 사전 경고하는 데 사용되는 것은 점형블록이라고 하였으므로 적절하지 않은 내용이다.
④ 1문단에서 점자블록은 보행성과 내구성, 내마모성이 우수하여 보행자가 잘 미끄러지지 않으면서도 주변 바닥재와 촉감 및 마찰력에서 차별화된 재료로 만드는 것이 좋다고 하였으므로 적절하지 않은 내용이다.
⑤ 5문단에서 점자블록의 돌출부 높이가 부분적으로라도 0.2cm 이하로 내려가면 교체되어야 한다고 하였으므로 적절하지 않은 내용이다.

08 의사소통능력 　　　　　　　　　　정답 ③

2문단에서 블록 안에 36개의 돌출점이 원뿔절단형, 반구형 또는 두 형태의 혼합배열형으로 구성된 점형블록은 보행 분기점, 대기점, 시발점, 종착점 등을 표시하는 데 사용된다고 하였으며, 3문단에서 블록에 상단부 평면형의 돌출선 4개로 구성된 선형블록은 보행 동선의 대기점, 시발점에서 목적 방향으로 진행 동선을 연결하여 일정한 거리까지 설치함으로써 이동 동선에서 이탈하지 않게 방향을 잡아준다고 하였다. 따라서 시발점인 엘리베이터 앞과 종착점인 탑승구 앞에는 점형블록을, 엘리베이터에서 탑승구까지 진행 동선은 목적 방향으로 선형블록을 설치하는 것이 가장 적절하다.

① 3문단에서 선형블록은 시발점에서 목적 방향으로 진행 동선을 연결한다고 하였으므로 적절하지 않다.

09 의사소통능력 　　　　　　　　　　정답 ②

㉠ 3문단에서 소사장제는 생산 근로자가 생산라인·공정의 경영책임자인 소사장이 되어 생산에 집중하고, 모기업은 생산설비를 설치해 주며 총무, 회계, 영업 등의 업무를 대행한다고 하였으므로 적절하지 않은 내용이다.
㉤ 1문단에서 사내벤처는 경쟁력이 충분하지 않은 사업을 정리하고자 기존 부서를 독립시키는 제도들과는 다르게 미래 유망 사업을 육성하기 위해 시행된다고 하였으므로 적절하지 않은 내용이다.

㉡ 2문단에서 사내벤처의 운영을 통한 벤처기업은 별도 법인으로 분할되기 전까지 모기업으로부터 도움을 받으며 아이템을 사업화할 수 있다고 하였으므로 적절한 내용이다.
㉢ 5문단에서 공공기관은 '공공기관의 운영에 관한 법률'에 의해 겸직이 불가능하여 창업 단계에서 독립법인을 세워 대표 혹은 임직원으로 근무하면 겸직 제한 규정에 위반된다고 하였으므로 적절한 내용이다.
㉣ 4문단에서 공공기관이 사내벤처를 도입하면 일자리를 만들어내고 새로운 사업 시장을 개척하여 민간까지 혜택을 얻을 수 있다고 하였으므로 적절한 내용이다.

10 의사소통능력 　　　　　　　　　　정답 ⑤

5문단에서 프라이부르크가 친환경 생태도시를 건설할 수 있었던 두 번째 비결은 정부의 치밀하고 일관적인 정책 개발 및 산업 지원 정책이며, 여기에 주민들의 자발적인 참여가 동반되었기 때문이라고 하였으므로 프라이부르크의 정책이 자주 바뀜에도 불구하고 주민들의 높은 환경 의식과 자발성 덕분에 친환경 생태도시가 된 것은 아님을 알 수 있다.

① 3문단에서 보봉 마을의 건물 대부분이 태양광, 열병합 발전 등을 통해 자체적으로 에너지를 조달하는 제로에너지 주택이라고 하였으므로 적절한 내용이다.
② 4문단에서 프라이부르크는 한국보다 연평균 일조량이 적은 편이지만, 주민들이 태양광에너지의 이용 가능성을 일찍 인식하고 잘 활용하였기 때문에 태양광 발전을 활성화할 수 있었다고 하였으므로 적절한 내용이다.
③ 1문단에서 프라이부르크 시민들은 몇 년에 걸쳐 정부의 원전 건설 계획에 반대하는 시민운동을 벌인 결과 정부로부터 원전 건립 계획 철회 약속을 얻어냈다고 하였으므로 적절한 내용이다.
④ 2문단에서 프라이부르크는 1979년 태양광 패널 설치 등 원자력을 대체할 수 있는 친환경에너지에 주목하였으며, 오늘날 태양에너지 관련 연구기관들이 들어서며 세계 태양광 기술 혁신의 거점이 되었다고 하였으므로 적절한 내용이다.

11 의사소통능력   정답 ①

ⓒ 4문단에서 동북아 슈퍼그리드가 다른 지역에 비해 에너지 소비국과 판매국이 확실하게 구분된다고 하였으므로 적절하지 않은 내용이다.

ⓔ 5문단에서 동북아 슈퍼그리드를 구축하기 전에 정치적·경제적·사회적으로 해결해야 하는 문제가 있다고 하였으므로 적절하지 않은 내용이다.

오답 체크

ⓐ 2문단에서 슈퍼그리드의 도입으로 각 지역의 환경적 특성을 살린 에너지를 공유하게 되면 국가별 에너지원이 다양화되어 전력의 안정성을 이룰 수 있다고 하였으므로 적절한 내용이다.

ⓒ 1문단에서 슈퍼그리드가 전력 손실이 적으면서도 안정적으로 대용량 장거리 전송을 할 수 있는 고압직류송전(HVDC) 등의 기술을 이용한다고 하였으므로 적절한 내용이다.

ⓓ 3문단에서 2009년부터 진행된 북유럽 슈퍼그리드가 2050년까지 사하라 사막을 연결하는 초대형 에너지망 사업을 계획하고 있다고 하였으므로 적절한 내용이다.

12 의사소통능력   정답 ④

ⓐ 2문단에서 계산대, 톨게이트 등에 부착된 RFID 리더기가 태그에 무선 신호를 보내면 태그에서 저장되어 있던 데이터가 송출된다고 하였으므로 적절하지 않은 내용이다.

ⓒ 4문단에서 능동형 태그의 리더기는 전파 방식에 따라 여러 태그와 통신할 수 있고 유선 이더넷을 통해 호스트와 직접 연결하거나 이더넷을 거쳐 호스트와 연결된다고 하였으므로 적절하지 않은 내용이다.

ⓒ 1문단에서 RFID는 태그와 리더기 사이에 다른 물체가 있거나 물체와 직접 접촉하지 않아도 데이터 인식이 가능하다고 하였으므로 적절하지 않은 내용이다.

오답 체크

ⓔ 5문단에서 주파수 대역이 낮으면 장거리 인식이 불가능한 대신 시스템 가격이 싸고, 주파수 대역이 높으면 장거리 인식이 가능한 대신 시스템 가격이 비싸다고 하였으므로 적절한 내용이다.

ⓓ 3문단에서 리더기에서 송출 받은 전자파를 동작 전원으로 사용하는 수동형 태그는 태그에 도달하는 전자파의 세기에 따라 인식 범위가 제한된다고 하였으므로 적절한 내용이다.

13 의사소통능력   정답 ③

5문단에서 하이퍼텍스트는 객체라고 불리는 요소들이 다양한 방식으로 결합하여 역동성을 띠고, 이는 결과적으로 하이퍼텍스트가 하이퍼미디어로 발전하는 효과가 있어 확장성을 갖고 있다고 하였으므로 하이퍼텍스트가 객체의 결합으로 특정 사용자와 상호작용을 통한 정보 공유를 진행하여 폐쇄성을 띠는 것은 아님을 알 수 있다.

오답 체크

① 4문단에서 하이퍼텍스트는 비선형성을 띠는 장점이 있으며, 여러 개의 노드가 연결되어 있어 사용자의 사고 흐름에 따라 정보를 효율적으로 검색할 수 있다고 하였으므로 적절한 내용이다.

② 1문단에서 인쇄 매체는 기원전 5세기경부터 정보를 제공하는 매체로 이용했다는 점에서 대중을 대상으로 한 최초이자 최고(最古)의 매체라고 하였으므로 적절한 내용이다.

④ 2문단에서 전통적 방식의 텍스트는 읽는 순서가 결정된 선형적 순차가 기본이 된다고 하였으므로 적절한 내용이다.

⑤ 3문단에서 대개 네트워크상에서 노드는 다른 노드로의 데이터 전송을 인식하고 처리하거나 전달하는 것이 가능하도록 프로그래밍되어 있다고 하였으므로 적절한 내용이다.

14 의사소통능력   정답 ②

4문단에서 미래에는 개인의 경험뿐만 아니라 당시의 감정 상태를 기록할 수 있는 라이프로그 기술이 개발되고 있는 단계라고 하였으므로 현재의 라이프로그 기술이 인간이 느끼는 그 때의 감정도 기록이 가능한 것은 아님을 알 수 있다.

오답 체크

① 3문단에서 라이프로그를 바탕으로 노인들이 과거 관심을 가졌을 만한 콘텐츠를 제공함으로써 치매를 비롯한 노인 질환 발병을 지연할 수 있는 회상 체험 서비스를 개발 중이라고 하였으므로 적절한 내용이다.

③ 2문단에서 라이프로그를 분석하면 개인의 생활 패턴을 수집할 수 있으며 이를 바탕으로 개인의 선호도 및 필요에 맞는 서비스를 제공할 수 있다고 하였으므로 적절한 내용이다.

④ 4문단에서 미래에는 우리가 보고 듣는 모든 것을 데이터화하고, 이를 바탕으로 제작된 아바타를 통해 영원한 삶을 살게 될 수도 있을 것으로 전망된다고 하였으므로 적절한 내용이다.

⑤ 1문단에서 라이프로그는 정보처리 기능이 내장된 사물을 사용해 사용자의 개입 없이도 사용자가 경험하는 정보를 자동으로 기록, 분류, 활용할 수 있다고 하였으므로 적절한 내용이다.

15 수리능력   정답 ②

하루에 A 공장은 화장품 200개를 생산하고, B 공장은 A 공장보다 50% 더 많은 $200 \times 1.5 = 300$개를 생산하며, C 공장은 B 공장보다 50개 더 많은 $300 + 50 = 350$개를 생산한다. 이 중 불량품을 생산할 확률은 각각 A 공장이 10%, B 공장이 5%, C 공장이 8%이므로 하루에 생산한 불량품은 A 공장이 $200 \times 0.1 = 20$개, B 공장이 $300 \times 0.05 = 15$개, C 공장이 $350 \times 0.08 = 28$개이다.

따라서 하루에 A~C 공장이 불량품을 생산할 확률은 $\left(\dfrac{20 + 15 + 28}{200 + 300 + 350} \right) \times 100 ≒ 7.4\%$이다.

16 수리능력   정답 ②

전체 직원 중 1,000명을 대상으로 만족도 조사를 시행하였으므로 불만족을 선택한 직원 수는 $1,000 \times \dfrac{15}{100} = 150$명이다.

또한, 불만족을 선택한 직원 중 여자 직원의 비중은 46%이므로 불만족을 선택한 여자 직원 수는 $150 \times \dfrac{46}{100} = 69$명이다.

E회사의 총 직원 수를 x라고 하면

불만족을 선택한 여자 직원 수는 전체 직원의 3%이므로

$x \times \dfrac{3}{100} = 69 \rightarrow x = 69 \times \dfrac{100}{3} = 2,300$

따라서 E 회사의 총 직원 수는 2,300명이다.

17 수리능력 정답 ①

정가＝원가×$(1+\frac{이익률}{100})$, 할인가＝정가×$(1-\frac{할인율}{100})$임을 적용하여 구한다.

점퍼 1벌의 원가를 x라고 하면

점퍼는 원가의 20%의 이익을 더해 판매하므로 점퍼 1벌의 정가는 $(1+0.2)x=1.2x$이다.

이때 구매하는 점퍼 100벌마다 3벌을 추가로 증정하므로 총 515벌을 구매하였을 때, 금액을 지불해야 하는 점퍼는 $515-3×(\frac{500}{100})=500$벌이다. 또한, 구매하려는 점퍼가 이월 상품이므로 정가의 60%를 할인받아 총 2,400만 원에 구매하였으므로 $1.2x×(1-0.6)=\frac{2,400}{500}=4.8 → x=100$이다.

따라서 점퍼 1벌의 원가는 10만 원이다.

18 수리능력 정답 ⑤

서로 다른 원료 다섯 가지 중 세 가지 원료를 각각 10g씩 배합하여 제품 가, 나, 다, 라, 마가 생성되므로

A＋C＋D＝860 … ㉮
B＋C＋D＝180 … ㉯
A＋C＋E＝4,380 … ㉰
A＋B＋E＝420 … ㉱
B＋D＋E＝2,150 … ㉲

㉮가 ㉯보다 크므로 A＞B, ㉮가 ㉰보다 작으므로 D＜E, ㉯가 ㉲보다 작으므로 C＜E, ㉱가 ㉲보다 크므로 C＞B, ㉱가 ㉲보다 작으므로 A＜D이다.

이에 따라 연결할 수 있는 대소관계를 정리하면 E＞D＞A＞B와 E＞C＞B이다.

따라서 가격이 가장 비싼 원료는 'E'이다.

19 수리능력 정답 ②

전기회로에서 전압의 크기 V는 전류의 세기 I와 저항 R의 곱과 같으므로 $V=I×R$이다.

일정 전압의 직류 전원에 저항을 접속하고 전류를 흘린 후 이 전류값을 30% 증가시킨다고 했으므로 일정 전압을 V, 처음에 접속시킨 저항의 저항값을 R_1, 이때 흐르는 전류의 전류값을 I_1, 전류값을 30% 증가시킨 후의 저항값을 R_2, 이때 흐르는 전류의 전류값을 I_2라고 하면 $V=I_1×R_1=I_2×R_2$이다. 이때, $I_2=1.3×I_1$이므로 $I_1×R_1=1.3×I_1×R_2 → R_1=1.3×R_2 → R_2=\frac{R_1}{1.3}≒0.77R_1$

따라서 전류값을 30% 증가시키기 위해서는 저항값을 약 0.77배로 증가시켜야 한다.

20 수리능력 정답 ⑤

제시된 기간 동안 시간대별 해양사고 발생 건수의 합은 4~8시에 240＋382＋370＋420＋469＋525＝2,406건, 16~20시에 234＋353＋400＋481＋461＋499＝2,428건으로 4~8시보다 16~20시에 더 많으므로 옳은 설명이다.

오답 체크

① 2018년부터 2022년까지 해양사고 발생 건수 총계가 전년 대비 가장 많이 증가한 해는 2,101-1,330=771건 증가한 2018년이고, 2018년 0~4시 해양사고 발생 건수는 전년 대비 176-129=47건 증가하였으므로 옳지 않은 설명이다.
② 제시된 기간 동안 어선의 연평균 해양사고 발생 척수는 (1,029＋1,621＋1,794＋1,939＋2,013＋2,134)/6＝1,755척으로 1,700척 이상이므로 옳지 않은 설명이다.
③ 해양사고 전체의 발생 건수당 발생 척수는 2022년에 3,274/2,971≒1.10척/건, 2017년에 1,565/1,330≒1.18척/건으로 2022년이 2017년보다 적으므로 옳지 않은 설명이다.
④ 2020년 해양사고 전체의 발생 척수에서 수상레저기구의 해양사고 발생 척수가 차지하는 비중은 (472/2,882)×100≒16.4%이므로 옳지 않은 설명이다.

21 수리능력 정답 ②

㉠ 2019년 수도권 지역 화재발생 건수의 1/3인 (5,921＋1,875＋10,333)/3＝6,043건은 같은 해 서울 지역 화재발생 건수인 5,921건보다 많으므로 옳지 않은 설명이다.
㉣ 2018년부터 2022년까지 전국의 화재발생으로 인한 사망자 수의 총합은 325＋253＋306＋345＋369＝1,598명이므로 옳지 않은 설명이다.

오답 체크

㉡ 제시된 기간 동안 전국의 화재발생으로 인한 연평균 부상자 수는 (1,856＋1,837＋1,718＋1,852＋2,225)/5≒1,898명이므로 옳은 설명이다.
㉢ 인천 지역의 화재발생 건수는 전년 대비 2019년에 증가, 2020년과 2021년에 감소, 2022년에 증가하여, 증가한 횟수와 감소한 횟수가 각각 2회로 서로 같으므로 옳은 설명이다.

22 수리능력 정답 ①

㉠ 도시 규모별 1인당 1일 평균 생활폐기물 발생량은 종량제폐기물, 음식물폐기물, 재활용폐기물 모두 농어촌에서 발생량이 가장 적으므로 옳은 설명이다.
㉢ 봄의 1인당 1일 평균 생활폐기물 발생량 중 음식물폐기물 발생량이 차지하는 비중은 (360.08/1,082.23)×100≒33.3%이므로 옳은 설명이다.

오답 체크

㉡ 자료에서는 도시 규모별 1인당 1일 평균 생활폐기물 발생량만 제시되어 있으며, 각 도시 규모별 인구는 파악할 수 없어 전국의 1인당 1일 평균 생활폐기물 발생량은 알 수 없으므로 옳지 않은 설명이다.
㉣ 제시된 자료만으로는 겨울의 도시 규모별 1인당 1일 평균 음식물폐기물 발생량을 알 수 없으므로 옳지 않은 설명이다.

23 수리능력   정답 ③

제시된 기간 중 광주광역시의 경제성장률이 가장 낮은 2021 년에 서울특별시는 부산광역시보다 경제성장률이 2.3 − 1.6 = 0.7%p 더 높으므로 옳은 설명이다.

> **오답 체크**
> ① 2020년 경제성장률이 8.0%로 가장 높은 지역은 제주특별자 치도이므로 옳지 않은 설명이다.
> ② 당해년도 지역 내 총생산 = {(경제성장률 × 전년도 지역 내 총 생산) / 100} + 전년도 지역 내 총생산임을 적용하여 구한다. 2021년 서울특별시의 총생산이 390조 원이라면 2022년 서울 특별시의 총생산은 {(3.6 × 390) / 100} + 390 ≒ 404조 원으로 400조 원 이상이므로 옳지 않은 설명이다.
> ④ 2019년부터 2022년까지 경기도의 경제성장률 평균은 (5.5 + 4.7 + 6.6 + 6.0) / 4 = 5.7%이므로 옳지 않은 설명이다.
> ⑤ 2018년 강원도의 경제성장률은 4.9%, 충청북도의 경제성장률 은 4.2%로 강원도가 충청북도보다 높으므로 옳지 않은 설명 이다.

24 수리능력   정답 ③

바이오·폐기물 단가가 전년 대비 가장 크게 감소한 해는 230 − 160 = 70원/kWh 감소한 2019년이고, 2019년 바이오· 폐기물 거래전력량은 전년 대비 16,290 − 9,910 = 6,380MWh 증가했으므로 옳지 않은 설명이다.

> **오답 체크**
> ① 풍력·연료전지 거래전력량이 처음으로 전년 대비 증가한 2021년에 풍력·연료전지 거래전력량은 전년도 풍력·연료전 지 거래전력량의 960 / 30 = 32배이므로 옳은 설명이다.
> ② 2018년 신재생에너지의 단가가 높은 순서대로 순위를 매기면 태양광, 바이오·폐기물, 풍력·연료전지, 소수력 순이며, 이와 순위가 같은 해는 없으므로 옳은 설명이다.
> ④ 풍력·연료전지 단가는 2021년까지 전년 대비 꾸준히 감소하 다가 2022년에 전년 대비 증가하였고, 이와 같은 증감 추이를 보이는 신재생에너지는 바이오·폐기물과 태양광이므로 옳은 설명이다.
> ⑤ 2020년 태양광 단가의 전년 대비 감소율은 {(150 − 120) / 150} × 100 = 20%이므로 옳은 설명이다.

25 수리능력   정답 ③

> ⓐ 2017년 공기기계 보유 수가 전체 철도 관련 기계 보유 수 에서 차지하는 비중은 (364 / 5,798) × 100 ≒ 6.3%이므로 옳은 설명이다.
> ⓔ 2019년 고속시험기계 보유 수는 같은 해 원동기계 보유 수의 152 / 35 ≒ 4.3배이므로 옳은 설명이다.

> **오답 체크**
> ⓒ 2021년과 2022년에 철도 관련 기계 보유 수가 세 번째로 많은 기계는 각각 공작기계와 시험기계로 서로 같지 않으므로 옳지 않은 설명이다.
> ⓒ 제시된 기간 중 유체기계 보유 수가 가장 많은 2018년에 전기 기계 보유 수는 전년 대비 92 − 87 = 5대 감소하였으므로 옳 지 않은 설명이다.

26 수리능력   정답 ⑤

> ⓒ 2017년 부산광역시의 동력경운기 보유 수는 2014년 대 비 {(3,558 − 3,037) / 3,558} × 100 ≒ 14.6% 감소하였으므 로 옳지 않은 설명이다.
> ⓔ 2016년 광주광역시의 농용트랙터와 동력이앙기 보유 수 의 합은 1,622 + 778 = 2,400대이므로 옳지 않은 설명이다.

> **오답 체크**
> ⓐ 2015년 부산광역시의 동력경운기 보유 수는 같은 해 부산광역 시의 동력이앙기 보유 수의 3,388 / 811 ≒ 4.2배이므로 옳은 설 명이다.
> ⓒ 2018년 광주광역시의 농용트랙터 보유 수의 2017년 대비 증가 량은 1,704 − 1,402 = 302개이므로 옳은 설명이다.

[27 – 28]

27 수리능력   정답 ④

> ⓒ 2017년 열연 수송실적은 같은 해 페로니켈 수송실적의 1,371,126 / 47,058 ≒ 29.1배이므로 옳은 설명이다.
> ⓔ 2018년 민수용무연탄 수송실적은 전년 대비 {(382,752 − 290,613) / 382,752} × 100 ≒ 24.1% 감소하였으므로 옳은 설명이다.

> **오답 체크**
> ⓐ 석회석과 철광석 수송실적의 합은 2017년에 882,255 + 696,038 = 1,578,293톤, 2018년에 729,037 + 782,673 = 1,511,710 톤으로 2017년이 2018년보다 많으므로 옳지 않은 설명이다.
> ⓒ 2018년 시멘트 철도화물 수송실적에서 포대 수송실적은 전년 대비 증가하였지만, 벌크, 크링카 수송실적은 전년 대비 감소 하였으므로 옳지 않은 설명이다.

28 수리능력   정답 ④

2017년 컨테이너 전체 수송실적의 합은 7,817,933 + 257,416 + 60,500 + 34,550 + 246,500 + 47,058 = 8,463,957톤이고, 일 반 수송실적은 7,817,933톤이다.
따라서 2017년 컨테이너 전체 수송실적의 합에서 일반 수 송실적이 차지하는 비중은 (7,817,933 / 8,463,957) × 100 ≒ 92%이다.

빠른 문제 풀이 Tip

만 자리 이하 값을 반올림하여 계산한 결괏값을 비교한다. 2017년 컨테이너 수송실적의 만 자리 이하 값을 반올림하여 모두 더하면 782+26+6+3+25+5=847만 톤이고, 일반 수송실적은 782만 톤으로 2017년 컨테이너 전체 수송실적의 합에서 일반 수송실적이 차지하는 비중은 (782/847)×100≒92%임을 알 수 있다.

29 문제해결능력 정답 ④

제시된 조건에 따르면 4명의 면접관은 각각 오전에 한 번, 오후에 한 번 면접장에 배치되었으며, 오후에 2면접장에 배치된 면접관은 병이고, 오전에 3면접장에 배치된 면접관은 정이다. 또한, 오전에 병이 배치된 면접장에 오후에 을이 배치되었고, 오전에 을이 배치된 면접장에 오후에 정이 배치되었으므로 병과 을은 각각 오전에 1면접장 또는 4면접장에 배치된 것을 알 수 있다. 이때, 정은 오후에 4면접장에 배치되지 않았으므로 을이 오전에 1면접장, 병이 오전에 4면접장에 배치되었다.

구분	1면접장	2면접장	3면접장	4면접장
오전	을	갑	정	병
오후	정	병	갑	을

따라서 면접장과 해당 면접장에 배치된 면접관이 바르게 연결된 것은 ④이다.

30 문제해결능력 정답 ③

제시된 조건에 따르면 A보다 인기가 적은 멤버는 4명이므로 A는 인기가 두 번째로 많고, 가운데 두 자리 중 한 자리에 위치한다. 또한 B는 인기가 가장 많은 멤버의 바로 옆에 위치하므로 A와 B의 사이에 인기가 가장 많은 멤버가 위치한다. 이때, D의 바로 옆에는 1명의 멤버만 위치하므로 D는 가장 오른쪽 또는 왼쪽에 위치하고 E와 F는 B보다 인기가 적기 때문에 인기가 가장 많은 멤버는 C이다. 관객석에서 무대를 바라보는 방향을 기준으로 D의 위치에 따라 가능한 경우는 다음과 같다.

경우 1. D가 왼쪽 끝에 위치한 경우

구분	위치				
멤버	D	E 또는 F	A	C	B	E 또는 F

경우 2. D가 왼쪽 끝에 위치한 경우

구분	위치				
멤버	E 또는 F	E 또는 F	A	C	B	D

따라서 B는 C의 오른쪽에 위치하므로 항상 옳지 않은 설명이다.

오답 체크

① D는 C보다 왼쪽 또는 오른쪽에 위치할 수 있으므로 항상 옳지 않은 설명은 아니다.
② E는 D와 A 사이에 위치할 수 있으므로 항상 옳지 않은 설명은 아니다.
④ E는 F의 바로 옆에 위치할 수 있으므로 항상 옳지 않은 설명은 아니다.
⑤ B보다 인기가 적은 F는 인기가 두 번째로 많은 A보다 인기가 적으므로 항상 옳은 설명이다.

31 문제해결능력 정답 ④

제시된 조건에 따르면 정은 노래 수업을 들으며 노래 수업은 1명만 들으므로 정을 제외한 모두가 노래 수업을 듣지 않는다. 스피치 수업은 3명이 듣고 갑이 듣는 모든 수업은 병도 같이 들음에 따라 병이 스피치 수업을 듣지 않을 경우 갑도 스피치 수업을 들을 수 없으므로 갑과 병은 스피치 수업을 듣는다. 이때, 병과 정은 같은 수업을 듣지 않으므로 을이 스피치 수업을 듣는다. 또한, 연기 수업은 2명, 춤 수업은 2명이 들으며 갑이 연기 수업을 들음에 따라 병도 연기 수업을 듣고, 병이 듣는 수업 중 을은 듣지만, 갑은 듣지 않는 수업이 있으므로 병과 을은 춤 수업을 듣는다.

구분	갑	을	병	정
노래	X	X	X	O
연기	O	X	O	X
춤	X	O	O	X
스피치	O	O	O	X

따라서 병은 연기, 춤, 스피치 수업을 들으므로 항상 옳은 설명이다.

오답 체크

① 정이 듣는 수업의 개수가 4명 중 가장 적으므로 항상 옳지 않은 설명이다.
② 을과 정은 같은 수업을 듣지 않으므로 항상 옳지 않은 설명이다.
③ 병이 듣는 수업은 갑이 듣는 수업보다 1개 더 많으므로 항상 옳지 않은 설명이다.
⑤ 을이 듣는 수업은 춤, 스피치로 총 2개이므로 항상 옳지 않은 설명이다.

32 문제해결능력 정답 ①

제시된 조건에 따르면 부먹파는 항상 진실만을 말하고, 찍먹파는 항상 거짓만을 말하며, 부찍파는 진실을 말하기도 하고, 거짓을 말하기도 한다. 이때, 소연이가 부먹파일 경우 항상 진실을 말해야 하지만 부먹파가 아니라는 말은 거짓이므로 모순이 발생하고 소연이가 찍먹파일 경우 항상 거짓을 말해야 하지만 부먹파가 아니라는 말은 진실이므로 모순이 발생한다. 이에 따라 소연이는 부찍파이며, 부찍파는 결혼하지 않음에 따라 나는 결혼했다는 말은 거짓, 부먹파가 아니라는 말은 진실이 된다. 또한, 소연이가 부찍파이므로 지유와 경호는 부먹파 또는 찍먹파에 해당하여 서로 결혼하였다. 또한, 나는 결혼하지 않았다는 경호의 말은 항상 거짓이므로 경호가 찍먹파이고, 남은 지유가 부먹파이다. 부먹파의 직급이 가장 높

50 온/오프라인 취업강의·무료 취업자료 ejob.Hackers.com

고, 찍먹파의 직급이 가장 낮으므로 부먹파인 지유가 부찍파인 소연이보다 직급이 높으며, 찍먹파인 경호는 부찍파인 소연이보다 직급이 낮으므로 지유의 말은 진실이고 부먹파는 항상 진실을 말한다는 조건을 만족한다.

따라서 부먹파, 찍먹파, 부찍파에 해당하는 사람을 바르게 연결한 것은 ①이다.

33 문제해결능력
정답 ②

제시된 조건에 따르면 가구는 일렬로 배치하며, 서로 어울리는 가구는 이웃하여 배치하고, 서로 어울리지 않는 가구는 떨어뜨려 배치한다. 먼저 화장대와 침대가 서로 어울리고, 침대와 옷장이 서로 어울리므로 '화장대 – 침대 – 옷장' 또는 '옷장 – 침대 – 화장대' 순서로 이웃하여 배치 가능하다. 또한, 옷장과 탁자는 서로 어울리지 않으므로 '탁자 – 화장대 – 침대 – 옷장' 또는 '옷장 – 침대 – 화장대 – 탁자' 순서로 이웃하여 배치한다. 이때 책상과 탁자는 서로 어울리지 않으므로 '탁자 – 화장대 – 침대 – 옷장 – 책상' 또는 '책상 – 옷장 – 침대 – 화장대 – 탁자' 순서로 이웃하여 배치함을 알 수 있다. 또한, 왼쪽 벽을 기준으로 탁자는 공간 효율상 첫 번째에 배치할 수 없으므로 '책상 – 옷장 – 침대 – 화장대 – 탁자' 순서로 이웃하여 배치한다.

따라서 왼쪽 벽을 기준으로 세 번째에 침대를 배치하므로 항상 옳은 설명이다.

오답 체크

① 왼쪽 벽을 기준으로 두 번째에 옷장을 배치하므로 항상 옳지 않은 설명이다.
③ 왼쪽 벽을 기준으로 세 번째에 침대를, 다섯 번째에 탁자를 배치함에 따라 침대를 탁자보다 왼쪽에 배치하므로 항상 옳지 않은 설명이다.
④ 왼쪽 벽을 기준으로 네 번째에 화장대를, 두 번째에 옷장을 배치함에 따라 화장대를 옷장보다 오른쪽에 배치하므로 항상 옳지 않은 설명이다.
⑤ 왼쪽 벽을 기준으로 다섯 번째에 탁자를, 첫 번째에 책상을 배치함에 따라 탁자를 책상보다 오른쪽에 배치하므로 항상 옳지 않은 설명이다.

34 문제해결능력
정답 ③

공연장 객석 수의 최댓값을 구하기 위해서는 하루에 진행된 공연의 횟수가 최소가 되어야 한다. 이에 따라 한 달 중 공연이 있었던 날은 하루 2회씩 공연을 진행했음을 알 수 있다. 한편, 9월 티켓 매출액은 42억 원이고 티켓값은 한 장당 20만 원이므로 9월 한 달간 관객 수는 42억/20만 = 21,000명이다. 공연장 객석 수는 (9월 한 달간 총 관객 수)/{(9월 한 달 중 공연이 있었던 날 수) × (하루에 진행된 공연 횟수)} = 21,000 / {(9월 한 달간 공연이 있었던 날 수) × 2}가 된다. 9월 한 달간 공연이 없었던 날은 5일 미만이라고 했으므로 공연이 있었던 날 수는 26일, 27일, 28일, 29일, 30일 중 하나임을 알 수 있다. 이때, 9월 한 달 중 공연이 있었던 날 수가 26일 또는 27일 또는 29일인 경우 9월 한 달 중 관객 수를 하루에 진행된 공연 횟수로 나눈 값인 21,000 / 2 = 10,500을 26, 27, 29로 나누면 공연장 객석 수가 소수점 값이 나오므로 9월 한 달간 공

연이 있었던 날 수는 28일 또는 30일이 됨을 알 수 있다. 공연장 객석 수가 최대가 되기 위해서는 9월 한 달 중 공연이 있었던 날 수가 최소가 되어야 하므로 9월 한 달 중 공연이 있었던 날 수는 28일임에 따라 최대 공연장 객석 수는 21,000 / (28 × 2) = 375개이다.

따라서 ○○뮤지컬 공연이 진행된 공연장 객석 수의 최댓값은 375개이다.

35 문제해결능력
정답 ①

첫 번째 조건에서 A 국은 상대국이 비자를 면제하면 A 국도 비자를 면제하며, 두 번째 조건에서 B 국은 3개 국가에 대해서만 비자를 면제했고 B 국에 대해 비자를 면제한 국가는 없다고 하였으므로 B 국이 비자를 면제한 국가는 A 국을 제외한 C, D, E 국임을 알 수 있다. 또한, 세 번째 조건에서 C 국은 1개 국가에 대해서만 비자를 면제했는데 해당 국가는 어떤 국가에 대해서도 비자를 면제하지 않았다고 했으므로 상대국이 비자를 면제하면 해당 국가에 대해서 비자를 면제하는 A 국에 대해서는 비자를 면제하지 않았고, B 국과 E 국은 비자를 면제한 국가가 있으므로 C 국이 비자를 면제한 국가는 D 국임을 알 수 있다. 다섯 번째 조건에서 E 국은 A 국에 대해서만 비자를 면제했다고 했으므로 A 국 역시 E 국에 대해 비자를 면제했음을 알 수 있다.

위 내용을 토대로 국가별 비자를 면제한 국가를 정리하면 다음과 같다.

구분	A 국	B 국	C 국	D 국	E 국
비자를 면제한 국가	E 국	C 국, D 국, E 국	D 국	–	A 국

따라서 A 국은 E 국에 대해서만 비자를 면제하였음을 알 수 있다.

오답 체크

② B 국은 D 국에 대해 비자를 면제하였으므로 옳지 않은 내용이다.
③ C 국에 대해 비자를 면제한 국가는 B 국이므로 옳지 않은 내용이다.
④ D 국이 비자를 면제한 국가는 없으므로 옳지 않은 내용이다.
⑤ E 국에 대해 비자를 면제한 국가는 A 국과 B 국이므로 옳지 않은 내용이다.

36 문제해결능력
정답 ③

충원율이 100% 미만인 지사에만 신입사원을 배치하며, 신입사원 배치 전에 충원율이 100% 미만이었던 지사들의 충원율이 신입사원 배치 후에 모두 같아지도록 배치하므로 각 지사의 충원율은 다음과 같다.

甲 지사	(177/200) × 100 = 88.5%
乙 지사	(90/100) × 100 = 90%
丙 지사	(282/300) × 100 = 94%
丁 지사	(250/250) × 100 = 100%
戊 지사	(179/200) × 100 = 89.5%

이에 따라 충원율이 100% 이상인 丁 지사에는 신입사원을 배치하지 않고, 甲, 乙, 丙, 戊 지사의 신입사원 배치 후 충원율이 같아지도록 32명의 신입사원을 각 지사에 배치한다. 甲, 乙, 丙, 戊 지사 중 丙 지사의 충원율이 94%로 가장 높으므로 나머지 지사들의 충원율이 94%가 되도록 신입사원을 배치하려면 현원이 (94 / 100) × 200 = 188명이 되어야 하는 甲 지사에 188−177=11명, 현원이 (94 / 100) × 100 = 94명이 되어야 하는 乙 지사에 94−90=4명, 현원이 (94 / 100) × 200 = 188명이 되어야 하는 戊 지사에 188−179=9명을 배치해야 한다. 신입사원 배치 후 충원율이 94%로 모두 같아지게 하기 위해 각 지사에 배치된 신입사원의 총합은 11+4+9=24명이므로 충원율이 같아지기 위해 추가로 배치되어야 하는 신입사원은 32−24=8명임을 알 수 있다. 신입사원 1명을 배치했을 때 충원율의 증가폭이 가장 큰 지사는 정원이 가장 적은 乙 지사이므로 乙 지사에 신입사원 1명을 배치한다. 乙 지사의 충원율은 {(94+1) / 100} × 100 = 95%가 되므로 나머지 지사들의 신입사원 배치 후 충원율도 95%가 되도록 현원이 (95 / 100) × 200 = 190명이 되어야 하는 甲 지사에 190−188=2명, 현원이 (95 / 100) × 300 = 285명이 되어야 하는 丙 지사에 285−282=3명, 현원이 (95 / 100) × 200 = 190명이 되어야 하는 戊 지사에 190−188=2명을 배치해야 하므로 甲 지사에 배치되는 신입사원은 총 11+2=13명이다.

따라서 甲 지사에 배치되는 신입사원은 13명이다.

37 문제해결능력   정답 ①

먼저, 각 심사위원이 가장 높은 점수를 부여한 영화는 2배, 두 번째로 높은 점수를 부여한 영화는 1.5배 가중하여 평균하므로 가 심사위원이 가장 높은 점수를 부여한 영화인 C의 점수는 32×2=64점, 두 번째로 높은 점수를 부여한 영화인 A의 점수는 30×1.5=45점, 나 심사위원이 가장 높은 점수를 부여한 영화인 E의 점수는 34×2=68점, 두 번째로 높은 점수를 부여한 영화인 D의 영화는 31×1.5=46.5점, 다 심사위원이 가장 높은 점수를 부여한 영화인 B의 점수는 29×2=58점, 두 번째로 높은 점수를 부여한 영화인 A의 점수는 28×1.5=42점이 된다. 이때, 심사위원 점수는 가중치를 적용하지 않고 각 심사위원이 부여한 점수의 평균이 40×0.7=28점 미만인 영화는 수상작으로 선정하지 않으므로 가중치를 적용하지 않은 심사위원 점수의 평균이 (32+25+26) / 3 ≒ 27.7인 C는 대상 수상작으로 선정하지 않는다.

△△영화제 대상 후보작 A, B, D, E의 평가 점수는 다음과 같다.

구분	A	B	D	E
심사위원 점수	(45+29+ 42)/3 ≒38.7점	(28+27+ 58)/3 ≒37.7점	(29+46.5+ 27)/3 ≒34.2점	(27+68+ 27)/3 ≒40.7점

다만, 가중하여 산정한 심사위원 점수가 40점을 초과할 경우 40점으로 간주하므로 E의 심사위원 점수는 40점이 되므로 네 개의 대상 후보작의 평가 점수는 A가 52+38.7=90.7점, B가 53+37.7=90.7점, D가 55+34.2=89.2점, E가 50+40 =90점이 된다. 평가 점수가 가장 높은 영화가 수상작으로

선정되며, 동점이 발생할 경우 심사위원 점수가 더 높은 영화를 선정하므로 평가 점수가 90.7점으로 가장 높은 A와 B 중 심사위원 점수가 38.7점으로 더 높은 A가 수상작으로 선정된다.

따라서 A~E 중 대상을 수상하는 영화는 'A'이다.

38 문제해결능력   정답 ④

2023년 3월 31일 현재, 직원 甲~戊의 근속 기간 및 가산 요인에 따른 기간은 다음과 같다.

구분	근속 기간	학위에 따른 가산 기간		자격증
		학위	가산 기간	
甲	만 4년	−		2+2 =4년
乙	만 4년 8개월	석사	18개월	−
丙	만 1년 2개월	박사	48개월	2년
丁	만 1년 8개월	석사	42개월	1년
戊	만 7년	−		−

이때, 학위에 따른 가산 기간의 경우 석사학위는 24개월을 초과할 수 없으므로 丁의 학위에 따른 가산 기간은 2년(24개월)이 되며, 박사학위는 36개월을 초과할 수 없으므로 丙의 학위에 따른 가산 기간은 3년(36개월)이 되며, 자격증에 따른 가산 기간의 경우 3년을 초과할 수 없으므로 甲의 자격증에 따른 가산 기간은 3년이 된다. 근속 기간과 가산 요인에 따른 기간을 합한 기간은 甲이 4+3=7년으로 8호봉, 乙이 4년 8개월+1년 6개월=6년 4개월로 7호봉, 丙이 1년 2개월+3년+2년=6년 2개월로 7호봉, 丁이 1년 8개월+2년+1년=4년 8개월로 5호봉, 戊가 7년으로 8호봉이 된다.

따라서 甲~戊 중 2023년 3월 31일을 기준으로 호봉이 가장 낮은 직원은 '丁'이다.

39 문제해결능력   정답 ①

예비 청년 창업가의 참가 자격은 만 39세 이하에 해당하는 △△시 거주자 또는 △△시 소재 대학교 재학생이므로 甲은 만 39세 이하에 해당하며, △△시 거주자이므로 참가 자격요건에 부합하지만, 乙은 만 39세 이하에 해당하나 ♡♡시에 거주하고, ◇◇시 소재 대학교 재학생이므로 참가 자격요건에 부합하지 않는다. 청년 기업가의 참가 자격은 평균 매출액이 1,000억 원 이하인 법인의 대표자로, 만 39세 이하에 해당하는 사람이며, 이때 업종이 교육 서비스업인 경우에는 평균 매출액이 400억 원 이하여야 하므로 丙은 만 39세 이하에 해당하며, 건설업 평균 매출액이 1,000억 원 이하이므로 참가 자격요건에 부합하지만, 丁은 만 39세 이하에 해당하지 않으며, 戊은 만 39세 이하에 해당하고, 교육 서비스업 평균 매출액이 400억 원 이하이나 법인의 대표자가 아니므로 참가 자격요건에 부합하지 않는다.

따라서 △△시 청년 창업포럼에 참가할 수 있는 사람은 '甲, 丙'이다.

40 문제해결능력 정답 ④

□□국 전세자금 대출 제도에서 대출 한도는 △△시 내 주택의 경우 3억 원 한도에서 전세금의 100%이며, 전세자금이 대출 한도를 초과하는 경우 시중은행의 일반 대출 이용이 가능하다. 주택 A의 전세자금 3억 5천만 원은 대출 한도를 초과하며, 그 초과분에 대해 시중은행의 일반 대출 제도의 이용이 가능하므로 주택 A의 전세자금 3억 5천만 원 중 3억 원은 □□국 전세자금 대출 제도를 통해 월 이자 $(300{,}000{,}000 \times 0.024)/12 = 600{,}000$원을 부담하고, 초과분인 5천만 원은 시중은행의 일반 대출 제도를 통해 $(50{,}000{,}000 \times 0.06)/12 = 250{,}000$원을 부담해야 한다. 주택 A를 선택할 경우 출퇴근에 소요되는 월 교통비는 5만 원이므로 갑이 주택 A를 선택할 경우 매월 부담해야 하는 금액은 $600{,}000 + 250{,}000 + 50{,}000 = 900{,}000$원이다. △△시 외 주택의 경우 2억 원 한도에서 전세금의 100%이므로 주택 B의 전세자금 1억 5천만 원은 □□국 전세자금 대출 제도를 통해 월 이자 $(150{,}000{,}000 \times 0.024)/12 = 300{,}000$원이며, 주택 B를 선택할 경우 출퇴근에 소요되는 월 교통비는 50만 원이므로 갑이 주택 B를 선택할 경우 매월 부담해야 하는 금액은 $300{,}000 + 500{,}000 = 800{,}000$원이다.

따라서 갑은 주택 A와 주택 B 중 매월 지불해야 할 부담액이 더 적은 주택을 선택하므로 갑이 선택할 주택과 월 부담액이 바르게 짝지어진 것은 ④이다.

41 문제해결능력 정답 ①

투자가 甲~丙의 요일별 투자 행위와 매수액 및 매도액은 다음과 같다.

이름	구분	월	화	수	목	금
甲	행위	종가로 100주 매수	종가로 100주 매수	종가로 100주 매수	종가로 100주 매수	시가로 400주 매도
	보유 주식	100주	200주	300주	400주	0주
	현금 (당일)	-16,000 달러	-18,000 달러	-16,000 달러	-17,000 달러	+76,000 달러
	현금 (누적)	-16,000 달러	-34,000 달러	-50,000 달러	-67,000 달러	+9,000 달러
乙	행위	종가로 100주 매수	종가로 100주 매도	종가로 100주 매수	종가로 100주 매수	종가로 100주 매도
	보유 주식	100주	0주	100주	200주	100주
	현금 (당일)	-16,000 달러	+18,000 달러	-16,000 달러	-17,000 달러	+23,000 달러
	현금 (누적)	-16,000 달러	+2,000 달러	-14,000 달러	-31,000 달러	-8,000 달러

			시가로 200주 매수	시가로 200주 매수	시가로 400주 매도	
丙	행위	-	시가로 200주 매수	시가로 200주 매수	시가로 400주 매도	-
	보유 주식	0주	200주	400주	0주	0주
	현금 (당일)	0달러	-30,000 달러	-34,000 달러	+72,000 달러	0달러
	현금 (누적)	0달러	-30,000 달러	-64,000 달러	+8,000 달러	+8,000 달러

ㄱ. 수요일에는 세 사람 모두 주식을 매수하였으므로 옳은 내용이다.

ㄷ. 수요일 장 종료 후에 甲은 -50,000달러, 乙은 -14,000달러, 丙은 -64,000달러로 세 사람 모두 수익을 내지 못하였으므로 옳은 내용이다.

오답 체크

ㄴ. 화요일 장 종료 후에 甲은 200주, 乙은 0주, 丙은 200주의 주식을 보유하였으므로 옳지 않은 내용이다.

ㄹ. 금요일 장 종료 후에 乙은 -8,000달러로 수익을 내지 못하였으므로 옳지 않은 내용이다.

42 문제해결능력 정답 ⑤

두 가구의 월별 전기요금은 다음과 같다.

월	가구 甲(저압)	가구 乙(고압)
4월	910 + (100 × 250) = 25,910원	1,250 + (160 × 350) = 57,250원
5월	1,600 + (210 × 350) = 75,100원	1,250 + (160 × 450) = 73,250원
6월	910 + (130 × 200) = 26,910원	6,000 + (250 × 450) = 118,500원
7월	7,300 + (310 × 850) = 270,800원	6,000 + (250 × 750) = 193,500원
8월	7,300 + (750 × 1,100) = 832,300원	6,000 + (250 × 900) = 231,000원

가구 甲의 전력 사용량이 가장 적은 달은 6월이지만 가장 적은 전기요금을 부과받은 달은 4월이므로 옳지 않은 내용이다.

오답 체크

① 가구 乙에 부과된 전기요금은 5월에 73,250원, 6월에 118,500원으로 그 차이는 118,500 - 73,250 = 45,250원이므로 옳은 내용이다.

② 5월 전기요금은 가구 甲이 75,100원, 가구 乙이 73,250원을 부과받았으므로 옳은 내용이다.

③ 가구 甲의 8월 전기요금이 가구 乙의 8월 전기요금보다 832,300/231,000 ≒ 3.6배 더 부과받았으므로 옳은 내용이다.

④ 4월~8월 동안 가구 甲이 두 번째로 적은 전기요금을 부과받은 달은 6월이고, 乙이 두 번째로 적은 전기요금을 부과받은 달은 5월이므로 옳은 내용이다.

[43 - 45]

43 기술능력 　　　　　　　정답 ②

제시된 자료에 따르면 흡기·배기 설비의 공기 냉각기 에어핀은 8일마다 점검하고 있어 5월 중 마지막 흡기·배기 설비의 공기 냉각기 에어핀 점검일은 27일이었던 것을 알 수 있으므로 가장 적절하지 않다.

오답 체크

① 냉각 설비의 냉각수와 연료 설비의 연료 탱크는 4일마다 점검하므로 적절하다.
③ 냉각 설비의 누수와 연료 설비의 분사 노즐은 8일마다 각각 점검하므로 적절하다.
④ 냉각 설비의 라디에이터는 12일마다 점검하고, 연료 설비의 스트레이너는 8일마다 점검하므로 적절하다.
⑤ 연료 설비의 유수 분리기는 6월 중 12일, 24일에 점검하였고, 흡기·배기 설비의 과급기 배기 라인은 6월 중 8일, 16일, 24일에 점검하여 점검일이 같은 날은 24일 하루이므로 적절하다.

44 기술능력 　　　　　　　정답 ③

제시된 자료에 따르면 연료 설비 중 연료 탱크는 4일마다, 분사 노즐과 스트레이너는 8일마다, 연료 누유와 유수 분리기는 12일마다 점검하므로 연료 설비의 7월 점검 일정은 다음과 같다.

구분	7/2	7/6	7/10	7/14	7/18	7/22	7/26	7/30
연료 누유		V			V			V
연료 탱크	V	V	V	V	V	V	V	V
분사 노즐	V		V		V		V	
스트레이너	V		V		V		V	
유수 분리기		V			V			V

따라서 연료 설비 중 7월 26일에 점검하는 항목으로 가장 올바르게 짝지어진 것은 ③이다.

45 기술능력 　　　　　　　정답 ⑤

설비 점검일 변경 조건에 따르면 냉각 설비는 7월 4일, 흡기·배기 설비는 7월 12일부터 점검을 시작하고, 점검 주기가 4일 이하인 냉각수 점검 주기는 8일로, 12일인 라디에이터 점검 주기는 16일로 변경하므로 냉각 설비와 흡기·배기 설비의 7월 점검 일정은 다음과 같다.

구분		7/4	7/8	7/12	7/16	7/20	7/24	7/28
냉각 설비	누수	V		V		V		V
	냉각 수량	V				V		
	냉각수	V		V		V		V
	라디에이터	V				V		
흡기·배기 설비	클램프			V				V
	공기 여과기 엘레멘트			V				V
	공기 냉각기 에어핀			V		V		V
	과급기 배기 라인			V		V		V

따라서 7월 중 냉각 설비의 라디에이터를 점검하는 7월 20일에 흡기·배기 설비의 공기 냉각기 에어핀과 과급기 배기 라인을 점검하므로 가장 적절하지 않다.

오답 체크

① 7월 12일에 흡기·배기 설비는 4개의 항목을 모두 점검하고, 냉각 설비는 2개의 항목을 점검하므로 적절하다.
② 7월 20일에는 냉각 설비의 누수, 냉각 수량, 냉각수, 라디에이터와 흡기·배기 설비의 공기 냉각기 에어핀, 과급기 배기 라인을 점검하므로 적절하다.
③ 냉각 설비 중 7월 28일에 점검하는 항목은 누수와 냉각수이므로 적절하다.
④ 흡기·배기 설비의 클램프는 7월 중 12일, 28일 두 번 점검하므로 적절하다.

[46 - 50]

46 기술능력 　　　　　　　정답 ④

'2. 표시부'에 따르면 어린이 보호 기능은 전원 버튼을 3초 이상 누를 경우에 활성화되며, 어린이 보호 기능 설정 시 해제 전까지 전원 버튼 외에 활성화되는 기능은 없고, 전원을 껐다 켜더라도 상태가 유지되므로 가장 적절하지 않다.

오답 체크

① '1. 조작부'에 따르면 동작/일시정지 버튼은 세탁 시작 또는 일시정지할 때 또는 세탁 코스 변경 시 사용하므로 적절하다.
② '4. 코스 선택부'에 따르면 불림 버튼을 누를 경우 20분 불림한 뒤 본 세탁이 시행되고, 세탁, 헹굼, 탈수는 빨랫감 양에 따라 표준 코스와 동일하게 설정되므로 적절하다.
③ '1. 조작부'에 따르면 전원이 켜진 상태에서 10분간 다른 버튼 조작이 없다면 자동으로 전원이 종료되므로 적절하다.
⑤ '4. 코스 선택부'에 따르면 무세제 통세척 기능을 이용하면서 세탁, 헹굼, 탈수는 함께 이용할 수 없으므로 적절하다.

47 기술능력 정답 ⑤

5명의 세탁 과정에 따른 소요 시간은 다음과 같다.

구분	물 높이	세탁(분)	헹굼(분)	탈수(분)	소요 시간(분)
민아	3단	17	3×10=30	15	17+30+15=62
정민	2단	6	2×10=20	9	6+20+9=35
규영	3단	20+10=30	2×10=20	9	30+20+9=59
오수	–	–	–	30	30
지란	3단	10	3×10=30	30	10+30+30=70

따라서 5명 중 세탁에 가장 오랜 시간을 소요한 사람은 '지란'이다.

48 기술능력 정답 ②

㉠ 물세탁이 가능한 이불을 빨래하기 위한 이불 버튼은 '코스 선택부'에 해당한다.

㉡ 이불 코스 선택에 따른 자동 설정 사항을 변경하기 위한 물 높이, 세탁, 헹굼, 탈수 버튼은 '세탁 옵션부'에 해당한다.

㉢ 세탁 시작을 위한 동작/일시정지 버튼은 '조작부'에 해당한다.

㉣ 세탁 완료까지 남은 시간을 표시하는 기능은 '표시부'에 해당한다.

따라서 빈칸에 들어갈 말을 순서대로 바르게 나열하면 '코스 선택부 – 세탁 옵션부 – 조작부 – 표시부'가 된다.

49 기술능력 정답 ⑤

'4. 코스 선택부'에 따르면 물세탁 가능한 울 소재 스웨터의 손상을 최소화할 수 있는 세탁 코스는 섬세 코스이며, 섬세 코스는 물 높이 3단, 세탁 10분, 헹굼 1회, 탈수 1회로 자동 설정되나 헹굼과 탈수를 1회씩 추가하였다고 하였으므로 세탁 옵션부는 물 높이 3단, 세탁 10분, 헹굼 2회, 탈수 2회가, 표시부의 남은 시간은 10+(2×10)+15=45분이 표시된 ⑤가 가장 적절하다.

50 기술능력 정답 ④

'3. 세탁 옵션부'에 따르면 헹굼 버튼은 헹굼만 할 때 또는 헹굼 횟수를 변경할 때 사용할 수 있으며, 최대 5회까지 선택 가능하고 회당 10분씩 소요된다고 하였으므로 헹굼 설정은 최대 3회까지 가능하고, 헹굼 회차당 10분씩 소요된다는 답변은 가장 적절하지 않다.

6회 기출동형모의고사

정답

p.212

01	③	의사소통능력	16	③	의사소통능력	31	②	수리능력	46	②	문제해결능력
02	③	의사소통능력	17	④	의사소통능력	32	①	수리능력	47	③	문제해결능력
03	④	의사소통능력	18	②	의사소통능력	33	①	수리능력	48	②	문제해결능력
04	②	의사소통능력	19	④	의사소통능력	34	③	수리능력	49	②	문제해결능력
05	③	의사소통능력	20	②	의사소통능력	35	④	수리능력	50	④	문제해결능력
06	①	의사소통능력	21	②	수리능력	36	③	수리능력	51	④	문제해결능력
07	③	의사소통능력	22	③	수리능력	37	①	수리능력	52	②	문제해결능력
08	①	의사소통능력	23	②	수리능력	38	③	수리능력	53	④	문제해결능력
09	②	의사소통능력	24	②	수리능력	39	②	수리능력	54	③	문제해결능력
10	④	의사소통능력	25	②	수리능력	40	①	수리능력	55	①	문제해결능력
11	②	의사소통능력	26	③	수리능력	41	①	문제해결능력	56	④	문제해결능력
12	④	의사소통능력	27	④	수리능력	42	②	문제해결능력	57	③	문제해결능력
13	②	의사소통능력	28	①	수리능력	43	④	문제해결능력	58	①	문제해결능력
14	①	의사소통능력	29	③	수리능력	44	④	문제해결능력	59	③	문제해결능력
15	④	의사소통능력	30	①	수리능력	45	②	문제해결능력	60	③	문제해결능력

취약 영역 분석표

영역별로 맞힌 개수와 정답률을 적고 나서 취약한 영역이 무엇인지 파악해 보세요.
정답률이 60% 미만인 취약한 영역은 틀린 문제를 다시 풀어보면서 확실히 극복하세요.

영역	의사소통능력	수리능력	문제해결능력	TOTAL
맞힌 개수	/20	/20	/20	/60
정답률	%	%	%	%

※ 정답률(%) = (맞힌 개수/전체 개수) × 100

해설

[01-02]

01 의사소통능력   정답 ③

이 글은 업무가 진행되는 과정에서도 성품을 확인하여 서비스 이용자와 제공자 모두 서로를 이해할 수 있도록 돌봄 환경이 점차 개선되어야 한다는 내용이므로 이 글의 주제로 가장 적절한 것은 ③이다.

오답 체크

① 아이 돌보미의 아동 방치 및 폭행으로 인해 자격 정지 후 빠른 복귀가 가능하여 처벌 수위의 부족함에 대해서는 다루고 있지만, 글 전체를 포괄할 수 없으므로 적절하지 않은 내용이다.
② 육아 활동을 지원하는 돌봄 서비스가 맞벌이 부모 증가에 따라 도입된 것에 대해 서술하고 있지만, 아이 돌보미 채용 인원에 대해서는 다루고 있지 않으므로 적절하지 않은 내용이다.
④ 아이 돌보미 채용을 위한 개선 방안에 대해 서술하고 있지만, 아이 돌보미 자격시험을 도입해야 한다는 것에 대해서는 다루고 있지 않으므로 적절하지 않은 내용이다.

02 의사소통능력   정답 ③

글 중반부에서 아이 돌보미는 종류에 따라 자격 사항이 다르다고 생각하기 쉬우나 80시간의 교과 학습과 10시간의 실습으로 통일되어 있다고 하였으므로 아이 돌보미 자격은 종류에 관계없이 교과 학습 80시간과 실습 10시간을 완료하면 얻을 수 있음을 알 수 있다.

오답 체크

① 글 후반부에서 아이를 방치하거나 폭행하는 사건 등이 발생해도 6개월 동안의 자격 정지 후 바로 복귀하는 실정이라고 하였으므로 적절하지 않은 내용이다.
② 글 전반부에서 아이 돌봄 서비스는 국가가 일정 시간 동안 아이를 돌볼 사람이 없는 가정에 아이 돌보미를 보낸다고 하였으므로 적절하지 않은 내용이다.
④ 글 중반부에서 아이 돌봄 서비스는 네 가지로 구분되며, 보육 시설 등·하원 도움 등의 서비스를 제공하는 것은 시간제 돌봄 서비스라고 하였으므로 적절하지 않은 내용이다.

[03-04]

03 의사소통능력   정답 ④

이 글은 치매 인구 증가에도 불구하고 치매에 대한 우리 사회의 부족한 지식과 관심을 지적하며 뇌 손상을 유발하는 베타아밀로이드의 축적으로 인한 치매 발병률을 낮추기 위해 운동, 금연 등 일상생활에서부터의 변화가 필요함을 설명하는 내용이므로 이 글의 주제로 가장 적절한 것은 ④이다.

오답 체크

① 당뇨병, 고지혈증 등의 질병이 치매를 악화시킬 수 있는 위험 인자라고 서술하고 있지만, 주기적인 건강검진을 통한 조기 발견의 필요성은 다루고 있지 않으므로 적절하지 않은 내용이다.

② 치매 인식 조사에 따른 성인남녀의 치매 인식에 대해서는 다루고 있지만, 글 전체를 포괄할 수 없으므로 적절하지 않은 내용이다.
③ 노인의 치매 발병률을 낮추기 위한 방안으로 지역사회의 관심에 대해서는 다루고 있지 않으므로 적절하지 않은 내용이다.

04 의사소통능력   정답 ②

2문단에서 스트레스는 뇌혈관을 수축시키는 주범이라고 하였으므로 뇌혈관 수축 현상이 생활습관에 의해 발생하여 스트레스와 관련이 없는 것은 아님을 알 수 있다.

오답 체크

① 1문단에서 2018년 기준 만 65세 이상 노인 인구 중 치매 환자는 약 75만 명이고, 2039년에는 200만 명에 육박할 것으로 예측된다고 하였으므로 적절한 내용이다.
③ 2문단에서 치매 증상은 40대부터 뇌에 베타아밀로이드가 쌓여 대뇌가 손상되고, 이후 10~15년 정도의 시간을 거쳐 발현되며, 완치 치료법은 아직 개발되지 않았다고 하였으므로 적절한 내용이다.
④ 1문단에서 치매는 뇌에 베타아밀로이드가 쌓이며 대뇌 신경 세포가 손상됨에 따라 지능, 의지, 기억이 계속해서 상실되는 병이라고 하였으므로 적절한 내용이다.

[05-06]

05 의사소통능력   정답 ③

이 글은 베르테르 효과가 유명인의 자살에 대한 보도가 일반인에게 반복적으로 노출되며 발생하기 때문에 자살 관련 보도는 최소화할 수 있도록 하고, 보도를 하더라도 무분별하게 이루어지지 않도록 해야 한다는 내용이므로 이 글에 나타난 필자의 의견으로 가장 적절한 것은 ③이다.

오답 체크

① 2문단에서 베르테르 효과는 언론 매체에서 자살을 계속해서 보도하면 일반인이 자살을 친숙하고 보편적인 사건으로 여기게 되어 자살이 발생한다고 하였으므로 적절하지 않은 내용이다.
② 3문단에서 유명인의 자살이 베르테르 효과를 유발할 수 있다는 내용은 서술하고 있지만, 언론 보도 금지의 필요성에 대해서는 다루고 있지 않으므로 적절하지 않은 내용이다.
④ 4문단에서 유명인의 자살이 언론 매체에서 노출되고 열흘 내에 모방 자살이 가장 많이 발생한다는 내용은 서술하고 있지만, 보도 시기를 늦출 필요성에 대해서는 다루고 있지 않으므로 적절하지 않은 내용이다.

06 의사소통능력   정답 ①

4문단에서 연구자들에 따르면 유명인의 자살이 언론 매체에 노출된 이후 10일 동안이 자살이 가장 자주 발생한다고 하였으므로 유명인의 자살이 언론에 보도된 이후 약 열흘 간이 베르테르 효과가 가장 크게 나타나는 기간임을 알 수 있다.

② 1문단에서 괴테가 쓴 〈젊은 베르테르의 슬픔〉은 출간 직후 베스트셀러가 되었다고 하였으므로 적절하지 않은 내용이다.

③ 2문단에서 〈젊은 베르테르의 슬픔〉으로 인해 유럽 청년들에게 나타난 현상을 보고 자살 연구학자인 데이비드 필립스가 베르테르 효과를 정립했다고 하였으므로 적절하지 않은 내용이다.

④ 3문단에서 베르테르 효과는 평소 심리적 불안감을 갖고 있지 않거나 유명인에 동화되지 않더라도 언론 보도에 자극을 받으면 발생할 수 있다고 하였으므로 적절하지 않은 내용이다.

[07 - 08]

07 의사소통능력
정답 ③

이 글은 세상에서 가장 어두운 물질이라고 불리는 반타 블랙이 빛을 99.96%까지 흡수하는 과학적 원리를 소개하며, 고유한 특성 덕분에 반타 블랙이 다양한 분야에 응용하여 활용되고 있음을 설명하는 글이다.

따라서 '(라) 순수한 검은색에 가까운 반타 블랙의 개발 → (가) 수직으로 배열된 탄소 나노 튜브로 인해 세상에서 가장 어둡게 보이는 반타 블랙 → (다) 반타 블랙 고유의 특성 → (마) 고유의 특성을 기반으로 과학계에서 다양하게 활용되는 반타 블랙 → (나) 예술계에서 반타 블랙의 사용을 독점한 커푸어에 대한 논란' 순으로 연결되어야 한다.

08 의사소통능력
정답 ①

(가) 문단에서 수직으로 배열된 탄소 나노 튜브 사이에 빛이 들어가면 빛은 그 사이에 갇혀서 반사를 반복하며 탄소 나노 튜브에 흡수된다고 하였으므로 수직으로 배열된 탄소 나노 튜브 사이로 들어간 빛이 반사를 반복하다가 그대로 밖으로 튕겨져 나오는 것은 아님을 알 수 있다.

② (나) 문단에서 커푸어가 서리 나노시스템스에 막대한 돈을 지불하고 예술적 목적으로 반타 블랙을 사용할 수 있는 독점권을 구매했다고 하였으므로 적절한 내용이다.

③ (마) 문단에서 천체망원경은 난반사를 없앨수록 성능이 향상되며 반타 블랙 사용 시 극도의 낮은 반사율로 난반사를 줄이고 검출 효율과 감도를 높일 수 있다고 하였으므로 적절한 내용이다.

④ (다) 문단에서 반타 블랙은 분광기로도 스펙트럼을 알 수 없으며 가시광선 외 적외선 영역까지 흡수한다고 하였으므로 적절한 내용이다.

[09 - 10]

09 의사소통능력
정답 ②

이 글은 수많은 디지털 콘텐츠가 제작되는 현시점에서 1인 창작자는 콘텐츠 생산 시 스스로 저작권에 대한 인식을 높여야 하며 동시에 창작이 위축되지 않도록 유연한 제도적 변화가 필요함을 설명하는 내용이므로 이 글의 중심 내용으로 가장 적절한 것은 ②이다.

① 1인 방송 플랫폼의 부상에 대해 서술하고 있지만, 창작 활동을 독려할 수 있는 정책 마련의 필요성에 대해서는 다루고 있지 않으므로 적절하지 않은 내용이다.

③ 영상 저작물 이용 시 지불해야 하는 비용에 관한 법안 마련의 필요성에 대해서는 다루고 있지 않으므로 적절하지 않은 내용이다.

④ 저작권법에 따라 저작자 승인 없이 저작물을 이용한다면 형사처벌될 수 있음에 대해서는 다루고 있지만, 글 전체를 포괄할 수 없으므로 적절하지 않은 내용이다.

10 의사소통능력
정답 ④

4문단에서 1인 창작자가 콘텐츠를 제작하는 과정에서 발생할 수 있는 저작권 논쟁을 예방하기 위한 '1인 미디어 창작자를 위한 저작권 안내서'를 발간하였으나 지침서이기 때문에 타인의 저작권을 침해하지 않기 위해서는 1인 창작자 스스로 저작권 인식을 높여주기를 바랄 수밖에 없다고 하였으므로 '1인 미디어 창작자를 위한 저작권 안내서'가 발간되면서 1인 창작자가 일으킨 저작권 문제가 해결된 것은 아님을 알 수 있다.

① 3문단에서 인터넷상에서 발생한 저작권 침해 사례 중 약 90%가 유튜브와 같은 콘텐츠 플랫폼에서 일어났으며 이에 따라 방송통신위원회가 시정 방안을 촉구했다고 하였으므로 적절한 내용이다.

② 2문단에서 원저작물을 새로운 방식으로 재창조한 창작물을 2차적 저작물이라고 하며, 이 또한 독자적 저작물로서 저작권법의 보호를 받는다고 하였으므로 적절한 내용이다.

③ 1문단에서 저작권은 자신의 저작물을 보호받을 수 있는 법적 권리로 저작 인격권, 저작 재산권 두 가지로 나누어질 수 있으나, 저작 인격권은 저작자만 보유하는 고유 권리라고 하였으므로 적절한 내용이다.

[11 - 12]

11 의사소통능력
정답 ②

이 글은 인류 역사상 가장 많은 사망자를 만들어 낸 결핵의 발병 원인 및 과정과 발병 시 치료하는 항결핵제에 대해 설명하는 내용이므로 이 글의 제목으로 가장 적절한 것은 ②이다.

① 1문단에서 결핵균이 세균학자인 로베르트 고흐에 의해 알려졌다는 내용에 대해 서술하고 있지만, 세균학자에 의해 밝혀진 질병균의 종류에 대해서는 다루고 있지 않으므로 적절하지 않은 내용이다.

③ 글 전체에서 항결핵제를 밝혀낸 학자에 대해서는 다루고 있지 않으므로 적절하지 않은 내용이다.

④ 1문단에서 결핵이 인류 역사상 가장 많은 사망자를 만들었다는 내용에 대해 서술하고 있지만, 시대별 인류 피해 역사에 대해서는 다루고 있지 않으므로 적절하지 않은 내용이다.

12 의사소통능력 정답 ④

4문단에서 결핵 증상이 확인되더라도 감기나 여타 질병으로 오인될 가능성이 높아 감염자 본인은 물론 의사도 진단하기 어려우나 기침, 가래, 가슴 통증 등의 증상이 2주 이상 지속될 경우 결핵 검사를 받아야 한다고 하였으므로 결핵 감염 증상은 명확하게 확인할 수 있어 감염 환자에 대한 진단이 빠르게 이루어지는 것은 아님을 알 수 있다.

오답 체크
① 3문단에서 결핵은 산소가 많은 폐 조직에서 잘 나타나는 것이 일반적이지만 폐 조직이 아니더라도 신장, 신경 등의 조직에서도 증상이 나타날 수 있다고 하였으므로 적절한 내용이다.
② 5문단에서 항결핵제는 총 5개의 군으로 구분되며, 치료 시에는 내성이 나타날 수 있어 여러 제제를 동시에 활용한다고 하였으므로 적절한 내용이다.
③ 2문단에서 결핵균이 몸속에 침입했더라도 감염자의 10% 정도만 결핵 환자가 되고 그 외 90%의 경우 평생 건강하게 지내게 된다고 하였으므로 적절한 내용이다.

[13-14]

13 의사소통능력 정답 ②

이 자료는 전 과정에 걸쳐 아동의 이익을 최우선적으로 고려해야 하는 아동보호서비스를 제공할 때 기본적으로 지켜야 하는 사항에 대해 설명하는 내용이므로 이 자료의 제목으로 가장 적절한 것은 ②이다.

오답 체크
① 분리 보호가 필요한 아동의 보호 절차에 대해서는 다루고 있지 않으므로 적절하지 않은 내용이다.
③ '2. 원가정 보호를 위해 최대한 노력'에서 보호자의 요구가 아동의 이익에 부합한다고 인정되는 경우 보호자의 배치 요구를 수용한다고 하였지만, 보호 조치 결정 시 보호자 요구의 중요성에 대해서는 다루고 있지 않으므로 적절하지 않은 내용이다.
④ '4. 예방적 접근(통합적 서비스 제공)'에서 복지 사각지대 취약계층, 아동학대 정보 등 공공 빅데이터를 활용하여 위기 아동을 사전 발굴·예방할 수 있도록 상시적 발굴·예방 체계를 구축한다고 하였지만, 자료 전체를 포괄할 수 없으므로 적절하지 않은 내용이다.

14 의사소통능력 정답 ①

⊙이 있는 문장에서 상담, 복지 급여 및 서비스 연계·지원 등을 통해 가족 해체를 방지해야 한다고 하였으므로 질병이나 재해 따위가 일어나기 전에 미리 대처하여 막는다는 의미의 '예방'이 적절하다.
• 촉진(促進): 다그쳐 빨리 나아가게 함

오답 체크
② ⓒ이 있는 문장에서 원가정에서 보호할 수 있는지를 살펴본다고 하였으므로 막연한 의문이 있는 채로 그것을 뒤 절의 사실이나 판단과 관련시키는 데 쓰는 연결 어미 '-ㄴ지'가 사용되어 '가능한지'로 붙여 써야 한다.
③ 한 번 검토한 것을 다시 검토한다는 의미의 '재검토'는 '다시'와 의미가 중복되므로 '다시 검토' 또는 '재검토'로 고쳐 써야 한다.
④ ⓔ에서 '번'은 일의 횟수를 세는 단위인 의존 명사로 사용되었으며 한글 맞춤법 제42항에 따라 의존 명사는 앞말과 띄어 써야 하므로 '여러 번'으로 띄어 써야 한다.

[15-16]

15 의사소통능력 정답 ④

이 보도자료는 지진에 긴급 대처할 수 있는 저수지 긴급 지진-안정성 평가 기술과 IoT 기술 기반 저수지 붕괴 모니터링 시스템을 개발했다는 내용이므로 이 보도자료의 제목으로 가장 적절한 것은 ④이다.

오답 체크
① 4~6문단에서 IoT 기술에 기반한 저수지 붕괴 모니터링 시스템 개발에 대해서는 다루고 있지만, 글 전체를 포괄할 수 없으므로 적절하지 않은 내용이다.
② 자연재해에 대비한 저수지 긴급안전점검 시스템과 붕괴 저수지 보수 기술에 대해서는 다루고 있지 않으므로 적절하지 않은 내용이다.
③ 지진으로 인한 저수지 붕괴 피해 최소화를 목적으로 한 저수지 안전설계 및 저수지 구조 개선에 대해서는 다루고 있지 않으므로 적절하지 않은 내용이다.

16 의사소통능력 정답 ③

2문단에서 저수지에 설치된 지진가속도계를 통해 지진으로 인한 저수지의 흔들림을 가속도로 나타내는 지진가속도를 수시로 감시하는 것만으로는 즉각적인 안전성 판단이 어려웠다고 하였으므로 저수지에 설치된 지진가속도계를 통해 저수지에 도달하는 지진의 가속도를 수시로 감시하는 것만으로 즉시 안전성을 판단할 수 있는 것은 아님을 알 수 있다.

오답 체크
① 4문단에서 많은 국내 농업용 저수지가 붕괴 모니터링 시스템이 설치되어 있지 않거나 설치되어 있어도 경보 발령에 오랜 시간이 소요되는 문제를 겪고 있었다고 하였으므로 적절한 내용이다.
② 3문단에서 기존 안전관리 기준에는 저수지의 구조 및 재료적 특성이 전혀 반영되어 있지 않았지만, 이번 평가 기술 개발로 콘크리트댐과 필댐의 특성이 반영되어 더 정확한 안정성 평가를 할 수 있게 되었다고 하였으므로 적절한 내용이다.
④ 5문단에서 저수지 붕괴 예·경보 시스템은 저수지 안쪽에 설치된 스마트센서에서 수집한 전기 신호를 분석하고 저수지 붕괴를 감지하여, 계측한 현장 데이터가 변위속도 기준치에 이르면 저수지 관리자에게 저수지 붕괴 위험 정보를 전달하는 방식으로 예측·경보한다고 하였으므로 적절한 내용이다.

17 의사소통능력   정답 ④

이 글은 조선 시대 관리 등용 제도인 과거 시험을 설명하고 문과, 무과, 잡과의 진행 과정 및 과거 시험의 의의를 설명하는 내용이므로 이 글의 주제로 가장 적절한 것은 ④이다.

오답 체크
① 조선 시대 과거 시험이 유발한 문제점과 폐지 시기에 대해서는 다루고 있지만, 글 전체를 포괄할 수 없으므로 적절하지 않은 내용이다.
② 조선 시대 과거 시험이 오늘날 치러지는 시험에 미친 영향에 대해서는 다루고 있지 않으므로 적절하지 않은 내용이다.
③ 조선 시대 관리 등용 시에 활용된 제도가 변화한 과정에 대해서는 다루고 있지 않으므로 적절하지 않은 내용이다.

18 의사소통능력   정답 ②

5문단에서 조선 후기에 갑오개혁으로 인해 근대적인 제도가 도입되자 과거 시험은 폐지되었다고 하였으므로 임진왜란으로 인해 국가 기강이 무너져 과거 시험이 시행되지 않은 것은 아님을 알 수 있다.

오답 체크
① 2문단에서 문과의 소과에서 생원이 되고자 치르는 생원과에서는 유교 경전의 이해 정도를 묻는다고 하였으므로 적절한 내용이다.
③ 4문단에서 과거 시험에 합격해야만 관료가 되는 것은 아니며, 취재나 음서를 통해서도 관직에 오를 수 있다고 하였으므로 적절한 내용이다.
④ 1문단에서 과거 시험에는 3년에 한 번씩 정기적으로 진행하는 식년시 뿐만 아니라 증광시, 별시 등 수시로 진행되는 시험이 있었다고 하였으므로 적절한 내용이다.

19 의사소통능력   정답 ④

글 전체에서 사회주의는 19세기 초 근대 사회주의자들에 의해 본격적으로 등장하여 1848년 마르크스가 사회 문제와 갈등을 해소할 수 있는 과학적 사회주의를 제시하였고, 제1차 세계대전의 종전 즈음에 사회주의와 자본주의가 결합된 민주사회주의가 등장했다고 언급하며 사회주의가 시간의 흐름에 따라 달라지는 양상을 설명하고 있다.

20 의사소통능력   정답 ②

5문단에서 민주사회주의는 마르크스의 공산주의를 반대하고 자본주의로 인해 나타나는 문제점들은 개혁을 통해 점진적으로 풀어나가는 것을 목적으로 삼는다고 하였으므로 민주사회주의가 자본주의 하의 문제들을 해결하기 위하여 공산주의를 온전히 받아들여야 한다고 주장한 것은 아님을 알 수 있다.

오답 체크
① 3문단에서 마르크스는 자본주의 사회가 노동자 계급을 주체로 하는 계급 투쟁과 혁명으로 없어지고 공산주의 사회가 도래할 것이라고 하였으므로 적절한 내용이다.
③ 1문단에서 개인의 자유보다 사회 전체의 이익을 중요시하는 사회주의에서는 개인의 자유가 공동체를 위해 한정될 수 있다고 하였으므로 적절한 내용이다.
④ 2문단에서 마르크스가 공상적 사회주의라고 지칭한 근대 사회주의자들은 자원 낭비, 빈부격차, 대공황 등의 문제는 개인주의로 인해 나타난다고 하였으므로 적절한 내용이다.

21 수리능력   정답 ②

ⓒ 2021년 CCTV 카메라 부품 매출액은 전년 대비 {(484,766 − 411,637) / 411,637} × 100 ≒ 17.8% 증가, 같은 해 CCTV 카메라 부품 수출액은 전년 대비 {(248,999 − 174,426) / 248,999} × 100 ≒ 29.9% 감소하였으므로 옳지 않은 설명이다.
ⓒ 제시된 기간 중 물리보안 솔루션 매출액이 처음으로 400,000백만 원을 초과한 2022년에 물리보안 솔루션 수출액은 전년 대비 110,988 − 106,278 = 4,710백만 원 증가하였으므로 옳지 않은 설명이다.

오답 체크
⊙ 보안용 카메라 매출액에 대한 보안용 카메라 수출액의 비중은 2020년에 (512,708 / 1,126,178) × 100 ≒ 45.5%, 2021년에 (516,223 / 1,106,250) × 100 ≒ 46.7%, 2022년에 (541,936 / 1,171,005) × 100 ≒ 46.3%로 매년 50% 이하이므로 옳은 설명이다.
ⓔ 2021년부터 2022년까지 출입통제 장비 수출액의 전년 대비 증가량 평균은 (96,808 − 28,969) / 2 = 33,919.5백만 원, 매출액의 전년 대비 증가량 평균은 (505,019 − 491,656) / 2 = 6,681.5백만 원임에 따라 출입통제 장비 수출액의 전년 대비 증가량 평균이 매출액의 전년 대비 증가량 평균의 33,919.5 / 6,681.5 ≒ 5.1배이므로 옳은 설명이다.

22 수리능력   정답 ③

전체 수출액 대비 물리보안 주변장비 수출액 비중은 2021년에 (23,281 / 1,473,556) × 100 ≒ 1.6%, 2020년에 (13,880 / 1,475,755) × 100 ≒ 0.9%이므로 2021년 전체 수출액 대비 물리보안 주변장치 수출액 비중의 전년 대비 증가율은 {(1.6 − 0.9) / 0.9} × 100 ≒ 77.8%이다.

23 수리능력   정답 ②

2020년 대비 2060년에 여자의 감소 인구는 25,835 − 21,644 = 4,191천 명이고, 남자의 감소 인구는 25,946 − 21,194 = 4,752천 명이므로 옳지 않은 설명이다.

① 2030년의 출생아수와 국제 순이동자수의 합은 358+37=395천 명이고, 사망자수는 422천 명이므로 옳은 설명이다.

③ 국제 순이동자수는 2030년부터 2050년까지 10년 전 대비 감소, 증가, 감소하여 증감 방향이 일정하지 않으므로 옳은 설명이다.

④ 인구 천 명당 출생아수는 2040년에 (295/50,855)×1,000 ≒ 5.8명이고, 2050년에 (240/47,744)×1,000 ≒ 5.0명이므로 옳은 설명이다.

🕐 빠른 문제 풀이 Tip

④ 인구 천 명당 출생아수를 구하는 공식 (출생아수/인구수)×1,000에서 분자에 해당하는 출생아수는 2050년에 2040년 대비 295-240=55천 명 감소하여 295천 명의 15% 이상 감소하고, 분모에 해당하는 인구수는 대략 51,000 -48,000 ≒ 3,000천 명 감소하여 51,000천 명의 10% 미만 감소하여 2040년의 인구 천 명당 출생아수가 더 많음을 알 수 있다.

24 수리능력　　　　　　정답 ②

2030년 인구수는 51,927천 명으로 2020년 인구수 51,781천 명 대비 146천 명 증가하였고, 2030년의 전년 대비 인구 변동수는 358-422+37=-27천 명이므로 2029년 인구수는 2020년 대비 146+27=173천 명 증가했음을 알 수 있다.

따라서 2021년부터 2029년까지의 전년 대비 인구 변동수가 매년 같다면 한 해에 변동되는 인구수는 173/9 ≒ 19천 명이다.

[25-26]
25 수리능력　　　　　　정답 ②

외국식 음식점업의 프랜차이즈 사업체 중 좌석 규모가 10~19석인 사업체가 차지하는 비중은 (897/7,561)×100 ≒ 11.9%이고, 이를 치킨전문점에 적용하면 좌석 규모가 10~19석인 치킨전문점 프랜차이즈 사업체 수는 25,110×0.119 ≒ 2,988개로 2,800개 이상이므로 옳지 않은 설명이다.

① 제시된 업종 중 프랜차이즈 사업체 수가 11,000개 이상인 업종은 한식 음식점업, 피자, 햄버거, 샌드위치 및 유사 음식점업, 치킨전문점, 김밥, 기타 간이음식점 및 포장 판매점, 생맥주 및 기타 주점업, 커피 및 기타 비알코올 음료점업 총 6개이므로 옳은 설명이다.

③ 좌석 규모별 프랜차이즈 사업체 수는 좌석 규모가 10석 미만에서는 제과점업이 가장 많고, 좌석 규모가 10~19석, 20~29석, 30~49석, 50~99석, 100석 이상에서 모두 한식 음식점업 사업체 수가 가장 많으므로 옳은 설명이다.

④ 생맥주 및 기타 주점업과 커피 및 기타 비알코올 음료점업의 프랜차이즈 사업체 수를 합하면 11,676+17,615=29,291개이고 이는 한식 음식점업의 프랜차이즈 사업체 수인 29,209개보다 많으므로 옳은 설명이다.

26 수리능력　　　　　　정답 ③

한식 음식점업에서 프랜차이즈 사업체 수가 10,664로 가장 많은 좌석 규모는 50~99석이다.

따라서 한식 음식점업의 좌석 규모별 프랜차이즈 사업체 수 중 가장 많은 좌석 규모인 50~99석의 사업체 수가 전체 한식 음식점업 사업체 수에서 차지하는 비중은 (10,664/29,209)×100 ≒ 36.5%이다.

[27-28]
27 수리능력　　　　　　정답 ④

영리법인 장기요양기관 수는 535개로, 10~29명 규모의 병설 노인요양시설 수인 1,614×0.266 ≒ 429개보다 많으므로 옳은 설명이다.

① 급여유형별 운영형태에서 병설 기관의 비율 대비 단독 기관의 비율은 방문요양이 65.0/35.0 ≒ 1.86, 방문목욕이 36.9/63.1 ≒ 0.58, 방문간호가 45.5/54.5 ≒ 0.83, 주야간보호가 51.1/48.9 ≒ 1.04, 단기보호가 14.0/86.0 ≒ 0.16, 노인요양공동생활가정이 77.9/22.1 ≒ 3.52, 노인요양시설(10~29명)이 73.4/26.6 ≒ 2.76, 노인요양시설(30~49명)이 85.3/14.7 ≒ 5.80, 노인요양시설(50명 이상)이 80.1/19.9 ≒ 4.03이고, 이때 30~49명 규모의 노인요양시설이 가장 크므로 옳지 않은 설명이다.

② 운영 주체가 개인인 장기요양기관 수는 전체 장기요양기관 수의 (16,381/21,637)×100 ≒ 75.7%로 75% 이상이므로 옳지 않은 설명이다.

③ 지역별 운영형태에서 단독 장기요양기관은 대도시에 8,035×0.583 ≒ 4,684개, 중소도시에 7,794×0.652 ≒ 5,082개, 농어촌에 5,808×0.618 ≒ 3,589개로 중소도시에 가장 많으나, 장기요양기관은 대도시에 가장 많으므로 옳지 않은 설명이다.

🕐 빠른 문제 풀이 Tip

① 단독 비율과 병설 비율의 합이 100%로 일정하므로 운영형태가 병설인 기관의 비율 대비 단독인 기관의 비율이 가장 큰 유형은 단독 비율이 가장 큰 30~49명 규모의 노인요양시설이다.

28 수리능력　　　　　　정답 ①

급여유형별 운영형태 중 방문요양의 단독 장기요양기관 수는 9,782×0.650 ≒ 6,358개이고 병설 장기요양기관 수는 9,782×0.350 ≒ 3,424개이다.

따라서 방문요양의 단독 장기요양기관 수와 병설 장기요양기관 수의 차이는 6,358-3,424 ≒ 2,934개이다.

[29-30]
29 수리능력　　　　　　정답 ③

전국에서 경상남도의 위험물 저장소 수가 차지하는 비중은 2019년에 (6,856/87,236)×100 ≒ 7.86%, 2020년에 (6,579/85,970)×100 ≒ 7.65%임에 따라 2020년 전국에서 경상남도

의 위험물 저장소 수가 차지하는 비중은 전년 대비 감소하였
으므로 옳은 설명이다.

① 기타를 제외한 지역 중 2019년부터 2022년까지 위험물 취급
소 수의 전년 대비 증감 추이는 충청북도가 2019년, 2020년에
감소, 2021년에 증가, 2022년에 유지이고 이와 동일한 증감 추
이를 보이는 지역은 없으므로 옳지 않은 설명이다.
② 2021년 위험물 저장소 수의 3년 전 대비 감소율은 전라북도가
$\{(4,855-4,721)/4,855\} \times 100 ≒ 2.76\%$, 경상북도가 $\{(7,786-$
$7,635)/7,786\} \times 100 ≒ 1.94\%$임에 따라 전라북도가 경상북도
보다 크므로 옳지 않은 설명이다.
④ 2022년 위험물 취급소 수의 전년 대비 감소량은 전라남도가
$2,425-2,406=19$개소, 제주특별자치도가 $434-423=11$개소
임에 따라 전라남도가 제주특별자치도의 $19/11 ≒ 1.73$배로 2
배 미만이므로 옳지 않은 설명이다.

⏱ **빠른 문제 풀이 Tip**
③ 분자와 분모의 대략적인 감소율을 비교하여 계산한다.
분자에 해당하는 경상남도의 위험물 저장소 수는 2020년에
전년 대비 $6,856-6,579=277$개소 감소하였고 2019년 경상
남도의 위험물 저장소 수의 1%는 약 69개소이므로 277개소
는 약 4%임을 알 수 있다. 또한 분모에 해당하는 전국의 위험
물 저장소 수는 2020년에 전년 대비 $87,236-85,970=1,266$
개소 감소하였고 2019년 전국의 위험물 저장소 수의 1%는 약
870개소이므로 1,266개소는 약 1.5%임을 알 수 있다. 이에 따
라 분자의 감소율이 분모의 감소율보다 크므로 전국에서 경
상남도의 위험물 저장소 수가 차지하는 비중은 2020년에 전
년 대비 감소하였음을 알 수 있다.

30 수리능력 　　　　　　　　　　　　정답 ①

ⓒ 2022년 A~D 4개 지역 중 4년 전 대비 위험물 저장소 수
의 감소율이 가장 큰 지역은 감소율이 $\{(2,053-1,672)/$
$2,053\} \times 100 ≒ 18.6\%$로 유일하게 10% 이상 감소한 A이
므로 A가 서울특별시이다.
ⓒ 2019년부터 2022년까지 위험물 취급소 수의 전년 대비 증
감 추이가 증가, 증가, 감소, 증가인 지역은 C이므로 C가
경기도이다.
ⓔ A는 서울특별시이고 C는 경기도이므로 두 지역을 제
외한 B와 D만 고려하면 2020년 위험물 저장소 수 대
비 위험물 취급소 수는 B가 $162/612 ≒ 0.265$개소, D가
$1,359/4,962 ≒ 0.274$개소로 D가 B보다 더 크므로 B가 세
종특별자치시, D가 강원도이다.
따라서 A는 서울특별시, B는 세종특별자치시, C는 경기도,
D는 강원도이다.

[31 - 32]
31 수리능력 　　　　　　　　　　　　정답 ②

2022년 1~9인 기업 중 클라우드산업 경기 전망이 보통이라
고 응답한 기업이 모두 긍정적이라고 응답했다면 1~9인 기
업의 평균은 $0.014+0.129 \times 2+(0.586+0.257) \times 4+0.014$
$\times 5=3.714$점이고 이는 기존의 평균 중 가장 높은 평균인
3.65점보다 높으므로 옳은 설명이다.

① 2022년 클라우드산업 경기 전망이 긍정적 또는 매우 긍정적
이라고 응답한 기업은 $28.8+2.6=31.4\%$로 31.0% 이상이므로
옳지 않은 설명이다.
③ 2022년 조사에서 클라우드산업 경기 전망이 매우 긍정적이
라고 응답한 100~299인 기업은 $55 \times 0.036 ≒ 2$개이고, 2021
년 조사에서 매우 부정적이라고 응답한 10~29인 기업은
$161 \times 0.019 ≒ 3$개로, 2022년 조사에서 클라우드산업 경기 전
망이 매우 긍정적이라고 응답한 100~299인 기업이 2021년
조사에서 매우 부정적이라고 응답한 10~29인 기업보다 적으
므로 옳지 않은 설명이다.
④ 2021년 클라우드산업 경기 전망 조사에 대한 평균은 100~299
인 기업이 30~99인 기업보다 높지만 매우 긍정적이라고 응
답한 비율은 30~99인 기업이 100~299인 기업보다 더 높으
므로 옳지 않은 설명이다.

⏱ **빠른 문제 풀이 Tip**
② 보통과 긍정의 점수는 1점 차이이므로 기존 평균에 보통이라
고 응답한 기업의 비율에 1을 곱한 값을 더하면 보통이라고
응답한 기업이 모두 긍정적이라고 응답했을 때의 평균을 근
사치로 구할 수 있다.
2022년 1~9인 기업 중 클라우드산업 경기 전망이 보통이라
고 응답한 기업이 모두 긍정적이라고 응답했다면 평균은 약
$3.13+0.586=3.716$이므로 모든 규모의 기업 중 1~9인 기
업의 평균이 가장 높음을 알 수 있다.

32 수리능력 　　　　　　　　　　　　정답 ①

부정, 보통, 긍정 3가지 항목으로 클라우드산업 경기 전망 조
사를 다시 진행했을 때 부정, 보통, 긍정에 응답한 기업은 동
일하였고 매우 부정, 매우 긍정으로 응답했던 기업이 각각 부
정, 긍정으로 응답했으므로 2021년 각 항목에 대해 평가한
기업의 비율은 부정이 $3.6+8.8=12.4\%$, 보통이 56.3%, 긍
정이 $27.5+3.8=31.3\%$이다. 이에 따라 2021년 전체 기업의
평균은 $0.124 \times 2+0.563 \times 3+0.313 \times 4 ≒ 3.19$점이다. 마찬
가지로 2022년 각 항목에 대해 평가한 기업의 비율은 부정
이 $0.5+6.9=7.4\%$, 보통이 61.2%, 긍정이 $28.8+2.6=31.4\%$
이고, 전체 기업의 평균은 $0.074 \times 2+0.612 \times 3+0.314 \times 4$
$=3.24$점이다.
따라서 다시 진행한 조사에서의 2021년 전체 기업의 평균
과 2022년 전체 기업의 평균의 차이는 $3.24-3.19 ≒ 0.05$점
이다.

[33 - 34]
33 수리능력 　　　　　　　　　　　　정답 ①

㉠ 일간신문 사업체 수의 전년 대비 증가량의 평균은
2014~2018년에 $(192-177)/5=3$개, 2016~2018년에
$(192-177)/3=5$개로, 2016~2018년이 더 크므로 옳은 설
명이다.

ⓒ 제시된 기간에 종이신문 매출액 중 주간신문의 비중은
2013년에 (379,313 / 3,152,230) × 100 ≒ 12.0%, 2014년에
(354,629 / 3,055,802) × 100 ≒ 11.6%, 2015년에 (382,578 /
3,176,397) × 100 ≒ 12.0%, 2016년에 (399,645 / 3,198,974)
× 100 ≒ 12.5%, 2017년에 (331,743 / 3,272,569) × 100 ≒
10.1%, 2018년에 (348,968 / 3,311,950) × 100 ≒ 10.5%임에
따라 매년 15.0% 미만이므로 옳은 설명이다.

ⓒ 2015년부터 2018년까지 신문산업 전체 사업체 수 대비 전체
매출액은 2015년에 3,663,218 / 4,109 ≒ 892백만 원, 2016년에
3,651,388 / 4,027 ≒ 907백만 원, 2017년에 3,769,459 / 4,225 ≒
892백만 원, 2018년에 3,807,663 / 4,384 ≒ 869백만 원임에 따
라 2016년에는 증가하였으므로 옳지 않은 설명이다.

ⓔ 2018년 신문산업 전체 매출액 중 인터넷신문의 비중은 (495,713
/ 3,807,663) × 100 ≒ 13%이고, 4,000,000백만 원의 13%는
4,000,000 × 0.13 = 520,000백만 원으로 530,000백만 원 미
만이므로 옳지 않은 설명이다.

⏱ **빠른 문제 풀이 Tip**

ⓒ 버림하여 만의 자리까지 나타낸 수를 계산한다. 2013~2018
년 종이신문 매출액을 버림하여 만의 자리까지 순서대
로 나타내면 3,150,000, 3,050,000, 3,170,000, 3,190,000,
3,270,000, 3,310,000백만 원이고 각 연도의 종이신문 매
출액 13.0%는 모두 주간신문 매출액보다 크므로 주간신문
의 매출액은 매년 종이신문 매출액의 13.0% 미만임을 알
수 있다.

34 수리능력 정답 ③

제시된 자료에 따르면 2014년 일간신문 매출액은 2,701,173
백만 원으로 2,700,000백만 원 이상이지만, 그래프에서는
2,700,000백만 원 미만이므로 옳지 않은 그래프는 ③이다.

[35 - 36]

35 수리능력 정답 ④

2015년부터 2018년까지 전년 대비 전체 급성심장정지 발생
건수가 가장 많이 감소한 해는 30,771 − 29,832 = 939건 감소
한 2016년으로 이때의 감소율은 (939 / 30,771) × 100 ≒ 3.1%
이고, 가장 많이 증가한 해는 30,539 − 29,262 = 1,277건 증가
한 2018년으로 이때의 증가율은 (1,277 / 29,262) × 100 ≒ 4.4%
가 되어, 2016년의 감소율보다 2018년의 증가율이 더 크므로
옳지 않은 설명이다.

① 2014년 인구는 (30,309 × 100,000) / 59.7 ≒ 50,768,844
명, 2018년 인구는 (30,539 × 100,000) / 59.5 ≒ 51,326,050
명이고, 2014년 대비 2018년 인구증가율은 {(51,326,050 −
50,768,844) / 50,768,844} × 100 ≒ 1.1%이므로 옳은 설명이다.

② 제시된 기간에 10세 미만 급성심장정지 발생 건수가 359건으
로 가장 적은 해는 2018년이고 80세 이상 급성심장정지 발생
건수가 8,708건으로 가장 많은 해도 2018년이므로 옳은 설명
이다.

③ 2015년부터 2018년까지 70~79세의 급성심장정지 발생 건수
와 인구 10만 명당 급성심장정지 발생률의 전년 대비 증감 추
이는 2015년에 증가, 2016년과 2017년에 감소, 2018년에 증가
하여 같으므로 옳은 설명이다.

⏱ **빠른 문제 풀이 Tip**

① 인구를 구하는 식에서 분자에 해당하는 급성심장정지 발생
건수가 30,309건에서 30,539건으로 230건 증가하여 증가율
이 0.7% 이상이고, 분모에 해당하는 급성심장정지 발생률은
59.7명에서 59.5명으로 감소하였으므로 인구증가율이 0.7%
이상임을 알 수 있다.

36 수리능력 정답 ③

전체 급성심장정지 발생 건수에서 80세 이상 급성심장정지 발
생 건수가 차지하는 비중은 2018년이 (8,708 / 30,539) × 100
≒ 28.5%, 2017년이 (7,960 / 29,262) × 100 ≒ 27.2%이다.
따라서 전체 급성심장정지 발생 건수 대비 80세 이상 급
성심장정지 발생 건수의 비중은 2018년이 2017년의 28.5 /
27.2 ≒ 1.05배이다.

[37 - 38]

37 수리능력 정답 ①

2018년 강원도 고혈압 환자의 급여일수는 2015년 대비
{(64,770 − 60,315) / 60,315} × 100 ≒ 7.4% 증가하였으므로 옳
은 설명이다.

② 2014년 경기도 고혈압 환자의 진료실 인원은 같은 해 강원도
고혈압 환자의 진료실 인원의 1,309 / 236 ≒ 5.5배이므로 옳지
않은 설명이다.

③ 2017년 강원도 고혈압 환자의 내원일수는 전년 대비 감소하였
으므로 옳지 않은 설명이다.

④ 경기도 고혈압 환자의 급여비가 5,016억 원인 2016년에 강
원도 고혈압 환자의 급여비는 931억 원이므로 옳지 않은 설명이다.

38 수리능력 정답 ③

제시된 자료에 따르면 경기도 고혈압 환자의 내원일수
는 2014년에 9,882천 일, 2015년에 10,062천 일, 2016년에
10,348천 일, 2017년에 10,489천 일, 2018년에 10,885천 일이
므로 옳은 그래프는 ③이다.

① 2016~2018년 강원도 고혈압 환자의 누적 급여일수는 62,629
+ 61,318 + 64,770 = 188,717천 일 ≒ 189백만 일이지만 그래프
에서는 200백만 일보다 높게 나타나므로 옳지 않은 그래프
이다.

② 2015년 강원도 고혈압 환자의 진료실 인원은 240천 명이지만
그래프에서는 240천 명보다 낮게 나타나므로 옳지 않은 그래
프이다.

④ 강원도 고혈압 환자의 진료비는 2017년에 1,301억 원, 2018년
에 1,399억 원이지만 그래프에서는 2017년에 2018년보다 높게
나타나므로 옳지 않은 그래프이다.

39 수리능력   정답 ③

제시된 기간에 방송채널사용사업의 기타사업매출액이 방송산업 총 기타사업매출액에서 차지하는 비중은 2019년에 (5,997,324 / 37,251,210) × 100 ≒ 16.1%, 2020년에 (4,996,171 / 36,386,764) × 100 ≒ 13.7%, 2021년에 (5,707,879 / 48,829,965) × 100 ≒ 11.7%, 2022년에 (4,923,671 / 37,826,814) × 100 ≒ 13.0%로, 2021년에는 12.5% 미만이므로 옳지 않은 설명이다.

오답 체크

① 2020년부터 2022년까지 매년 기타사업매출액이 방송사업매출액보다 큰 방송산업은 IPTV 사업자와 IPTV 콘텐츠 제공 2개이므로 옳은 설명이다.

② 위성방송의 매출액은 2019년 549,612 + 76,786 = 626,398백만 원에서 2021년 575,388 + 71,428 = 646,816백만 원으로 증가하였고, 지상파방송의 매출액은 2019년 4,100,679 + 585,275 = 4,685,954백만 원에서 2021년 3,683,746 + 616,574 = 4,300,320백만 원으로 감소하였으므로 옳은 설명이다.

④ 제시된 기간에 지상파DMB방송 연평균 방송사업매출액은 (10,773 + 10,328 + 11,410 + 10,393) / 4 = 10,726백만 원, 동일한 기간 중계유선방송 연평균 방송사업매출액은 (2,667 + 2,477 + 1,992 + 1,786) / 4 = 2,231백만 원임에 따라 지상파DMB방송 연평균 방송사업매출액은 중계유선방송 연평균 방송사업매출액의 10,726 / 2,231 ≒ 4.81배로, 4배 이상이므로 옳은 설명이다.

⏱ **빠른 문제 풀이 Tip**

③ 12.5%는 전체의 1/8이므로 각 해의 방송채널사용사업의 기타사업매출액에 8을 곱해준 값이 방송산업 총 기타사업매출액 이상인지 확인함으로써 정오를 판단할 수 있다.
2021년 방송채널사용사업의 기타사업매출액에 8을 곱해준 값은 5,707,879 × 8 = 45,663,032백만 원으로 방송산업 총 기타사업매출액인 48,829,965백만 원보다 적으므로 2021년 방송채널사용사업의 기타사업매출액이 같은 해 방송산업 총 기타사업매출액에서 차지하는 비중이 12.5% 미만임을 알 수 있다.

④ 제시된 기간에 매년 지상파DMB방송의 방송사업매출액이 중계유선방송의 방송사업매출액의 4배 이상이므로 평균 역시 4배 이상임을 알 수 있다.

40 수리능력   정답 ①

2019년 매출액 대비 2022년 매출액이 증가한 방송산업은 위성방송, IPTV 사업자, IPTV 콘텐츠 제공이고 각 방송산업의 2019년 매출액 대비 2022년 매출액 증가량은 위성방송이 (555,125 + 102,370) − (549,612 + 76,786) = 31,097백만 원, IPTV 사업자가 (3,435,828 + 29,176,364) − (1,908,798 + 28,545,262) = 2,158,132백만 원, IPTV 콘텐츠 제공이 (576,058 + 2,015,350) − (265,486 + 1,052,334) = 1,273,588백만 원이므로 매출액 증가량이 가장 큰 방송산업은 IPTV 사업자이다.

따라서 2019년 매출액 대비 2022년 매출액이 가장 많이 증가한 방송산업인 IPTV 사업자의 2022년 매출액은 2019년 매출액 대비 (32,612,192 − 30,454,060) / 30,454,060 × 100 ≒ 7.1% 증가하였다.

⏱ **빠른 문제 풀이 Tip**

기준연도 대비 비교연도의 방송사업매출액과 기타사업매출액의 증감 추이가 다를 경우, 증가량과 감소량을 비교하여 총매출액의 증감 추이를 확인한다.
2019년 대비 2022년의 방송사업매출액과 기타사업매출액의 증감 추이가 다른 방송산업은 지상파방송, 위성방송, 방송채널사용사업이므로 각 방송산업의 방송사업매출액과 기타사업매출액의 증감 추이를 확인하면 지상파방송은 방송사업매출액이 4,100,679 − 3,796,479 = 304,200백만 원 감소하였고 기타사업매출액이 644,360 − 585,275 = 59,085백만 원 증가하였으므로 총매출액은 감소하였음을 알 수 있다. 같은 방법으로 위성방송, 방송채널사용사업의 2019년 대비 2022년 매출액 증감 추이를 확인하면 위성방송만 총매출액이 증가하였음을 알 수 있다.

41 문제해결능력   정답 ①

'5. 지원한도액 및 금리'에 따르면 수도권 전세임대 시 실제로 대출받을 수 있는 금액은 지원한도액인 12,000만 원 범위 내에서 입주자부담금 중 보증금 5%를 제외한 금액이며, 대출 가능한 최대 금액은 수도권의 지원한도액인 12,000만 원의 95%인 12,000 × 0.95 = 11,400만 원이므로 옳지 않은 내용이다.

오답 체크

② '2. 신청 안내'에 따르면 청약 홈페이지 내에서 전자공인인증서를 통한 인터넷 청약시스템 이용만 가능하므로 옳은 내용이다.

③ '3. 신청자격 및 순위'에 따르면 입주일 전일까지 혼인 신고할 예정인 예비신혼부부라면 신청 가능하므로 옳은 내용이다.

④ '5. 지원한도액 및 금리'에 따르면 입주자부담금 중 지원 금액에 대한 연이율은 지원받는 대출 금액에 따라 달라지므로 옳은 내용이다.

42 문제해결능력   정답 ②

ⓒ '5. 지원한도액 및 금리'에 따르면 B 가구의 사용 가능 자산을 모두 사용하여 보증금이 1억 4천만 원인 집을 임대할 때 지원받을 수 있는 금액인 6,000만 원에 대한 연이율은 1.5%이므로 옳지 않은 내용이다.

ⓒ '5. 지원한도액 및 금리'에 따르면 대출 금액이 4천만 원 이하일 때의 연이율이 1.0%이므로 보증금이 2억 5천만 원인 집을 전세로 임대하면서 대출 금액에 대한 연이율이 1.0%가 되기 위해서는 최대 4천만 원까지만 대출받아야 하지만, C 가구의 사용 가능 자산은 1억 원임에 따라 추가로 필요한 최소 자금은 1억 1천만 원이므로 옳지 않은 내용이다.

오답 체크

ⓐ '4. 소득 및 자산 기준'에 따르면 신청인과 배우자가 모두 소득이 있는 3인 가구의 경우 월평균 소득액은 소득기준의 120%인 6,752,276원 이하를 충족하여야 하지만 A 가구의 월평균 소득액은 250 + 450 = 700만 원으로 소득기준을 충족하지 못하므로 옳은 내용이다.

ⓔ '5. 지원한도액 및 금리'에 따르면 D 가구의 임대희망지역인 기타 도 지역에서 받을 수 있는 지원한도액은 8,500만 원이고 보증금 1억 5천만 원에서 이를 제외한 금액인 6,500만 원은 사용 가능 자산인 5,500만 원을 초과하므로 옳은 내용이다.

[43 - 44]

43 문제해결능력 　　　　　　　　　　　정답 ④

'3. 지원 안내 – 1)'에 따르면 부부합산 총소득금액이 3,000만 원이고, 가구원 재산 합계액이 2억 원 미만인 홑벌이가구는 최대 260만 원의 근로장려금을 지원받을 수 있으므로 옳지 않은 내용이다.

오답 체크

① '3. 지원 안내 – 2)'에 따르면 만 18세 미만의 부양자녀가 있는 홑벌이가구 또는 맞벌이가구만 자녀장려금을 지원받을 수 있으므로 옳은 내용이다.

② '2. 가구 구분 기준'에 따르면 배우자가 있는 가구는 홑벌이가구 또는 맞벌이가구이고 맞벌이가구는 신청인과 배우자의 총급여액이 모두 300만 원 이상이어야 하며, 이를 충족하지 않을 경우 홑벌이가구에 해당한다. 이에 따라 신청인과 배우자의 총급여액이 각각 300만 원과 200만 원인 가구는 홑벌이가구에 해당하고, '3. 지원 안내 – 1)'에 따르면 홑벌이가구는 부부합산 총소득금액이 3,000만 원 이상이면 근로장려금을 지원받을 수 있으므로 옳은 내용이다.

③ '3. 지원 안내 – 2)'에 따르면 가구원 재산 합계액이 1억 2천만 원으로 2억 원 미만, 부부합산 총소득금액이 3,800만 원으로 4,000만 원 미만인 맞벌이가구가 최대로 지원받을 수 있는 자녀장려금은 자녀가 2명일 경우 140만 원이므로 옳은 내용이다.

44 문제해결능력 　　　　　　　　　　　정답 ④

신청인 D의 경우 총급여액이 3백만 원 미만이고 가구원으로 배우자와 부양자녀가 있음에 따라 홑벌이가구에 해당한다. 이때, D의 부부합산 총소득금액인 2,950만 원은 홑벌이가구 근로장려금 기준금액인 3,000만 원 미만을 충족하여 근로장려금으로 최대 260만 원까지 지원받을 수 있다. 또한 신청인 D는 만 18세 미만인 딸이 1명 있고, 홑벌이가구의 자녀장려금 지원 기준금액인 4천만 원을 충족하여 자녀장려금을 최대 70만 원까지 지원받을 수 있으므로 옳은 설명이다.

오답 체크

① 신청인 A의 경우 가구원으로 A와 만 70세 미만의 어머니만 있으므로 단독가구이다. 부양자녀가 없으므로 자녀장려금을 지원받을 수 없고, 부부합산 총소득금액은 2,200만 원임에 따라 단독가구 근로장려금 기준금액인 2,000만 원을 초과하여 근로장려금을 지원받을 수 없으므로 옳지 않은 설명이다.

② 신청인 B의 경우 B와 배우자의 총급여액이 모두 3백만 원 이상이므로 맞벌이가구이다. 부부합산 총소득금액이 3,850만 원은 맞벌이가구 근로장려금 기준금액인 3,600만 원을 초과하여 근로장려금은 지원받을 수 없고, 맞벌이가구 자녀장려금 기준금액인 4,000만 원 미만임에 따라 만 18세 미만인 딸 1명에 대한 자녀장려금을 최대 70만 원까지 지원받을 수 있으므로 옳지 않은 설명이다.

③ 신청인 C의 경우 배우자의 총급여액이 3백만 원 미만이고 가구원으로 70세 이상인 부양부모와 배우자가 있으므로 홑벌이가구이다. 부양자녀가 없으므로 자녀장려금을 지원받을 수 없고, 부부합산 총소득금액은 3,500만 원임에 따라 홑벌이가구 근로장려금 기준금액인 3,000만 원을 초과하여 근로장려금을 지원받을 수 없으므로 옳지 않은 설명이다.

[45 - 46]

45 문제해결능력 　　　　　　　　　　　정답 ②

제시된 안내문에 따르면 이 사원의 3월 지출 내역 중 P 슈퍼 및 A 마트 온라인 몰은 할인 혜택 대상 가맹점이 아니므로 할인받을 수 없어 나머지 6개의 내역에 대해서만 할인 혜택을 계산한다.

먼저, 병 카드의 경우 외식은 2%, 주유는 5천 원, 통신은 10%, 문화는 5천 원을 할인받을 수 있다. 이에 따라 병 카드를 사용했다면 (130,000×0.02)+(22,000×0.1)+5,000+5,000+(15,000×0.02)+5,000=20,100원 할인 혜택을 받을 수 있다. 그다음 을 카드의 경우 외식은 2%, 주유는 10%, 통신은 15%, 문화는 5천 원을 할인받을 수 있고, 통신 요금은 15% 할인되면 22,000×0.15=3,300원이지만, 월 최대 3천 원까지 적용되므로 3천 원만 할인된다. 이에 따라 을 카드를 사용했다면 (130,000×0.02)+3,000+5,000+(30,000×0.1)+(15,000×0.02)+(50,000×0.1)=18,900원 할인 혜택을 받을 수 있다.

따라서 3월에 병 카드를 사용했다면 을 카드를 사용할 때보다 1,200원 더 많은 할인 혜택을 받을 수 있으므로 옳지 않은 내용이다.

오답 체크

① '4. 주의사항 – 3)'에 따르면 신용카드 자동발급 제한고객의 경우 고객센터에서 상담한 후 영업점 방문을 통해 재심사 신청이 가능하다고 하였으므로 옳은 내용이다.

③ '3. 카드 안내 – 2)'에 따르면 P 슈퍼와 A 마트 온라인 몰은 할인 혜택 대상 가맹점이 아니고, 이를 제외한 나머지 6개 내역의 결제 장소는 모두 할인 혜택 대상 가맹점에 포함되므로 옳은 내용이다.

④ '2. 제출 서류 – 2)'에 따르면 심사 진행 시 사업자등록증 등의 소득 증빙을 위한 추가 자료 제출을 요구받을 수 있으므로 옳은 내용이다.

46 문제해결능력 　　　　　　　　　　　정답 ②

제시된 조건에 따르면 할인 혜택 대상 가맹점은 이전에 출시된 신용카드와 동일하여 이 사원의 3월 지출 내역 중 6개의 내역에 대해서만 무, 기, 경, 신 카드로 받을 수 있는 할인 금액을 계산한다.

이때, 무 카드의 경우 주유 요금은 30,000+50,000=80,000원에서 25% 할인되면 80,000×0.25=20,000원이지만, 월 최대 1만 원까지 적용되므로 10,000만원 할인된다.

구분	할인 금액
무 카드	$(130,000 \times 0.1) + (20,000 \times 0.05) + (15,000 \times 0.1) + 10,000 = 25,500$원
기 카드	$10,000 + (22,000 \times 0.15) + (30,000 \times 0.2) + (50,000 \times 0.2) = 29,300$원
경 카드	$(130,000 \times 0.15) + (22,000 \times 0.2) + (20,000 \times 0.1) + (15,000 \times 0.15) = 28,150$원
신 카드	$(130,000 \times 0.1) + (22,000 \times 0.15) + (20,000 \times 0.1) + (30,000 \times 0.1) + (15,000 \times 0.1) + (50,000 \times 0.1) = 27,800$원

따라서 가장 많은 할인 혜택이 제공되는 카드는 '기 카드'
이다.

[47 - 48]

47 문제해결능력
정답 ③

'3. 지원대상'에 따르면 점포철거비 신청일로부터 6개월 이
내에 폐업하는 소상공인이 아니면 지원금을 받을 수 없으므
로 옳은 내용이다.

오답 체크

① '1. 목적'에 따르면 폐업 시 소요되는 점포철거 및 원상복구 비
용을 지원받을 수 있으므로 옳지 않은 내용이다.
② '3. 지원대상'에 따르면 자가건물 사용 등 지원 제외 대상 및
비영리사업자 법인은 지원대상에서 제외되므로 옳지 않은 내
용이다.
④ '3. 지원대상'에 따르면 소상공인 정책자금 융자제외 대상 업
종은 지원 제외 대상이므로 옳지 않은 내용이다.

48 문제해결능력
정답 ②

'3. 지원대상'에 따르면 소상공인 점포철거비 지원자는 사업
운영기간이 60일 이상이고 6개월 이내에 폐업하는 소상공인
이어야 하며 '2. 지원 규모'에 따라 평당 8만 원을 지원받을
수 있으므로 18평 규모의 사업을 운영한 을은 점포철거비로
$18 \times 8 = 144$만 원을 지원받을 수 있다.
따라서 안내문을 가장 잘 이해하고 있는 사람은 '을'이다.

오답 체크

① '3. 지원대상'에 따르면 폐업 예정 또는 점포철거비 신청일로
부터 6개월 이내에 폐업할 기폐업 소상공인이어야 지원받을
수 있으므로 옳지 않은 내용이다.
③ '3. 지원대상'에 따르면 사업운영기간이 60일 이상이어야 지원
받을 수 있으므로 옳지 않은 내용이다.
④ '4. 신청방법'에 따르면 홈페이지를 통해 온라인으로 신청해야
하므로 옳지 않은 내용이다.

[49 - 50]

49 문제해결능력
정답 ②

2문단에 따르면 닥나무 껍질을 너무 오래 삶거나 덜 삶을 경
우 좋은 종이를 만들 수 없고, 잘못 삶아진 닥나무 껍질은 다
시 삶아서 사용할 수 없으므로 옳지 않은 내용이다.

50 문제해결능력
정답 ④

3문단에 따르면 종이의 산성도가 높을 경우 오랜 세월이 흐
르면서 가수분해로 종이가 부식될 수 있고, 이는 전통 방식
을 따르지 않고 펄프를 섞은 한지에서도 동일하게 나타나므
로 옳지 않은 내용이다.

오답 체크

① 1문단에 따르면 담징이 일본에 제지술을 전달하였다는 문헌에
따라 당대 종이 제작 기술 수준이 매우 높았을 것으로 추측되
므로 옳은 내용이다.
② 3문단에 따르면 한지 제작 기술을 제지공업과 접목하면 장판
지나 도배지 제작 시 보존력이 우수한 상품을 제작할 수 있을
것으로 추측되므로 옳은 내용이다.
③ 1문단에 따르면 우리 선조들은 중국으로부터 제지술을 들여와
종이를 만들었지만, 마와 죽순을 종이의 재료로 사용한 중국
과 달리 우리나라는 닥나무를 사용해 한지라고 불리므로 옳은
내용이다.

[51 - 52]

51 문제해결능력
정답 ④

2문단에 따르면 급성 두드러기는 소아에게 흔히 관찰되며,
음식물이나 약물에 의한 감염이 주원인이나 만성 두드러기
는 성인에게서 주로 관찰되며, 원인은 명확하지 않지만 특발
성이나 자가면역항체로 인해서 발생하기도 하므로 옳지 않
은 내용이다.

오답 체크

① 2문단에 따르면 수면 패턴의 변화, 스트레스, 새집 증후군 등
이 원인이 되어 기존에 갖고 있던 두드러기가 악화되기도 하
고 새롭게 두드러기가 나타나기도 하므로 옳은 내용이다.
② 3문단에 따르면 6주가 넘는 기간 동안 증상이 악화와 호전을
반복하며 지속될 경우 만성 두드러기로 여겨지므로 옳은 내용
이다.
③ 1문단에 따르면 간혹 피부의 하부 진피에서 혈관 부종이 발생
하게 되면 가려움보다 통증이 발생하며, 심한 경우 호흡기계,
위장관계, 심혈관계의 증상도 함께 확인되므로 옳은 내용이다.

52 문제해결능력
정답 ②

4문단에 따르면 운동 유발성 두드러기 및 아나필락시스는 일
반적인 운동을 시킨 후 수분에서 20분 이내에 두드러기 증
상이 나타나는지 여부를 통해 두드러기를 확인하며, 두드러
기 환자 중 팽진이나 홍반이 나타나지 않고 혈압이 떨어져
실신하거나 어지러움을 호소하는 경우도 있으므로 옳지 않
은 내용이다.
따라서 두드러기 진단 및 치료 방법을 잘못 이해한 사람은
'지안'이다.

오답 체크

① 5문단에 따르면 급성 두드러기가 발생하여 빠르게 증상을 완
화시키고자 할 때 일주일 내로 단기간 부신피질 호르몬제를
처방하기도 하므로 옳은 내용이다.

③ 3문단에 따르면 알레르기 원인 물질을 찾는 검사는 만성 두드러기 질환을 겪는 성인에게는 그다지 도움이 되지 않지만 2세 미만의 소아 환자 또는 음식으로 인해 증상 악화를 겪은 환자라면 알레르기 피부 반응 등의 검사가 도움이 되므로 옳은 내용이다.

④ 4문단에 따르면 피부묘기증은 설압자 또는 손톱을 통해 피부를 긁은 후 10분 동안 긁힌 선을 관찰하여 피부가 부풀어 오름을 통해 진찰하게 되므로 옳은 내용이다.

[53-54]

53 문제해결능력   정답 ④

'4. 심사방법'에 따르면 이전 심사 점수는 다음 심사 점수에 영향을 미치지 않고 홍보성은 전문가 심사 이전인 국민 심사에서 평가하는 항목이므로 수상작 선정 시 고려하지 않아도 된다. 이에 따라 [심사 점수]에서 홍보성을 제외한 4가지 항목의 점수를 보면 그 합이 각 팀 모두 340점으로 동일하며 4가지 항목의 가중치는 모두 다르므로 각 항목의 가중치에 따라 대상을 받을 수 있는 팀이 달라진다. D 팀이 대상을 수상하였다면, 가중치를 적용하여 합산한 D 팀의 점수가 4개의 팀 중 가장 높고 창의성과 실현성의 심사 점수 가중치를 비교하기 위해 두 항목을 제외한 항목인 작품성과 활용성의 점수가 D 팀과 동일한 A 팀과 점수를 비교하면 D 팀은 A 팀보다 실현성 점수가 높고 A 팀은 D 팀보다 창의성 점수가 높다. 이때, 창의성이 실현성보다 심사 점수 가중치가 크다면 D 팀이 대상이라는 것에 모순되므로 옳지 않은 내용이다.

오답 체크

① A 팀과 C 팀의 점수를 비교했을 때, 창의성, 실현성 점수가 같고 활용성, 작품성 점수는 A 팀이 각각 90점, 80점, C 팀이 각각 80점, 90점이다. 이때, A 팀이 대상을 수상하였다면 활용성이 작품성보다 심사 점수 가중치가 크다는 것이므로 옳은 내용이다.

② B 팀과 C 팀의 점수를 비교했을 때, 작품성, 활용성 점수가 같고 실현성, 창의성 점수는 B 팀이 각각 90점, 80점, C 팀이 각각 80점, 90점이다. 이때, B 팀이 대상을 수상하였다면 실현성이 창의성보다 심사 점수 가중치가 크다는 것이므로 옳은 내용이다.

③ A 팀과 C 팀의 점수를 비교했을 때, 창의성, 실현성 점수가 같고 작품성, 활용성 점수는 A 팀이 각각 80점, 90점, C 팀이 각각 90점, 80점이다. 이때, C 팀이 대상을 수상하였다면 작품성이 활용성보다 심사 점수 가중치가 크다는 것이므로 옳은 내용이다.

54 문제해결능력   정답 ③

'4. 심사방법'에 따르면 서류 심사는 제출서류 및 영상 필수 요건을 평가하여 적격/부적격 평가를 진행하므로 옳은 내용이다.

오답 체크

① '5. 시상내역'에 따르면 총상금은 대상 1팀, 최우수상 1팀, 우수상 2팀 총 4팀의 작품이 총 $200+100+(2 \times 50)=400$만 원의 상금을 받으므로 옳지 않은 내용이다.

② '6. 유의사항'에 따르면 영상 내 공모 신청자의 인적사항을 기재할 수 없는 블라인드 심사로 진행되고, 유의사항 중 하나라도 어길 경우 심사대상에서 제외되므로 옳지 않은 내용이다.

④ '2. 참가방법 - 2)'에 따르면 1분 이내의 영상을 제작하여 개인 계정의 SNS에 등록한 후 온라인 참가신청서를 작성하여 전자 우편으로 접수해야 하므로 옳지 않은 내용이다.

[55-57]

55 문제해결능력   정답 ①

제시된 자료에 따르면 쇼핑몰 회원 중 무작위로 80명을 선정하여 온라인 전용 쿠폰을 발급할 예정이고, [쿠폰 번호 생성 규칙]에서 순서코드 2자리는 쿠폰 발급 순서에 따라 0부터 1씩 순차적으로 증가된 값을 반영하여 79 이하로 구성되므로 옳지 않은 내용이다.

오답 체크

② [쿠폰 번호 생성 규칙]에 따르면 쿠폰의 등급코드로 나올 수 있는 숫자는 VVIP가 $2+2=4$이고, VIP가 $2+9=11$로 결괏값이 10 이상임에 따라 일의 자리 숫자인 1이 되고, Gold가 $7+5=12$로 결괏값이 10 이상에 따라 일의 자리 숫자인 2가 되고, Silver가 $9+9=18$로 결괏값이 10 이상에 따라 일의 자리 숫자인 8이 되고, Bronze가 $2+8=10$으로 결괏값이 10 이상에 따라 일의 자리 숫자인 0이 된다. 따라서 각각의 회원 등급이 반영될 수 있는 등급코드는 4, 1, 2, 8, 0 총 5가지이므로 옳은 내용이다.

③ [쿠폰 번호 생성 규칙]에 따르면 쿠폰의 4번째 자리는 생일코드 중 월의 첫 번째 자리에 해당하여 0 또는 1이 알파벳으로 변환된 J 또는 A만 나올 수 있으므로 옳은 내용이다.

④ ID가 XQ2VIS인 회원과 4GVE392W인 회원의 ID코드 3자리는 472로 동일하므로 옳은 내용이다.

56 문제해결능력   정답 ④

[회원 정보]에 따르면 선정된 회원의 ID는 M3Q1992로 ID코드는 337이고, 생일은 11월 03일이므로 생일코드는 AAJC이다. 또한 회원 등급은 Gold로 등급코드는 $7+5=12$로 결괏값이 10 이상임에 따라 일의 자리 숫자인 2가 되고, 30번째로 쿠폰을 받았으므로 순서코드는 29이다.

따라서 회원이 받은 쿠폰 번호는 337AAJC2290이다.

제시된 자료에 따르면 VVIP와 VIP 회원에게 쿠폰과 문자를 동시에 발송한다. 이때, VVIP 회원의 등급코드는 2+2=4이고, VIP 회원의 등급코드는 2+9=11로 결괏값이 10 이상임에 따라 일의 자리 숫자인 1이 된다. 이때, 등급코드는 쿠폰 번호의 8번째 자리에 해당하므로 각각의 회원 등급코드는 동현이가 4, 승혁이가 9, 성배가 1, 호성이가 2이다.

따라서 온라인 쿠폰과 쿠폰이 발급되었음을 알리는 문자를 동시에 받은 사람은 동현과 성배 총 2명이다.

[58 - 60]

58 문제해결능력 정답 ①

'2. 제공 기관 및 지원대상·기간 – 3)'에 따르면 한 번 지원 신청 시 제공되는 6회의 진료·상담 중 금연을 위해 진행하는 병·의원의 3회차 진료·상담부터 약국을 포함해 본인부담금이 모두 면제되므로 옳은 내용이다.

오답 체크

② '4. 이수 인센티브'에 따르면 6회의 금연치료를 완료하는 것 또는 치료제별 투약일수를 만족하는 것 중 하나만 만족하면 이수 인센티브를 제공받을 수 있으므로 옳지 않은 내용이다.

③ '2. 제공 기관 및 지원대상·기간 – 3)'에 따르면 한 번 지원 신청 시 제공되는 6회의 진료·상담 중 금연을 위해 진행하는 병·의원의 3회차 진료·상담부터 본인부담금이 모두 면제되므로 옳지 않은 내용이다.

④ '2. 제공 기관 및 지원대상·기간 – 3)'에 따르면 예정된 다음 진료일로부터 1주 이상 의료기관에서 진료받지 않은 경우 지원 회차 1회가 차감되므로 옳지 않은 내용이다.

59 문제해결능력 정답 ③

'3. 지원내용 – 1)'에 따르면 금연진료만 해당하는 금연단독진료의 경우, 본인부담금은 최초상담료가 4,500원, 유지상담료가 2,700원이다. 박 씨는 5회의 진료 중 1회차가 최초상담, 2회차가 유지상담이고, 나머지 3~5회차는 본인부담금이 면제되므로 총 4,500+2,700=7,200원을 지불해야 한다.

또한, 금연진료와 타상병을 한 번에 진료하는 금연동시진료의 경우, 본인부담금은 최초상담료가 3,000원, 유지상담료가 1,800원이다. 최 씨는 3회의 진료 중 1회차가 최초상담, 2회차가 유지상담이고, 나머지 3회차는 본인부담금이 면제되므로 총 3,000+1,800=4,800원을 지불해야 한다.

따라서 박 씨와 최 씨가 지불해야 하는 금연진료·상담료의 합은 7,200+4,800=12,000원이다.

60 문제해결능력 정답 ③

'2. 제공 기관 및 지원대상·기간 – 3)'에 따르면 한 번 지원 신청 시 제공되는 6회의 진료·상담 중 금연을 위해 진행하는 병·의원 3회차 진료·상담부터 본인부담금이 모두 면제되므로 5회차인 이○○과 3회차인 정○○은 본인부담금이 면제된다. '3. 지원내용'에 따라 나머지 2명의 진료 내역에서 지원 금액을 계산하면 다음과 같다.

김○○의 경우, 의료급여수급자이므로 회차와 무관하게 금연 진료·상담료와 약국 금연관리료는 전액 지원되고, 금연보조제인 니코틴패치는 1일당 2,940원 지원되며 니코틴패치 1개의 가격이 3,000원이므로 그 초과 금액인 3,000-2,940=60원을 지불해야 한다.

송○○의 경우, 1번째 지원 신청한 것 중 1회차의 최초상담이면서 금연동시진료이므로 금연진료·상담료의 본인부담금이 3,000원이다. 또한, 금연보조제의 약국 금연관리료로 400원을 지불해야 하고, 금연사탕은 1일당 1,500원이 지원되는데 금연사탕 3개의 가격은 500×3=1,500원으로 지원받을 수 있으므로 총 3,000+400=3,400원을 지불해야 한다.

따라서 4명의 환자 개인이 지불해야 할 본인부담금이 바르게 연결된 것은 ③이다.

한국사능력검정시험 1위* 해커스!

해커스 한국사능력검정시험
교재 시리즈

* 주간동아 선정 2022 올해의 교육 브랜드 파워 온·오프라인 한국사능력검정시험 부문 1위

빈출 개념과 기출 분석으로
기초부터 문제 해결력까지
꽉 잡는 기본서

해커스 한국사능력검정시험
심화 [1·2·3급]

스토리와 마인드맵으로 개념잡고!
기출문제로 접수잡고!

해커스 한국사능력검정시험
2주 합격 심화 [1·2·3급] 기본 [4·5·6급]

시대별/회차별 기출문제로
한 번에 합격 달성!

해커스 한국사능력검정시험
시대별/회차별 기출문제집 심화 [1·2·3급]

개념 정리부터 실전까지
한권완성 기출문제집!

해커스 한국사능력검정시험
한권완성 기출 500제 기본 [4·5·6급]

빈출 개념과 기출 선택지로
빠르게 합격 달성!

해커스 한국사능력검정시험
초단기 5일 합격 심화 [1·2·3급]
기선제압 막판 3일 합격 심화 [1·2·3급]